中国文学人类学原创书系

当代中国的口承神话

杨利慧 张 霞 徐 芳 李红武 仝云丽◎著

陕西师范大学出版总社

图书代号：SK18N0144

图书在版编目（CIP）数据

当代中国的口承神话/杨利慧等著. — 西安：陕西师范大学出版总社有限公司，2018.3
（中国文学人类学原创书系）
ISBN 978-7-5613-9797-8

Ⅰ.①当… Ⅱ.①杨… Ⅲ.①神话—研究—中国 Ⅳ.①B932.2

中国版本图书馆CIP数据核字(2018)第031850号

当代中国的口承神话
DANGDAI ZHONGGUO DE KOUCHENG SHENHUA
杨利慧等　著

责任编辑	雷亚妮
责任校对	邓　微
装帧设计	田东风
出版发行	陕西师范大学出版总社
	（西安市长安南路199号　邮编 710062）
网　　址	www.snupg.com
印　　刷	西安市建明工贸有限责任公司
开　　本	720mm×1020mm　1/16
印　　张	22.5
插　　页	2
字　　数	366千
版　　次	2018年3月第1版
印　　次	2018年3月第1次印刷
书　　号	ISBN 978-7-5613-9797-8
定　　价	96.00元

读者购书、书店添货或发现印刷装订问题，请与本公司营销部联系、调换。
电话：（029）85307864　85303635　传真：（029）85251046

总　序

2018 年，正值中国改革开放 40 周年纪念之际，陕西师范大学出版总社推出"中国文学人类学原创书系"，对改革开放的时代大潮在人文学界催生的这个新兴学科，给出一个较全面的回顾与总结，以便继往开来，积极拓展人文学科的教学与研究新局面，可谓恰逢其时。

50 后这代人的青春岁月，激荡在汹涌澎湃的"文革"浪潮之中。"文革"后的改革开放，相当于天赐给这一代知识人第二次青春。1977 年恢复高考，我们在 1978 年春天步入大学校园，那种只争朝夕、如饥似渴的求学景象，至今仍历历在目。改革开放带来"科学的春天"，也第一次带来人文科学方面的世界景观。正如改革的基本方向是向发达国家学习市场经济模式一样，人文学者们也投入全副精力，虚心学习借鉴国际上先进的理论与研究方法。"神话-原型批评"就是当时的新方法论讨论热潮中，最早进入我们视野的一个理论流派。1986 年我编成译文集《神话-原型批评》时，先将长序刊发在《陕西师范大学学报》上，文中介绍原型理论的宗师弗莱的观点时讲道：

> 物理学和天文学形成于文艺复兴时期，化学形成于 18 世纪，生物学形成于 19 世纪，而社会科学则形成于 20 世纪。系统的文学批评学知识到了今天才得以发展。……正像自然科学体系的建立有赖于把握自然界本身的规律。一部文学作品，它所体现的规律性因素不是作家个人天才创造发明的，而是在文学的历史发展中，在文化传统中所形成的，这种规律性的因素就是原型。

从文学史的考察中可以看到，文学作为一个有机整体，植根于原始文化，最初的文学模式必然要追溯到远古的宗教仪式、神话和民间传说中去。"这样说来，探求原型实际上就是一种文学上的人类学"。

当时无论如何也不曾想到，这样一段话，居然能够准确地预示这一批学人后来几十年学术探索的方向。"文学人类学"这个名称，也就由此在汉语学术界里发端。10年之后的1996年，在长春召开的中国比较文学学会第五届学术年会上，中国文学人类学研究会宣告成立（首任会长为萧兵先生），如今简称"文学人类学研究会"。从研究文学的神话原型，到探索华夏文明的思想、信仰和想象的原型，这一派学者如今正式提出的大小传统理论和文化文本符号编码理论，可以说早已全面超越了当年所借鉴学习的原型批评理论，走出文学本位的限制，走向融通文史哲、宗教、艺术、心理学的广阔领域。

从1986到2018，整整32年过去了，我们也经历了自己人生从而立到花甲的过程。如今我们要解读的是5000多年前的先于华夏文明国家的"文化文本"，阐发的是河南灵宝西坡仰韶文化大墓的神话学内涵。这是当年完全没有预料到的。是问题意识，先把我们引入文化人类学的宽广领域，再度引入中国考古学的全新知识世界，这样的跨越幅度，的确是当初摸索文学人类学研究范式时所始料未及的。

从原型批评倡导的文学有机整体论，拓展到文化符号的有机整体论、史前与文明贯通的文化文本论，这就是我们努力探索近40年的基本方向。自从西周青铜器上出现"中国"这个词语，至今不过3000年时间。2018年2月4日，我第二次给国家图书馆"文津讲坛"开设讲座，题目是"九千年玉文化传承"。今日的学者能够在9000年延续不断的文化大背景中研究"中国"和"中国文学"，这就是从先于文字的文化大传统，重新审视文字书写小传统的一套完整思路。相信这样一种前无古人的理论思路和研究范式，是本土学者对西方原型批评方法的全面超越和深化，这将会引向未来的知识更新格局。

本丛书要展示这40年的探索历程，以萧兵先生为首的这一批兴趣广泛的学人是如何一路走来，并逐渐成长壮大的。本丛书将给这个新兴学科留下它及时的也最有说服力的存照。希望后来者能够继往开来，特别注重不断发展和完善中国版的文化理论和文学理论，包括作为文史研究当代新方法论的三重证据法和四重证据法。

是为丛书总序。

叶舒宪

2018年2月7日于北京太阳宫

神话信仰－叙事是人的本原的存在（代序）

吕　微

一

　　在"神话研究"这个总的题目下，我与杨利慧有许多一致的立场和观点。比如我那本《神话何为》的副标题是"神圣叙事的传承与阐释"[①]；而杨利慧的这本新著，探讨的核心问题是："现代口承神话的传承与变迁"。因此，无论传承意味着变迁，抑或阐释本身就是传承，至少，"传承"是我们共同选定的神话研究的关键词。当然，我们之间在神话观念上的差异也因长期的共事而彼此了然于心。我一贯坚持（经过重新阐释的）现代神话学的经典性表述：神话就是真实性、神圣性的信仰叙事；[②]而杨利慧则有《神话一定是"神圣的叙事"吗？》一文对此提出质疑和反思。[③]尽管我们之间的观点有一定的差异，我仍然要承认，杨利慧言有所据。而且在经过了长时间的思考之后，我发现，我们之间的差异并没有我最初想象得那么大，而只是因为我们思考、认知神话的不同维度（现象的经验实证维度和人的本原性存在的纯粹思想维度）而已，甚至，这些差异也是能够相互促进、相互补充的，却并不构成实质上的对立。

　　摆在读者面前的这本《现代口承神话的民族志研究——以四个汉族社区为个案》是杨利慧主持的一项研究课题的最新成果。十年磨砺，铁杵成针（真），而在本书即将付梓之际，杨利慧希望我能够为她（和她的学生共同完成）的这本新著写一篇序言。我想，明知我们之间的不同观点而仍然坚持于此，那么，杨

[①] 吕微：《神话何为——神圣叙事的传承与阐释》，社会科学文献出版社2001年版。
[②] 祁连休、程蔷、吕微：《中国民间文学史·导论》，河北教育出版社2008年版。
[③] 杨利慧：《神话一定是"神圣的叙事"吗?——对神话界定的反思》，载《民族文学研究》2006年第3期。

利慧希望于我的一定不是单纯的赞美——尽管这样的赞美是必不可少也理所应当的，因为面对这样一本认真之作，首先就由不得你不心生敬意——更是中肯的学术回应，包括从不同的学术立场对同一个学术问题的相互辩难。

我之所以答应为眼前的这本新著撰写序言，还有一个难以推辞的理由，就是我曾经参加过本书的几名作者——杨利慧指导的北京师范大学民俗学专业的硕士研究生——当年的论文答辩会。从2000年到2006年，在攻读硕士学位期间，张霞、徐芳、李红武、仝云丽追随他们的导师，跟踪神话现象的现代传承，所到之处有：重庆、山西、陕西与河南。其间的甘苦，凡从事学术研究（尤其是田野研究）这个行当的人都能悉心领会，此处不必多言。然而，正如杨利慧对我说过的，对他们这个学术团队十年来的努力与追求的前前后后，没有人比我更了解了。所以，我的确应该把我在第一时间的感想笔录下来，为本书的读者提供一个或可参考的阅读视角。

二

我已经说了，摆在我们面前的是一本认真之作，我之所以用"认真"二字说之，意思是：除了写作的态度，本书的作者还对神话学的一个学术方向（或学术领域），给出了自己深入的思考（没有认真的态度也是做不到的）。而这个学术方向的重要性，至今还没有得到世界各国的神话学者的普遍认同。退一步说，即便这个学术方向已经得到神话学者的普遍认同，该学术方向在理论上的合理性与合法性也还没有得到充分的论证。这个学术方向就是杨利慧在本书的书名中所揭示的：现代口承神话。

在"现代口承神话"这个命题当中，"神话"当然是主词。所谓"主词"，按照亚里士多德的说法，"乃是其他一切东西的基础，而其他一切东西或者是被用来述说它们，或者是存在于它们里面"①。与"神话"相比，"现代"和"口承"这两个词语，显然属于亚里士多德所说的，被用来述说主词（这里就是"神话"），并存在于主词（"神话"）里面的东西，我们可以暂时称之为"副词"。

但是，"现代"和"口承"这两个表面上看起来是副词的定语，实际上并不仅仅是副词，因为这两个词语特别是其中的"现代"二字（我们暂时搁置对"口承"的词性解读），从相反的方向关联着神话学自诞生以来的一个基本判断：神

---

① 亚里士多德：《范畴篇》，方春书译，商务印书馆1959年新1版，第13页。

话是以人的原始思维或原始心理为基础的信仰－叙事的行为现象。①于是，当杨利慧强调神话的现代存在时，她已在试图用"现代"这个词语参与对神话学的经典判断的修正。所以我说，"现代"这个词语在杨利慧的命题当中，已不仅仅是一个作为副词的定语，"现代"这个副词、定语实际上是与"神话"并列的主词，是"现代神话"这个合成的主词当中的一个须臾不可分离的成分。

然而，"现代神话"这个命题仍然可以包含多种可能的规定，至少包括：其一，神话作为传统的信仰－叙事行为现象，经过功能的转换（仍然作为现象）而存在于人们的现代生活语境当中；其二，神话信仰－叙事是人的本原的存在形式或实践方式，不受历史时间、社会－文化空间形式的生活语境的条件限定，但构成了任何时代的生活语境下神话现象的先天基础，而"现代神话"正是作为人的本原性存在的神话在特定时代的生活语境中的显象。以此，"现代神话"（以及任何时代的神话）就可以在两种不同的思路中得到阐释；但是，无论我们从哪条道路接近神话，或者是作为人的存在现象的神话，或者是作为人的本原的存在形式或实践方式的神话，"现代神话"的命题都已经参与了神话学的基本问题（神话是什么）和神话概念的经典定义（什么是神话）的重新思考。

"现代神话"的命题，是我和杨利慧之间的公约数，我们都拒绝诸如"现代社会中的神话现象是已经丧失了社会－文化功能的历史遗物"的说法，而是坚持神话现象在现代人、当代人中间的多种功能性存在（尽管不一定都是信仰的功能性存在），进而坚持神话学可以成为一门现代学、当代学的立场，②即希望神话学能够成为一门于人的历时（现时）性的存在现象，甚至共时性的存在方式有所言说的学科，而不仅仅是"发思古之幽情"的学问。"现代神话"的命题体现了中国神话学者对人的存在的现实关怀乃至终极关怀。而我们眼前的这本《现代口承神话的民族志研究》为表达中国神话学者的对于人的存在的深切关心，做

---

① 将"原始"（甚至"野性"）与人的"思维"、"心理"或者直接与"神话"联结起来的例证比比皆是，仅从两位法国人的书名《原始思维》《野性的思维》就可见一斑，马林诺夫斯基的名著《原始心理与神话》同样如此。参见列维－布留尔：《原始思维》（*La Mentalité primitive*，1923），丁由译，商务印书馆 1981 年版；列维－斯特劳斯：《野性的思维》（*La Pensée sauvage*，1962），李幼蒸译，商务印书馆 1987 年版；马林诺夫斯基：《巫术科学宗教与神话》，参见下编"原始心理与神话"（*Myth in Primitive Psychology*，1926），李安宅译，中国民间文艺出版社 1986 年版，以下凡引此著，仅注书名和页码。

② 作为晚年钟敬文的学生，杨利慧显然继承了钟敬文关于民俗学是现代学、当代学的思考；而我本人也通过高丙中《民俗文化与民俗生活》（中国社会科学出版社 1994 年版）一书受到钟敬文先生的思想启发。

出了自己的贡献。正如杨利慧在《总论》中所言，本书探讨了一些以往的神话研究很少关注的问题，这些问题是：

  在当代中国，神话是怎样在一个个特定的社区中生存的？它们扮演着何种角色、担负着何种功能？是哪些人依然在讲述神话？那些保有和传承着神话传统的人们是如何看待和理解神话的？讲述神话对于他们的生活具有什么意义？神话如何在具体的讲述情境中发生变化？这种变化与讲述人的经历、记忆、喜好以及听众之间的关系是什么？中国现代社会的巨大变迁给神话的传承造成了怎样的影响？神话在社区文化的复兴与重建过程中扮演着哪些角色？……我希望通过对这些基本事实的考察和初步的理论分析，进一步打破神话研究领域存在的时间区隔，深化对现代口承神话的研究，充实中国神话研究的薄弱环节，填补其中的空白，并对世界神话学作出新的贡献，同时，也使中国神话研究摆脱总是"向后看"，与"古老"、"遥远"、"逝去的传统"相联结的羁绊，转而关注当下的社会和文化生活，并从神话学的独特视角，积极参与到与当代更多学科的对话当中。[①]

三

  除了"现代神话"的命题，《现代口承神话的民族志研究》全书还建立在一个对"神话"概念的内涵和外延的基本限定的基础上，即"神话"——就其叙事内容而言——与"起源故事"大致上是同义词。在"总论"伊始，杨利慧就指出：

  在大多数研究者看来，作为人类口头艺术（spoken art）的诸文类之一，神话通常具有这样的一些特点：它是有关神祇、始祖、文化英雄或神圣动物及其活动的叙事（narrative），通过叙述一个或者一系列有关创造时刻（the moment of creation）以及这一时刻之前的故事，神话解释着宇宙、人类（包括神祇与特定族

[①] 如果"民俗学主义"意味着"某种民俗文化事象脱离其原来的生存空间，以新的功能，为新的目的而施行"（岳永逸：《灵验·磕头·传说——民众信仰的阴面与阳面》，三联书店2010年版，第88页），那么，杨利慧对"现代口承神话"的研究与世界民俗学自上世纪60年代兴起的"民俗学主义"（folklorism）思潮有逻辑上的内在联系。关于"民俗学主义"思潮，参见西村真志叶、岳永逸《民俗学主义的兴起、普及以及影响》，载《民间文化论坛》2004年第6期。但是，就中国民俗学理论的具体发展历程而言，与"民俗学主义"在逻辑上同步的学术思潮应始于1994年高丙中《民俗文化与民俗生活》（中国社会科学出版社1994年版）的出版。高丙中通过引进胡塞尔"生活世界"的命题，主张民俗学应当关注民俗模式（文化）在日常语境（生活）中被使用的现场意义。参见吕微《民俗学的笛卡尔沉思——高丙中〈民俗文化与民俗生活〉申论》，载《民俗研究》2010年第1期。

群）和文化的最初起源，以及现时世间秩序的最初奠定。

而在此之前（2006年）的《神话一定是"神圣的叙事"吗？——对神话界定的反思》一文中，杨利慧更是提出了一个"最低限度"的"神话"概念的定义标准：

对于一般的读者和研究者来说，汤普森在1955年提出的关于神话的"最低限度的定义"也许是实用的："神话所涉及的是神及其活动，是创世以及宇宙和世界的普遍属性。"这样一个定义是比较宽泛的：它没有纠缠于神圣与否的问题，从而给探索……（各种）社会文化中的神话提供了广袤的空间；它也没有刻意区别神话的韵文和散文形式，从而为超越这一狭隘的形式上的界限、建立更加广阔的学术视野提供了可能性。但是，它又是有限定的，因而从某种程度上说，它又是狭义的——与我国著名神话学家袁珂先生提出的"广义神话"相比，它把神话的范畴限定在了"神及其活动，是创世以及宇宙和世界的普遍属性"，而这显然是自古至今大部分神话研究者所集中关注的对象。[①]

与数年前相比，在这本新著中，杨利慧对汤普森"最低限度的神话定义"已经有所修正，即神话并非如汤普森所言，只是讲述了诸神的创造活动。在起源故事中，创造者包括了"神祇、始祖、文化英雄或神圣动物"。在我看来，杨利慧的这一修正（尽管经典的神话学家对此并非没有认识[②]）在多数学者仍然坚持神话是关于"神的故事"的当下语境中，有着重要的学术含量。

长时间里，我一直怀疑：神话是否就等同于单纯文本-内容视角下的"起源故事"？我的怀疑建立在对神话学的纯粹文本研究或单纯内容研究的不信任的基础上（这也是我与杨利慧之间的公约数）。[③]我个人深受马林诺夫斯基关于"神话是原始人类共同体的社会和文化'宪章'（charter）"（大意）[④]的观念影响，我

[①] 杨利慧：《神话一定是"神圣的叙事"吗?——对神话界定的反思》，载《民族文学研究》2006年第3期。

[②] "这（神话）故事本身并非像人们可能设想的那样，涉及天神和英雄的行为，而只是叙述部落的历史和它漂泊的情况，以及它逐步从野蛮状态上升到较佳生活条件。……但是他们怀着宗教的敬畏来看待那一段神秘的或称为阿尔哲令伽的时期。"博尔尼：《民俗学手册》，程德祺等译，上海文艺出版社1995年版，第213页。

[③] 在《神话何为——神圣叙事的传承与阐释》中，我反复强调神话作为"权力话语"和"意识形态"的叙事-信仰功能，如第二章"鲧、禹神话：口头传统与权力话语"，第三章"息壤：农业文化的意识形态符号"，社会科学文献出版社2001年版。

[④] 语出马林诺夫斯基《原始心理与神话》。"宪章"，马林诺夫斯基英文原著使用的是charter一词（Malinowski, Myth in Primitive Psychology, Psyche Miniatures General Series, London, 1926），我认为也可以用一个汉语古典词汇"洪范"（"大法"之义）来翻译，详见下文。

认为，在马林诺夫斯基之后，任何神话学家都不再可能回避、绕开宪章功能这一神话现象的本质规定性。但是，如果宪章功能是神话现象的本质规定性，进而，如果一则叙事不再能够发挥宪章功能，那么对于该叙事，我们能否还称之为"神话"呢？

而在马林诺夫斯基之前，正是由于神话学家们只是关注了神话叙事文本的题材内容，并视之为神话的本质，而没有特别强调神话信仰功能的体裁形式（不是文体形式），才仅仅发展了关于神话题材内容的文学－文字象征解读（以缪勒为代表）和历史背景解读（以泰勒为代表）的单一方法论，而最终与神话现象的"形式本质"失之交臂，如果一个事物的本质的确（如亚里士多德所言）是由该事物的形式所决定的。①而马林诺夫斯基的伟大贡献，正是通过对特定生活语境下神话叙事的信仰功能形式的现象直观，直接达成了对神话的"形式本质"而不是"质料（内容）本质"的实证认识。在马林诺夫斯基之后，任何置神话叙事的信仰功能的"形式本质"于不顾的做法，都是神话研究在理论上的倒退。而在中国神话学学术史上，这样的"倒退"不乏例证。

四

当中国神话学家于 20 世纪初从西方神话学家手中接过"神话"——"神的故事"——这一学术理念，并且应用于本土神话的研究时，神话学家们（包括中国学者和研究中国文化的西方学者）立刻就发现了符合"神的叙说"（鲁迅）的内容标准的所谓"中国神话"，尽管按照"神的故事"的内容标准，中国神话（主要是指中国古代汉语神话）被认为是零散的、不成系统的。直到二三十年代，鲁迅写作《中国小说史略》，给出了汉语学界关于"神话"的经典定义（"以神格为中心的叙说和信仰"），②上述情况也没有根本的改变。那时，马林诺夫斯基

---

① 亚里士多德已经阐明：事物的形式，而不是该事物的质料（内容），决定了该事物的本质。比如一张桌子或一把椅子的质料，无论是木料、石料还是铁料，都无关乎桌子和椅子的本质，是桌子和椅子的形式（样式）规定性决定了桌子之为桌子、椅子之为椅子的各自本质。参见罗素《西方哲学史》上册，何兆武、李约瑟译，商务印书馆 1963 年版，第 215—217 页。

② "昔者初民，见天地万物，变异不常，其诸现象，又出于人力所能之上，则自造众说以解释之：凡所解释，今谓之神话。神话大抵以一'神格'为中枢，又推演为叙说，而于所叙说之神，之事，又从而信仰敬畏之……故神话不特为宗教之萌芽，美术所由起，且实为文章之渊源。……迨神话演进，则为中枢者渐近于人性，凡所叙述，今谓之传说。"鲁迅：《中国小说史略》，载《鲁迅全集》第 8 卷，人民文学出版社 1957 年版，第 11—12 页。关于《中国小说史略》的写作和出版年代，参见"第 8 卷说明"，载《鲁迅全集》第 8 卷第 1 页。

关于神话叙事在特定生活语境下的信仰功能形式的"实地（田野）研究"（1914—1918年）已经完成（只是尚不为人所知）；但是，即便后来马林诺夫斯基的神话思想被输入到中国学界，在长时间里，中国神话学者中也少有试图根据信仰功能的形式标准以认识神话本质的学术冲动。①

正是由于很少顾及马林诺夫斯基所提出的神话叙事在特定生活语境下的信仰功能的形式标准，而仅仅根据神话叙事单纯文本的内容标准，像"精卫填海"这样的民间幻想故事总被学者列入"中国神话"的范围。但是，如果我们站在马林诺夫斯基的立场上，我们就有充分的理由反问："精卫填海"的故事在中国历史上可曾发挥过些许社会、文化的宪章功能？如果答案是否定的，那么仅仅因为这个故事讲述了"精卫"鸟"其名自叫"的起因，②就视之为神话，那么神话与一般的幻想性民间故事又有什么区别呢（尽管我一直认为，"精卫填海"是我读过的最凄美的古典故事之一；亦如袁珂所言，"它永远感动着人们的心弦"③）？

但是，如果我们坚持马林诺夫斯基的神话信仰的宪章功能的形式标准，把"精卫填海"这样的幻想故事都排除在了神话的范围之外，中国文化是否就将与神话彻底绝缘了呢？恰恰相反，按照马林诺夫斯基的标准，在中国古代汉语文化中，神话不仅存在，而且是以非零散的、成系统的方式存在的，这就是以顾颉刚为首的古史辨学派所力主的"三皇五帝"的古史传说。古史传说因讲述了"天赐大法（'洪范'－ charter）"的系列故事，④从而以其叙事－信仰的功能形式造就了最典型的本土神话形态。在中国古代汉语文化中，古史传说乃至纯正的"信史"都发挥了类似"大宪章"（the Great Charter）⑤的信仰功能。以此，当顾颉刚把古史传说说成是"假古史"和"真神话"的时候，顾氏可谓一语中的，乃

---

① 当然也有少数学者关注神话的宪章功能，如美籍华裔考古学家张光直《商周神话之分类》（《中央研究院民族学研究所集刊》第14期，1962年）提出了"挑选神话材料的（特征）标准"，其中第三个标准就是作为"日常生活社会行动仪式行为的基础"的"神话的宪章"功能。张光直写道："神话的功能在供给典章与氏族团体存在的理由。"张光直：《中国青铜时代》，三联书店1983年版，第254—255、299、309页。中国大陆神话学家中叶舒宪较早使用 charter 概念研究中国神话，参见叶舒宪《中国神话哲学》，中国社会科学出版社1992年版，第214页。

② 《山海经·北次三经》。

③ 袁珂：《中国古代神话》，中华书局1960年新1版，第73页。

④ 《尚书·洪范》："鲧则殛死，禹则嗣兴，天乃锡禹洪范九畴。""洪"者，"大"也；"范"者，"法"也；"九畴"，九种。用现代汉语转述就是："鲧被流放死了，禹就继承兴起。天帝就把九种大法赐给了他，治国的常理因此定了下来。"江灏等译注《今古文尚书全译》，贵州人民出版社1990年版，第233—234页。

⑤ charter 源自古英语 charta，比如 the Margna Charta，即 the Great Charter（大宪章）。

至"'古史是神话'这一命题在今天已经是不成其为问题的了。"①

于是,我们现在也就可以了然杨利慧修正"起源故事"中"创造者"的"身份构成"的学术意义了。将创造者从单一的"神",扩展为"神祇、始祖、文化英雄或神圣动物",就为从信仰功能的纯粹形式立场定义"神话"拆除了经典的、仅仅根据叙事内容定义"神话"的最后壁垒,其理论后果必然是:只要符合"大宪章"这一信仰功能的形式标准,任何叙事(无论起源故事中的创造者是谁)都可以被纳入到"神话"概念的指涉范围。

但是,我们看到,杨利慧的修正却并非为"神话"概念的纯粹形式的定义标准拆除因特定内容而被限定的观念壁垒,而是要质疑仅仅根据信仰功能的形式标准定义"神话"概念这种做法本身。当然,这种做法是要冒回到马林诺夫斯基之前的理论风险的,但杨利慧考虑的是,面对已发生了功能转换的神话现象,如若不考虑除信仰之外的其他功能,而是按照马林诺夫斯基当初的设想一味走下去,神话学者将从根本上丧失对"现代神话"的合理、合法的发言权。

五

从叙事文本内容和信仰功能形式的不同角度,规定神话本质的矛盾表述(起源故事不一定具有神圣信仰的宪章功能,而能够发挥神圣信仰的宪章功能的叙事文本却不一定就是起源故事),并非"神话"概念进入中国语境之后才发生的事情,对于西方文化来说,事情同样如此。马林诺夫斯基以后,用"信仰"、"宪章"、"功能"等形式标准而不是内容标准检验古代希腊神话,"荷马《伊利亚特》《奥德赛》与赫西俄德《神谱》是否属于神话"同样也是问题。于是,才有古典学家如韦尔南、纳吉诸贤,或者用"王权神话"的概念解读希腊神话的功能性质,②或者用民族志的方法说明荷马史诗的原初语境,③以便让希腊神话符合功能论人类学的"形式本质"的定义标准(韦尔南和纳吉都承认用叙事的信仰功能的形式标准规定神话的本质在理论上是合理且合法的)。

但是,对于古典学家的努力前景,人类学家并不感到乐观,因为,由于"时过境迁(语境变迁)",一则传统的起源故事完全可能且现实地丧失其"原初时

---

① 张光直:《中国青铜时代》,三联书店1983年版,第251页。
② 韦尔南:《希腊思想的起源》,秦海鹰译,三联书店1996年版,第90页。
③ 纳吉:《荷马诸问题》,巴莫曲布嫫译,广西师范大学出版社2008年版,第162—163页。

空语境"①下的信仰功能形式，而仅仅以起源故事的叙事内容的文本形态而残存下来。而这样一来，也许，我们也就永远无法判断该起源故事在曾经的语境中是否发挥过什么宪章功能。于是，站在马林诺夫斯基的田野立场看，一些古典叙事是否属于神话，实在是一个永远也无法破解的谜团。正如人类学家利奇所言："对那些从原初时空语境中分离出来的书面文本是否能够作出民族志理解的可能性，我们确实十分怀疑。"②

对于马林诺夫斯基来说，神话作为能够发挥宪章功能的信仰叙事，是只能在特定的生活语境中被直观到的社会、文化现象，一旦丧失了能够直观到叙事的信仰－宪章功能的现实、具体的生活语境，那么，对于古典叙事是否属于神话的问题，也就只能继续沿用进化论人类学的假说，视之为丧失了信仰－宪章功能的"神话遗物"，如果我们必须将这些古典叙事视为神话的话。马林诺夫斯基的本意是为了说明"神话遗物"在原初生活语境中的信仰宪章功能，但他却用自己对"当代的原始神话"的直观经验，从信仰功能的纯粹形式角度，将"神话遗物"的进化论假说以反证的方式固着下来，③而这是马林诺夫斯基本人没有预料到的事情。

这就是说，无论西方的古典叙事，还是非西方的古典叙事，当我们运用马林诺夫斯基的"信仰"、"宪章"、"功能"等"形式"概念加以规定，却并不悬置"神话"概念的经典内容标准时，就会陷入"叙事的文本内容与信仰的功能形式何为神话本质"的表述张力甚至表述矛盾。④也就是说，当我们经验地使用"神话"这一源于西方的知性概念来认识本土的神话现象的时候，文化壁垒其实并非障碍；真正造成认识障碍的原因——借用康德的话说——是我们将人的本原的存在（实践）"硬性"地规定和认知为受社会、文化、历史条件制约的人的存在现象，由此造成了用人的本原存在的实践原理说明人的存在现象的（内容和形

---

① "原初语境"是人类学家利奇（1982年）特别强调的，参见纳吉《荷马诸问题》，巴莫曲布嫫译，广西师范大学出版社2008年版，第159—160页。

② 转引自纳吉《荷马诸问题》，巴莫曲布嫫译，广西师范大学出版社2008年版，第159页。

③ "至少从神话的产生来说，被认为是远古时代确曾存在和发生过的。对神圣存在的虔敬和信仰，使神话具有了神圣的性质，往往与世俗的生活范畴分开，而与人们的宗教紧密相连，甚至成为宗教信仰的有机组成部分。"杨利慧：《女娲的神话和信仰》，中国社会科学出版社1997年版，第121页。

④ 当然，这是一种理论上的设想，在现实的学术研究中，一般来说神话学家们并不区分神话定义的质料标准和形式标准，比如张光直提出的"选择神话材料"的三个标准，其中，第一、第二两个标准涉及神话叙事的质料（内容），第三个标准涉及神话叙事的信仰功能形式，而这三个标准在张光直那里并行不悖，他并不为此而感到有什么矛盾。张光直：《中国青铜时代》，三联书店1983年版，第254—255页。

式同为"本质"的)"二律背反"。①

神话的信仰－叙事(或叙事－信仰)原本就是人的本原性存在的实践行为，而在人的本原性存在的实践行为——这里指的就是神话的信仰－叙事行为——中，神话信仰－叙事的内容和形式是无以(也无需)区分的：神话叙事的内容就是其信仰的形式，而其信仰的形式也就是其叙事的内容。然而，一旦我们将人的本原性存在的实践行为认知为人的存在现象的内容与形式——这里就是神话的叙事内容和信仰的形式——并且同时视二者为神话现象的本质的时候，表述的悖论("二律背反")就会发生。因此，并非如我们以往所误解的那样：发生于西方的经验语境的理论概念不适用于认识非西方时空语境的社会、文化、历史现象；而是说，用来说明人的本原性存在(实践)的知性(理论)概念不适用于说明人的存在现象，进而产生康德所言之"理性在将其为一切有条件者设定无条件者的原理运用于现象时的自相冲突"②。

六

上文已经指出，神话除了作为人的存在现象，也可以被视为人的本原的存在方式或实践形式。一个显为人知的事实就是：在神话学将神话视为人的存在现象即神话学的研究对象(直观的表象)之前，神话就已经是人的一种实践行为(视神话这种人的实践行为为受人类社会、文化、历史等原因条件支配的，人的存在现象是神话学贡献的理论理性的知识成果)。换句话说，在神话学使用"神话"这个学术概念之前，③以古希腊文 muthos 为词源的"神话"一词，作为日常语言已经有了两千多年的语用(实践)历史。作为日常语言，muthos 的本义只是"词语"或"故事"，指涉了人的存在－实践中的一种不同于 logos (逻各斯)、history (历史调查)的更传统、更基础(基本)的信仰－叙事的话语活动或话语行为，即对一种非理论性、非实证性(但并非是非理性)话语的"实践(存在)的命名"④，我们今天所说的起源故事，正构成了 muthos－神话的话语实践的信

---

① 康德：《实践理性批判》，韩水法译，商务印书馆 1999 年版，第 118 页。以下凡引此著，仅注书名和页码。
② 《实践理性批判》，第 118 页。
③ 这个"之前"还仅仅是历史的"之前"，而不是逻辑的"之前"；要一作为"实践命名"的"神话"，在逻辑上先于作为理论概念的"神话"，才是"之前"的更实质性的意义。
④ "实践的命名"，参见西村真志叶《日常叙事的体裁研究》，北京师范大学 2007 年博士论文。

仰－叙事对象的重要成分。

从人的本原性存在的角度看，muthos－神话作为一种基础（基本）的、传统的话语实践，与哲学、历史等其他类型的话语实践，以及文学的叙事"体裁"（传说、童话）的不同之处就在于：在 muthos－神话的信仰－叙事的话语实践，即人的本原性的存在－实践中，人通过自身的纯粹理性为"人自身"设定了一超越性存在的信仰－叙事对象（无论这个信仰对象是超越自然经验、感性经验的，还是超越世俗经验的），用以规定并维护人的存在统一性即人性统一性。[①]无法想象，没有人通过纯粹理性自己为自己设定并讲述的超越性对象，人能够作为具有人性统一性的个人和社会共同（统一）体而存在，而这，正是神话在人的存在的现象世界中能够发挥社会、文化宪章功能的超越性－存在论根源。

从人的存在现象的角度看，muthos－神话的话语实践（如上文所述，将神话实践视为人的存在现象是神话学的理论成果）所给出的起源故事的叙事内容，或者是关于神灵的故事，或者是关于古代圣王的故事，而不同类型的超越者角色正规定了不同的共同体之间的文化差异（当然这只是一种简约的认识）[②]。但是从人的本原性存在－实践的立场看，无论神灵还是圣王甚至神圣动物，都是人的本原性存在的信仰－叙事的实践结构所给出的超越性对象"极"。在 muthos－神话的超越性信仰－叙事的话语实践中，人性的存在的超越性统一性被归结为人的起源的超越性统一性。

这就是说，无论处身于哪种文化共同体的社会、历史语境的现象世界中，人都首先在逻辑上以一种超越自身的文化规定性的普遍统一性的存在－实践方式而"出世"，即先于各种特殊规定的文化角色，首先将人自身规定为具有超越性

[①] "蒂利希说宗教体现了人的终极关怀，人只有通过深层的'意义'才能实现自我存在的真实性。唐君毅说宗教生活的核心就是要'寻找安身立命之所'，借助人心的修养以便使自己成为'真正的'人。"金泽：《宗教人类学学说史纲要》，中国社会科学出版社 2009 年版，第 396 页。

[②] "本土传统的文化秩序或价值结构与西方的差异，可以借用杜维明的一句话加以描述，这就是：自从古希腊和古希伯来时代以来，西方的文化秩序——价值结构及其超越途径一般表现为'存在（being，杜氏原译'存有'）的断裂'，即神圣世界与世俗世界的宗教性的空间划分，此岸世界的终极价值由彼岸世界（上帝）提供；而古代中国的文化秩序——价值结构及其超越途径表现为'存在的连续'，即神圣世界与世俗世界被置于历史性的时间两端，现代世界的终极价值是由古代世界（大同时代的先公、先王）所提供的。（杜维明：《生存的连续性：中国人的自然观》，载《儒家思想新论——创造性转换的自我》，江苏人民出版社 1996 年版）终极性的价值本体存在于历史长河之中，并由历史源头提供，即内在（于历史）的超越而不是外在（于此岸）的超越，祖先崇拜而不是上帝信仰构成了中国式准宗教的价值结构以及对于价值本体的'史学'式体认方式。"吕微：《现代性论争中的民间文学》，载《文学评论》2000 年第 2 期。

（统一性、普遍性）人性的"人自身"。为此，人必然要为"人自身"的普遍统一性存在，设定并讲述一个对于共同体中的每一个人都客观有效的，具有超越性统一性的信仰－叙事对象，而这个超越性统一性的信仰－叙事对象对每一个人来说，具有绝对客观的真实性和先天必然的神圣性。

至于这个超越性统一性的信仰－叙事对象，在人们存在的现象世界——每个文化共同体的具体社会、历史语境中被具体地表述为神还是人，并非本质的问题，神灵也好，圣王也好（当然，对于特定的文化共同体来说，神灵、圣王的区分并非无关紧要，而是具有"主观－相对"①的"本质"性），都因其在人的本原世界中的超越性统一性存在地位，而在现象世界中负担起"大宪章"的普遍功能。②反过来说，尽管具体的神灵或圣王等超越性统一性的信仰－叙事对象，只能在人的存在的现象世界、世俗世界中发挥宪章功能，但是归根结底，"大宪章"的功能基础在逻辑上却首先来源于人的本原性存在的超越性世界。

但是，当现代神话学家从神话现象的角度，而不是从人的本原性存在－实践的立场出发，将某个特定的文化共同体对超越性统一性的信仰－叙事对象的"主观－相对"的内容（质料，比如具体的某种神灵），抽象、归纳为一个能够以感性直观为经验性基础的，具有客观普遍性的"神话"理论概念，并以此"神话"（"神的故事"）的理论概念作为认识工具，规定各个文化共同体（包括西方文化共同体自身）的神话现象，那么，这样的"神话"（"神的故事"）概念就必然会遮蔽各个社会－文化共同体从本原的存在出发，所给出的信仰－叙事的超越性统一性的实践形式。

比如，在中国古代汉语文化中，明明存在着超越性统一性的信仰－叙事实践，早期的神话学家们却视而未见，坚持中国古代汉语文化中的神话现象——"神的故事"只是零散的、不成体系的（三皇五帝的古史传说恰恰是整体性且系统化的）存在，而这正是由于人的本原的存在与实践，被用理论概念（"神的故

---

① "主观的－相对的"说法出自胡塞尔：《欧洲科学的危机与超越论的现象学》，王炳文译，商务印书馆2001年版，第151、152、153、161、168、171、190、206页。"主观的－相对的"，胡塞尔也称之为"特殊性"，同上引书，第147页。

② "宗教人类学研究宗教的发生和发展，研究宗教所承载的社会功能于其所建构的文化秩序（意义）。透过宗教人类学的发展进程，我们看到具体的宗教都是在特定的历史背景中生存和延续的，无论宗教形态如何顺时而变或逆时而动，它总是将信仰者于一个超越他（或她）的神圣对象联结起来。这个神圣对象在不同的宗教中有不同的定位，在某些宗教中也许是人格化的上帝，在某些宗教中只是一种神圣的境界（或属神秘或属觉悟），或在最质朴的形态只是那超越个体生命的不死的灵魂。"金泽：《宗教人类学学说史纲要》，中国社会科学出版社2009年版，第395页。

事")所支配的神话现象、神话经验所遮蔽的结果。反之,如果还原到中国古代汉语文化共同体本原性的存在与实践,且站在马林诺夫斯基的功能论立场上,我们似乎本不该将 myth 移译为"神话"("神的故事"),因为中国古代汉语文化中原本就有可与 myth 的本原性存在论内涵更接近的、本土化的"实践的命名",比如作为历史叙事文体的"本纪"(或"故事")。如果"本纪"的意思就是"本其事而记之以为后代纲纪"①,那么,这不正是古代中国式的"大宪章"么?

就人的本原的存在-实践必然要求对于一个超越性存在者的信仰和叙事(否则人无法获得人性的统一性)而言,我赞同杨利慧关于"起源故事"是"神话"概念的"最低限度的定义"原则。当然,这不是为了照顾大多数研究者的学术理念的现实目的,而是从人的本原的存在-实践形式出发而做出的理论判断。这就是说:神话因"究天人之际"而指向超越性存在者的信仰和叙事,作为人的本原的存在-实践形式,是人把自己规定为具有超越自然规定性的人性(道德)统一性的"人自身"而先天地、必然地要求的。

神话-起源故事,由于讲述了人性统一性的超越性本原,使得神话的信仰-叙事不仅是人的本原性存在-实践本身,同时也是人的本原性存在-实践的客观性条件。由于人的本原性存在-实践的神话信仰-叙事,是"人自身"的纯粹理性的必然性要求,同时也是人的纯粹理性得以践行其自身的客观性条件,所以对于人的本原的存在-实践来说,神话信仰-叙事本身以及神话信仰-叙事所给出的超越对象就具有了人的存在与实践的绝对真实性和神圣性。正如胡塞尔所言:

真正第一位的东西是对前科学的世界生活的"单纯主观的-相对的"直观。的确,在我们看来,这个"单纯"作为古老的遗产具有主观意见的轻蔑的色彩。当然,在前科学生活本身中这种直观丝毫没有这种东西;因为它是被充分证明的领域,因此,是被充分证明的述谓性认识的领域,确切地说,是如同决定它们的意义的实际生活意图所要求的那样的可靠的真理的领域。②

这就是说,神话作为人的本原的存在-实践,不是以人们现实的、日常的生活语境(现象)为实现条件;人们现实的、日常的生活倒是以人的本原的存在-实践所提供的人性统一性为实现条件。进一步说,如果人必然通过自身的纯

---

① 汉·司马迁《史记·五帝本纪》唐·司马贞《索隐》:"纪者,记也。本其事而记之,故曰本纪。又:纪,理也,丝缕有纪。而《帝王书》称:纪者,言为后代纲纪也。"
② 《欧洲科学的危机与超越论的现象学》,第151—152页。

粹理性要求信仰－叙事的本原存在以作为日常生活的实现条件，那么，康德就有理由谈论一种"理性的信仰"（rational belief）[①]。至于作为人的本原的存在－实践的神话信仰－叙事自身的起源，或者说，神话自身的存在条件，换言之，人的本原性存在为什么会采用神话信仰－叙事的实践形式？以及人的本原性存在－实践为什么能够创造出超越性统一性的信仰－叙事对象？用康德的话说，这是我们人类理性所无法洞见的。因此，对于神话叙事本身，我们人类只能取信仰的敬重、敬仰甚至敬畏的态度。

七

从实现人性统一性的立场看，神话信仰－叙事一方面作为人的本原性存在－实践的必然性要求和客观性条件，另一方面又作为人的本原性存在－实践形式本身，其真实性和神圣性是无可置疑的。正是以此，即便在历史时间和社会、文化空间语境中现实地生活的人们在心理（现象）上不再信仰神话的叙事内容，神话作为人的本原性存在的实践要求和实现条件，同时又作为人的本原性存在与实践本身，亦即：神话既是人的本原的存在本身也是自己实现自己的无条件的条件，仍然具有绝对客观的真实性和先天必然的神圣性。

这就是说，神话－起源故事，作为真实性和神圣性的信仰－叙事，由于讲述并设定了一个对于"人自身"而言的超越性统一性的信仰－叙事对象，因而具有了对于每一个人和每一个共同体的本原性存在—实践都客观、必然的有效性。当然这不是说，在人们现实的日常生活的经验世界或现象世界中，每一个人在其主观的心理（现象）上，都将认同神话的真实性和神圣性。事实上，正如杨利慧师生对田野现象的直观经验所揭示的，在日常生活中，人们并不总是在心理上信仰神话叙事内容的真实性和神圣性。但是，正如已经指出的，神话，这个讲述了人自身的本原性存在－实践的超越性起源的故事，为人性统一性原则即人的"存在的理想（应然的本体）"（马林诺夫斯基称之为"先例"或"榜样"）而不是人的"存在的事实（实然的现象）"所树立的先天必然的和客观普遍的表象，始终是真实的、神圣的，以至于正像康德所比喻的：

例如，即便直到如今也可能根本没有过真诚的朋友，也还是能够毫不减弱地要求每一个人在友谊中有纯粹的真诚，因为这种义务作为一般而言的义务，先行

[①]《实践理性批判》，第157页。

于一切经验,存在于通过先天根据来规定意志的理性的理念之中。[①]

对于神话,我们也可以说同样的话:即便世界上已不再有人在心理(现象)上敬畏地信仰并真诚地讲述神话;但是,对于每一个人和每一个文化共同体的本原性存在与实践来说,神话的真实性和神圣性仍然是无可质疑的。因为,神话讲述了人作为人性统一性而存在并实践的超越性起源,即讲述了人作为"人自身"而自由(信仰和理性)地存在并实践的超越性原则。以此,只要人讲出了神话,讲述了人的超越的起源,人就已经(即使是朦胧地)将人与其他非理性、非信仰的存在者(比如动物)区别开来,从而表明了人与其他存在者不同的,即具有人性统一性,且必然显现为道德统一性的存在与实践。而神话最终作为人的道德性的存在和实践,作为人自身"应然"的存在与实践理想,其自身的理性化、伦理(道德)化即人们常说的"神话历史化"就并非作为现象世界的历史语境下的社会、文化作用的结果,而就是神话作为人的存在-实践本质——自由信仰和理性——的必然的自我显现或自我实现。[②]

八

对于神话,神话学者完全可以从不同的视角认识其本质和特征,神话学者既可以从现象的视角直观神话的特征,也可以从人的本原存在的实践立场思想神话的本质。在本书中,杨利慧提出了神话"综合研究"的议题,卓有见地,而我的补充是:综合研究还应该扩展到现象研究、经验研究之外,而将神话思想为人的本原性的存在与实践。当然,就每一位神话学者来说,综合现象研究与"实践认识"[③]这两种学术立场和方法是不现实的;但是,对于一个神话学共同体而言,则完全可能且非常现实。

在人的存在现象的直观视野中,起源故事在人们的心理上,或者被信仰或者不被信仰为真实、神圣的叙事;但这并不妨碍在人的本原性存在与实践的思想视域中,神话是人的"永恒的当下"的真实性和神圣性的存在与实践。神话的

[①] 康德:《道德形而上学的奠基》,载《康德著作全集》第4卷,李秋零译,第414—415页,中国人民大学出版社2005年版。

[②] "人祖神话的讲述和一系列的朝祖活动充分体现了中国社会的'敬祖'、'讲孝道'等文化特点。在讲述人祖神话的过程中教化人们一心向善的渗透传统乡土社会的道德观念和行为规范。规训着人们的日常生活,促进了当时社会和文化秩序的稳定。"仝云丽:本书第五章,第249页。

[③] "实践研究"、"实践认识",是康德《实践理性批判》中的提法,即对人的存在本身即实践本身而不是人的存在现象的认识和研究。《实践理性批判》,第26、61、113页。

现象研究与神话的本原性研究因此可以互补。神话的现象研究可以提供对神话现象的事实认知，而神话的本原性研究则可以提供对"理想型"神话的本质认识。

在神话的现象研究方面，杨利慧带领她的学生，继承了马林诺夫斯基开创的田野直观的民族志传统。马林诺夫斯基证明了在全民信仰的语境条件下，起源故事被人们在心理上普遍地认知为真实性、神圣性的传统叙事；而杨利慧师生则证明了在并非全民信仰的语境条件下，那些被称为"神话"的起源故事只是被人们在心理现象中偶然地认知为真实性和神圣性的传统叙事。[1]但是，讲述起源故事的神话，尽管不再承担对全社会而言的宪章功能，却承担起其他一些社会–文化功能。[2]将这些人们日常生活的公共和私人领域中神话的现象事实（现实），以经验直观的方式直接呈现在我们眼前，这是马林诺夫斯基之后，杨利慧师生的学术贡献。

现代口承神话的功能和意义十分复杂多样。首先，那些与信仰语境密切相关，通常在宗教仪式场合中被讲述的神话，依然扮演着信仰的"社会宪章"（sociological charter）的作用。通过对最初起源的追溯，神话阐明着信仰观念和行为存在的理由，确立着信仰的合理性和合法性，神话中叙述的主要角色和事件也成为神灵崇拜和祭祀仪式的基础。不过，除此而外，现代口承神话还负担着其他多种功能和意义：它们是构成世界观的重要基础；是人们进行社会交流、建构社会生活的有效途径；是教育后代和消闲娱乐的方式；是凝聚群体、建构身份认同的重要力量；还是获取政治资本和商业利益的策略性资源。在不少情形下，现代口承神话的功能和意义可被概括为是"巩固和增强传统，通过追溯更高、更好、更超自然的最初事件，赋予传统更高的价值和威望"[3]，是人们将当下与过去的权威性传统相联接的"传统化"（traditionalization）实践[4]的重要策略。不过，对个体讲述者而言，神话的功能和意义无疑要具体和丰富得多。

---

[1] 参见本书介绍的多位"神话讲述人"不同的"神话观"：黄镇山认为"神话是人们对历史的曲解"，陈贵友认为"神话是真实的事件"，柯尊来认为"神话是神乎其神的故事"。李红武：本书第三章，第145—178页。

[2] 马林诺夫斯基认为"高等文明的神话材料，到了我们的手里已是孤立的文学记载，没有实际生活的背景，没有社会的上下文。这就是西洋古代民族与东方死文明中所有的神话"（《巫术科学宗教与神话》第126页）的结论至少是不全面的。

[3] 马林诺夫斯基：《巫术科学与宗教》，朝戈金等译，参见《西方神话学读本》，广西师范大学出版社2006年版，第238页。

[4] 理查德·鲍曼：《民俗界定与研究中的"传统"观》，杨利慧、安德明译，载《民族艺术》2006年第2期。

站在马林诺夫斯基的信仰功能现象的"形式本质"的理论立场看，杨利慧师生所直观到的那些非信仰功能的起源故事，很难再被称为"神话"。这就是说，如果我们站在马林诺夫斯基"严酷"理论立场（当然，马林诺夫斯基本人的具体观点绝非如此"严酷"，"严酷"是根据他的理论立场严格推导出来的理论逻辑）上看，没有信仰心理（现象）支持的叙事绝非神话，神话的本质在其信仰的功能形式而非其叙事的文本内容。

神话的研究只限在章句上面，是很不利于神话的了解的。我们在西方的古籍、东方的经典以及旁的类似去处得到的神话形式，已经脱离了生活信仰的连带关系，无法再听到信徒们的意见，无法认识与它们同时的社会组织、道德行为、一般风俗——最少，也无法得到近代实地工作者容易得到的丰富材料。①

因此，在马林诺夫斯基看来，已经不再发挥信仰功能的起源故事只是传统的信仰叙事的"神话遗物"。而且，即便是马林诺夫斯基以前（进化论民俗学）的神话理论，也"宽容"地承认信仰的态度与程度，是辨别神话与非神话的体裁标准。②杨利慧放弃了经典神话学关于神话的信仰功能的"形式本质"的基本预设，将神话的叙事内容重新设定为神话的本质，这在理论上将自己置于十分困难的境地，即面对从马林诺夫斯基"严格"甚至"严酷"的关于神话信仰－叙事功能的"形式本质"的理论立场所提出的质疑，尽管《原始心理与神话》当中的那个真实的、"宽厚"的马林诺夫斯基的确承认，残存于古典文献中的起源故事仍然是神话，但却是丧失了特定生活语境下信仰功能形式的"死神话"。

但是，我们能否在放弃了神话信仰－叙事现象功能的纯粹"形式本质"的定义标准之后，仍然坚持神话－起源故事作为真实性和神圣性的信仰叙事呢？根据上文已经提供的理由，答案是肯定的。

---

① "信徒"，马林诺夫斯基又称之为"神话制作人"："人类学家有神话制作人在肘腋之下。"《巫术科学宗教与神话》，第85—86页。

② "神话是起因故事。这些故事尽管荒诞不经，但讲故事的人都相信它，真诚地用它来说明宇宙、生与死、人和动物、人种、物种的区分、男女的不同工作、神圣的典礼、古代的习俗以及其他神秘的自然现象。……因此传统的故事似乎自然而然地分为两类——当作真人真事而讲的故事（神话、传奇、英雄传奇）和为消遣解闷而讲的故事（各种各类的民间故事或 märchen），但是不管这种分类对白人有多大方便，在土人的心目中它并不说明什么问题。对于土人来说，如果他脑子里想到分类的话，可能就是分为'神圣的'和'渎神的'两种。因为神话和传奇常常列为一个部落（或其他团体）最神圣的所有物。"博尔尼：《民俗学手册》，程德祺等译，上海文艺出版社1995年版，第211—213页。

九

　　汤普森关于神话的"最低限度的定义",虽然在时间上晚于马林诺夫斯基而提出,但在神话理论的发展逻辑上,却是从马林诺夫斯基对神话信仰功能形式的本质认识的倒退,回到了马林诺夫斯基之前仅仅关注神话叙事文本内容的经典做法,尽管汤普森本人并不对神话内容做文学象征(缪勒)和历史背景(泰勒)的解读。汤普森的做法固然有他的基于操作的实用理由,因为他本人的心血所倾注的领域正集中在神话叙事的文本内容方面,即他最重要的学术贡献是编纂了民间故事内容"型式"的类型索引和母题类型,因此"最低限度"的神话内容定义出自汤普森之口就是顺理成章的事情;但是与此同时,这种做法也让汤普森在理论上主动放弃了对神话本质的更深刻的把握机会。

　　但在这里,我倒是在理论上(不是在单纯的经验归纳方面)愿意支持杨利慧将"起源故事"作为"神话"概念的"最低限度定义"原则的主张。因为杨利慧并不是以神话现象的"纯文本"研究为鹄的,而是将神话现象置于人们现实的日常生活语境当中,以直观神话现象的功能变化。为此,杨利慧必须设定:无论发生怎样的功能性改变,神话之为神话仍然具有一种非功能的本质性规定。但是,为了规定神话的非功能性的本质,我们是否只能回到神话的叙事内容的本质规定性的理论立场呢?

　　我对杨利慧的理论支持是从神话作为人的本原性存在与实践的认识角度入手,而承认"起源故事"对"神话"概念的内涵与外延的限定作用的。从人的本原存在的实践立场看待神话:第一,起源故事所呈现的并非仅仅是神话叙事的具体内容(从现象的角度看,起源故事当然是神话叙事的主观-相对的具体内容),而是呈现的(就人的本原性存在-实践而言)对于超越性对象的信仰-叙事结构,即人的真实性、神圣性的本原性存在与实践结构。第二,起源故事的真实性和神圣性也并非如马林诺夫斯基所认为的那样,仅仅存在于人的主观性、偶然性的信仰心理当中,而是存在于人的纯粹理性对自身的本原性存在所提出的实践要求当中,因而具有先天的必然性和绝对的客观性。

　　汤普森和马林诺夫斯基对"神话"概念的定义,无论是出于"最低限度"的叙事的文本内容的定义,还是出于信仰的功能形式的定义,都还只是关于神话现象的经验性归纳的理论性定义,即便马林诺夫斯基的神话信仰功能的"形式本质"，也仍然是神话现象的本质规定。面对神话在我们的感性直观中所呈现的经验表象——现象，汤普森和马林诺夫斯基所给出的不同的"神话"定义都具有经验的普遍性（尽管在理论上是相互冲突的，如果把两者都视为神话的本质）。汤普森着眼于神话叙事的文本内容，固然是现象；而马林诺夫斯基着眼于神话信仰的功能形式，也同样是现象，因为在马林诺夫斯基的直观中，神话的信仰功能完全建立在人的心理基础上，而人的信仰心理仍然是现象。因此，无论是基于对神话的叙事内容现象，还是对神话的信仰功能形式现象的经验归纳而给出的概念定义，都无法在理论的彻底性上，保证神话作为真实性叙事和神圣性信仰的客观普遍和先天必然的有效性。

于是，人们也就总是能够向汤普森和马林诺夫斯基提出如下问题：如果不是神的故事，那么其他类型的起源故事，是否也属于神话？如果不是人们在心理上信仰神话，起源故事是否还具有真实性和神圣性？这就是说，汤普森和马林诺夫斯基基于经验直观的实证归纳所给出的"神话"定义，尽管具有经验的普遍性，但是绝不会有先天的必然性和客观性。相反，如果我们从人的本原性存在与实践的立场思想神话的本质，那么列维-斯特劳斯关于"无论我们对产生神话的那种语言和那个民族的文化怎样缺少了解，神话依然被世界各地的读者体会到是神话"的说法也就仍然能够成立，当然，"世界各地的读者体会"一定建立在对人的本原性存在与实践本质的直接把握的基础上。

十

这就是说，如果我们不是执着于神话现象而是着眼于作为人的本原性存在与实践的神话，那么，对神话现象的表述矛盾就能涣然冰释。人的本原的存在与实践，从根本上说，就是人的本原的信仰-叙事结构，即对于超越性信仰-叙事对象的设定与表述。而起源故事正是对这种信仰-叙事的存在与实践结构的复述和确认，我们甚至可以说，神话的信仰-叙事结构本身直接就是人的本原的存在与实践。就人的本原的存在与实践所呈现的、具有超越性指向的人性（自由理性所认定即自由信仰的道德）统一性而言，人的本原性（人性、道德性、纯粹理性的自由）存在与实践的真实性和神圣性是无可怀疑的。

神话信仰-叙事的真实性和神圣性不能到人的存在现象的直观经验中去寻找，而是要深入到对人的本原性存在与实践的信仰-叙事结构本身的思想中去发现。而一旦深入到人的本原性存在与实践，我们根据现象直观而给予的，关于"神话"的叙事文本内容和信仰功能形式何为本质的概念定义之间的相互冲突就会消解。因为，在人的本原性存在与实践的信仰－叙事结构中，神话的叙事内容结构就是神话的信仰形式结构，二者是二而一一而二的东西。我讲述一个对象和我认定一个对象，在人的本原存在的实践层面不分伯仲，叙事就是信仰，而信仰也就是叙事。

以此，我才认为，无论你是否在口头上讲述了神话，是否在心理上相信了神话，神话对于我们每一个人、每一个共同体来说，在人的本原的存在与实践上都具有同样有效的真实性和神圣性。神话的真实性和神圣性，并不依赖于神话叙事主观－相对的文本内容，也不依赖于神话在人们心理现象上信仰与否的功能形式。但是，在人的本原性存在与实践方式中，神话对于每一个人、每一个共同体来说，都仍然是真实性和神圣性的，而这就是神话的真实性和神圣性具有客观的普遍性和先天的必然性的最终理由。①

从人的本原性存在－实践的信仰－叙事结构看经典的神话学理论对神话现象的悖论式表述——神话的本质或者是其叙事的内容，或者其信仰的形式，二者必据其一——借用康德的话说，是神话学"向来所能陷入的最富裨益的困境"②，而这种困境乃是由于神话学者将人的本原性存在与实践的结构原理（信仰叙事质料与信仰叙事形式的统一）"运用于（神话）现象时的自相冲突"③的假象（即"叙事内容"和"信仰形式"同时作为神话的本质而产生的矛盾冲突的假象）。

这个假象自行暴露，倘非如此，它原本是决不会被人看出它的虚假的。不过理性被迫去追究这个假象的根源：它从什么地方产生，它如何能够被消除？……因为它最终驱使我们去寻求走出这个迷宫的线索，而这个线索一经发现，还会解释出我们并不寻求却仍然需要的东西，也就是对于事物的一种更高而不变化的秩序的展望；我们现在已经处于这个秩序之中，而且我们从现在起能够受确定的规矩之命依照至上的理性决定在这个秩序之中继续我们的此在。④

---

① 列维－斯特劳斯：《结构人类学》，谢维扬等译，上海译文出版社1995年版，第226页。

② 当然，对于这个"最终理由"，即人的存在的无条件－必然性的条件，我们人类最终是无法理解的。"理性不遗余力地寻求无条件必然的东西，发现自己已被迫假定它，却没有任何不乏使自己可以理解它。……所以，我们虽然不理解道德命令式的实践的无条件必然性，但我们毕竟可以理解其不可理解性。"康德：《道德形而上学的奠基》，见《康德著作全集》第4卷，李秋零译，中国人民大学出版社2005年版，第471页。

③《实践理性批判》，第118页。

④《实践理性批判》，第118—119页。

所以，杨利慧为适应并非全民信仰的现代社会－文化语境下的神话研究，直观地把握现实生活中神话现象的多种功能（而非仅仅是信仰功能），以及大多数人在心理上丧失了神话信仰的情况下共同体的命运，却并不一定就要回避神话本原的真实性和神圣性问题。正如已经指出的，无论神话在人们的心理现象——包括集体记忆和个体信仰中是否被认知为真实的和神圣的，神话作为人的本原的存在－实践的信仰－叙事结构本身——即康德所说的"更高而不变化的秩序"的真实性和神圣性仍然对于每一个人和每一个共同体都具有先天必然和客观普遍的有效性。但是，建立在对神话作为人的本原的存在与实践的理解条件下的，针对神话作为人的存在现象的经验研究也就因此获得了理论上的肯定和支持。

我相信，一个以"呈现社会事实"[①]为己任的现象实证的神话学，和一个以思想人的本原存在为根本目的的"实践认识"的神话学的互补互动，将会大大有助于神话学在理论关切与实践关怀的两个方面都得到深入的发展和广泛的扩展，因为神话学关联着人的存在的"应然"理想和"实然"现实，而杨利慧师生的这本新著将会激发读者对人的存在的上述两个方面的进一步思考，并最终走出神话现象的表述悖论之"二律背反"的迷宫。

---

① "呈现社会事实"，语出高丙中《中国社会科学需要培育扎实的民族志基本功》，原文是高丙中为他主编的"汉译人类学名著丛书"（商务印书馆 2006 年版）所写的"总序"，收入高丙中《民间文化与公民社会》，北京大学出版社 2008 年版，第 323 页。

目　录

第一章　总论 / 001

　　第一节　中国现代口承神话的搜集与研究 / 005

　　第二节　本书的目的、主要理论与方法及写作过程 / 012

　　第三节　本书的主要结论 / 018

第二章　讲述者与现代口承神话的变异 / 034
　　　　　——重庆市司鼓村的个案

　　第一节　引言 / 034

　　第二节　司鼓村的历史地理及当地农业人群的日常生活 / 042

　　第三节　重复讲述中的变异因素
　　　　　　——同一讲述者对同一类型神话的不同讲述 / 054

　　第四节　个人讲述倾向与神话的变异
　　　　　　——不同讲述者对同一类型神话的讲述 / 088

　　第五节　结语 / 108

第三章　现代口承神话的演述人及其神话观研究 / 115
　　　　　——陕西安康市伏羲山、女娲山区的个案

　　第一节　引言 / 115

　　第二节　伏羲山、女娲山区的历史地理和人文概况 / 131

　　第三节　黄镇山："神话是人们对历史的曲解" / 145

　　第四节　陈贵友："神话是真实的事件" / 157

　　第五节　柯尊来："神话是神乎其神的故事" / 167

第六节　结语 / 178

第四章　民间传统的当代重建 / 184
　　——山西洪洞县侯村女娲神话及其信仰的个案

第一节　引言 / 184
第二节　侯村的历史地理与民俗文化 / 185
第三节　女娲信仰的恢复与重建 / 193
第四节　女娲神话的传承与再创造 / 206
第五节　结语 / 217

第五章　神话、庙会与社会的变迁（1930—2005年）/ 222
　　——河南淮阳县人祖神话与庙会的个案

第一节　引言 / 222
第二节　"羲皇故都"的历史地理与文化生活 / 224
第三节　自在地传承：20世纪30年代的人祖庙会与人祖神话讲述活动 / 237
第四节　从社区公共生活空间中退隐：1949—1976年的人祖庙会与神话讲述活动 / 250
第五节　传统的复兴与重构：20世纪70年代末以来的人祖庙会与神话讲述活动 / 263
第六节　社会变迁与一个讲述人的个人故事 / 288
第七节　结语 / 295

附　录：民间叙事的表演 / 300
　　——以兄妹婚神话的口头表演为例，兼谈中国民间叙事研究的方法问题

后　记 / 328

第一章 总 论

杨利慧

在大多数研究者看来,作为人类口头艺术(spoken art)的诸文类之一,神话通常具有这样一些特点:它是有关神祇、始祖、文化英雄或神圣动物及其活动的叙事(narrative),通过叙述一个或者一系列有关创造时刻(the moment of creation)以及这一时刻之前的故事,神话解释着宇宙、人类(包括神祇与特定族群)和文化的最初起源,以及现时世间秩序的最初奠定。在神话中,深深地镌刻着它所赖以产生和传承的人类群体的思维、情感和社会生活的烙印,所以,神话为了解人类的精神、思维、智慧以及社会发展的历程,提供了一个重要的窗口。

神话在人类的童年时代即已产生,是一般人心目中"最古老"的文化形式之一。在世界神话学史上,学者们对神话的研究也大多依赖古文献记录或者结合了考古学资料来进行,因此,古代典籍神话一直是神话学的核心。相形之下,现实生活中的口承神话——即那些主要以口头语言为传承媒介、以口耳相传为传播方式、在现实生活中仍然鲜活地生存着并担负着各种实际功能的神话则未能得到足够的重视。

人类学取向的神话研究为纠正这一偏向做出了最为卓越的贡献。日本著名神话学家大林太良曾经指出人类学(他称作"民族学")在神话研究上的一大优势就是能够研究活着的神话。[①]马林诺夫斯基(Bronislaw K. Malinovski,1884—1942年)曾经不无骄傲地谈到人类学的研究在神话学领域"独占"的优势:

在这场神话学争论的众多参与者中,惟有人类学家独占优势:每当他感到自己的学说不能自圆其说或辩论到理屈词穷时,他都可以搬出原始人那里的情况为证。人类学家不受极其匮乏的文化遗物与残碑断章等碎片的束缚。他无须用长篇

---

① [日]大林太良:《神话学入门》,林相泰、贾福水译,中国民间文艺出版社1989年版,第24—25页。

大论的猜测论述来填补巨大的空白，人类学家的身边就有神话的作者。他不仅可以完整地记录下某一神话文本的不同异文，不断地进行核实，还可以询问大量真正相信这些神话的人。此外，他还能实际体验产生神话的那种生活。正如我们看到的，在生动的语境中所了解的内容和从神话叙事文本中所得到的一样丰富。[1]

由于"不受极其匮乏的文化遗物与残碑断章等碎片的束缚"，尤其是对神话在"生动的语境"、"产生神话的那种生活"中的实际生存状态和功能、对于讲述和"真正相信这些神话的人"的关注，人类学者（包括有人类学取向的其他学科学者）的研究在神话学领域里往往独树一帜，他们对口承神话倾力最多，贡献也最丰。其中最常为神话学界所称引的要数马林诺夫斯基对新几内亚的特洛布里恩德岛上的土著民族的神话进行的调查和研究。马氏曾于1914—1918年间在该岛进行田野考察，并对当地土著民族的神话、巫术、信仰等进行了整体性的描述和分析，从而奠定了"科学的人类学的规范"[2]以及功能主义神话研究的典范，并"推动实现了从19世纪热衷于神话起源的研究转变到更为实际地关注神话在现实社会中的功能"。[3]在其具有深远影响的《原始心理与神话》《巫术科学与宗教》等论文以及《西太平洋上的航海者》（其中第十二章集中探讨了"库拉神话"）等专著中，他集中表述了其功能主义的神话观。[4]与马氏的考察相类（尽管论说的重点和考察的视角各有不同）的研究尚有不少，比如人类学家弗朗兹·博厄斯（Franz Boas）对太平洋西北沿岸的各土著民族的神话[5]、露丝·本尼迪克特（Ruth Benedict）对美洲祖尼（Zuni）印第安人的神话[6]、雷蒙德·弗思（Raymond Firth）对于波利尼西亚提科皮亚人（Tikopia）的神话[7]、瑞格纳·达

---

[1] [英]马林诺夫斯基：《神话在生活中的作用》，见[美]阿兰·邓迪斯编，朝戈金等译：《西方神话学读本》，广西师范大学出版社2006年版，第243页。

[2] 高丙中：《西太平洋上的航海者·译序》，见[英]马林诺夫斯基著，梁永佳、李绍明译，高丙中校：《西太平洋上的航海者》，华夏出版社2002年版。

[3] [美]阿兰·邓迪斯编：《西方神话学读本》，第237—238页。

[4] 有关马氏及其功能主义神话观的介绍和评论，可参见杨利慧《神话与神话学》第十一章第三节，北京师范大学出版社2009年版。

[5] 参见 Franz Boas, *Tsimshian Mythology* (Washington, D. C. 1916), 另见其 *Kuakiutl Culture as Reflected in Mytholog* (New York, 1935)。

[6] Ruth Benedict, *Zuni Mythology* (New York, 1935).

[7] [英]雷蒙德·弗思：《神话的可塑性：来自提科皮亚人的个案》，见《西方神话学读本》，第253—272页。

奈尔（Regna Darnell）对于对北美克里（Cree）印第安人的神话[①]、比较宗教学家艾克·霍特克莱茨（Åke Hultkrantz）对于肖肖尼印第安人（Shoshoni Indians）神话[②]的搜集和研究，等等。

不过，人类学取向的神话研究，主要集中在一些地域上较偏僻和文化形态相对单纯的部落或部族（即马林诺夫斯基所谓"原始人"、"土著人"或"野蛮人"[③]、雷蒙德·弗思所谓"文明世界以外的原始社会"[④]）之中，而且，这些土著社会里的神话，连同创造和传播这些神话的主体社会本身，往往被看做是静止不变的，而对于人口众多和文化形态相对复杂的民族（弗思所谓"复杂的文明社会"[⑤]）中流传的鲜活的口承神话，相对而言则较少触及，对于神话在不断变迁的复杂社会中的传承和演变，更鲜有详尽的民族志研究。尽管也有个别研究者注意到了神话在现代社会中的讲述与表演、变迁与调适——例如达奈尔曾以其1971年对克里印第安人的传统生活方式的调查为基础，通过详细的语境和过程描述，展示了一位克里印第安老人如何创造性地改变了传统的神话讲述方式，适应特定的情境而添加了新生性的内容；毕业于美国印第安纳大学民俗学专业的Kyoim Yun在其博士学位论文中辟有专章，详细考察了发生于2001—2002年间的一次当代韩国萨满跳神仪式语境中的神话讲述和表演活动，以论述萨满传统背后根深蒂固的交换性互惠经济[⑥]——不过总体而言，在世界神话学领域，对于神话在现代社会中的讲述、传承与变迁情况，研究相对薄弱，[⑦]在许多学者及一般人心目中，

[①] Regna Darnell, "Correlates of Cree Narrative Performance," in *Exploration into Ethnography of Speaking*, Richard Bauman and Joel Sherzer, eds., 2d ed. (New York, Melbourne: Cambridge University Press, 1989), pp. 315 – 336.

[②] [瑞典] 艾克·霍特克莱茨：《意识形态的两分：肖肖尼人中的神话与民间信仰》，见《西方神话学读本》，第187—203页。

[③] [英] 马林诺夫斯基：《西太平洋上的航海者·导论》，梁永佳、李绍明译，高丙中校。

[④] [英] 雷蒙德·弗思：《人文类型》，费孝通译，商务印书馆1991年版，第142页。

[⑤] [英] 雷蒙德·弗思：《人文类型》，第144页。

[⑥] Kyoim Yun, "Performing The Sacred: Political Economy and Shamanic Ritual on Chaju Island, South Korea" (Ph. D. diss., Indiana University, 2007), Chap. 2.

[⑦] 这一局限在美国ABC-CLIO出版公司于2000—2005年组织并陆续出版的"世界神话系列丛书"（World Mythology Series）中得到了鲜明的体现。这套由世界多位专家联合完成的丛书，对包括古希腊罗马、斯堪的纳维亚、埃及、巴比伦、印度、中国、日本、波利尼西亚、中美洲，以及美洲印第安人等在内的世界神话的系统性介绍中，除个别情况外 [例如 Dawn E. Bastian and Judy K. Mitchell撰写的《美洲印第安人神话手册》（*Handbook of Native American Mythology*）中探讨了那些土著人的神话对于他们今天的生活——例如争取土地的斗争、经济的平等以及文化产权的归还等的重要作用；杨利慧、安德明撰写的《中国神话手册》（*Handbook of Chinese Mythology*）中使用了诸多中国的现代口承神话以及作者的部分民族志考察成果等]，绝大部分作者的描述视角都是古典学、考古学和文献学的。

神话几乎成为了"已经（或即将）逝去的远古（或蛮荒）时代"的代名词，是远古文明的遗留物，它与"现代社会"格格不入。[①]

上述种种不足在中国神话学中也有鲜明的体现。首先，古代典籍神话的研究一直是中国神话学的主流。古代的学者自不必说，自20世纪初叶作为现代学科之一的"中国神话学"正式发端以来，国内大多数学者对神话的研究往往都是借助于文献资料（尤其是古代文献），或者再结合了考古学、图像学等资料，对中国古典神话的演变轨迹、原初意旨、神祇的最初形貌等进行考据性的溯源研究，取得了斐然的成就。这一情形至今并没有太大改变。在海外，许多有名的汉学家或神话学者，例如美国的杰克·波德（Derk Bodde）、英国的安妮·比勒尔（Anne Birrell）、日本的白川静、御手洗胜等，其对中国神话的研究，从取材和研究范围上看，也大多未脱上述窠臼。其次，中国的现代口承神话——即在现代中国[②]的时间和空间场域里鲜活地流传着的口承神话一直是中国神话学研究中的薄弱环节，与古代典籍神话相比，有关的探讨要少得多。但是，尽管薄弱，这一领地也并非一片空白，事实上，对其关注的历史与现代中国神话学的历史一样悠长。由于这一点与本书的探索直接相关，我们有必要对此做更详尽的撮要梳理。

[①] 尽管对现代生活中各种"神话的泛化"现象的关注在世界神话学史上并不鲜见，例如罗兰·巴特（Roland Barthes）将玩具、沙滩上的旗帜、标语、广告牌、脱衣舞、现代传媒等都视为"流行"的现代神话，见其《神话学》一书，台湾桂冠图书股份有限公司1997年版。再如，用宗教史学家米尔恰·伊利亚德（Mircea Eliade）的视角来看，美国总统约翰·肯尼迪和乔治·华盛顿无疑是现代的阿多尼斯（Adonis），参见Robert A. Segal, *Myth: A Very Short Introduction* (New York: Oxford University Press, 2004), pp. 57－60。由于本文的"神话"概念有着相对明确的限定——事实上这类神话也是大多数神话学者所着力关注的对象，因此这里的批评不涉及那些对"神话的泛化"现象的研究。

[②] "现代中国"是一个被不断建构起来的历史、政治和社会文化概念。对于其肇始的确切时期，学术界尚有不少争议，一般认为，这一阶段大体发端于20世纪初叶的"五四"运动，而其转型则在晚清时期已逐渐开始。本文不拟纠缠于这一概念上被越来越多地附着的种种政治和意识形态涵义，陷入对现代/后现代/当代等的界定纷争之中，只想借此考察中国的口承神话在帝国时代结束以后的20世纪以来直至今天，在一个发生了诸多变化的时间和空间以及相应的政治和社会文化语境中，是如何传承与变化的。

第一节　中国现代口承神话的搜集与研究[①]

中国现代神话学的发端,如果从1902年梁启超首次在所发表的文章中使用了中文的"神话"一词算起,[②]至今已有一个多世纪的历史了。而对现代口承神话的自觉关注,早在20世纪初叶也已开始。上世纪20年代初中期,民俗学者钟敬文便开始充满热情地从事民间口承神话的搜集和记录工作,"不断地致力于说明神话及一般神话的搜集和试探工作","曾以自己的笔,记录了若干篇从中国南部民间的口头得来的鲜活的资料",他认为尽管在古代浩如烟海的文献中,保存了相当的古神话和传说,"但现在还泼剌地存活在民间的农夫、樵子、渔妇们的口碑中的神话和传说,真可说是相当充实的、闪光的宝库",对这些还传播在民间口头的神话和传说,首要的工作便是到民间去采访和记录。他将自己在十年中所采录的部分"说明神话"——解释自然现象和文化现象的由来或者其性质、形态的起因的神话编辑成了《说明神话专号》,发表在1935年的《妇女与儿童》杂志上。[③]在他撰写的学术论文中,也十分注重运用从当时的民间口头传统中记录下来的神话资料。例如《槃瓠神话的考察》(1936年)一文中,便引用了当时其他学人从广东省以及浙江省的畲族人中所收集和记录的槃瓠神话。[④]除钟敬文外,张清水、"林兰"等也都曾搜集或者征集、编写并发表了不少现代口承神话。[⑤]

[①] 中国古代历史上也曾有人对当时流传的口承神话予以关注,并进行了初步的搜集、记录、评论以至改编和再创作,这一传统在屈原、王充、干宝等人的著述中都有体现,不过,这些古代学者对于口承神话的特点、重要性、传承和演变情形等,尚未形成自觉。

[②] 梁启超:《历史与人种之关系》,见其《饮冰室文集》第34卷,又见《梁启超史学论著四种》,岳麓书社1985年版,第255页。对梁启超这一贡献的发现,要归功于刘锡诚的辛勤探索,见其《20世纪中国民间文学学术史》,河南大学出版社2006年版,第19页。

[③] 参见钟敬文《关于说明神话——写在〈妇女与儿童〉的〈说明神话专号〉之前》(1935)以及《与W.爱伯哈特博士谈中国神话》(1933),见《钟敬文民间文学论集》下册,上海文艺出版社1985年版,第413—414、492—497页。

[④] 见《钟敬文民间文学论集》下册,第108—111页。

[⑤] 张清水曾将他"直接或间接从民间活生生地采集"的50篇在中国南部流传的神话和传说编辑成册,题名为《太阳和月亮》出版。详见钟敬文《中国神话之文化史的价值——序清水君的〈太阳和月亮〉》(1933),《钟敬文民间文学论集》下册,第357—363页。北新书局从1926年开始,以"林兰"的笔名(编辑工作由李小峰、蔡漱六和赵景深一同完成)从全国各地征集民间传说、故事,并将之编写、出版,前后总数近40种,编入其中的各种民间故事(也包括神话)近千篇,在当时的中小学生中产生了巨大的影响。参见李昕揆《北新书局:从"新文艺书店的老大哥"到教科书和儿童读物出版的劲旅》,http://ziyer.2008red.com/article_28150_1682.shtml。

上世纪30年代至40年代抗日战争期间，现代口承神话的收集和研究工作进入了一个新阶段。这一阶段中，不仅有学者使用了更加符合现代学科规范的田野作业方法，直接从民众口头采集、记录口承神话以及相关的信仰和生活习俗，而且从不同学科角度将古代文献与现代口承神话相结合而进行学术研究的做法，也蔚然成风。1933年，曾经留学美国的人类学者芮逸夫与同仁一道赴湘、黔边境考察苗族的生活与社会状况，在凤凰、乾城、永绥三县边境工作了50余日，从当地苗人的口述中记录了两则洪水后兄妹始祖神话的异文，以后又收集到了两则相关的祭神歌，他将所收集的这些民间口承神话文本与其他人搜集的同类神话、相关的古代文献记录以及当时对汉代画像石的考古研究资料等一一进行比较，写成了《苗族的洪水故事与伏羲女娲的传说》一文，对苗族洪水神话的起源及其与伏羲女娲的关系进行了详尽而大胆的推测。[1]抗日战争爆发后，许多高校和科研机构纷纷迁往云南、贵州、四川等边疆地区，当地多民族的社会和文化环境普遍引发了学者们的兴趣，对少数民族口头文学以及历史和信仰等的研究成为当时学术的核心话题之一。许多学者在研究中使用了叙述民族起源的口承神话资料（多为其他人所搜集、记录，也有通过自己的田野考察而搜集的），来考证和认识这些民族的族属、源流、社会和文化形态等，例如吴泽霖《苗族中祖先来历的传说》（1938年）、楚图南《中国西南民族神话的研究》（1938—1939年）、马长寿《苗瑶之起源神话》（1940年）、陈国钧《生苗的人祖神话》（1941年，其中对自己在贵州下江的苗族口中采录的3则洪水后兄妹始祖神话进行了分析）、岑家梧《槃瓠传说与瑶畲的图腾制度》（1941年）等。[2]其中，陈国钧在文章中还特别注意到了神话的讲述情境和人员的限定，对神话传承者在社会生活中的地位进行了介绍和分析。总的看来，这些研究很多仍然是在口承神话资料的基础上去考证神话的生成与流变，并没有"有意识地"对口承神话本身进行理论分析，"但在基本理论和研究方法上却奠定了基石"[3]。

上世纪50年代初，建国不久的中华人民共和国开展了一次大规模的民族识别和调查工作，这一工作一直延续到上世纪60年代（甚至在"文化大革命"之后）。数以千计的学者和普通民族工作者，被派往"祖国大地的山川雪域、森林

---

[1] 芮逸夫：《苗族的洪水故事与伏羲女娲的传说》，见中央研究院历史语言研究所《人类学集刊》，上海商务印书馆1938年，第1卷第1期。

[2] 以上诸篇论文的主要部分，读者可便捷地参考马昌仪编《中国神话学文论选萃》上编，中国广播电视出版社1994年版。

[3] 孟慧英：《活态神话——中国少数民族神话研究》，南开大学出版社1990年版，第3页。

草原、大漠戈壁探究中国多民族国情实际"[①]，对少数民族的社会历史和语言文字进行调查，内容广泛涉及当地各少数民族的人口、语言、历史沿革、政治制度、经济状况、社会等级、宗教信仰、婚姻和丧葬习俗、文学艺术等，其中也记录了不少当时在各少数民族中流传的口承神话。不过，对当时搜集的不少神话和相关资料，学术界一直缺乏应有的重视，对现代口承神话的研究在建国后的一段时期内似乎也乏善可陈。

1964年，袁珂等人在四川省中江县"意外地"搜集到了6则民间口承的神话传说，其中包括《伏羲女娲制人烟》等。消息发表后，学术界开始重新对中国远古神话的现代口头传承产生了兴趣。[②]在袁珂对古神话的注释以及神话流变研究的论文中，也对这类神话资料加以了运用。

1980年以来，对现代口承神话的搜集出现了高潮。1983年，以河南大学张振犁为首的"中原神话调查小组"对河南和河北境内流传的现代口承神话进行了实地调查，并搜集、出版了《中原神话专题资料》[③]，其中收录了该调查小组在随后的3年中，在河南省境内10多个地区搜集的、在民间口头流传的上百篇神话故事，涉及盘古、伏羲、女娲、羿与嫦娥、黄帝、炎帝等多数古代神话中最为重要的神话人物及其相关神话故事。1984年，由中国文化部、民族事务委员会与中国文学艺术界联合会联合主办，由中国民间文艺研究会（现改名为"中国民间文艺家协会"）具体执行的"民间文学三套集成"工作启动，该项目在全国范围内展开，以搜集民间故事（包括神话、传说、幻想故事、笑话，以及其他形式的散文叙事体裁），民间歌谣与民间谚语。由于这一工作的开展，人们发现不仅各少数民族地区神话蕴藏丰富，而且在社会和文化形态更加复杂，神话资源一向被认为属于"贫瘠"的汉族地区，也发现了数目可观、形态各异的口承神话。大量汉族的现代口承神话随之陆续被发掘、整理、出版。例如，浙江湖州地区搜集了丰富的防风神话[④]；在该地区出版的故事卷中，收录了20多则从当地汉族中采录的口承神话。[⑤]在根据"三套集成"的成果编辑出版的《四川神话选》中，收录了在当代四川省境内的10多个民族中流传的120多则神话及其

[①] 郝时远：《〈田野调查实录——民族调查回忆〉前言》，见郝时远主编《田野调查实录——民族调查回忆》，社会科学文献出版社1999年版，第1页。

[②] 这组消息发表于《民间文学》1964年第3期。

[③] 张振犁、程健君编《中原神话专题资料》，中国民间文艺家协会河南分会内部印行，1987年。

[④] 相关成果参见钟伟今主编《防风神话研究》，安徽文艺出版社1996年版；钟伟今、欧阳习康主编：《防风神话汇编》，天津古籍出版社1999年版。

[⑤] 钟伟今主编：《浙江省民间文学集成·湖州市故事卷》，浙江文艺出版社1991年版。

异文,这些民族包括汉族、藏族、彝族、傈僳族、羌族、土家族、苗族、回族、纳西族、蒙古族等,其中 90 多则是从汉族中收集的。①

随着搜集工作的推进,1980 年以来,对现代口承神话,尤其是少数民族中流传的口承神话的研究也开始取得显著发展。例如钟敬文曾利用新搜集的少数民族神话文本,写成《论民族志在古典神话研究上的作用——以〈女娲娘娘补天〉新资料为例证》(1981 年)一文,以论述民族志资料在古典神话研究上的重要作用。②张振犁则充分利用了"中原神话调查组"对中原汉族地区流传的口承神话的实地考察成果以及"三套集成"所搜集的资料,出版了《中原古典神话流变论考》(1991 年)等专著③;与他的旨趣一脉相承,程健君在《民间神话》(1997 年)一书中也集中展示了"中原神话考察"的具体成果,他将那些今天依然"'活'在群众口头上"的神话称为"民间神话"(尽管文中对此并未有明确界定),继而论述了古典神话在中原地区的地方化表现以及中原地区流传的相关民俗事象。④特别值得注意的,是李子贤、孟慧英等对一些少数民族中流传的"活态神话"进行的调查和研究。在《活形态神话刍议》一文(1987 年)中,李子贤立足其多年来对云南诸少数民族神话的实地考察,创造性地将中国的神话划分为文献神话、口头神话和活形态神话三类,其中"活形态神话"是特指那些"与特定的社会组织、生产方式、宗教信仰、生活习俗等保持着紧密的有机联系,并被人们视为'圣经'而具有神圣性、权威性"的神话,它们是"典型的或原始形态的神话",它们"只能产生并存留于原始氏族社会时期及文明社会初期,因此,今天它们大多已经消失",但是由于社会发展的不平衡,这类神话往往在一些偏僻的少数民族地区尚未绝迹。而"口头神话"是指至今仍以口耳相传的方式在民间流传、以口头文学为其存在形态的神话,由于其"赖以存留的社会条件(如原始的宗教、习俗、心理,以及神话思维等)正逐渐消亡",这类神话"犹如某种业已开始枯萎却未完全枯死的植物",属于"活形态神话"的一种晚期形态。⑤与李子贤的主张相类,孟慧英在《活态神话——中国少数民族神话研

---

① 侯光、何祥录编选:《四川神话选》,四川民族出版社 1992 年版。
② 钟敬文:《论民族志在古典神话研究上的作用——以〈女娲娘娘补天〉新资料为例证》,见《钟敬文学术论著自选集》,首都师范大学出版社 1994 年版,第 556—581 页。
③ 该书 1991 年由上海文艺出版社出版。2009 年,该书被收入张振犁中原神话研究文集《中原神话研究》一书中,由上海社会科学院出版社再版。
④ 程健君:《民间神话》,海燕出版社 1997 年版。
⑤ 李子贤:《活形态神话刍议》,见其《探寻一个尚未崩溃的神话王国》,云南人民出版社 1991 年版,第 81—91 页。

究》一书（1990年）中，也认为典型的活态神话是依赖仪式而存在的，该书以少数民族神话为例，综合论述了神话的特质、观念体系、功能与社会形态和民族心理之间的关系以及活态神话的原始艺术特点等，还初步涉及了神话的传承者和讲述情境等较新的领域。[1]尽管李孟二人的个案研究有待具体、深入，尤其是将"活态神话"与宗教信仰和仪式相连而将其他形态的神话视为"枯萎"或"枯死"的看法似乎有些偏狭——难道入睡前妈妈讲给孩子听的盘古开天故事，旅游中导游讲给游客的洪水后兄妹始祖重新繁衍人类的故事，不也是鲜活地存在于现实生活中，也是对神话传统的延续，因而也是"活态"的么？"活态神话"的提法，多少忽视了神话在现实生活的各种语境中扮演的多种角色与功用，但是，李孟二人对于少数民族中与仪式和日常生活相关联的神话的关注和实地考察，对现代口承神话的研究起到了重要的推进作用。

20世纪90年代中后期以后，尤其是进入21世纪以来，现代口承神话的探索进入了一个新境地，相关研究更为具体、深入，视角也更加多样。例如吴晓东在多年来对苗族神话与信仰进行深入考察的基础上，参考多种文本（包括自己在田野作业中搜集到的"太阳与蚯蚓的故事"及其讲述过程），详细阐述了所谓苗族中流传的"蝴蝶妈妈"与蚩尤神话被建构的过程和原因，并指出在搜集和研究口承神话时，"图式"起着至关重要的作用。[2]巴莫曲布嫫在其有关彝族史诗的丰富田野研究成果中，多处涉及彝族口承神话。其博士学位论文《史诗传统的田野研究：以诺苏彝族史诗"勒俄"为个案》对四川凉山诺苏彝族的创世史诗"勒俄"的民间叙事传统进行了深入细致的调查与分析，通过对一位传统的史诗演述人学艺过程和表演实践及其地方史诗观念与传统法则、史诗的演述场域、"克智"口头论辩传统等一系列问题的系统考察，着力检讨了"民间叙事传统的格式化"存在的种种弊端，并提出建立观察与捕捉口头叙事的本质性表现的研究视界。[3]刘亚虎则从南方少数民族的"神话长诗"入手，结合自己的田野考察与他人的研究，对神话长诗的各种"演述"形态（尤其是祭祀、巫术仪式上的演述形态）进行了细致的归纳。[4]笔者在近10多年来发表的一系列著述，

---

[1] 孟慧英：《活态神话——中国少数民族神话研究》，南开大学出版社1990年版。
[2] 吴晓东：《蝴蝶与蚩尤：苗族神话的新建构》，见台湾中兴大学中国文学系主编《2009"新世纪神话研究之反思"学术研讨会论文集》上册，台湾中兴大学中国文学系2009年版，第110—124页。
[3] 巴莫曲布嫫：《史诗传统的田野研究：以诺苏彝族史诗"勒俄"为个案》，北京师范大学2003年博士学位论文。
[4] 刘亚虎：《神话与诗的"讲述"——南方民族叙事艺术》第一章，北京大学出版社2006年版。

例如《女娲的神话和信仰》(1997年)、《女娲溯源——女娲信仰起源地的再推测》(1999年)、《中国神话手册》(Handbook of Chinese Mythology, 合著, 2005年初版, 2008年再版)、《神话与神话学》(2009年)等专著以及多篇论文[①]中, 尤为关注现代口承神话, 特别是注意探索神话的传承、变迁与当代社会文化语境之间的相互关系, 关注神话在具体社区中的生存状况以及个体讲述人对神话的创造性表演, 从而在一定程度上深化并拓展了现代口承神话的研究。

与大陆的上述情形相应, 在台湾, 现代口承神话的搜集和研究工作也主要集中在原住民神话的采录和考察上。[②]这一工作较早地从19世纪晚期一位驻守台湾的英国灯塔守望人乔治·泰勒(Geoege Taylor)的搜集工作开始, 在19世纪末至20世纪中期的日据时期, 更取得了不少成就——当时日本学者采录的一些包括神话在内的传说故事集(例如佐山融吉与大西吉寿编著的《生蕃传说集》), 甚至直至今天仍然被视为"台湾原住民神话最著名、最可靠、最丰富的资料集"[③]。20世纪20年代末至30年代初, 也有一些西方学者在搜集台湾原住民语言的同时, 采录了一些原住民神话故事, 并对这些故事进行了初步的分类和研究。台湾学者从50年代起开始采录和研究原住民的口头文学, 迄今为止也取得了相当丰富的成绩。例如金荣华曾多次指导学生对原住民的神话故事进行采集: 1987—1988年间, 他指导中国文化大学中国文学研究所的民间文学小组, 先后在台东县卑南乡的7个卑南族村落以及鲁凯族的大南村进行了口头文学的采集工作, "采集的方式以录音为主, 汉语翻译则是在事后逐句逐段口译, 与故事讲述人的母语叙述同录在另一卷录音带上, 然后转为文字, 再进行整理"[④]。类似的搜集工作也在其他原住民中持续开展, 并先后出版了《台东大南村鲁凯族口传文学》(1995年)、《台北县乌来乡泰雅族民间故事》(1998年)、《台湾高屏地区鲁凯族民间故事》(1999年)等一系列故事资料集, 其中有不少口承神话。巴苏亚·博

[①] 例如:《民间叙事的传承与表演》, 载《文学评论》2005年第2期, 该文后以《民间叙事的表演——以兄妹婚神话的口头表演为例, 兼谈中国民间叙事研究的方法问题》为题, 收入吕微、安德明主编《民间叙事的多样性》, 学苑出版社2006年版, 第233—271页;《从神话的文本溯源研究到综合研究》, 载《民间文化论坛》2005年第2期;《仪式的合法性与神话的解构和重构》, 载《北京师范大学学报》(社会科学版)2005年第6期等等。

[②] 李福清:《神话与鬼话: 台湾原住民神话故事比较研究》(增订本), 社会科学文献出版社2001年版, 第43—53页。该书原名为《从神话到鬼话: 台湾原住民神话故事比较研究》, 1998年由台湾晨星出版社出版。

[③] 李福清:《神话与鬼话: 台湾原住民神话故事比较研究》, 第48页。

[④] 金荣华编:《台东大南村鲁凯族口传文学》, 中国文化大学中国文学研究所1995年版。

伊哲努（浦忠成）也于90年代初，利用本人的同族身份，"积极地整理过去每逢假期回乡时访问耆老、与邻朋晤谈或者实地参与时的资料"，辑录成《台湾邹族的风土神话》一书，内中包括邹人口述的神话若干篇。对于这些原住民口传神话的文本，台湾学者一直比较重视，并有比较细致的分类和探讨，例如李卉、何廷瑞、鹿亿鹿等人对这些口传神话资料的相关分类和研究。[①]此外，俄罗斯汉学家李福清（B. Riftin）也曾利用在台湾授课之机，自1992年起，对布农族、泰雅族、赛德克族的口头文学进行了一些调查，搜集了不少原住民神话故事，并运用了母题学和类型学等方法，对这些神话文本进行了比较研究，写出了《神话与鬼话：台湾原住民神话故事比较研究》一书。

综上所述，迄今为止，对现代口承神话的考察和研究取得了不少成果，然而总的看来，这些成果在中国神话学的总体建设中尚十分薄弱，与这些神话以及相关文化的丰富存在形态相比，相关研究显得明显不足：

一、迄今为止，对于现代口承神话的考察，大多是在少数民族中进行的，对汉族中相关状况的调查，显得十分稀少。产生这一情形的重要原因之一，是学术界广泛流行着一个深刻成见——神话是远古文明的遗留物，只有在那些"偏远而落后"的少数民族中，还能发现它们的遗踪，才能看到它们更加"本真的"、原初的、"活态的"形态。即使在对汉族的调查和研究中，现代口承神话也往往被视为古典神话的"遗迹"，是借以追溯和重构古典神话的原初形态和生发地的工具，至于这些神话在当下社会文化和人们生活中的意义和功能，则往往被有意无意地忽视了。

二、许多调查和研究往往最终流于对现今搜集的神话文本的分析，在方法和资料上常运用跨越广大的时间和空间范围的资料进行大范围内的比较，而缺乏

[①] 李卉：《台湾及东南亚的同胞配偶型洪水传说》，载《中国民族学报》1955年第1期；Ting-jui Ho, *A Comparative Study of Myths and Legends of Formosan Aborigines* (Taibei: The Orient Cultural Service, 1971)；鹿亿鹿：《洪水神话——以中国南方民族与台湾原住民为中心》，里仁书局2002年版；鹿亿鹿：《台湾民间文学》，里仁书局2009年版。值得一提的是，何廷瑞著作中的原住民口承神话虽然主要来自于他人的记述，但是他对这些原住民神话显然进行了一些调查，而且他在调查中敏锐地注意到了神话的讲述语境、讲述人对于神话的态度等重要问题。他在"前言"中写道：由于对所研究的许多族群比较熟悉，这使自己能够"理解许多文本的社会文化背景"，"对原住民讲述者在讲述神话和传说时的庄重和严肃态度的观察给我留下了深刻的印象。……采访开始前，伴着简短的祈祷，总有奠酒祭祖仪式，甚至在一个地方的小酒馆里采访时也如此。""人们很在意故事被正确地讲述，不能遗漏一位祖先的名字，或者与传统发生的任何背离。"遗憾的是，囿于当时盛行的主题学的方法，何氏在著作中未能对上述诸点展开进一步的考察和研究。

对一个个特定的社区语境一个个具体的神话讲述人的细致、深入的考察，因而不免令人常生"只见森林，不见树木"的遗憾——我们纵使知晓了女娲神话、洪水神话或者兄妹婚神话在过去几千年中的嬗变轨迹，及其在全国范围内的地域流布，却依然不清楚这些神话在某个具体社区中被传承和变异的状况，它们在特定的讲述情境中被传承和演变的一瞬间，这些神话在某一特定的讲述人口中如何得以呈现，又缘何被加以改变？每一个具体的神话文本到底是如何生成的等等。许多重要的问题（详见下文），都缺乏基础性的考察和相应的理论探讨。因此，现代口承神话的研究亟待进一步深化，以充实中国神话学的薄弱环节，填补其中的空白，并对世界神话学作出新的贡献。

第二节　本书的目的、主要理论与方法及写作过程

2000年，承蒙笔者所供职的北京师范大学的推荐，经过评审，笔者荣幸地获得了教育部首届"优秀青年教师奖"（全称为"高等学校优秀青年教师教学和科研奖励计划"），申报的项目即是"现代口承神话的传承与变异"。这项研究的主要目的在于：突破中国神话学界和国际汉学领域长期流行的依赖古代文献和考古学资料对中国古典神话进行文本考据的方法和视角的局限，对当代中国，尤其是以往较少关注的汉族社区中传承的"现代口承神话"进行具体而微的民族志考察，以探讨以下一些以往研究中很少关注的基本问题：在当代中国，神话是怎样在一个个特定的社区中生存的？它们扮演着何种角色、担负着何种功能？是哪些人依然在讲述神话？那些保有和传承着神话传统的人们是如何看待和理解神话的？讲述神话对于他们的生活具有什么意义？神话如何在具体的讲述情境中发生变化？这种变化与讲述人的经历、记忆、喜好以及听众之间的关系是什么？中国现代社会的巨大变迁给神话的传承造成了怎样的影响？神话在社区文化的复兴与重建过程中扮演着哪些角色？……笔者希望通过对这些基本事实的考察和初步的理论分析，进一步打破神话研究领域存在的时间区隔，深化对现代口承神话的研究，充实中国神话研究的薄弱环节，填补其中的空白，并对世界神话学作出新的贡献，同时，也使中国神话研究摆脱总是"向后看"，与"古老"、"遥远"、"逝去的传统"相联结的羁绊，转而关注当下的社会和文化生活，并从神话学的独特视角，积极参与到与当代更多学科的对话当中。

本项研究从诸多学术理论和方法中获得了助益。

一、对表演理论（Performance Theory）的借鉴和反思

本书的理论视角和方法受到表演理论的较大影响，不过，选择并借鉴"表演"的视角，在笔者经历了一个较长的过程。上世纪90年代前期，当笔者开始进行女娲神话的研究时，已经注意到民间流传的鲜活的女娲神话，并力图将女娲及其神话的理解置于特定社区的民间信仰语境中加以探讨。[1]不过，对于如何运用民族志的方法深入地考察那些现实生活中生动的神话讲述事件，当时依然心有困惑，因为那时候国内的相关研究很少，而世界神话学史上的诸多理论似乎也都不擅此道。对于表演理论，那时国内已有约略介绍，[2]虽然不很详尽，但从那些简要的评介中，我感到这一理论视角对现代口承神话研究将会有积极的启示意义。2000—2001年，我们夫妇去美国访学时，便有意识地选择了表演理论的代表人物之一理查德·鲍曼（Richard Bauman）所任教的印第安纳大学民俗学与民族音乐学系，以具体深入地了解表演理论。事实证明，我们的选择是正确的：对于表演视角的进一步理解，为我的现代口承神话研究打开了新的天地。

表演理论是20世纪60年代末至70年代初在美国民俗学界产生的一种重要的研究视角和方法。其影响在80年代至90年代上半期臻至顶峰，至今仍在民俗学领域保持着强大的生命力，同时，它还对世界范围内的其他诸多学科——如人类学、语言学、文学批评、宗教研究、音乐、戏剧、话语研究、区域研究、讲演与大众传媒等的相关研究产生了影响，从而为民俗学赢得了广泛的声誉。

表演理论的突破性意义在于：与以往民俗学领域中盛行的"以文本[3]为

2001年，作者夫妇于印第安纳大学访学时与鲍曼夫妇的合影。

---

[1] 杨利慧：《女娲的神话与信仰》，中国社会科学出版社1997年版。

[2] 例如阎云翔：《民间故事的表演性》，载《民间文学》1985年第7期；高丙中：《民俗文化与民俗生活》，中国社会科学出版社1994年版。

[3] 文本是指一段能够与围绕其四周的话语相分离的话语，它具有内聚性、语义上的粘着性和客观性（例如能够被称呼、命名和谈论等）。Michael Silverstein 和 Greg Urban 在 "The Natural History of Discourse" 一文中指出：文本的观念允许文化研究者把一段正在发生的社会行为（话语或者一些非话语的但仍然是符号性的行为）从其无比丰富的和极度详细的语境中抽取出来，并为它划定边界，探讨它的结构和意义。Michael Silverstein and Greg Urban, *Natural Histories of Discourse* (Chicago and London: The University of Chicago Press, 1996), p. 1.

中心的"（text-centered）、关注抽象的、往往被剥离了语境[①]关系的口头艺术事象（item-centered）的观点不同，表演理论是以表演为中心（performance-centered），关注口头艺术文本在特定情境中的动态形成过程及其形式的实际应用。"这种'以表演为中心'的方法的核心在于，它不再把口头传统仅仅视为文本性的对象（textual objects），而是将口头传统视为一种特殊的交流行为模式的展示，是实践社会生活的资源。"[②]具体来讲，表演理论特别关注从以下视角探讨民俗：（1）特定情境中的民俗表演事件。强调民俗表演是情境化的，"其形式、功能和意义都植根于由文化所规定的背景或事件中，这些背景或事件为行动、阐释和评价确立了富有意义的语境"[③]。（2）交流的实际发生过程。表演者达成交流的方式、表达的技巧（skills）和有效性（effectiveness，或 efficacy）等往往成为分析的焦点，而不再仅仅限于交流所指称的内容。（3）表演事件的结构以及文本的动态而复杂的形成过程，特别强调这个过程是"各种情境化因素系统互动的产物"，"这些情境化因素包括（但不限于）：参与者的身份与角色；表演中运用的表达方式；社会互动的基本原则、规范、表演的策略及阐释与评价表演的标准；以

[①] Context 一词有不同的翻译，例如"情境"、"景境"、"场景"等，多数人译为"语境"。本文采用多数人的译法。作为表演理论以及语用学、语言人类学等研究领域里的核心概念之一，语境在不同的学者那里多少有些差异。理查德·鲍曼曾经在"The Field Study of Folklore in Context"一文中，对语境作了非常细致的划分。他认为民俗是存在于一个相互关联的网中，个人的、社会的和文化的因素会赋予民俗以形态、意义和存在，因此我们应该研究语境中的民俗。他把语境划分为两个大层面：文化语境（Cultural Context，理解文化需要了解的信息，主要指意义系统和符号性的相互关系）和社会语境（Social Context，主要指社会结构和社会互动层面），并进一步划分为 6 个小层面：1. 意义语境（Context of Meaning，理解"这意味着什么"需要了解的信息，例如人们的生活方式、信仰和价值观、符号和隐喻关系）。2. 风俗制度性语境（Institutional Context，例如政治、宗教、亲属关系、经济，乃至邻里关系、开张、庆祝等，主要回答文化各方面如何相互关联、如何相互适应的问题）。3. 交流系统语境（Context of Communicative System，主要回答"一个文化中的特定民俗形式如何与别的形式相关联"问题）。4. 社会基础（Social Base，回答"该民俗关联到何种社会认同的特点"，需要了解的信息包括地域、族群、职业、年龄家庭和社区等方面的社会性组织原则）。5. 个人性语境（Individual Context，包括个人生活史、个人语料库的结构和发展等）。6. 情境性语境（Situational Context，例如交流事件——如妇女座谈会、家庭聚会、布鲁斯表演，甚至电话交谈等。事件的结构是由许多情境性因素的相互作用而产生的，其中包括物质环境、参与者的身份和角色、表演的文化背景原则、互动和阐释原则、行动发生的顺序等。这些因素将决定选择什么来表演、表演的策略、新生文本的形态，以及特定情境的自身结构）。另外，鲍曼在注释中还指出，历史性语境（Historical Context）也应该被包括在内。Richard Dorson, ed., *Handbook of American Folklore* (Bloomington: Indiana University Press, 1983), pp. 362 – 386.

[②] [美] 理查德·鲍曼：《作为表演的口头艺术》，杨利慧、安德明译，广西师范大学出版社 2008 年版，第 102 页。

[③] [美] 理查德·鲍曼：《作为表演的口头艺术》，第 87 页。

及构成事件梗概（scenario）的系列行动"①。在各种因素中，讲述人、听众和参与者之间的互动交流尤其常常成为考察的中心之一。旧的故事文本为什么会在新的语境下被重新讲述（recontextualize）？周围的场景如何？谁在场参与？讲述人如何根据具体讲述情境的不同和听众的不同需要而适时地创造、调整他的故事？……这些问题往往受到细腻详尽的盘察追索。（4）表演的新生性（emergent quality of performance）。强调每一个表演都是独特的，它的独特性来源于"特定情境中的交流资源、个人能力以及参与者的目的之间的相互作用之中"②，这样一来，"个体的、创造性的因素在情境化行动的语境所体现的辩证关系中，开始具有与传统相等的价值"。（5）表演的民族志考察。强调"作为文化行为，表演模式的形成在每一个社区中都具有可变的方式，这些方式是具有文化特殊性的、跨文化的和历史性的；在某一特定的文化中，这些表演的形式、模式和功能需要经由经验而发现，而不是通过预先的臆想"③。

总体上说来，与以往关注"作为事象的民俗"的观念和做法不同，表演理论关注的是"作为事件的民俗"；与以往以文本为中心的观念和做法不同，表演理论更注重文本与语境之间的互动以及文本在实际交流中形成的过程；与以往关注传承的观念和做法不同，表演理论更注重新生性和创造性；与以往关注集体性的观念和做法不同，表演理论更关注个人创造性与集体性的辩证关系；与以往致力于寻求普遍性的分类体系和功能图式的观念和做法不同，表演理论更注重民族志背景下的情境实践（situated practice）。

在笔者看来，对于神话而言，"表演"的视角有十分积极的启示作用，尤其是对于现代口承神话而言。从这一视角来看，神话也不再是洪荒年代流传下来的"文化遗留物"，而是处于不断被创新和重建的动态过程之中；神话文本不再是由集体塑造的传统和文化的反映，也不是超有机体的（super-organic）、能够自行到处巡游（travel）的文化事象，而是植根于特定的情境中，其形式、意义和功能都植根于由文化所限定的场景和事件中；神话研究者也不再局限于以文本为中心去追溯其历史嬗变或者个中蕴涵的心理和思维讯息，而更注重在特定语境中考察神话的展演及其意义的再创造，表演者与参与者之间的交流，以及各种社会权力关系在表演过程中的交织与协调。④

---

① [美] 理查德·鲍曼：《作为表演的口头艺术》，第87页。
② [美] 理查德·鲍曼：《作为表演的口头艺术》，第42页。
③ [美] 理查德·鲍曼：《作为表演的口头艺术》，第104—105页。
④ [美] 理查德·鲍曼：《作为表演的口头艺术》，第249页。

本书将借鉴表演的理论视角，着力考察下列问题：现代口承神话的传承和变异是如何在一个个特定的社区中发生的；神话的变迁与特定情境以及社区的历史、社会、政治语境之间存在的关系；古老的神话如何在新的语境下被重新讲述；在神话的表演事件中，讲述人、听众和参与者之间是如何互动交流的；讲述人如何根据具体讲述情境的不同和听众的不同需要而适时地创造、调整他／她的故事，如此等等。

二、民族志式的田野作业

上文已经提及：由于以往的诸多神话学成果通常把神话视为完全自足的、超有机体的、能够自行到处巡游的文化事象，因而在研究中通常致力于广泛搜集神话文本，采用大范围内的历史－地理比较研究，以寻求普遍性的分类体系和功能图式。与此做法不同，本书将神话置于一个个具体而微的社区之中，置于不断被创新和重建的动态过程之中，在一定程度上，其形式、意义和功能植根于由文化所限定的各种语境之中。为此，本研究集中采用了民族志式田野作业（ethnographic fieldwork）的方法，这一方法主张研究者深入一个或多个社区之中，以面对面直接交流的方式，较长期地沉浸于该社区文化，并在与各种田野关系的对话和互动过程中达至对该文化的理解。本书采用这一方法的目的，是力图细致深入地考察现代口承神话在特定社区中生动而多样化的生存状态，神话在一次次生动的讲述情境中被传承和演变的一瞬间，以及神话在一个个具体的讲述人口中如何得以呈现和改变，一个个特定的神话文本如何生成等等。显然，对这些问题的回答都需要通过民族志式的田野作业方能经验性地获得，正如鲍曼指出的："话语实践的形式、社会功能和文化意义在不同的文化中具有差异，需要通过民族志的考察经验性地发现，而无法预先假定或者预设。"[①]

书中的四篇民族志，分别来自对重庆、陕西、山西和河南四个汉族社区的调查。这些社区有的是自然村落，有的是城镇，有的却是更广大的山区，它们因着种种自然和文化的因素（例如女娲山和伏羲山区）而构成了一个个有机的、具有某种内在一致性的社区。同时，在本书中，它们都被视为开放的、流动的，处于不断变化的过程中，与国家以及其他社区有着千丝万缕的联系。这些地点的选择主要是依据这些地方有着相关的民间信仰活动（例如女娲庙、人祖庙以及庙会活动等）或者有出色的讲述人。另外，地点的选择也考虑到了调查者的融入程度：调查者往往是本省人甚或是本地人（附近地区的人），熟悉当地的语言，

---

① ［美］理查德·鲍曼：《作为表演的口头艺术·中译本序》。

便于与当地人交流。对于各位作者进行田野研究的情况，各章中都有具体说明，这里不再赘述。

除上述主要理论和方法外，本研究还广泛吸取了国内外的许多相关研究成果。例如以表演者为中心的方法（performer-centered approach）、口述史（oral history）方法等。如前所述，以往的诸多研究往往将神话视为完全自足的、超有机体的文化事象，其生存、传播与意义等均无需依赖其原生环境和讲述者而自成气象，因此，这些研究一般忽视对神话的创造与传承主体的探究。尽管这类做法并非全无道理，但是，不可否认，它们未能获致对神话传统的全面认识，也在一定程度上造成了神话学理论与现实的诸多脱节（详见下文中有关神圣性的讨论）——事实上，只有将神话的研究与活生生的、具体的创造和传承主体联接起来，才能对神话的意义、功能、变迁动因等问题有更深刻的理解。为此，本项研究尤为注重个人在神话的传承与变迁过程中所起的作用：那些传承和建构着神话传统的人们以及他们对神话的理解、在现实生活中的遭际及其对于神话传统的影响，将是本书着力关注的核心内容之一。

为了完成这一比较庞大的研究计划，笔者组织了一个团队，自 2000 年迄今，一直在进行本课题的调查和研究。团队的成员都是我先后指导的北师大民俗学专业的硕士研究生，他们是张霞（1999 级，现为美国匹兹堡大学人类学系博士候选人，本书第二章作者）、徐芳（1999 级，现为中央财经大学讲师，第四章作者）、李红武（2002 级，现为北京青年政治学院讲师，第三章作者）、仝云丽（2003 级，现为北京华道数据处理有限公司编辑，第五章作者）。他们都能吃苦耐劳，有一定的思考能力，能领悟我的总体计划和要求，也往往能在实地考察的基础上提出自己独到的看法。与他们的合作让我倍感做导师的幸福与艰辛！当他们独自在山野乡间做调查时，我为他们日夜悬心，期盼他们平安归来；阅读和反复修改他们的论文时，我既会因为他们迸发出的精彩见解的火花而大感欣慰，也经常为他们的描述和分析不能达到我企望的深度而苦恼焦虑。我想，这几位弟子也许现在还能记得他们为了完成本课题所付出的汗水和辛劳、所体味到的快乐与艰辛、所领受的导师的赞扬和批评吧？如今这本书的出版，算是对我们师生合作、一同历练成长的最好纪念了。

这四篇论文的写成都是在几年以前（2002—2006 年），当年初出茅庐的稚嫩学生如今都已成长为成熟干练、独当一面的青年。此次为了本书的出版，他们又利用工作和学习的间隙，对各自的文章重新做了修订。全书最终由杨利慧统稿并校订。

书中除总论外，四篇民族志研究都各有侧重，角度各不相同，但又相互联系，共同展示了当代中国汉族社区中口承神话传承和变化的多样性和复杂性。各章内容除需与总体计划保持内在的一致性外，未有其他太多限制，作者有充分的自由发挥并展示其才情和创造性。例如在第三章中，作者立足于自己的田野调查实际，创造性地将神话的"讲述"称为"演述"，"讲述人"称为"演述人"。本书将为这些创造性的表现保留空间，尽管我依然按照国际神话学界的惯常做法，将神话的叙述者称为"讲述人"（myth teller）。[①]

第三节　本书的主要结论

通过多年的田野研究，我们发现：在所考察的当代汉族社区中，神话远未成为僵死的远古文明的遗留物，它们继续在不同的情境中被讲述着，在不同人们的心中和口上存活着，并在当下的现实生活中扮演着多种角色与功用（见下）。

除书中各章得出的具体结论外，本项研究主要对如下一些问题进行了着力思考。

一、现代口承神话的功能与意义

神话在现代社会中扮演着何种角色、担负着何种功能？神话的讲述对于人们的社会文化生活具有什么意义？对此，我们通过对四个汉族社区的民族志研究发现：现代口承神话的功能和意义十分复杂多样。首先，那些与信仰语境密切相关、通常在宗教仪式场合中被讲述的神话，依然扮演着信仰的"社会宪章"（sociological charter）[②]的作用。通过对最初起源的追溯，神话阐明着信仰观念和

[①] 李红武在其2005年完成的硕士学位论文中，即提出应将神话的"讲述"称为"演述"，"讲述人"称为"演述人"。他的主要理由是："讲述"一词似乎更偏重散体的叙事，而在他所调查的陕西安康地区，人们既用散体的形式讲述着古老的神话故事，同时在韵体的歌谣中也有着丰富的神话内容，因此，用"演述"的概念能更好地包括"讲"与"唱"的双重方式（本书第三章）。而我则认为："讲述"一词原本就有通过语言、尤其是故事的叙述来进行表达（to tell, to narrate）之意，无关韵散之别。在口头艺术中，故事的讲述通常既可以是散体的，也可以是韵体的，或者是韵散结合的，比如苏州评弹也是讲故事的一种重要文类，因此，用"演述"一词似无必要。尽管如此，我依然尊重合作者的创造性思考，该章中也依然保留"演述"的提法。

[②] ［英］马林诺夫斯基：《巫术科学与宗教》（*Magic Science and Religion*），见《西方神话学读本》，第238页。

行为存在的理由，确立着信仰的合理性和合法性，神话中叙述的主要角色和事件也成为神灵崇拜和祭祀仪式的基础。

除此而外，现代口承神话还负担着其他多种功能和意义：它们是构成世界观的重要基础；是人们进行社会交流、建构社会生活的有效途径；是教育后代和消闲娱乐的方式；是凝聚群体、建构身份认同的重要力量；还是获取政治资本和商业利益的策略性资源。在不少情形下，现代口承神话的功能和意义可被概括为是"巩固和增强传统，通过追溯更高、更好、更超自然的最初事件，赋予传统更高的价值和威望"[1]，是人们将当下与过去的权威性传统相联接的"传统化"(traditionalization) 实践[2]的重要策略。对个体讲述者而言，神话的功能和意义则更具体和丰富得多。

本书作者们近年来所进行的田野研究，十分清晰地表明了这一点。例如笔者在对河南省淮阳县人祖庙会上的两次神话表演事件的考察中发现：人们在传承神话的同时，又对它加以了某种程度上的再创造，以为他们今天的社会生活服务（见附录）。两位女性讲述人都是在进行神话的表演，兄妹婚神话对于她们而言，都是她们与外来的研究者及其他一般听众之间进行交流的文化资源，通过神话的讲述和表演，她们不仅是在与民俗学者和听众的交流互动中，展示自己的讲述才能和对传统知识的把握，同时也是以此方式传达自己对于人祖的信仰，对于伦理、科学、人类起源和宇宙特性（例如为什么刮东北风就冷）的认识。因此，讲述神话成为她们表达自我、建构社会关系、达成社会生活的必要途径。就此而言，应当说，神话的意义并不完全限于其文本内容和形式，它也体现在神话的社会运用中，是功能、形式和内在涵义的有机融合。在重庆市司鼓村的个案中，讲述神话故事无疑是当地人们表述对大禹的信仰，并以"摆龙门阵"的方式来进行人际交流的主要媒介（第二章）。在陕西安康地区，黄镇山一方面试图通过神话来解读历史，另一方面则努力通过神话的历史化来为当地的民俗旅游寻找依据；陈贵友之所以对现代口承神话感兴趣，一方面是他渴望成为一名优秀的歌手，另一方面则想获得一门谋生的手艺——他经常出入丧葬场合进行神话演述，他的神话演述主要有两个目的：一是在歌场上获胜，另一方面也试图通过对人类始祖的缅怀来教育后人崇宗敬祖；而在柯尊来看来，神话不过是当地民众消磨时光的工具（第

---

[1] [英] 马林诺夫斯基：《巫术科学与宗教》，见《西方神话学读本》，第238页。
[2] [美] 理查德·鲍曼：《民俗界定与研究中的"传统"观》，杨利慧、安德明译，载《民族艺术》2006年第2期。

三章)。全云丽的研究则发现：在不同的社会文化语境中，神话的功能和意义也不断地发生着变化。在河南淮阳地区，多种形态的人祖神话及其衍生的故事曾经对民众进行着精神文化上的熏陶、民间道德规范的宣教，规训着人们的日常生活，促进了当时社会和文化秩序的稳定。而近半个多世纪以来，随着各种政治和社会文化语境的变化，神话在民间社会具有的传统道德教化功能逐渐减弱，神圣性渐渐被世俗功利性取代。特别是在20世纪90年代以来，地方政府对神话的新阐释增添了神话的意义与功能，人祖神话成为地方悠久历史的佐证，被打造成为当地的"文化招牌"，为促进地方经济的发展做贡献（第五章）。无独有偶，徐芳在山西侯村的个案中发现：女娲神话也成为当地政府和民间精英复兴庙会、发展旅游的重要依凭（第四章），学者对神话的历史化解释被策略性地用来为侯村女娲庙的重建以及庙会的复兴谋求政治的与社会的合法性[1]。显然，神话的当下传承也在一定程度上打上了深深的"市场经济"的烙印，尤其是在一些地方政府和民间精英眼中，神话的政治性与其文化经济特性裹挟一道，成为表达各种"宣称"，获取各种资本的重要资源和修辞手段。

二、"不断变动着的现实民俗"与"有限度的语境"

语境对于神话的传承与变迁到底有多大影响？在口头艺术的诸文类中，神话往往被认为尤其具有神圣性，因而更具有稳定的特性。[2]因此长期以来，对神话的研究大多集中于对于神话的文本分析，神话被视为自足的、超有机体的文化事象。这一研究取向在近半个多世纪以来受到了集中的质疑和批评，对于语境中的文本化（textualization）过程的关注成为世界民俗学领域的主导视角之一。我们对于现代口承神话的研究则发现：一方面，神话文本的形成与变迁，尤其是神话的讲述场合与传承方式、讲述者与听众的构成与规模、神话的功能与意义等因素的确受到语境的较大影响。例如，笔者在对淮阳县人祖庙会上的两次神话表演事件进行的考察中，发现口承神话文本并不是一个自足的、超有机体的文化事象和封闭的形式体系（formal system），它形成于讲述人把自己掌握的有关传统文化知识在具体交流实践中加以讲述和表演的过程中，而这一过程往往受到诸多复杂因素的影响，因而塑造了不同的、各具特点的现代口承神话文本。两次神话表演事件都是动态的，有许多复杂因素（例如信仰的、伦理道德

---

[1] 杨利慧：《仪式的合法性与神话的解构和重构》，载《北京师范大学学报》2005年第6期。
[2] [英]雷蒙德·弗思：《神话的可塑性：来自提科皮亚人的个案》，见《西方神话学读本》，第255—256页。

的、科学的、政治的等等）共同作用的过程。参与表演事件的各种角色之间的现场互动（比如讲述人与研究者之间、讲述人与一般听众之间、第一个讲述人和第二个讲述人之间等等），也使这些过程充满了交流、互动和协商。这些或明或隐的诸多社会文化因素，表演者和参与者的互动交流等都纵横交织在一起，同时对神话的讲述活动产生影响，从而共同塑造了特定语境下的神话表演行为，并最终塑造了两个"特定的"神话文本（见附录）。张霞也在比较了魏大爷在前后13年中（1988—2002年）讲述的5则"大禹治水"异文后发现：出色的讲述者对情境往往有着高度的敏感性，他/她可以根据不同的时间、地点、听众、环境等，对故事进行用语、内容、结构甚至主题的改动，而每一次讲述都可能使故事原有的母题发生一些变化。讲述者由于情境的变动而对神话进行的改动，导致了大量神话异文的产生（第二章）。徐芳在山西洪洞县侯村的个案研究中发现：20世纪末发生在这里的女娲庙的修复与女娲信仰的恢复事件，在讲述者、讲述情境以及听众等各方面，都促使当地流传的女娲神话改变了以往的"消极"存在状态，重新成为了被积极传承的民间传统的一部分（第四章）。而仝云丽在对淮阳人祖神话的研究中进一步发现：社会、政治、文化语境都从不同层面影响着神话的讲述场合，其中国家力量的干预是讲述场合不断发生变化的主要原因，此外，社会政治语境的变化对于讲述人和听众群体的规模、构成以及神话的传承方式等，都有一定影响（第五章）。

上述情形说明，在一定程度上，神话确可被视为"不断变动着的现实民俗"[①]，它们和人们的现实生活息息相关，并且经常由人们根据自己当下的需要和目的而被重新塑造和改变，处于不断变迁和重建的动态过程之中，换句话说，其内容、形式、功能和意义等往往植根于由文化所限定的各种语境之中。

但是，另一方面，我们也发现：语境对神话传统的影响并非毫无限度，尤其就文本而言，语境的影响显然具有一定的限度。笔者通过对兄妹婚神话的考察发现：尽管该神话在每一次表演中的细节和母题组合都有大大小小的差异，但是神话的类型和核心母题的变化很小（见附录）。张霞比较了魏大爷13年间讲述的5则异文，也发现：即使不同异文中的情节和主题有一定程度的差异，大禹治水神话的核心情节并没有发生大的变化（第二章）。仝云丽通过比较20世纪30年代以来不同社会历史阶段中人祖神话的讲述，发现外力（主要是社会主义国家）的作用对神话文本的影响相对有限——1934年采录到的兄妹婚神话与21世

[①] 杨利慧：《神话的重建——以〈九歌〉、〈风帝国〉和〈哪吒传奇〉为例》，载《民族艺术》2006年第4期。

纪采录的同类型文本差别不大,神话的类型和核心母题变化很小,这说明神话情节结构具有强大的稳定性(第五章)。芬兰民俗学家安娜-丽娜·斯卡拉(Anna-Leena Siikala)在她的民族志研究中也证明了这一点。[1]由此可见,与许多民俗事象不同,口头艺术文本(包括神话)的确有着一定的自足性,在一定程度上,它们有着自身独具的、独立于语境的内在形式和意义,因此,语境对它们的影响是有限度的。从这一点来说,以往诸多对于神话进行文本分析的理论和方法并未完全失去其合理性,而目前中国民俗学界盛行的追求语境的描写,忽视文本的分析,甚至流于"为语境而语境"的做法,无疑有跟风之嫌,存在很大的盲目性和片面性。

近40年前,美国民俗学家丹·本-阿默斯(Dan Ben-Amos)在一篇倡导同人"在语境中界定民间文学"的著名文章中,已敏锐地指出:民间文学形式既是超有机体的——它们一旦被创造出来,便不再依赖于其本土的(indigenous)环境和文化语境而继续生存;同时也是有机体的——它们还是文化的有机组成部分,社会语境,文化态度,修辞场景,个人能力等等都会造成口语性的、音乐性的以及雕塑性的作品在最终结构与文本以及文本肌理(texture)上的不同。[2]这一看法无疑卓有见地,对我们今天的口头艺术研究依然深富启示和警醒作用。

不过,如何真正将文本自身的研究与对语境的研究结合起来?如何在文本与语境的动态互动过程中揭示文本独具的、内在的形式和意义?从现有的研究状况看,这些问题并未得到有效的解决。[3]那么,这样做有可能吗?或者说,研究者应该有这样的追求吗?这些问题显然有待国际国内民俗学者的进一步探索。

三、神话传统的积极承载者与消极承载者

在现代中国,谁在讲述神话?谁是神话传统的保有者和传承者?在讨论神话的讲述人时,学者们一般会强调少数文化专家(cultural specialists)的重要性,尤

---

[1] Anna-Leena Siikala, *Interpreting Oral Narrative* (Helsinki: FF Communications, 1990), No. 245.
[2] Dan Ben-Amos, "Toward a Definition of Folklore in Context," in Toward New Perspectives in Folklore, eds., Américo Paredes and Richard Bauman (Bloomington: Trickster Press, 2002 [1972]), p.4. 该文的中文译文可参考张举文《在承启关系中探求民俗的定义》,载《民俗研究》1998年第4期。
[3] 即使是丹·本-阿默斯本人,在这篇文章中注重的依然是"在语境中界定民间文学"。而包括理查德·鲍曼等人在内的诸多表演理论倡导者,在批评以往的传承理论,注重文本与语境的互动关系时,也似乎过于关注文本的变异性,而多少忽视了文本的稳定性。相关批评参见杨利慧《表演理论与民间叙事研究》,载《民俗研究》2004年第1期。

其是祭司和歌手等的作用。美国民族学家波尔·拉丁（Paul Radin）有一句名言："我们不妨认为世界上没有一个土著部族不是把传授神话的人限制在少数有才能者范围之内的。这些人极为共同体所尊敬。一般人们不许问津的原本神话他们可以自由改动。事实上，也正因为这样他们才受到了尊敬。"①在加利福尼亚州的皮马人中，只有少数专家才通晓神话，诸如世界是如何创造的、皮马人来自何处等，都由这些专家连续四个晚上讲给少年们听。大林太良尤其强调祭司和诗人（或是两者的组合）在传承神话过程中的重要性，不过也指出"即使在未开化的社会中，并非所有民众都是那么迟钝、无能，也总有少数聪明能说会道的人"②。

在中国各少数民族中，神话的传承者主要有巫师、故事讲述者和歌手等，普通人在神话传统的保有和传承过程中也起着重要的作用。③

在当代中国的汉民族中，现代口承神话的讲述者远远不限于巫师、祭司、萨满、故事家、歌手等"少数有才能者"，而是普遍地涉及到了从老人到青少年、从男性到女性、从干部到群众、从受过高等教育的知识分子到目不识丁的平民百姓等几乎所有的人群。正如我们在河南淮阳的人祖庙会上看到的情形那样，庙会期间，人祖庙内外人山人海，我们随机遇到的很多人都会讲述兄妹婚洪水神话。张振犁曾这样描述20世纪80年代中原神话调查组的调查情况："往往是在很偶然的机会，从普普通通不为人所注目的、文化程度很低甚至文盲的老农，商贩，乡村小学教师，一般学生和老大娘那里，出人意料地得到非常珍贵的远古神话资料。"④在重庆市司鼓村，大禹治水的神话也为人们广泛传播，只要一提到大禹，很多村民都会或零碎或完整地讲述大禹疏通河流、治理洪水、三过家门而不入、请黄龙开道的故事（第二章）。当然，这并不意味着人们对神话传统知识的把握是均等的，相对而言，社区中对地方掌故和区域历史以及民间传统怀有兴趣的老人、民间精英以及虔诚地信仰相关神灵的香会会首或者一般信众，所具有的神话知识通常更加丰富，能讲述的神话往往更多，也更愿意主动讲述。他们的知识和讲述才能也常常得到社区内部成员的肯定，成为当地知名的"讲述能手"或"故事篓子"。这一类人，笔者称之为"神话传统的积极承载者"（creative

---

① 转引自［日］大林太良：《神话学入门》，第114页。
② ［日］大林太良：《神话学入门》，第115—116页。
③ 杨利慧：《神话与神话学》，北京师范大学出版社2009年版，第172页。
④ 张振犁：《中原神话考察·代序》，见张振犁、程健君编《中原神话专题资料》，第6页。

bearers of myth tradition）[1]，他们也是本书各章所集中关注的对象。除这类人外，另有一些这样的讲述者：他们也知晓一定的神话故事，但是相对而言，其神话知识较少，往往只能叙述故事的核心母题，而无法完整、生动地讲述完整的神话，而且在生活中一般并不主动讲述这些神话知识，笔者称这类讲述人为"神话传统的消极承载者"（passive bearers of myth tradition）。[2]当然，积极承载者与消极承载者之间并没有绝对的界线，在一些情况下，二者也可能彼此转换。对于神话传统的传承而言，这两类人群都很重要，他们共同构成了神话传统的主要传承力量——通过习得神话知识并把神话讲唱给别人听，他们赋予了神话文本以丰富多样的、实际的形式、功能和意义，使神话能跨越个体生命的时间局限而代代相传，并将神话传播到不同的地方。不过，在迄今为止的研究中，那些积极的承载者往往受到关注，而那些消极的承载者则常被忽视，这一点也需要在今后的研究中补足。

在谈到当代社会中的口承神话讲述人时，导游显然是不容忽略的一支力量，在一些情况下，他们可被视为新时代的职业神话讲述人。[3]在河北省涉县的娲皇宫，导游们会积极从民间搜集各种口头神话传说，对之进行整理以后印刷成文，所有的导游便依据这类文本，为前来游览的游客讲述有关女娲造人、补天、制笙簧、置婚姻等神话事迹。[4]在他们的神话传承中，口头与书面的关系尤为密切。仝云丽在淮阳的个案中也发现：在人祖庙里有许多专门的职业技术学校毕业或高中毕业的导游，专门负责给游客讲解相关的神话和信仰知识。导游们在民间口头流传的人祖神话的基础上，把关于人祖神话的书面文献资料糅入自己的讲解，在很大程度上充实了民间口承神话的内容。由于他们讲起来头头是道，往往成为了当地神话知识的新权威（第五章）。

此外，本书虽然没有涉及但已经注意到一个重要的现象：对于为数众多的儿童和青少年来说，教师也成为神话传承（当然远不仅限于神话）的主要力量之一。以笔者女儿的个案来说，从幼儿园到小学，除了父母，老师是她生活中最主要的神话故事讲述人之一。幼儿园时，老师在中秋节曾给她们讲过"嫦娥奔月"的故事，有一年还为孩子们表演了一出嫦娥奔月的舞台剧，给女儿留下了

---

[1] Lihui Yang, Deming An, with Jessica Anderson Turner, *Handbook of Chinese Mythology* (Santa Barbara, Denver and Oxford: ABC-CLIO, 2005. Reprinted by New York: Oxford University Press, 2008), p. 61.

[2] Lihui Yang, Deming An, with Jessica Anderson Turner, *Handbook of Chinese Mythology*, p. 61.

[3] 杨利慧：《神话与神话学》，第266页。

[4] 依据笔者2008年的田野考察。

很深的印象。小学阶段，女儿学习了盘古开天、女娲补天的神话。这一情形在笔者对大学生的一项调查中也得到了证明。2009 年，在为北京师范大学文学院 2006 级本科生讲授神话学课程时，笔者曾做过一个随机调查。其中一个问题是：你主要是通过哪些途径了解神话的？在参与调查的 40 位中国学生中（尚有 60 多位留学生也参与了调查，这里暂且不论），有 34 人回答：听老师讲课是主要的方式之一。有学生在问卷中答道："在小学时，便听老师讲过嫦娥奔月、玉兔与吴刚伐树等故事。上大学以后，在东方文学史、民间文学、神话学等课程上，更了解了许多以往不曾听过的神话。由于平时少有机会主动查阅相关知识，老师讲课便成为我最主要的神话来源之一。"在 2010 年对同一学院 2007 级本科生的调查中，这一情形依然非常突出：在 103 名选课的中国学生中，有 93%的人选择了"听老师讲课"作为自己了解神话的主要方式之一。[①]

由此可见，在今天，现代口承神话的讲述者已经发生了诸多变化，传统上被认为承载着本真的、正统的神话传统的祭司和巫师等宗教性的职业讲述人正逐渐淡出人们的视野，而导游、老师则日益担负起了新时代里的职业讲述人的角色。

四、讲述人的神话观是复杂多样的，神话并不一定被视为"神圣的叙事"

讲述神话的人们是如何看待、理解神话的呢？也就是说，他们具有怎样的神话观呢？这个问题在以往的学术史上较少被讨论。本研究发现：不同的讲述人往往具有不同的神话观。李红武对同一地区的三位讲述人进行了考察，结果发现：有的讲述人将神话视为远古的历史，认为人们之所以把历史事件神化，是因为人们对亘古历史的想象和夸张，是对历史的曲解；有的则认为，神话讲述的内容是曾有的事实：在远古的过去确实发生过洪水滔天、女娲用泥巴创造了人类的事情；而在有的讲述人看来，神话无非是一些不可见也不可信的、神乎其神的故事，是人们闲时消遣的工具而已（第三章）。

由此观之，神话学界流行的所谓"神话具有神圣性"的观点，不一定具有现实的合理性，对此，笔者已经撰文进行过集中的反思与批评，[②]这里再稍加一些补

[①] 当然，这一调查结果会受到学生所学专业的较大影响，理工科学生的情形应当有所不同。尽管如此，对于校园生活占据着其日常生活主要位置的广大儿童和青少年来说，教师在民间传统传承中的作用无论如何都不容忽视。如果考虑到如今一些教师通过别的途径，比如网络或电视授课、撰写博客等来传播知识和思想，那么教师的作用无疑更显著。

[②] 详见杨利慧《神话一定是"神圣的叙事"吗？——对神话界定的反思》，载《民族文学研究》2006 年第 3 期。

充。一般认为:"神话是神圣的叙事(sacred narrative)"这一表述主要指涉这样的意思:神话中叙述的远古事件不仅被认为是真实可信的,而且神话的讲述是在庄严崇高的气氛中进行的,其讲述场合常与神学和宗教仪式相联。这一表述比较早地被马林诺夫斯基依据其特罗布里安德岛的民族志考察所提出,对后来在人类学家和民俗学家中形成"神话具有神圣性"的广泛认识,具有至关重要的引导作用。[①]我以为:尽管神话的发生也许与人类对超自然的信仰相关(其实这一点仍然有待充分证明),而且"神圣性"的确道出了部分神话在一些讲述语境中的性质(甚至迄今为止在许多情形下依然如此,例如淮阳人祖庙会上香客们讲述的人祖神话、苗族祭司在"还盘王愿"仪式上讲述的盘瓠故事,乃至于各地政府组织的公祭始祖炎帝黄帝或者伏羲女娲等的仪式上的叙事等),但是神话在实际生活中呈现出的讲述和传承情形恐怕比"神圣性"这单一的维度要复杂得多。如果我们把学者们的各种界定和争议暂时"悬置"起来,转向把目光投向现实生活,转向一个个传承和重塑神话传统的讲述主体,在神话生存和传承的具体语境中,考察讲述者们对于神话所持的实际态度,我们就不难发现:神话的讲述场合,不一定完全是在仪式的场合下;人们对于神话的信仰程度,实际上也有着相当大的差异,并不存在均质的讲述人群体和统一的信仰程度。笔者在1993—2008年间对河南、河北和甘肃等地的女娲神话和信仰进行田野考察时发现:尽管许多神话是在庙会的场合下被讲述的,但也有人在家庭日常生活的语境中讲述神话;而且,即使一些讲述人去女娲庙祭拜女娲,但是问到他们是否相信女娲神话是远古真实发生过的事实,答案却很不一样。有人毫不犹豫地说"相信",有人半信半疑,有人却明确回答:"那怎么可能呢!"人们讲述神话,可能是为了表达自己对神灵和祖先的信仰,或者展示自己有关远古的知识,或者只是为了娱乐。在那些缺乏相关神庙的地方,神话的讲述更倾向于是为了娱乐和传统知识教育的目的。李红武在陕西安康地区的个案研究也发现,讲述人的神话观是有差异的,有人将神话视为真实可信的历史事件,也有人把神话看作是神乎其神的、不可信的、可以随时随地演述的故事;在一般民众那里,情形也大致相似:一方面,当地民众逢年过节以及每月初一、十五的时候,要去伏羲庙、女娲庙烧香祈愿,表达他们对伏羲、女娲的信仰;另一方面,"当地在演述关于伏羲、女娲的神话故事的时候,无论在演述内容,演述场合上还是神话传承上,神话演述

[①] 杨利慧:《神话一定是"神圣的叙事"吗?——对神话界定的反思》,载《民族文学研究》2006年第3期。

都不是一种神秘的行为,而成为一种大众共享的娱乐方式。""当地民众口头流传着很多神话,但是这些神话只是保留了神话的某些因素,比如神话人物、故事情节等,而且在当地民众的口头演述中,并没有邓迪斯所谓的'神圣性',甚至还出现了许多戏谑的成分"(第三章)。而根据仝云丽2004年对河南淮阳人祖庙会的田野调查,虽然庙会上不少会讲述人祖神话、演唱与人祖有关的"经歌"的人都信仰人祖,而一位读过书、会生动地讲述人祖兄妹婚神话的老人,在神话的结尾则说:"这是胡扯大八连",认为伏羲、女娲兄妹成亲的神话故事包含有后人杜撰的成分,玄虚而不可靠(第五章)。笔者于2005年曾在这位老人的家中(并非仪式的场合)再次听他讲述了兄妹婚神话,当他说到滚磨成亲、抟土造人的情节时,连说"不足为凭,不足为凭"[①]。张霞在研究魏大爷的讲述态度时发现:魏大爷在讲述"伏羲姊妹制人烟"的时候,态度是非常轻松的,讲到好笑处时常轻轻地笑起来。"这种调侃的讲述风格把神话讲述理论上有的庄严气氛消释于无形。这一方面说明,在司鼓村,在笔者搜集这个神话的时候,神话讲述的情境不同于民族志上经常记录的以神话来追溯某个宗族、部落历史的庄严场合,老人的笑声很好地说明了他并不把古老的事件当真,而是仅仅在讲述一个未必真有的'故事'而已。从老人在故事细节上下的功夫也可以看出他这种态度。他在种葫芦、找葫芦花、乌龟做媒、妹打乌龟等情节上使用了大量的描述性语言。尤其是乌龟做媒一段,乌龟被描述成一个厚脸皮的形象,而且用来影射现实中的媒婆。这样使得整个神话充满生活情趣,缺乏神圣的讲述风格,而近似于一个生活故事。"(第二章)

因此,将"神话"僵硬地界定为"神圣的叙事"并不能普遍概括现实生活中复杂多样的神话观和讲述、传承样态。笔者以为:将"神话"僵化地界定为"神圣的叙事",不仅会造成研究中"名实不符"的矛盾(事实上许多学者在进行神话研究时,往往并不考察它们的神圣性如何,而是常常直接拿来进行考据、分析),也会排斥许多口头与书面上传承的(例如以历史或者文学知识而传承的),缺乏神圣性或者神圣性非常淡薄的神话。如果只因为讲述场合和讲述人信仰程度的不同,两个在内容、形式上都非常相近的女娲补天神话文本,一个被视为神话,另一个被作为"非神话"而被排斥在学者研究的范围之外,笔者认为无疑是"削足适履",它会限制研究者的视野,从而影响今天和未来的神话学建设。所以,仅

[①] 杨利慧:《神话与神话学》,第10页。

从"神圣性"的维度限定神话的性质和范畴，显然僵化而单一，也许，对"神话"这一文类的界定需要从多种维度来进行。①对于这一点，我将另撰文分析。

五、现代口承神话的讲述场合与听众

在现代社会里，人们一般在怎样的场合下讲述神话？是什么样的听众在听神话？他们对于神话的传承与变迁又起到什么作用呢？

同少数民族中的情形相似：在汉民族中，现代口承神话的讲述场合有时是庄重、肃穆的信仰仪式，例如庙会，在那种氛围中讲述者对于神话的真实性更倾向于信以为真，神话也更常体现出神圣性的特点；但是神话也可以在随意、轻松的场合下讲述和演唱，有时甚至是在娱乐、戏谑的情境中被讲述。比如在陕西安康伏羲山、女娲山区民间的结婚和丧葬场合中，至今依然存在着"斗歌"、"谝故事"的习俗，这些歌谣和故事有很多涉及到伏羲、女娲的神话，这些演述场合为当地民众记忆神话提供了具体的情境和记忆的框架。此外，神话讲述发生的场合还主要集中在过年过节时间和田间地头（第三章）。而在重庆市司鼓村，魏大爷看着连天的大雨，小时候听父亲讲过的大禹治水神话便跃入脑海，于是他就为前来采录民间故事的工作人员讲述了有关的故事（第二章）。在河南省淮阳县，神话的讲述场合随着社会政治环境的变化而不断发生着显著的变化：上世纪30年代，人祖神话的演述是日常生活的一部分，它们以"讲古典儿"的方式随时随地发生：田间地头、一家人的饭桌上、夜晚的空闲时间、女人哄孩子的时候、赶庙会的路上、庙会上……而在"文化大革命"时期，人们虽然依旧以口耳相传的方式讲述并传承人祖神话，但是公开传讲的方式受到禁止，神话从社区公共生活空间中隐退，主要在家庭或家族、小群体的亲戚朋友或邻里等日常生活中的私人交际场合传唱，甚至完全在个人生活中消失；而随着近30年来"改革开放"的新形势，兄妹婚神话获得了更为开放和广阔的表演和传承空间，人们讲述人祖神话时不再遮遮掩掩、担惊受怕，在家庭或家族内，朋友邻里之间的私人交际场合、庙会等集会场合以及其他日常生活场合等，都可以自发讲述或应采访者的要求进行讲述（第五章）。

---

① 已故芬兰民俗学家劳里·杭柯（Lauri Honko）在《神话界定问题》一文中，已经指出："神话是多元的"，依据现代神话理论，一个神话可以从10多个不同的角度去研究，例如"作为象征性表述形式的神话"、"作为潜意识的投射的神话"、"作为行为特许状的神话"以及"作为宗教性文类的神话"等等。他进而根据四个层次：形式、内容、功能和语境对神话进行了界定。这一思考无疑是富于启发性的，尽管其中许多地方值得进一步讨论。该文见《西方神话学读本》，第52—65页。

神话传统的消极承载者与普通人一道，构成了现代口承神话讲述事件的听众主体。有时那些神话传统的积极承载者也会成为听众的一员，不过他们在讲述过程中往往会积极插话，甚至主动抢过话头，从而使整个神话讲述事件呈现出更加流动多变的特点。另外，不消说，民族志工作者往往构成了听众中最引人注目的风景。目前，并没有明确的证据显示年龄、性别、职业、受教育程度等因素与神话传统的听众的构成有直接关系。无论听众的构成怎样，他们的在场和对讲述者的品评，会直接影响神话的表演和最终的文本构成。附录所引文章中笔者对于淮阳人祖庙上的两次神话讲述事件的描述，就鲜明地体现了这一点。张霞在对司鼓村的研究中也发现：出色的讲述者一般对表演空间的情境都十分敏感，处于与听众和研究者的不断互动之中；听众的存在使故事的功能实现成为可能，他们引发讲述者的表演欲望，影响着表演者的表演内容和表达方式。固定听众群的存在还影响到一个出色的讲述者的自信和自尊。研究者的存在则可能影响到讲述者的表演策略，刺激讲述者的表演欲望；研究者的意向和提问往往介入讲述人的表演，甚至重构故事的讲述。实际上，在现实的表演空间中，往往存在讲述者、听众的角色互动和互换。如果是几个实力相当的讲述者在一起，有时候很难截然分清谁是讲述者，谁是听众。研究者的角色也不是一成不变的，他的介入有时候也会对故事的最终面貌产生很大的作用（第二章）。

六、现代口承神话的传播方式

现代口承神话主要依赖哪些方式得以传播？

长期以来，神话在社会生活中的传播主要是以口头语言为媒介、以口耳相传为传播方式的。本书的研究发现：这一方式中依然是现代口承神话的主要传播方式。在笔者所考察的汉族社区中，人们依然主要依赖口头语言进行面对面的直接交流，从而实现神话的文本化（从大脑中的神话知识转化为具体的口头文本）以及神话传统的传播。不过，值得注意的是，当下汉族社区中，神话的传播方式正日益多样化。李红武的个案研究发现：尽管口耳相传一直是口承叙事传承的主流——他从老人那里获得的故事占总数的63%左右，但是，一种新的趋势正在出现，即书面传承和电子传媒传承在口承叙事传承中占的比重越来越大，大约占到总数的37%。他进而预测：随着乡村现代化步伐的加快和教育水平的提高，现代口承神话的传承将越来越多元化，现代媒体在传承神话方面将起着越来越重要的作用（第三章）。仝云丽在淮阳的个案研究也有类似的发现：

一方面，长期以来，口耳相传是口承神话的主要传承方式，人们通常以诵唱祝歌、经歌或讲述散文体的神话等形式，面对面地交流人祖的知识与信仰；但另一方面，随着现代社会科学技术的发展，广播、电视、电脑等逐渐走入人们的日常生活，并为口承神话提供了更为快捷、辐射范围更广的传播方式，尤其是庙会期间，越来越多的年轻人和中老年人都可以从电视中便捷地获知地方政府和媒体所大力宣传的地方掌故和人祖神话，这些知识反过来影响着他们对人祖神话的接受和传承。媒体对太昊陵和人祖伏羲进行的大规模宣传不仅传递着地方性知识，也增强了人们的地方认同（第五章）。这些个案研究的结果在笔者2009年对北京师范大学文学院2006级本科生的那次随机调查中也得到了进一步的证实。面对"你主要是通过哪些途径（比如读书、观看电影电视、听广播、听老师讲课、听长辈或朋友讲述、听导游讲述、网络浏览等）了解到神话的？"的问题，40名参与调查的"80后"大学生，全都做出了多种选择，认为自己了解神话的途径是多样化的，其中选择 "读书"的占总数的97.5%（39人）；"听老师讲课"的占85%（34人）；"观看电影电视"的占72.5%（29人）；"听长辈或朋友讲述"的占67.5%（27人）；"听导游讲述"的占32.5%（13人）；"听广播"的有2人；另有2人选择了"网络浏览"。2010年的调查结果与此基本一致：在参与调查的103名中国学生中，选择"读书"的约占总数的96%（99人）；"听老师讲课"的约占93%（96人）；"观看电影电视"的约占82%（84人）；"听长辈或朋友讲述"的约占73%（75人）；"听导游讲述"的占41%（42人）；"网络浏览"的约占40%（37人）；"听广播"的约占3%（3人），另有13人选择了"其他方式"。很显然，在这些"80后"的大学生中，神话的传播方式多种多样，其中，书面阅读与面对面的口头交流（包括教师授课、长辈或朋友讲述、导游讲述等）无疑是这些当代大学生了解神话的最主要的两条途径，而观看电影电视则成为他们知晓神话传统的第三种主要方式。

这些多样化的传播方式所承载的神话都与口头传统有着直接的关系：一方面，归根结底，它们都来源于口承神话；另一方面，经由这些方式的传播，神话知识（往往是经过筛检、选择后的知识）得以进入（或再次进入）人们的脑海和知识贮备库（repertoire），形成潜在的"大脑文本"（mental texts），[1]在合适

---

[1] 参见 Lauri Honko，*Textualising the Siri Epic*，1998。转引自马克·本德尔著《怎样看〈梅葛〉："以传统为取向"的楚雄彝族文学文本》，付卫译，载《民俗研究》2002年第4期。

的契机下，这些大脑文本有可能被重新激活、编织并讲述出来，形成新的口头文本，从而再次进入口头传统的循环之中。

多样化的传承途径及其对神话传统带来的影响显然为当下和今后的神话研究提出了挑战——迄今为止，神话学界对当代社会，尤其是青年人当中多样化的神话存在和传播形态，显然缺乏足够的关注，对那些通过书本、电影电视、网络以及电子游戏、教师的课堂和导游的宣介等途径传播的神话传统，未予充分重视，这不仅加剧了神话学在当今社会中的封闭、狭隘情势，也减弱了神话学对于年轻人的吸引力。未来的神话学，应当在这一方面有充分的自觉和积极的介入。

七、综合研究法

本项研究在借鉴表演理论的同时，也期望立足中国本土的研究实践，对该理论进行一些反思。对中国神话研究而言，表演理论存在着一些明显的局限，比如注重特定情境中的新生性创造，对历史传统则多少有些轻视或忽视的倾向，而中国有着悠久的历史，许多神话类型都有着丰富的文献记录或口述传统，忽视历史、忽视这些珍贵的文献或者口述传统，显然无法深刻地理解和认识中国的社会和文化。因此，如何能既积极吸收表演理论以及其他国际前沿的神话学和民间叙事学理论与方法的长处，同时又能立足于中国本土的实际，发展出适合中国民间叙事（包括神话）研究的方法，这是笔者近年来一直努力探索的问题。"综合研究法"（Synthetic Approach）即是这一探索的初步尝试。这一方法主张在研究现代口承神话时，要把中国学者注重长时段的历史研究的长处和表演理论注重"情境性语境"（the situated context）和具体表演时刻（the very moment）的视角结合起来；把宏观的、大范围里的历史-地理比较研究与特定社区的民族志研究结合起来；把静态的文本阐释与动态的交流和表演过程的研究结合起来；把对集体传承的研究与对个人创造力的研究结合起来。

对于这一方法，笔者已在《民间叙事的表演——以兄妹婚神话的口头表演为例，兼谈中国民间叙事研究的方法问题》一文中进行了初步的实践（见附录）。本课题也在不同层面上继续实践并深化着这一主张。比如第二章通过考察同一位讲述者在不同情境中讲述的同一则神话以及多位讲述者所讲述的同一则神话的不同异文的比较，来探讨在司鼓村这一特定社区中，讲述者的记忆机制、情境因素、自我距离、讲述喜好、个性特点、表演能力、表演愿望等多种因素与神话变异的关系。第三章通过对陕西安康地区三位神话讲述人对当地流传的伏羲、女娲神话的个人阐释，来探讨他们的神话观，并对其形成不同神话观的原因作了初步的分析。第四章紧紧地围绕着20世纪90年代山西省洪洞县赵城镇侯村女娲庙的修复，展示了在当地女娲庙得以修复，女娲信仰重新恢复的情境下，女娲神话的传承和再创造过程发生的变化，以及作为行动主体的个人在传承和再创造过程中的作用，展示了民间传统（包括民间信仰和现代口承神话）在当代情境下得以重建的复杂性。第五章则把神话的传承、变异和再生产置于民族国家和地方社会不断变迁的社会文化语境中，通过对淮阳人祖庙会自1934年以来的历史变迁过程的民族志考察，着重从权力与政治的视角，揭示国家力量对庙会和神话演述活动的影响，以及神话与社会的政治、经济、文化等的变迁之间的关系。对神话的综合研究显然还有许多其他的视角，需要我们在今后的研究工作中不断进行新的探索。

神话是一种复杂的文化现象，仅仅倚赖一个视角、一种方法去考察，很难洞见其全部真谛。对此，早有许多学者指出，对神话的研究应当采用多种方法、从多个角度来进行。大林太良曾在为《神话学入门》中文版所写的序言中，深深地感喟说："神话世界实在是过于复杂而且庞大，难以用一种观点阐释所有的问题。所以，要想深刻地理解神话，必须要有广阔的视野和灵活的方法。"[1]阿兰·邓迪斯（Alan Dundes）在评论汤普森（Stith Thompson）对"星星丈夫"故事的历史-地理学研究时，也明确地指出："历史起源与传播路线的研究，只是整个研究的一部分，一个重要的部分，而心理根源与功能的研究，也是其中的一部分。将这些研究统一起来，才能对民俗特质有更充分的认识。"[2]不过，尽管不少学者已经意识到了综合研究的必要性和重要性，但是，究竟该如何对神话进行综合研究呢？也就是说，如何把这一理念落实到具体的研究实践中呢？对于这一点，目前似乎尚没有公认的答案，一切都仍处于摸索之中。我们的探索，也想在此方面做些初步的努力。

结尾的话

我们对中国现代口承神话的考察前后历时近10年，目前已初步告一段落。由于学识和能力有限，本书在民族志描写和理论分析上，有许多不如人意之处，尤其是各章在描写和阐释的程度上存在着深浅不一的问题。其他不足与疏漏之处，也在所难免，我们恳切地期待着读者和方家的批评指教。

衷心感谢教育部"高等学校优秀青年教师教学和科研奖励计划"的支持，没

---

[1] ［日］大林太良：《神话学入门·中译本序》。
[2] ［美］阿兰·邓迪斯编：《世界民俗学》，陈建宪、彭海斌译，上海文艺出版社1990年版，第560—561页。

有这一奖励计划的资金支持,这个项目根本无法实现。这个项目的完成还得益于许许多多神话学者以及以无穷的智慧和创造力在传承和重述着神话的乡民们的大力帮助,我们无法在此一一列举出他们的名字,而且,出于保护隐私的目的,书中的讲述人基本上都使用了化名(只有第三章应讲述人的要求而没有使用化名),但是,对他们的由衷感激将永远深植在我们的心里!

第二章 讲述者与现代口承神话的变异
——重庆市司鼓村的个案

张 霞

第一节 引言

一、选题目的与意义

本章拟通过对神话讲述者以及讲述状况等进行考察,来探索现代口承神话的传承与变异。笔者认为,这样的考察和研究对于以往的口承神话研究,在一定程度上是积极的补充和拓展。

(一)现代口承神话对神话学研究有着极大的学术价值。首先,口承神话具有不同于文献神话的特征,因此对它的研究有可能在将二者进行比较的基础上,更准确全面地把握神话的性质、特征及其演变的规律性。其次,丰富的现代口承神话不仅可以与古籍中的记载进行印证,而且还可以对记载中的种种缺陷进行补充和修正,以弥补我国文献神话零散、片断、残缺不全的缺点,提高古典神话研究方法和结论上的可靠性。同时,口承神话由于具有丰富的文化内涵,能够为神话学进行跨学科的研究提供广阔的天地。因此,加强对口承神话的研究具有重要意义。

(二)随着中国社会现代化进程的加快,神话本身依据一定的传承规则被淘汰、继承或变异发展着,神话在许多区域呈现出极大的变异,呈现出十分复杂的面貌,其中蕴含着大量的学术信息,给口承神话的考察研究提供了良好的机遇,也提出了许多新问题。因此,口承神话的研究显得十分必要。

(三)以往对中国口承神话的研究,尽管取得了多方面的成就,但仍然存在一些问题乃至缺陷:

1. 与少数民族口承神话研究相比,汉族的口承神话还缺乏更多的实地考察和研究,许多重要问题尚缺乏具体而坚实的考察。例如,现在到底还有哪些人在讲述神话?他们为什么讲述?与古代典籍神话相比,现代口承神话发生了哪些规律性的变化？神话在今后的发展演变如何？这些问题的解答都需要对汉族中口头流传的神话的存在状态进行深入的调查和科学的研究。

2. 国内神话学研究以往较多关注神话的静态研究，对现代口承神话进行动态研究的尚属少见。而且，尽管学界对神话的文本研究已经形成自己的研究路数和风格，也出现了不少扛鼎之作，但在这种传统的文本研究的基础上，如何将它与神话讲述的语境结合在一起进行研究，还处于起步阶段。而随着当代民俗学理论的发展，以表演的观念来探讨口承文学的传诵过程，已成为当代研究口承文学的重要视角之一。目前国内虽然对表演理论有所引介，但以表演理论的观点来探讨汉族口承文学与口承艺术的尚属有限，从民俗角度进行探讨的就更加少见。目前笔者所知的相关研究多集中在台湾，如容世诚的《戏曲人类学初探》[1]、蒋斌的《口述历史的舞台》[2]、胡台丽的《文化真实与展演：赛夏、排湾经验》[3]等。大陆方面目前值得注意的有江帆所著《口承故事的"表演"空间分析》[4]、杨利慧的《民间叙事的表演——以兄妹婚神话的口头表演为例，兼谈中国民间叙事研究的方法问题》[5]等等。这些研究均借助表演理论，改变此前注重于作品文本研究的风气，转而重视对于表演过程的发掘与探讨，并导引其研究跨进动态研究的境界。然而，国内神话学界将表演理论应用于实际研究的实例比较少见，这不能不说是一种遗憾。

3. 以往的口承神话研究在资料的使用上存在一种现象，即缺乏对资料的时间性、地域性和民族性的考虑，只要有利于其论证的，拿来便用。在某种程度上，这是大范围的神话研究所难以避免的。然而，口承神话的传承和变异是发生在具体的情境之中。神话在不同的地域环境、文化环境、不同的表演者甚至同一个表演者那里的发展演变状况都大相径庭。因此将口承神话的研究与考察限定在一个小区域内十分必要，它关注的是神话具体发生变化的瞬间，是现代口承神话具体传承链条上的细节变化。但是就笔者目前掌握的材料来看，这方面的研究还比较欠缺，有待于进一步的探讨。

---

[1] 容世诚：《戏曲人类学初探》，麦田出版社1997年版。
[2] 蒋斌：《口述历史的舞台》，"文化展演的人类学研讨会"会议，"中央研究院"民族学研究所主办，台北南港，1997年6月6—7日。
[3] 胡台丽：《文化真实与展演：赛夏、排湾经验》，节选自《文化展演与台湾原住民》，台湾联经出版社2003年版。
[4] 江帆：《口承故事的"表演"空间分析》，载《民俗研究》2001年第2期。
[5] 杨利慧：《民间叙事的表演——以兄妹婚神话的口头表演为例，兼谈中国民间叙事研究的方法问题》，见吕微、安德明主编《民间叙事的多样性》，学苑出版社2006年版，第233—271页。

有鉴于上述认识，本文拟以对重庆市九龙坡区走马镇司鼓村的田野调查为主要资料，对以下问题进行探讨：

（一）同一个讲述者在不同情境下讲述的同一类型神话的文本变化、变化原因及其意义。根据表演理论，口头文学在创作过程中是一个活的传统，即使是同一个人的创作也往往会因讲述情境的不同而改变。那么文本的变化体现出那些特点？变化的原因和方式又有哪些？这些变化具有什么样的作用和意义？这个动态过程展现出哪些可遵循的神话变异的规律？本文试图通过对一位讲述人在 13 年内于不同情境下讲述同一类型神话的多个文本和讲述情境的分析，对上述问题进行探讨。

（二）不同讲述人对同一类型神话的不同讲述的比较。同一类型的口承神话从不同的讲述人口中讲出来，往往发生相当程度的变化。这些变化有无规律？如果有，变化的核心原因有哪些？这又有什么样的意义？本文拟就司鼓村 5 位讲述者对同一类型神话的讲述，对上述问题进行探讨。

笔者需要特别说明的是：以上所采用的分析视角和分析模式，在当代国际民俗学界已经被一些学者使用过。比如美国民俗学家理查德·鲍曼（Richard Bauman）在他的《故事、表演和事件：口头叙事的语境研究》[①]一书中，就曾对同一个讲述人艾德·贝尔（Ed Bell）在前后 15 年间于不同情境下讲述的同一类型故事的文本进行比较，来探讨情境变化与叙事作品变异的互动关系。[②]而芬兰民俗学家安娜－丽娜·斯卡拉（Anna-Leena Siikala）在其著作《口头叙事的阐释》[③]中，也比较了同一讲述者对同一故事的不同讲述文本以及不同讲述者对同一故事的不同讲述文本，[④]旨在通过这种比较，探究讲述者与故事的稳定和变异的关系，进而探讨故事、讲述者与社区文化之间的联系。笔者在学习中发现，目前国内

[①] Richard Bauman, *Story, Performance and Event——Contextual Studies of Oral Narrative* (New York: Cambridge University Press, 1986).

[②] 鲍曼在比较艾德·贝尔前后 15 年间所讲述的故事时，除了运用他本人于 1982—1983 年访谈该讲述者所获的文本，还采用了帕特·缪伦（Pat Mullen）于 1967 年、1971 年和 1975 年三次调查时采录的文本，以及帕特·杰斯帕（Pat Jasper）于 1979 年在奥斯汀（Austin）的有线电视台访谈艾德·贝尔所采录的文本。参见 Richard Bauman, *Story, Performance and Event——Contextual Studies of Oral Narrative*, p. 80。

[③] Anna-leena Siikala, *Interpreting Oral Narrative* (Helsinki: FF Comunications, No. 245, 1990).

[④] 斯卡拉在比较同一个讲述者讲述同一个故事的不同文本时，采用的文本来自 1968 年到 1970 年由不同的研究者所作的记录。她还谈到，不同的研究者和讲述者之间的关系，可能会差异很大，因此也许会对异文之间的差异产生一定的影响。参见 Anna-leena Siikala, *Interpreting Oral Narrative*, p. 36。

关于现代口承神话的研究还较为薄弱,可供参考的理论和研究模式也相对缺乏,而上述国外民俗学家的研究视角和模式对中国现代口承神话的研究,尤其是对神话变异规律的研究有相当大的启发意义;同时,笔者在田野调查中发现,运用这一研究视角和模式可以有效地探讨讲述者与神话变异的关系问题,因此,笔者不揣冒昧,在立足于自己的田野调查的基础上,试图借鉴这种研究视角和模式来观察中国现代口承神话的实际讲述情况和变异规律,特别是讲述者在口承神话变异中的角色和作用,并力求对上述的理论进行验正和补充。但是,这只是初步的尝试,由于笔者学识浅薄、能力有限,对上述理论的消化程度也有限,至于对上述的研究视角和模式的应用效果如何,尚有待专家的指正与批评。

二、所用理论和方法

本章主要运用神话学、民俗学的相关理论和方法,同时借鉴文化人类学的一些理论和方法。

（一）以表演者为中心的方法（performer-centered approach）

美国民俗学家琳达·戴格（Linda Dégh）是该方法的著名代表。她认为传统是一个大的理念,传统的保存和延续必须依靠个人,如果忽略个人,传统只是一个空谈,所以她特别注重表演者的研究,注重在一个社区当中,个人在传统的保持、延续、变更中所起到的作用,以从中探讨个人、社区文化与传统之间是如何互动的。她称自己的研究方法为"以表演者为中心的方法"[1],在她的著作《民间故事与社会——一个匈牙利农村社区中的故事讲述》[2]中,她不仅对Kakasd这个地方的讲述者的生活史一一进行了描述,而且结合他们的生平和经历来考察讲述者对传统的尊重和修改,讲述人的语料库（repertoire）和分类,讲述者的才能和讲述技巧等重要的问题,并关注他们和整个社区文化的关系。

在该著作中,她还提到国外学者研究故事讲述者的一些成果。

1. 关于讲述者对故事文本的所谓"忠实性"问题。戴格认为所谓的"忠实于文本原貌",只意味着讲述者每一次讲述基本上能使故事的主题保持不变,而不是在词汇上、形式上的一成不变。

2. 关于何为"讲述者"。她认为讲述者必须要有相当数量的故事储备,要有

---

[1] Linda Dégh, *Narratives in Society: A Performer-Centered Study of Narration* (Helsinki: FF Communications, No. 255, 1995), pp. 7 – 29.

[2] Linda Dégh, *Folktales and Society——Story-telling in a Hungarian Peasant Community*, trans. Emily M. Schossberger (Bloomington and Indianapolis: Indiana University Press, 1968).

相对固定的听众群体，在一定范围内得到公认，具有相当的创造性。

3. 研究者从不同角度对讲述者进行的分类。其中有两分法，还有三分法、四分法等。例如沃图特（Ortutay）根据讲述者对传统材料的态度把讲述者分成两类：一类是尽可能保持传统的讲述者，另一类是自由的不受传统约束的讲述者，他们改变讲述的方式，改变母题，引进新的因素。在每一类中还有较强和较弱的讲述者之分。而勒沙·阿佛尔（Leza Uffer）将讲述者划分为三类：第一类是消极讲述者，他们知道故事但并不讲述。第二类是偶尔的讲述者，他们知道故事，在适当的场合或者被要求的时候偶尔讲述故事。第三类是有意识的讲述者，他们富有创造性，并且其创造性为公众所认识，他们为自己的记忆力骄傲，如果讲述中忘记了什么，他们可以临场发挥。另一位研究者切克诺夫（Chicherov）将讲述者分为四类：第一类是传统承载者，他们保存并传递传统。第二类是表演艺术家，他们用自己的艺术天赋现场发挥，对他们来说重要的是反复讲述而不是文本。第三类是诗人，他们在运用传统材料的时候主要改变故事的情节。第四类是现场发挥者，他们完全根据自己的喜好来调整故事的情节、母题等。上述这些分类所考虑的因素是讲述者对故事类型的喜好、表演的方式和讲述者的心理特征。

4. 讲述者在一个表演空间面对社区听众时如何通过创造赋予故事具体的形式与讲述者的个性和文化背景有着密切的联系。但是戴格在该书中指出，在美国民俗学者以往的研究中，这些因素没有得到足够重视，对故事的内容和它与讲述者的个性之间的关注也相当缺乏。戴格在研究中，对这些领域提出了一些非常重要的见解，例如，口头叙事扩展的无限可能性，讲述者生活的时代背景，其个人经历、职业、生活方式和世界观等与故事的联系，故事的传统风格与讲述者的个性风格之间的关系等。[①]

前面曾提到过的芬兰学者斯卡拉的研究也对笔者有很大的启发。她通过参与1968—1970年由芬兰文学协会主持的连续3年对Kauhajoli的田野作业，发现了一些和表演理论不同的观点，对表演理论予以了重要的补充和修正。斯卡拉的一个核心观点是：情境不是影响讲述者处理故事的态度的唯一因素，而且讲述者的态度并不是随着情境变化就一定发生变化。事实是，在她的研究中，讲述者对故事的解释和态度，基本上是不变的。她对此追根溯源，进一步发现，这

---

① 关于 Linda Dégh 对于讲述者之研究的梳理，可参见 Linda Dégh, *Folktales and Society——Story-telling in a Hungarian Peasant Community*, pp. 165 – 185。

种稳定性可以归因于讲述者存在"传统取向"(tradition orientation)。讲述者的语料库、"叙述模式"(mode of narration) 和"讲述者的地位"(the storyteller's status)构成了判断传统取向的几个重要指标,而形成传统取向的主要因素是:讲述者的经历和价值观,以及他们的"自我观念"(self-concept) 和"社会反应倾向"(social reaction tendencies)。这样,她强调了讲述者的生活史,经验和世界观与其讲述行为、语料库的内部联系,进而探讨了传统、社区和个人之间水乳交融的关系。她认为,传统提供给讲述者表达自己的世界观和价值观的机会,讲述者加工和讲述一些与其个性和生活观相近的母题和故事的过程也就是对民间文学(或者民俗)加以应用的过程,这是讲述者加强其社会竞争力的一种手段。他们运用讲述民间故事的方法,把人们的注意力吸引到自己身上,使不同兴趣的人们聚合在自己周围。在分析故事的变化及稳定性的时候,斯卡拉比较了同一个讲述者对同一个故事的不同讲述以及不同讲述者对同一个故事的讲述,经纬交织,鲜明地突出了讲述者在多年间重复讲述同一个故事时态度的变化,以及个人经历、背景对讲述者的讲述所起的作用。[1]笔者在进行田野作业和论证分析时,借鉴了斯卡拉的这一方法。

斯卡拉在分析文本时,为方便比较起见,使用了"意义单元"(idea unit) 和"叙述单元"(narrative unit) 的概念,将每一个文本转化为符号集合。意义单元,是指在"叙述流"(stream of narrative) 中一个独立的包含了"命题"(proposition)的片断。这个片断,华莱士·切夫(Wallace L. Chafe) 称之为"意义单元"。他认为话语是一系列以简单短语或短语的一部分的形式推进的"喷发"(spurts),它们被语调或临时的变化彼此隔离,如被 and, but 或者叹词 well 等隔开。意义单元是集中的思想认识的语意表达。[2]而叙事单元指能够推动情节发展,解释事件等的信息实体。相互紧密联系的意义单元一般出现在同一个叙事单元中。叙事单元有一些富有意义的元素,如一个"行动主体"(acting subject)。因此我们可以把叙事作品中主语的变换当作划分叙事单元的一个依据。叙事单元组成一个或者一组相互联系的句子。这些句子构成了分析的基础,从叙事单元中我们可以抽取叙事作品的内容上的"大结构"(macrostructure)。叙事单元包含了叙事作品的内容材料。这些材料被用来分析叙事作品中反复出现的母题和用来结构叙事作品的元素。叙事单元中的信息形成了一个整体,从而确定了它在整个

---

[1] Anna-Leena Siikala, *Interpreting Oral Narrative*, pp. 143 – 167.
[2] Anna-Leena Siikala, *Interpreting Oral Narrative*, p. 37.

叙事结构中的功能地位。①

笔者在分析文本的时候，分行列出的是意义单元，用数字标出的段落是叙事单元。为了方便比较，每一个叙事单元都以小标题标示出来。

（二）表演理论

如同本书第一章所指出的：表演理论特别注重对表演过程的研究以及情境的全面把握。本文在关注讲述者在特定表演空间中对神话变异所起的作用时，将参考表演理论的方法进行情境分析，特别是用于探讨讲述者、听众、研究者三者之间的互动关系。

（三）比较研究

比较研究是人类学的基本研究方法之一，旨在通过对"他者"的记录、描述和分析来反思"自我"文化中潜藏的法则、前提、假设和动态，探究不同文化的共通性。本章的一个基本思路是分析神话的变异和讲述者之间的个体差异，比较的方法更是必不可少。本文在分析论证过程中，将对一个讲述者讲述的同一神话的不同异文和不同讲述者所讲述的同一神话的不同异文分别进行比较研究。设计前一组对比的目的在于分析讲述者在保持口头作品一致性与导致差异性当中的角色和作用，从而探索在真实的表演空间中，神话故事流传、变异的一些规律。设计后一组对比的目的在于分析讲述者的生活史和世界观对于故事讲述的影响，揭示讲述者、神话讲述与社区生活和文化之间的内在联系，从另一个侧面探索现代口承神话传承、演变的一些规律。

本章作者搜集现代口承神话素材的具体调查方法是田野作业法。笔者力图在特定的社区文化中，考察神话的表演和讲述人的生活经历，并在特定的讲述语境里，探讨神话的变异和神话作品的动态形成过程，因此，对讲述人生活的社区有直接的接触和了解，掌握神话讲述现场的第一手资料就显得十分必要了。为取得这些重要资料，笔者采用了田野调查的方法对走马镇司鼓村这个特定社区内的讲述者及讲述情况进行了历时约四个月的调查。选定司鼓村这个村落作为调查地点有着方法论上和实际操作上的多种考虑。

从方法论上来看，对一个具体村落的细致考察利于掌握该地方的政治、经济、文化、历史、社会动态等各种社会力量和元素所形成的具体语境，利于探讨一个具体的民俗事项在这个具体语境当中的不断变化和生成的文化意义。这一方法的使用，是呼应了民俗学的研究视角和方法近半个世纪来的转变。20 世

---

① Anna-Leena Siikala, *Interpreting Oral Narrative*, pp. 37 – 38.

纪 60 年代以前的西方民俗学、人类学，无论是结构功能主义、功能主义、历史－地理学派，还是文化历史学派，其方法都是着眼于大的宏观的图景，企图通过比较等方法得出能够涵盖一切人类社会的结论。但自 20 世纪 60 年代以来，受到以克利福德·格尔茨（Clifford Geertz）为代表的解释人类学和其他社会科学思潮的影响，随着学术界对实证主义方法、作者身份、田野工作者与访谈对象之间的权力关系（power relation）问题的质疑等，民俗学与社会学的研究方法和视角产生了重大的变化。其中一个变化就是从普遍性的研究到地方性的区域研究。而且，过去民俗学和人类学试图通过田野对一个封闭的、独立的、小范围的地域空间进行静态描述的方法也被逐渐改变了。小到一个村落，大到一个国家，都开始被视为开放的、与外界有着千丝万缕联系的空间，其边界是流动的、可变的、不断构建中的，而不是僵死的、封闭的、固定不变的。因此，考察一个社区的神话讲述传承与变异，不等于搜集该社区被讲述的神话文本和讲述者的姓名，也不等于仅仅记录神话讲述的现场和讲述人的表演过程。笔者的理解是，一个更重要的任务是考察当地人对神话讲述的理解和参与，他们的参与如何传承，又如何改变了神话的讲述，这些传承与改变受到哪些不同层次、不同来源的社会力量的影响，对当地人的意义是什么；在经济高速发展、人民生活日新月异、现代化进程不可阻挡的今天，继续神话的讲述并不断创新不断变异的意义又是什么。

杨利慧在谈到中国的民俗研究现状时，曾提到两点值得反思的问题：第一是过去总是强调民俗事象的传承性，却往往忽略了变异性。民俗实际上是处在一个不断被创造、不断变化的动态过程中的。第二是经常进行大范围、整体的和综合的研究，但是在注重大的传承链条的时候，忽略了具体的传承和变异的细节，即在一个特定的时空背景下面，讲述人如何传承、创造传统。而将重点放到一个限定的区域内进行考察，能够弥补这方面的不足。另外，民俗事象，包括神话在内，都是依靠具体的个人传承的，个人的创造性在传统传承中起着举足轻重的作用，而个人的创造性又离不开社区文化的塑造。[①]离开对社区文化深入的考察和理解，就谈不上理解讲述者的创造性。基于对以上方法论和研究需要的考虑，笔者将田野调查的重点放在了走马镇司鼓村（化名）。

在中国，村落是重要的社区单位，是"中国农村广阔地域上和历史渐变中的

[①] 杨利慧：《民间叙事的传承与表演——以女娲神话为例》，2001 年 11 月 23 日在"民俗学学科建设和人才培养大会"上的发言稿。

一种实际存在的最稳定的时空坐落"①。由此，笔者对司鼓村进行了人口、耕地、作物、环境等多方面多项目的考察，力图对这个社区的历史、地理、文化、生活进行细致的描述，为笔者对具体情境下口承神话与讲述者的关系的探究提供一个大的场景。笔者分别于 2000 年 8 月、2001 年 2—3 月，2001 年 8 月赴重庆九龙坡区走马镇司鼓村进行了 3 次田野调查。选择走马镇司鼓村作为田野调查点有如下理由：

1. 司鼓村由于其独特的"一脚踏三县"的地理位置，形成了浓郁的场镇文化氛围，民间讲唱文学历史悠久，资源丰富，是远近闻名的"故事村"，曾引起国际国内许多学者的关注。

2. 在笔者前往调查以前，已经有一些相关单位和学者前往走马镇，特别是司鼓村调查当地民间文学的情况。从 1983 年开始，先后有巴县民间文学集成办公室组织的调查组、西南师范大学中文系、日本广岛大学加藤千代教授等单位和学者前往调查。前人的调查成果颇丰，为笔者后来的重访打下了较好的基础，尤其是他们在相当长的时间内采录的故事文本，为笔者对同一个讲述者前后 13 年间讲述的异文进行比较，为研究神话讲述的变异创造了重要的前提条件。

3. 笔者是四川人，熟悉司鼓村的方言和文化，在调查中，能够领会表演空间的一些非话语因素和讲述中的细微差异之处，便于发现和探讨文本外的诸多因素，例如听众、场合对讲述的影响。

在田野作业中，笔者主要采用深度访谈和参与观察的方法。笔者访谈的资料提供人共计 8 人，重点访谈 5 人，为魏大爷、罗明东、魏小年、张绍文、余国平（详后）。

第二节　司鼓村的历史地理及当地农业人群的日常生活

作为一种民俗事象的神话，总是由讲述者口耳相传的。正是口承神话这种独特的流传方式，使得神话流传的区域文化成为神话传承和变异中一个举足轻重的因素。首先，神话的传承离不开具体的讲述者，而每一个讲述者都生活在一定的社区中。他们的材料积累、讲述模式、讲述态度等组成了该社区民俗文化的一部分，同时也被这特定文化背景所塑造。其次，神话的具体讲述过程总是

---

① 刘铁梁：《村落——民俗生活的传承空间》，见钟敬文主编《民间文化讲演集》，广西民族出版社 1998 年版，第 284 页。

发生在一定的社区内的。社区特殊的历史、经济、人文甚至自然条件都可能对神话的内容、讲述方式等构成影响。不了解整个社区的历史、地理、文化背景，无以深入地了解生活于其中的讲述者，更无从了解神话被反复讲述的发生机制，也就无从探讨神话在具体时空中传承、变异的规律。因此，在对讲述者的表演作进一步的审视之前，笔者将首先对司鼓村的历史、地理、生活、文化背景作一个概要的介绍。

一、司鼓村的历史及自然地理概况

司鼓村现属重庆九龙坡区走马镇，位于走马镇西北部，成渝高速公路走马段一侧，距镇政府所在地响水村4.5公里，有公路相通。村下属九个大队，人口844人，共308户，其中在村居住人口为527人，男285人，女242人。[①]总的地貌为一南北走向之凹谷，岭谷相间，山环水绕，丘多坝少，以丘陵为主。多子山为村界内最高的山。

司鼓村岭谷相间，山环水绕

司鼓村所在的地域地处东经106°15′~106°59′，北纬29°8′~29°46′，属亚热带湿润性季风型气候，春短而旱，夏长而温，秋多绵雨，冬暖多雾，霜雪极少，雨量充沛，伏期长。全年气候温暖，年平均气温18.6℃，年平均降水量1104.3毫

---

① 以上数据为走马镇政府2001年统计结果。

米，多集中在夏季，且时有暴雨。无霜期长，年平均 300 天以上，日照时数年平均 1167.3 小时。自然灾害有寒潮、低温淫雨、高温伏旱、暴雨、冰雹等，其中高温伏旱多，出现机率 95%，其中重旱占 25%，最长时间达 59 天，多发生在 7 月下旬至 8 月上旬。

司鼓村清末时名"千马团"，属巴县府治直里六甲，因附近有千马山而得名，民国时实行保甲制度，属千马团七保。解放后，土改时，因为附近有多子山，又更名为"多子村"。1952 年后才更名为"司鼓村"。

司鼓村隶属之走马镇，原名走马乡，在九龙坡区辖区内（1995 年前一直属巴县，现巴南区）。走马乡又名走马岗，位于重庆至成都的中大道上。据《巴县志》载："正西陆路八十里至走马岗交璧县界系赴成都驿路。"走马镇历史上就是重庆通往成都的必经之地，路线与今之成渝及高速公路基本重合。古石板穿越该镇 8 个村，过往的行商贾贩络绎不绝。走马镇历史悠久。这里现存东汉至六朝时期崖墓 5 处共 20 座，从这些崖墓看，早在东汉时期人口已较为稠密。据查，明朝中叶这里形成集市，据今已有 500 多年的历史。走马的地理位置决定了它的兴起与繁荣。肩挑马驮的行商小贩，每日清晨从重庆出发，到晚上就抵达走马。相传古时候凡过往走马场的客商、差人和力夫，都要在此歇一宿。究其原因，一是从重庆出发至走马已经走了好几十里路，人很疲乏，二是从走马镇到下一个歇脚点来风驿尚远，途中需要翻越大山。山上古木参天，常有"棒老二"[①]出没，故晚上不宜行走，这里至今还流传着"是相不是相，难过走马岗"的民谣。因此走马镇一到傍晚就热闹起来。行商之人一要歇宿，二要吃饭，三要娱乐，这必然地刺激着服务业的发展，客栈满员，饭馆兴隆，戏台热闹。据说走马场兴旺时，单是戏楼就有 3 座（至今在场口处还较完好保存着一座清代初建的戏楼）、茶楼 12 家。用一些小商贩的话，他们白日里紧赶慢赶，就是为了早点到达走马场，吃了饭看夜戏。据许多司鼓村的老人回忆，他们年轻时候，大多喜欢赶走马场，总是喜欢在买卖完结以后坐坐茶馆，听人聊天；更有甚者，要看完夜戏，才漫步回家。可以说，走马岗及其周围这些处于交通道口上的场镇文化造成了走马人爱讲爱唱爱说的群体个性。[②]

走马岗之独特不仅仅由于它位于重庆至成都驿路头站，同时还在于它"一脚

[①] 棒老二：重庆方言，意思是"强盗，流氓"。
[②] 以上资料参考四川省民间文艺家协会编：《走马镇民间故事考察报告》；联合国教科文组织、中国民间文艺家协会、四川民间文艺家协会编：《走马镇民间故事》，1997 年版，第 5—6 页。

踏三县"的独特位置。走马位于重庆市西郊的江北岸,西邻璧山县,南邻江津县。东接巴渝文化的中心和发祥地——巴县。巴人为川东地区的重要部族,他们原来生活在江汉平原,靠近川东北,后进入川东北大巴山,巴河等;后有廪君族由清江入川(为入川的南路)。廪君族崇拜白虎,曾建立巴国。巴县为巴国故地,历史上曾三次为都。周武王建殷商,封支庶于巴,是为巴子国都。元朝末,红巾军徐寿辉部将明玉珍攻据重庆,称帝定都,国号夏。巴县从公元前316年置32州县,至公元561年称巴县。至1939年,县治一直在今重庆市区。1939年5月,县治始迁出,1954年迁至重庆南面27公里的鱼洞镇至今。

巴县的民间文艺源远流长。据称周武王伐纣时,巴人为其先锋,行军作战载歌载舞,锐不可挡,立下了赫赫战功,世称"武王伐纣,前歌后舞也"。后来,汉高祖将巴渝歌舞引入宫廷,名曰"巴渝舞"。至唐宋时,巴渝歌舞演化为"踏歌"、"竹枝词"、"转踏"等群众性歌舞形式。[1]据《巴县志》载,直至清末民初,如龙灯、狮舞、车灯、连霄、高跷等,会馆茶馆的川戏、扬琴、评书表演终年不断,讲故事的、唱山歌、说言子等民间文学活动遍布乡村。

二、司鼓村农业人群的日常生活

和中国其他许多以农耕为主的村落一样,司鼓村人多年来过着一种典型农业社会的生活。农业生产活动是当地农耕人群所从事、所关注的头等大事。他们的日常生活的节奏,往往是遵循农业生产活动的规律而随之变化。在生产的基础上,人们还进行消费生产成果的各种活动。农业生产和生产以外的生活,相互交织成司鼓村民众平凡而又独具特色的日常生活。

(一)农业生产活动

司鼓村的农事活动,主要围绕稻谷(当地称"谷子")和麦子的耕种、护理、收割而展开,稻谷的收成是当地农耕人群最主要的经济收入。当地主要种植一季稻。此外,玉米(当地称为"苞谷")、高粱、胡豆等作物也在当地有广泛的种植。

由于稻谷和麦子的生长周期相互错杂,当地的耕作周期也相应地被划分为"大春"、"小春"两个时段。"大春"指自然季节春季来临之时的"立春、雨水、惊蛰、春分"这段时间,农人们的主要任务是播种水稻和玉米、荞麦等。

水稻在8月间成熟,进入收获季节。由于实行土地承包到户,收获时一般也

---

[1] 重庆市巴县民间文学三套集成编辑委员会编:《中国民间故事集成·重庆市巴县卷·上卷·概述》,第1—7页。

司鼓村村民在夏末开始收割稻谷

以家庭为单位进行,但收割水稻劳动强度较大,需劳力较多,一些劳力不足的家庭也会请村中的亲邻帮忙,或自愿换工。此时是一年中农人最辛苦最忙碌的季节,连懂事的小孩也不得空闲,他们要看管晒在场坝上的新割下来、打碾出来的稻谷。

水稻收割后的打碾以前全靠人力将稻谷从植株上打脱,现在已经在推广小型电动收割机,但仍然有人工打碾的。

农历重阳间即是当地所说的"小春",这时主要种麦子,也种胡豆、豌豆,到来年4月才能收获。

冬季来临,水田空闲下来,农人在田里水养鱼、养鸭子,作为副产。

在耕作时间的把握上,主要是依据二十四节气的知识。人们对哪个节气该开展什么农事活动有相当清楚的了解。当地计时仍以农历为主,阳历则较少被提起。许多家庭仍保留买"历书"的习惯,在当地的住家房内常可以看到作为阳历的挂历与老式的皇历(农历)挂在一起的情景。

近年来,随着外出打工流动人口的增长和城乡经济互动的增多,以农事为核心的生活方式正在逐步发生改变。然而,农事生产仍然是很多司鼓村人赖以生存的经济来源,并且持续对当地人的生活发生重大的影响。

(二)民间信仰①

根据王倩予的研究,司鼓村人的民间信仰活动有两个十分显著的特点:一是信仰的神灵杂而多,二是信鬼。随着社会的进步和文化教育水平的不断上升,对这些信仰坚信不疑的人群已经较为稀少。这些民间信仰更多地作为一种知识系统存在,支撑着人们对日常生活种种现象的解释,是当地人感知世界、观望世界同时阐释自身生活的一种方式。

在当地人眼中颇有威力的神有:

灶神:主管一家的安遂。神位在厨房的灶台边。据说灶神性喜洁,节俭。所以女人若有不洁,或乱堆放东西,都会惹怒他,尤其严重的是浪费粮食,如果被灶神上告到天上,就会遭到雷击。腊月二十三祭灶,要点锅灯(做法为,用勺子装半勺油,放一根灯草,点燃后放在铁锅内。)送灶神上天。灶神上天来回共走七天,腊月二十九下地,这期间正好打扫清洁,迎接新年的到来。

长生菩萨:又名长生土地,他主管家中行人的安康,人外出时他常常会伴送很长一段路程,但这个神出身秀才,因而有些小气,若家中有祭祀等大事,疏漏了他,便会招致惩罚。

坛神:据传为一个女子,双手拿着刀,又称"蛇坛"。有村民告诉我拿刀的女子的身体和坛连成一体,形状就像盘绕的蛇。据了解,以前李家、张家、谢家、余家都有,但坛的刻文有差异,坛神不能轻易触动,否则"撞了坛",会招来病痛。

家神:家族共有祠堂,一般供有神龛,设有祖宗牌位,上列历代祖宗的名字,移民则大多以入川第一代祖宗的名字开头,称"神主牌",正面写"天地君亲师位"。一年逢几大年节(端阳、中秋、正月初一),要烧香祭奠,祈求他们保佑子孙后代顺遂昌繁。也有称蛇为家神,蛇进门是祖先回来探望的说法。

山王菩萨:山王菩萨被认为主管山中猛兽。每年有山王会,由个人向山王菩萨许愿,保佑一年内牲畜利顺。许愿、还愿都由个人秘密进行。

观音菩萨:家里如果有灾,可以请观音菩萨保佑。一般到庙里请(买)。观音菩萨被认为法力较大,能镇得住邪。

土地神:这里所祭祀的土地神比较多,有秧苗土地(四月祭祀)、青苗土地(二月祭祀)、土地(社神,二月祭祀)、桥廊土地(随时供奉)、桥亚土地(在

---

① 本文中"民间信仰"与"岁时节日"两个部分的内容主要参考了王倩予《工农村村民的信仰状况》,1996年度广岛市立大学特定研究报告书,第19—38页。

山岭上，随时供奉）、一乡一里土地（有一米见方大小神龛，其中有土地公，土地婆两神）等。

士官老爷：管猪圈屋及厕神。家里的猪长的是不是肥壮，生不生病归士官老爷管。

另外一年内还有送子会、观音会、雷祖会、太阳会、清明会、药王会、血河会、关刀会等。

司鼓村民不仅信神也信鬼。相信人死后成鬼。对善鬼（主要是其亡故之先人所变），他们优待有加，逢时祭奉。对恶鬼则小心躲避，或请道士驱逐，或用贿赂使其离开。当地人认为人死之时，一魂升天，一魂入地，一魂被鸡脚神拘拿。鸡脚神随身带三样东西，一块红毡，一个照魂镜，一根链子，用来拴魂。许多村民告诉笔者，他们听到过鸡脚神拘魂时的链条声，入地之魂在地下三丈深处，七天后鸡脚神押着回来取走第三魂（入地之魂），称为"回秧"。回秧之时，周围人尽皆回避。生者若留屋中，时辰一久，他便会神智恍惚，因被鸡脚神红毡罩住，什么也不知道了。另一个有关鬼魂的说法是，人死之前，灵魂总要到他去过的地方去走一趟，叫"收脚板印"。善终的人收脚板时犹如一阵风，很快就过去了。恶死之人则劲头很大，搅得四邻不宁。总之，司鼓村人对于鬼的说法非常丰富，鬼的种类也多，有产生鬼、吊死鬼、道路鬼、小神子、厉鬼、僵尸鬼等，何时、何人在什么地方遇到鬼，后来又怎样得以被除，怎样可以看到鬼，如何驱鬼，都能讲得一清二楚。至于鬼的声音，形象亦可描述得令人如同眼见。

与神鬼打交道的办法，除了敬奉，还有一个传统手段叫"巫厌之法"。常用的巫术有：当家中有不顺遂之事，查清缘由后（多源于邪、鬼），算准时辰、方位，用一大红公鸡之颈血喷洒，之后邪秽即消。还有以狗血涂抹秽邪之物，以镇鬼气。一些人家里门上悬着镜子，镜子被认为可驱邪，因鬼在其中不能见形，便会使它自觉为鬼，远离生者。镜子上贴有符箓，上贴带血之鸡毛，另外有些人在堂屋、楼梯口、厨房、卧室、谷仓处贴符箓并鸡毛。村人凡遇不顺利之事，无端之灾祸，不明究竟之病痛，常用巫术禳解。方法有自己家祖传的，有巫者传授的，或请端公庆坛驱鬼。

当地人崇信观花。司鼓村附近有名的观花婆（当地称药妈）有三个，一在慈云，一在司鼓，一在双河。药妈自称其灵魂能到阴间巡游，能为灵魂附体，与生者对话。村人观花，一为平安，二为除病。虽然在各乡的中心都有卫生院，但不少人仍然愿意为久治不愈的病痛去观花，主要是问一问吉凶，同时，还是以

司鼓村邻村有名的观花婆正在为客人观花

科学的医疗保健方法为主。

　　司鼓村人在重鬼、重巫的同时，也很注意阴阳地形与人的现实及未来幸福的关联，这里懂行的老人能说清周围每一块地形的利弊，这里几乎每一个人都知道"坟对堡、房对垭"的讲究。尤其是修房建房有很多的禁忌，其中最重要的即是房屋的门。门的朝向、大小都关系到一家人的生死祸福。司鼓村人大多相信地有龙脉，主管它们的是地脉龙神。谁家坟埋在了真穴上，便会出真龙天子。

　　蛇在司鼓村村民的信仰内涵中，占有特殊的位置。有关它的传说有很多，比如这里人许多都知道"蛇吞象"的传说。据称，"蛇吞象"乃蛇吞蛇，二蛇互吞，若见到这种情景，可待它们第三次吞至双头重叠时，便截下蛇头，再作供奉，之后即是奇宝，可令心想事成。再比如坟墓中的亡魂会变蛇的说法在这里非常普遍。这里的人大多不愿火葬，是因为火葬后人就不能变蛇了。他们还认为，上坟时若从坟内爬出蛇来，是祖先来领受祭品了。关于蛇，这里还有很多禁忌：如在屋子里看见蛇往外爬，不能打杀，否则一家人会罹难；不能看见蛇交配，因为那是祖先蛇蜕皮，若见了必须自己迅速脱光衣服，比它快才不害病。

（三）岁时节日

一年四季不同的节日是司鼓村人日常生活协奏曲中一支支动听的变奏曲，是他们随农事而缓急的稳定生活中一点一点灵动的节奏。伴随着这些节日活动的，是大量仍然具有一定生命力的民间信仰。这不是说每户人家、每个人都崇尚这些信仰或被动地模仿先人的做法，也不是说民间信仰、乡规民约是永恒不变的静止存在。笔者认为，这些民俗民规是作为一种流行话语（popular discourse）的形态存在，是一种与当地人文、历史、经济等要素紧紧相连的话语建构。

从腊月（农历十二月）开始，司鼓村人就开始为春节做准备了。养猪的人家杀"过年猪"做香肠、腊肉，制汤圆粉面。到了除夕这一天（当地称"腊月三十"），家家户户打扫院落，贴春联，贴"福到"。这天晚上，外出打工的亲人都要回来，合家团圆。做年饭的时候，讲究很多，不准烧辣锅（即不能把锅烧糊了），不准煎豌豆、胡豆，否则第二年会心焦、打小孩、吵架。

正月初一的活动一般是给祖宗上坟、走亲戚。这一天早上，一家人要在一起吃汤圆。这天不能扫地，据说会把家里的财扫出去了；也不能称东西，看到秤就等于看到蛇，这一年就会常遇蛇；不能看到晾衣竿，看到了就会四季晒衣服，越晒越穷，越晒越干，非常不吉利；也不能哭，哭了的话不是死人就是害大病；还有很多其他忌讳，如忌打碎东西，免得一年都有伤心事；忌说不吉利的话；忌用针线，以免一年做的都藤藤网网，不干净利落；忌用墨、写字，谨防吃官司、遇麻烦。

阳寿和阴寿的时候以及除夕、端阳、中秋等节日要烧福纸。用黄纸包钱若干，在黄纸上书写明白烧给哪一位祖先，其人的辈份，送的时间和送的晚辈的辈份、姓名。然后初一上坟时拿到该祖先前焚化。据说，写对福纸上的称谓需要很大的学问，一般人是写不对的。

农历五月初五过端阳节，据说那天连冷水、稗草都是药，吃了一年都不生病，即使生病也都轻微。那天扯的茶叶也是药。老人事先用剪成四方形的红布做成布猴，充塞以芝麻、豆子，给小孩子带在身上，小孩子带了布猴子，就可以免生天花。小孩子穿的围腰上绣八卦十二时辰，据说能不生痘，不害病，睡觉不哭。帽子上两边绣十八罗汉，中间绣八仙，小孩子戴着这种帽子可以进庙里去玩，晚上也可以背出去玩，不怕遇邪。

农历六月初六是地藏王菩萨的生日，这位大神住在地下，所以这一天要把地坝扫干净，不在地坝上晒高粱、谷子等东西，以免惊动地藏王。

农历七月十五有"盂兰会"。这一天是鬼节,万鬼出动。人们事先做好饭碗那么大的纸雨伞,装在盘子里,然后把纸雨伞十步一个插在田埂上,最后舀一碗稀饭,放在路头,表示把鬼送出去了。

三、现代化进程中司鼓村的变迁

20 世纪 80 年代以来,随着中央政府改革开放政策的出台,以经济发展为中心的国家策略的推动,司鼓村地方经济的逐步市场化,人们的生活在不知不觉中发生了相当大的变化。

打工潮是其中的一个重要现象。农业人群世代守着土地,靠天吃饭。然而在市场经济下,村里的年轻人开始三三两两出外打工挣钱。他们回来以后,又陆陆续续给家里的亲戚或朋友介绍工作。这样,外出打工的人越来越多。至笔者调查的 2001 年 8 月止,司鼓村 1050 人中,外出打工的就有 400 多人,村里还余 600 多人,老人和儿童占相当比重。如司鼓村七队,留在村中的未满 60 岁的男人不足 10 人;而五队原本 142 人,现在只剩下几十个人。由于缺少劳动力,村里到笔者进行调查的 2001 年仍有 30 多亩田地无人耕种。[①]村里一名初三的男孩子曾告诉我,他不想读高中了,而希望像他父亲一样去城里打工挣钱,因为他觉得学校里那些有学问的老师一个月挣的钱还不如做厨师的父亲挣得多。

电视等电子媒体和其它娱乐方式极大地改变了司鼓村人的休闲生活。看电视已经成为司鼓村人比较普遍的娱乐方式之一。据笔者的调查,村里的第一台电视出现在 1981 年前后,现在村里 70% 的家庭都有了电视,但

走马镇上的 VCD 租赁点有好几家,人们的娱乐方式在现代科技的影响下飞速地发生着变化

[①] 以上数据由该村前妇联主任杨万芬(女,78 岁,小学文化程度)提供。

大多都是黑白电视机，只有极少数家庭拥有彩电（据笔者2001年2月统计，村里有彩电的只有6户家庭），其中有两个家庭还装置了家用的地面信号接收设备（当地人称"小锅盖"），可以收看到邻近县市的闭路节目。另外，四户家庭拥有VCD机，村里出现了VCD碟片出租点。在走马镇上，VCD租赁点有大约有七八处。

桌球、卡拉OK等现代娱乐方式吸引许多青少年在此逗留

茶楼里经常人满为患，是走马镇人交流信息、口传故事的重要地点

这些VCD大多数是从靠近重庆的白市驿等地方买来的。村里的VCD又是从镇上租来或通过朋友关系借来的。有VCD的家庭，多是有亲人在外地工作（当地称"在门前"），这些亲人在回家探亲的时候会往家里带"新片子"。在调查中，大多数人承认现在晚间多在家里看电视。而以前，尤其是夏季，天气炎热，没有电风扇，室外较凉爽，有的人甚至通宵睡在露天。由于当时没有电视可看，人们有时就以讲故事作为娱乐。现在这种情况比较少了。

镇上一共有20家左右的茶楼，每到赶集天（当地称"赶场天"），座无虚席，

生意仍然很红火。这些茶楼分为两种，一种是只卖茶水，不提供其他娱乐项目，如麻将、桌球等。

另一种茶楼是除了卖茶，顾客还可以在此搓麻将、打桌球、打牌等。即使不是赶场天，这种可以打麻将的茶楼里人也不少，大多是住在附近的镇上的居民。

在司鼓村，笔者看到几个以出租麻将和提供麻将场地为副业的家庭。据村里老人介绍说，麻将风是最近三四年才兴起的，却一发而不可收拾。除了司鼓村，麻将风在周围的多个区镇也都刮得很猛烈。一些老人解释说，现在一些农活可以机械操作，省下些劳力，农活不像以前那样让人从早忙到晚，人们只要花

走马镇上热闹非凡的集市

30%的时间就能做完，剩下的时间很多人就打麻将来消磨。当地喜欢打麻将的农人一般上午将农活做完，下午2点左右即已经坐在"方城"中酣战了。麻将风的出现是大量农村劳动力闲置的一个表现，也是促使民工潮发生的原因之一。

司鼓村地处偏远，交通不便，至笔者调查时的2001年仍缺少一条客运用的公路。据司鼓村医药卫生站的大夫张喜年说，目前村中唯一的公路是1992年前后才通车运行的，可是由于资金问题至今没有修完。所以司鼓村人前往走马、龙凤等各镇需步行若干里路。时至笔者最后一次调查的2001年8月，司鼓村人除了外出打工、走亲戚外，接触外界的最主要的一条途径仍然是赶集。当地人能准确无误地说出走马镇和附近各个镇赶集的日子。比如双河镇是"一、四、七"（意思是逢阳历每月的日期中带有"一、四、七"这几个数字的，就为赶集的日子，比如5月1日，5月4日，5月7日，

5月11日等），福寿镇是赶"二、五、八"等。司鼓村人赶集那天起得很早，有的人半夜就起身了，因为从村子到镇上全凭脚力，要步行很长时间。夜行赶场容易疲乏，为了消磨时间和提神，赶集的人常常结伴而行，"摆开龙门阵"。张喜年说他自己小时候最喜欢和魏大爷以及自己的父亲一起赶集，因为两位老人家都很会讲故事，尤其是魏大爷，有讲不完的故事。他承认自己讲的一些故事就是在赶场的路上听一起走的人讲的。笔者曾经和司鼓村人一起到走马镇上赶集，亲身领略过村人一边赶路一边"摆龙门阵"的乐趣。

第三节　重复讲述中的变异因素
——同一讲述者对同一类型神话的不同讲述

本文对于讲述神话的人们，将不用"神话讲述人"这样的术语来称呼，而称呼他们为"讲述人"，以避免误解"神话讲述人"为"只讲述神话的人"，因为实际情况是，民间讲述者除了讲述神话，几乎都能讲述一些其他体裁的民间文学作品。

神话的传承离不开一个个讲述人，而每一个讲述人有着自己的语料库。讲述人的每一次讲述都是对其语料库里的故事的再创造。没有两次一模一样的讲述。那么，每一次的再创造对神话改变的程度怎样？哪些因素会对讲述者的讲述产生影响，从而使讲述者改变他的讲述？讲述者在反复讲述同一个神话的过程中，神话所呈现出来的状态：其稳定程度如何？变异程度如何？这一章将要进行的是，通过考察同一个讲述人在13年间于不同的场合与情境下对同一类型神话的重复讲述，来探讨在司鼓村这样一个特定社区的背景下，被重复讲述的神话中母题的变化，以及影响到神话稳定性的诸多因素，最终探讨讲述者在表演空间中对神话的变异所起到的作用。

文中所说的"类型"（type），是指"由大致相同（或相似）的母题按照基本上一致的顺序排列而成的故事文本的集合"，而"同属一个故事类型、核心母题相同而个别次要母题又有差异的不同文本，被称为'异文'（version或者variant）"。[1]

在从走马镇司鼓村所搜集的13个类型的口承神话中，笔者挑选了魏大爷在前后13年内讲述的5则《大禹治水》神话（又名《四季和二十四节气的由来》或《四季和二十四节气》）异文进行分析。选择这一神话的原因是：

---
[1] 杨利慧：《神话与神话学》，第223页。

第一，该神话在当地人中广泛流传，在相当范围内为人熟知。谢洪诚、罗明东、程盛亮等人都会讲述。①

第二，魏大爷所讲述的《大禹治水》的神话和以上诸人不同，其中出现了其他母题，有他自己的特色。据笔者调查得知，在多次的采风活动中，这个故事都是魏大爷的"主打节目"之一，属于讲述者核心语料库的一部分。

一、魏大爷的生活史

世界上没有两片完全相同的树叶，同样，世界上没有两次完全相同的神话讲述。每一次讲述，都是讲述者对神话的一次再创造。根据斯卡拉的研究表明，讲述人讲述故事的过程，不仅是一个创造性地运用传统资源的过程，不仅是一个传承传统文化的过程，还是一个社交过程。②讲述者将自己对待世界和生活的观念都揉进对故事的处理方式中，比如讲述模式、母题的选择等。因此讲述者对一则神话的处理方式往往是其世界观和生活观的反映，而一个人的世界观、生活观又与他的生活经历、体验紧密相关。

本章拟以民间故事家魏大爷为例，来研究讲述者在表演空间中对神话的稳定所起到的作用。为此，在探讨魏大爷如何诠释和评价自己讲述的神话之前，让我们先来对这位民间故事家的生活史，特别是他与民间文学的渊源作一个简短的回顾。

魏大爷（1930—2009年），男，重庆市九龙坡区走马镇司鼓村第五生产队人。

---

① 《夏禹王疏通九河》（讲述人：谢洪诚；讲述时间：1988年）：从前天小地大，天扛（盖）不到地，就不好办了。水也疏通不到，永远都是天连天、地连天。夏禹王就来疏通九河，来看不好搞，只有把地下挖些堆堆，挖些坨坨。挖九条沟沟，疏通九河。但是脚里的水还是弄不拢去，哪个办呢？又来把水来收，设立一个五湖四海，就收拢了。先就有小河，后头就有九条大河。大河通海子，海子流太湖，湖流到黄河。夏禹王五百年才疏通好，以后天就扛得到地了，水疏通了。水进黄河就流上天了。（录自《西南师范大学采风队1988年采风作品》手抄本）
《夏禹王疏通九河》（讲述人：罗明东；讲述时间：2001年）：起先洪水泛滥，到处都遭淹了。有个夏禹王，就是大禹嘛，他出来疏通九河。那个时候天小地大，水些流不出去，就淹了。夏禹王把地给他一阵团，团多少沟沟出来，恁个地就缩回去了撒。天地一样大了。就好了。那些水就顺到沟沟流走了，流到海里面去了。夏禹王把西面地高点，东面扁低点，恁个水流得快些。所以现在的河啊，沟啊，多少都是西高东低的啊，就是恁咯来的。夏禹王五百年疏通九河，就是恁咯的。（2001年2月28日笔者访谈罗明东记录材料）
《大禹王治水》（讲述人：陈盛亮；讲述时间：1988年）：大禹王是疏通九河的。那个时候，洪水泛滥，大禹王出来治水，他不像他老汉哪个，用堵，他呀，挖河沟沟。挖了五百年，挖了九条大河。水就顺起流出去了，流到天上去了。人些得救了。这就是大禹王治水。（录自《西南师范大学采风队1988年采风作品》手抄本）
② Anna-Leena Siikala, *Interpreting Oral Narrative*, p. 197.

笔者与魏大爷在一起工作

出生于四川省巴县直里六甲的二龙碛坎上坟塆屋基。父亲魏年海是村里有名的盖匠①，母亲陈氏44岁就去世了，丢下魏大爷兄妹十个。魏大爷在家中排行第三。

魏大爷能说会唱的本领与他身边的几个亲戚朋友关系很大。

第一个人是魏大爷的幺叔公。魏大爷11岁的时候，跟幺叔公到贵州、云南两省卖药。魏大爷帮幺叔公拿茶水、打杂。每到一个码头，幺叔公就摆个坝子，把人吸引拢来后，先说上一段"行话"，其意一在吸引众人注意，二在向地头蛇表明自己不是来找茬的。魏大爷至今还能熟练地背出这段行话："我兄弟今天到贵码头，言语不清，未曾学精，言语不到，未曾领教。马有失蹄，人有差错。一差二错，念不得错，拿不得过，若还有机会，你兄弟我再来贵码头，三里一节，五里一拜。"除了这种开场白，幺叔公还会很多说给买药人听的插科打诨的段子，比如"药又不多点，卖了多少年生，药又不贵点，吃了松活点，担得点，抬得点，娃儿欢喜点，堂客肯喊点，钱也多找点，吃年饭都要把我记到点"。由于一摆摊子就要说段子，不学就没有段子拿出来说以吸引听众，所以魏大爷很愿意多学，遇到没有听说过的，就学得特别专心。魏大爷至今还记得，在云南镇雄场上（他记得是吴家屯、河边场、猪市街这些乡里小场）他觉得当地的山歌很

---

① 盖匠：替别人盖房子为生的人。

好听，就留心学习，结果在贵州卖药的时候派上了用场。

他随幺叔公晚上住在旅店里，睡大铺，经常听到幺叔公和其他旅客闲谈，什么笑话、传说、鬼故事，天南海北，家长里短，无话不谈。他当时很羡慕，希望自己像叔公那样口若悬河，既能引人入胜，也能语惊四座。他常常偷着把叔公和别人讲的有趣的故事记下来。魏大爷记忆力极好，一般的山歌、顺口溜等他在心里重复个一两遍就差不多能记住了，稍微复杂的故事在心里面记个几遍也就能给别人讲了，更复杂一些的要记十遍以上。像有句逗的故事，一般要记上上百遍左右。他自己就说："书要苦读，田要勤耕，一点点时间把它练不出来。"[1]也就是说，讲故事的本事不是从天而降的，除了兴趣，还需要勤奋的练习。

魏大爷小时候也喜欢看川剧，经常有意识地记下川剧里的台词和段子。他常央求幺叔公带他去看戏。爷俩买不起票，就坐在戏园子外的茶馆里，或者挤在看戏的人群里过过瘾。魏大爷从川剧里面学到了很多精彩的故事，像《珍珠衫》《杜十娘》等故事，都是从川剧里面学来的。

第二个对魏大爷的讲述本领发生重要影响的是当地有名的山歌能手谢瑞成。13岁那年，魏大爷与幺叔公结束了闯荡的生活，回到村里。因为家境贫寒，14岁开始，魏大爷就给谢瑞成家里放牛，直到16岁。这段经历对魏大爷来说十分重要。走马镇的山歌本来就远近闻名，尤其是薅秧子的时节，在田土中劳动的人们一边薅秧子，一边唱山歌以解除疲劳和沟通感情。谢瑞成是其中唱山歌的佼佼者。他歌谣库的丰富，创作方式的灵活多变，都给魏大爷以震撼，以致多年后他回忆起来还说："谢大爷有时吃过晚饭，坐在自家门前休息，想起来，张口就唱。他肚子里的词多，调子也多，每一次唱的山歌，几乎不重复。他的故事也多，扯起来几天几夜都扯不完。"魏大爷在谢瑞成的影响下，也开始自己创作山歌，摸索山歌的各种唱法。用他的话说就是"同一个调调不唱出几十种词来各人[2]都不服气！"这是魏大爷大量积累民间故事和表现方式的时期。

父亲是魏大爷走上民间文学之路的第三个重要人物。16岁开始，魏大爷跟随父亲盖房子。魏大爷烟酒不沾，加上手艺比较出色，在司鼓、慈云、大石、桂花等地方出了名。据他自己回忆，有人房子坏了，宁愿多等一段时间都要等到他去修。那段时间他和父亲在一起的机会比较多。他父亲在当地是有名的"故

---

[1] 根据笔者2001年7月28日与魏大爷的谈话记录。
[2] 各人：重庆方言，"自己"的意思。

事大王","龙门阵"多。父亲觉得，做活的时候，一边跟主人家聊天，一边丢草、上瓦等，干活不累。有的主人家还特别喜欢听讲故事。有时主人家讲一个故事取笑，魏大爷自己如果讲一个更取笑一些的，博得主人家的认同，他就觉得很有面子。这样，他不仅注意积累故事，而且还开始琢磨怎样把故事讲得好听。他发现，"人家讲故事就谈那一点，我拿过来，就不能只讲别个（人）那一点点了。结构上啊，转折点啊，都要动动脑筋。我在这些地方都下了功夫的。"[1]

从这个时期开始，魏大爷跟着别人干过几年"送财神"。所谓"送财神"，就是过年的时候，挨家挨户地上门，给别人唱上一段吉利的歌，恭祝人家发财。进了人家大门以后，送财神的人得见什么唱什么。不管唱的是什么，最后都要落实到"发财"、"兴旺"、"多福"等等字眼上来。要达到这个效果，得靠歌唱者随机应变的能力和深厚的讲唱积累。所以，不是随便谁都能唱的。魏大爷唱财神一般选在初一、初二。刚开始，他并不会，只是给唱的人打打杂。可是，唱财神的人那种灵机应变的唱法深深吸引了他。他发现，不管歌唱的人遇到的是什么，他总有一个套路，能够把自己的话说"圆"了。"这是个本事！"[2]对有兴趣的东西，魏大爷学得很快。不久，他就能独当一面地唱财神了。他自己觉得，唱财神让他认识到，唱的东西本身是固定的，但是歌唱者是灵活的，听众也是多样的，一个好的歌唱者，着力的地方就在于针对不同的对象、不同的听众，把自己的词儿说"圆"了。只要是自己知道的，不管它原来是戏上的、书上的、生活里的，都可以改头换面，用在"圆词儿"上。

1949年走马镇解放了，成立了人民政府。魏大爷因为在走马镇上出名的能说会道，被群众推举为乡政府的办事员。1952年土改的时候，魏大爷已经是乡干部了。这一年12月，魏大爷当选乡长。1956年改选后，他调职到白市驿市区公交部当副部长，管市里21家煤厂。那时候生活很困难，工人们不愿意在工厂，逃出去挖红薯，魏大爷要逐一地做工作，劝说工人们回来。魏大爷觉得作为"公家人"工作的这几年，由于在公众面前发言的机会增加了很多，使自己的口头表达能力和社会交往能力得到了进一步的提高。他说以前觉得自己文化水平低，在一般群众面前摆龙门阵固然"不虚场合"[3]，但是一到正式发言的场合就发挥

---

[1] 根据2001年7月28日与魏大爷的谈话记录。
[2] 根据2001年7月29日与魏大爷的谈话记录。
[3] 不虚场合：重庆方言，意思是"不害怕"。

不好,而经过这几年的锻炼,即使在千人的大会上发言也毫不畏惧了。

1965年,"四清"运动开始后,魏大爷搞的"土地下户"[①],被认为是搞"两极分化",因此他成为被清算的对象。他被撤销了副部长的职务,遣送回司鼓村。房子被没收了,田土也没有了,家里被清了好几次,一贫如洗。有一段时间他只好重操旧业,以给人盖房子为生。"文革"中,他一直在家务农,被划为"敌人",遭到批判,家人也跟着受牵连。直到十一届三中全会后,落实了政策,清理冤假错案,才为魏大爷平了反。

"文革"十年,人人草木皆兵,说错一句话都要遭殃。魏大爷没有开口讲过一次故事、唱过一次山歌。但是那些来自过去生活的故事和山歌,已经在魏大爷的心中扎了根。不能说、不能唱,并不意味着遗忘。相反,生活的磨练使魏大爷更冷静地思考一些问题,比如什么是权力,什么是官场,什么是名利。这些思考在他后来的故事创编中都可以看到痕迹。[②]1983年,当时任走马镇文化站干事的严小华受命采录民间文学作品,想起了就住在他家后面院子的魏大爷,于是拎着收录机找到了他。魏大爷一开始有顾虑,不肯讲。严小华多次向魏大爷宣传政策和"民间文学三套集成"的目的、意义,甚至动员自己的母亲录下要讲的故事,放给魏大爷听。魏大爷终于被打动了。这一下一发不可收拾,他一口气讲了七八个故事。严小华眼睛一亮,这些故事与别人雷同不多,虽然短小,却"麻雀虽小,五脏俱全"。用的虽然是传统的人物和典故,讲的却是现实的事。于是,他开始"追踪"魏大爷。只要一有空闲,他就拎着录音机到魏大爷家里请他讲故事,几乎风雨无阻。这样,一个又一个的故事从老人的记忆中破土而出,而老人讲述的故事也早已不局限于重复原故事的情节和结构。落雪天,录音录到深夜,严小华就住在魏大爷家中。魏大爷如果想到了什么,就起来点起油灯,把故事大概记在纸上。有时候一晚上能想到三四十个,要拖到凌晨三四点钟才能入睡。白天呢,魏大爷也把大部分精力放在编故事上,他说:"那时候连抽根烟都能编成故事。"

时任巴县文化局副局长的李子硕看过严小华采录的故事后很兴奋,大力支援

---

① 土地下户政策是指以种猪饲料的名义,把土地下放到户,拿给大家开荒,标准是"一条猪三分地"。但是,人们随便开荒,种麦子,村里并不过问。魏大爷告诉笔者,这条政策在那个特殊年代保证了不少当地农户的温饱。

② 如魏大爷自己创编的《海龙王招女婿》《玉皇作风最坏》等故事皆为借传统题材讽刺现代社会中的不正之风。参见《魏显德故事集》,重庆出版社1991年版。

了走马镇文化站的录音设备。魏大爷和严小华的干劲更大了。他们连续不停地工作，不仅采录故事，还采录山歌、俗谚等。到 1995 年，已经采录了故事 1367 则，歌谣 464 首，谚语、歇后语 935 则。1990 年，魏大爷被重庆市文化局命名为"特级民间故事家"，并出席了"河北耿村国际民间文学研讨会"。1991 年重庆出版社出版了《魏显德民间故事集》。1995 年，由联合国教科文组织和中国民间文艺家协会联合授予他"中国民间故事家"的荣誉证书。另外，《重庆晚报》等报纸也多次报道过他。①

　　面对这些荣誉，魏大爷表示看得很淡。他说，重要的是让他有机会走出司鼓村，去和外面的故事家们交流。他尤其提到 1990 年出席"河北耿村国际民间文学研讨会"的经历，他说在那次会上，他听到来自耿村的故事，发现"他们有他们的故事，我们有我们的故事。有些故事我们编不出来，因为（故事里的文化背景、历史背景等构成因素）我们这里没得。但是也有很多故事是一样的，只是大家的讲法不一样。"从会上获得的《耿村民间故事集》成了魏大爷的心爱之物，里面的每一个故事他都仔细地读过。他的这种学习是"自觉"的。他说："看得多了，讲起来就丰富一些。你看到别人啷个②编的，你各人也啷个编一个，编得久了，你就琢磨编得比他还好些。恁个③慢慢儿的，你就编得起故事了。"

　　"出了名"的魏大爷不时被邀请到重庆市里和镇上的老年人协会等机构去讲故事。他的表演在一定程度上变成了真正的舞台表演。这使得他更加自觉地酝酿故事的各种构成因素，打磨故事的各个细节，力求尽善尽美。而经过再三打磨的故事，他就喜欢反复地讲述，认为那才拿得出手。这些故事组成了他的"积极的语料库"（active repertoire）。在面对笔者的采访时，他常常先讲这些故事，并不厌其烦地重复讲述。《大禹治水》神话就是其中的一个。

　　至笔者调查的 2001 年，魏大爷已经退休在家十多年，与老伴一起生活。家里两男三女五个孩子都已经各自成家。老人至笔者调查的 2001 年仍然喜欢与人攀谈，"吹吹牛"，"摆摆龙门阵"，自得其乐。一说到讲故事，村里人一般会首先想到魏大爷，他们会告诉你："魏大爷讲故事，那才了得到④！"

---

① 以上获奖材料由魏显德本人提供。
② 啷个：重庆方言，意思是"怎样"。
③ 恁个：重庆方言，意思是"就这样"。
④ 了得到：重庆方言，意思是"了不起，厉害"。

二、魏大爷讲述的 5 则《大禹治水》神话

（一）古籍中的大禹治水神话

大禹治水的神话，早在《山海经》里就有记载。

洪水滔天，鲧窃帝之息壤以湮洪水，不待帝命。帝令祝融杀鲧于羽郊，鲧复生禹。帝乃命禹卒布土以定九州。（《山海经·海内经》）

《楚辞·天问》中也有相关的神话片断记载：

鸱龟曳衔，鲧何听焉？顺欲成功，帝何刑焉？永遏在羽山，夫何三年不施？伯鲧腹禹，夫何以变化？

洪泉极深，何以填之？地方九则，何以坟之？应龙何画？河海何历？鲧何所营？禹何所成？……

阻穷西征，岩何越焉？化为黄熊，巫何活焉？咸播秬黍，莆雚是营；何由并投，而鲧疾修盈？

《荀子·成相篇》记载道："禹有功，抑下鸿，辟除民害逐共工。"而《越绝书·外传记地》中已经将神话地方化了："禹始也忧民救水，到大越，上茅山大会计，爵有德，封有功，更名茅山曰会稽。"《尸子辑本》中则增加了授禹河图的情节："禹理水，观于河，见白面长人鱼身出，曰：'吾河精也。'授禹河图，而还于渊中。"《拾遗记》卷二还记载道："禹尽力沟洫，导川夷岳，黄龙曳尾于前，玄龟负青泥于后。"

而《吴越春秋·越王无余外传》则增加了大禹的婚娶一事：

禹三十未娶，恐时之暮，失其制度。乃辞云："吾娶也，必有应矣。"乃有白狐九尾，造于禹。禹曰："白者吾之服也，其九尾者，王者之证也。涂山之歌曰：'绥绥白狐，九尾庞庞。我家嘉夷，来宾为王。成家成室，我造彼昌。天人之际，于兹则行。'明矣哉！"禹因娶涂山，谓之女娇。

《吕氏春秋·音初篇》也有相关记载：

禹行水，窃见涂山之女，禹未之遇，而巡省南土。涂山氏之女乃令其妾候禹于涂山之阳。女乃做歌，歌曰："候人兮猗！"实始作为南音。

《汉书·武帝记》则又增加了禹的儿子启出生的传奇情节：

禹治鸿水，通轩辕山，化为熊。谓涂山氏曰："欲饷，闻鼓声乃来。"禹跳石，误中鼓，涂山氏往，见禹方做熊，惭而去。至嵩高山下，化为石，方生启。禹曰："归我子。"石破北方而启生。

两千多年过去了，这个迷人的神话依然保持了旺盛的生命力，在民间广为流

传。从 20 世纪 80 年代以来的"民间文学三套集成"的宏大工程，在全国范围内挖掘出大量大禹治水神话。其数量之庞大，形态之多样，令人叹为观止。笔者的田野调查发现，在司鼓村，大禹治水的神话也为人们广泛传播。走马镇入口处至今还矗立着一座"禹王庙"，就在镇上最大最漂亮的戏台的对面。据老人们回忆说，每年的农历六月十六日，是禹王菩萨的生日，到了这一天，走马镇远近的人们都要携家带口到禹王庙烧香礼拜，祈愿今年雨水丰足，大吉大利。笔者一提到大禹，很多村民都会先给其定位成"劳苦功高"、"神人"、"大禹菩萨"，他们也会给你讲大禹疏通河流、治理洪水、三过家门而不入、请黄龙开道等故事，或零碎，或完整，但都反映出大禹王在这个社区内的知名度和在人们心目中的重要地位。在众多的关于大禹王的故事中，魏大爷讲述的"大禹治水"与众不同，别出心裁。

（二）魏大爷讲述的 5 则《大禹治水》神话

以下将介绍魏大爷在前后 13 年中（1988—2002 年）讲述的 5 则《大禹治水》异文。据魏大爷自己说，这则神话是他小时候听父亲讲的。该神话的第一次采录是 1988 年 6 月。当时司鼓村下了好几场瓢泼大雨，时任走马文化站站长的严小华在魏大爷家中采录民间文学作品，雨太大而不能走，就留宿在老人家中。看着连天的大雨，小时候听父亲讲过的神话跃入魏大爷脑海。就这样，《四季和二十四个节气的来历》这篇异文被严小华采录下来。

这 5 则异文分别来自《中国民间故事集成·重庆市巴县卷》《走马镇民间故事》《魏大爷故事集》和笔者自己的采录资料。这 5 则异文的具体采录情况分别如下：

《重庆市巴县卷》由李子硕任责任编辑。他是较早参与司鼓村民间文学发掘采录工作的几个人之一，非常熟悉司鼓村的情况。据《中国民间故事集成·四川卷》的编委会成员之一、四川大学中文系的吴蓉章教授介绍，巴县卷在采录时严格遵循《中国民间文学集成工作手册》的要求，尽可能地按讲述者的讲述"一字不易"地记录下，方言土语也都尽量保存完好，不擅自删改加工。吴蓉章教授认为，巴县卷是做得非常认真、比较成功的一个范例。《走马镇故事集》是联合国教科文组织、中国民间文艺家协会、四川省民间文艺家协会联合编辑出版的。1996 年 12 月 7 日至 11 日，由以上三个机构的专家学者组成的考察组对走马镇 16 位主要的故事家的讲述进行了采录，然后将采录的内容整理为录音磁带和文字记录资料，最后由四川省民协根据录音带用文字进行忠实记录，随后出版。《魏大爷故事集》是由西南师范大学中文系彭维金教授和巴县民间文学集成办副主任李子硕共同主编的，所依据的材料是严小华、李子硕以及西南师范大学中文系师生组成的采风队自1987年10月到1988年7月在司鼓村采集到的魏大爷的民间传说故事702则、歌谣469首、谚语676则、歇后语277则。笔者曾经在走马镇文化站阅读过1987—1988年西南师范大学采风队采录的故事手抄本，经文化站站长钟守维介绍，他们是采用先录音、再遵循忠实记录的原则将录音转化为文字资料。笔者在阅读中感到这一原则确实贯穿记录的始终。讲述人的话语风格和讲述个性从文字中凸现出来，十分明显。而笔者自己在采录过程中，也尽己所能做到一字不易，忠实记录，另外对讲述时讲述人的神态、表情和现场的听众、氛围等也有所记录。

总之，笔者选用的5个文本基本上都能够反映魏大爷的讲述风格和讲述技巧。

（异文一）四季和二十四个节气的来历

讲述人：魏大爷
采录人：严小华
采录时间：1988年6月
采录地点：司鼓村

1. 场景
传说，很久以前，洪水时常泛滥，
只要稍微落点雨，水就满成灾，
淹没大片的地方，淹死不少的人。

2. 禹父治水
大禹的老汉[①]带起人去治水，
他们四处筑些堤坝，想把洪水拦住。
殊不知大水一来，堤坝都遭冲垮了，洪水照常泛滥成灾。
他活了一辈子也没把水治好。

3. 继承父业
大禹决心继承父业，把水治好。
他认为老汉那种办法要不得，

[①] 老汉：重庆方言，"父亲"的意思。

只有疏通九河，叫水流大海，落雨的时候水才不得满。

4. 动员人们

他对人些①说，治水是为自己和后辈儿孙造福的一件大事，不把水治好就没得办法过日子。大伙觉得他的道理对，都愿听他的。

5. 三过家门而不入

大禹带起人些疏通九河，一搞就是好多年。

为了早点把水治好，他三回跟到屋门口过都没有进去看看。

6. 妻寻大禹

堂客②默到③他变了心（格），就迢④去找他，

他一天忙这忙那，也没得功夫陪她耍哈儿⑤。

7. 妻子放人

人些好多年没有回去，都想家了，

他们找到大禹的堂客，哭哭啼啼地对她说：

"我们出来恁多年，屋头还有老父老母、堂客啊、娃儿崽崽那些。你给大禹王说，叫他放我们回去看看嘛。"

大禹的堂客看到人些恁个苦，离家多年，确实也该回去看看，就悄悄把人给他支些走。

有人一叫苦，她又给他支走一些。

一回又一回的，先走的还没有回来，后头的又在走，人就慢慢少了，活路就做不走了。

8. 大禹排班

大禹晓得了，心想：

恁个都要得呀，哪阵才能把九河疏得通？

他觉得成年累月做一伙，点气都不歇还是要不得，就叫人些做一段时间就要一天。

开头耍齐头班，一耍满都搁起耍⑥。

后首才开始耍蓑衣班，你耍一天，我耍一天，错开耍。

殊不知，耍一伙弄得没得个头绪了，外搭⑦像恁个还是要不得。

① 人些：重庆方言，"人们"的意思。
② 堂客：重庆方言，"妻子"的意思。
③ 默到：重庆方言，"暗暗以为"的意思。
④ 迢：重庆方言，"跑"的意思。
⑤ 哈儿：重庆方言，"一会儿"的意思。
⑥ 搁起耍：重庆方言，"什么事都不做只玩"的意思。
⑦ 外搭：重庆方言，"再说"的意思。

（大禹）就把一年的时间按天气的冷热分成四份，不冷不热的阵让年纪大点的做。

人些耍的时间和做活路的时间都成堆了，耍的时间就回去和家里人团聚得到了，做的时间就干的比原先卖力得多，活路做的也比原先更快。

一年分成春夏秋冬四季，就是从那阵开始的。

9. 埋怨妻子

堂客把人些支起走了，大禹就埋怨她。

10. 晒枯洪水

她出不到气，在那里东翻西翻的，把大禹的二十四颗夜明珠翻到了。

那二十四颗夜明珠有红的、黄的、绿的和白的四种。

她见水老是不消，就把二十四颗夜明珠全部拿出来照起，想把水晒枯了好做事。

11. 二十四夜明珠

大禹见了，赶忙叫堂客把夜明珠都收回来。

堂客不干。

大禹才给堂客说：

"那二十四颗夜明珠是专管二十四个节气的，一颗管一个节气，半个月后又换第二颗。绿的六颗专管春季，头一颗拿出来照那天就是立春，春天就开始了。以后依次是雨水、惊蛰、春分、清明、谷雨；红的六颗专管夏季，头一颗拿来照，那天就是立夏，夏天就开始了，以后依次是小满、芒种、夏至、小暑、大暑；黄的专管秋季，头一颗拿来照那天就是立秋，秋天就开始了。以后依次是处暑、白露、秋分、寒露、霜降；白的六颗专管冬季，头一颗拿来照起那天就是立冬，冬天就开始了。以后依次是小雪、大雪、冬至、小寒、大寒。你怎个搞是要不得的，节气都遭你搞乱了。"

12. 结局

堂客一听，晓得戳了笨①，赶忙把夜明珠收回来，

照大禹说的怎个做，再也不敢乱来。

那天正好是夏至，二十四颗夜明珠一照，就把太阳引下了地，从那天起，天气就要热一段时间，白天也要慢慢变长。

以后，每年到了这一天，太阳都记到②像怎个做，一直到现在。

---

① 戳了笨：重庆方言，"做了蠢事"的意思。
② 记到：重庆方言，"记住"的意思。

（异文二）四季和二十四节气

讲 述 人：魏大爷
采 录 人：严小华
采录时间：1989 年
采录地点：司鼓村

1. 场景
传说很久很久以前，洪水经常泛滥，
大片地方被淹没，数不清的人遭淹死。

2. 禹父治水
大禹的老汉带起人去治水，
他们到处筑堤坝，想把洪水拦住。
殊不知大水一冲，堤坝都垮了，洪水照旧泛滥。
他搞了一辈子也没把水治好。

3. 继承父业
大禹决心继承父业，
他认为老汉的办法要不得，
只有疏通九河，让水流入大海才是办法。

4. 动员人们
他对人们说，
治水是为自己和后辈子孙造福的大事，不把水治好就没法过日子。
大伙认为他说的对，都愿听他的。

5. 三过家门而不入
大禹带着人们疏通九河，一搞就是好多年。
为了早点把水治好，他三回路过家门口都没有进屋去看看。

6. 妻寻大禹
堂客默到他变了心，就跑去找他。
他一天忙这忙那，也没得功夫陪她耍哈儿。

7. 妻子放人
人们好多年没有回去，都想家了。

他们找到大禹的堂客，哭哭啼啼地对她说：

"我们出来恁多年了，家头还有老父老母、妻室儿女，你跟大禹说，叫他放我们回去看看吧。"

大禹的堂客看到人们恁个苦，离家多年，确实也该回去看看，就悄悄把人放走。

有人一叫苦她就暗中让他回去。

这样，一回又一回，先走的还没回来，后头的还在继续走，人手慢慢少了，活路就做不走了。

8. 大禹排班

大禹察觉后，心想：

恁个都要得呀？哪阵才能疏通九河！

可是他又觉得让人们成年累月地做，气都不歇也不是个办法，

就叫人们做一段时间耍一天。

开始是耍齐头班，一耍，大家都耍。

后来改为耍蓑衣班：你耍一天，我耍另一天，错开来。

殊不知耍一阵弄得没的个头绪了，外加耍的时间不连续，人们想回家也不行。

大禹想了想，就把一年的时间按冷热分成四份，不冷不热的那阵让年纪大的人做，热的那阵让中年人做，冷的那阵让年轻人做。

恁个一来，人们做活路的时间和耍的时间都成了堆，耍的时间就可以回家去看望家人了，做的时间干起活来就比原先卖力得多，活路就比原先进展快些了。

一年分成春夏秋冬四季，就是从那阵开始的。

9. 埋怨妻子

大禹的堂客放走了很多人，大禹很埋怨她。

10. 晒枯洪水

她出不了气，就把大禹的行李拿来东翻西翻，翻到了大禹的二十四颗夜明珠。

那夜明珠分红黄绿白四种颜色。

她见水老是不消，就把夜明珠拿来照河水，想把河水照枯些，人们好干活。

11. 二十四颗夜明珠

大禹见了，赶忙叫堂客把夜明珠收回来。

堂客不干，

大禹对她说：

"那二十四颗夜明珠是专管二十四个节气的，一颗管一个节气，半个月后换

第二颗。绿的六颗管春季，头一颗拿来照那天就是立春，春天就开始了。以后依次是雨水、惊蛰、春分、清明、谷雨，红的六颗管夏季，头一颗拿来照那天就是立夏，夏天就开始了。以后依次是小满、芒种、夏至、小暑、大暑；黄的六颗管秋季，头一颗拿来照那天就是立秋，秋天就开始了。以后依次是处暑、白露、秋分、寒露、霜降；白的六颗管冬季，头一颗拿来照那天就是立冬，冬天就开始了。以后依次是小雪、大雪、冬至、小寒、大寒。你怎个搞要不得，节气都遭你搞乱了。"

12. 结局

堂客一听，晓得自己戳了笨，赶忙把夜明珠收回来。

那天正好是夏至，二十四颗夜明珠一照，把太阳引下了地，

从那天开始，天气就要热一段时间，白天也要慢慢变短。以后每年到了这一天，太阳就要下地，一直到现在。

（异文三）四季和二十四节气的来历

讲 述 人：魏大爷
采 录 人：走马民间文学考察组
采录时间：1996 年
采录地点：走马镇

1. 开始

一年要分春夏秋冬四个季节和二十四个节气，这是从什么时候兴起的呢？

传说是从大禹疏通九河的时候兴起的。

2. 场景

那时，大禹还小，就和父亲一起治理洪水。

看到洪水经常泛滥，大片土地被淹没，许多人遭淹死。

3. 禹父治水

父亲就用土办法，这里挖点泥巴挡一下，那里挖点泥巴挡一下。

水涨猛了，泥沙又被冲走了。

这样反反复复治理，父亲累死了。

4. 继承父业

大禹想这样下去不光我这辈子治理不好洪水，下一辈子也要受洪水害。他决

心换一种新的办法，先疏通小河，把河水引到大海里去。

5. **动员人们**

不过，这个工程很大，要动员很多人参加才行。

大禹一户一户地去动员，

大家看他真心实意治理洪水，为老百姓造福，就跟着他干。

6. **三过家门而不入**

大禹起早贪黑地带领大家治水，一干就是好几年。

有三次路过自己的家门都顾不得回去。

7. **妻子找大禹**

他妻子不高兴了，心想：

你三次路过都不进屋，你到底咋个回事嘛，未必①心变了吗？

他妻子就跑去找他。

8. **妻子放人**

跟着大禹的人也很久没有回家了，这时见了大禹的妻子，就向她哭诉说："我们出来好久啦，家里还有老父老母，妻室儿女。你跟大禹说说吧，让我们回趟家吧。"大禹的妻子见大家很辛苦，离家多年，是该回去照应一下家里，就悄悄把人放走了。

这样一来，陆陆续续放走了不少人，工程慢下来了。

9. **大禹排班**

大禹察觉后，非常着急，

心想：这样要多久才能疏通九河呢？

可是让大家都像自己一样长年累月地做，不歇口气，不回家也不是办法。

于是，他叫大家做一段时间，歇一天工。

有时遇到歇工时正好涨水，他又改成轮流耍的方式。

但是时间长了，又容易搞混。

大禹正在考虑咋办时，见妻子正在看他的二十四颗夜明珠，大禹灵机一动，就把夜明珠的绿、红、黄、白定为春夏秋冬四个季节，人们按岁数分在四季里做活路。

夏天热，最耗体力，当然是年轻的去做。其他人就可以歇工回家，照顾家庭。

这样分工很合理，人们的干劲大，工程的进展很快。

---

① 未必：重庆方言，"难道"的意思。

10. 二十四颗夜明珠

大禹又吩咐妻子：

"以后你来掌管夜明珠，二十四颗分管一年的二十四个节气。一颗管一个节气，半个月后换第二颗。绿的管春季，第一颗管立春，春天即从这天开始。以后依次是雨水、惊蛰、春分、清明、谷雨；红色的六颗管夏季，第一颗管立夏，以后依次是夏天的小满、芒种、夏至、小暑、大暑；黄的六颗代表秋天的立秋、处暑、白露、秋分、寒露、霜降；白的六颗表示冬季，分别代表立冬、小雪、大雪、冬至、小寒、大寒。你得认真负责，千万不能搞错阿。"

妻子按大禹的吩咐照着做，也很负责。

从此，一年就有了春夏秋冬四季和二十四个节气。

11. 晒干河水

但是有一次河水涨得猛，妻子见河水老是不退，慌忙中把二十四颗夜明珠都拿来照明，就把太阳引下了地。

那天正好是夏至。

所以从这天起，天气就格外热一些，白天也从这天开始慢慢变短。

（异文四）大禹治水

讲述人：魏大爷

采录人：张 霞

采录时间：2000 年 8 月

采录地点：司鼓村

1. 开始

（比）大禹再早的时候，有个大王，就是老汉。大王都治过水。

2. 场景

那阵洪水泛滥于天下，稍微落点雨就淹（an），就没有疏通九河。

九河呢，像重庆的长江才算一条河，嘉陵江都算不到（一条河）。

（它们）都是小河。

3. 禹父治水

大王治水，原来只是很少一些人，少数几个人在搞。

这里掏个沟沟，那里凿个凹凹，把水短①一下。一涨大水就冲了。

---

① 短：重庆方言，"拦"的意思。

4. 继承父业/动员群众

大禹他才没法，发动群众，疏通九河。

喊到的老百姓都来，大家来干。

5. 三过家门而不入

他的女人在家里，大禹头一回从他家门过，他没回去。

都是一年大半了，他却没回去。

二的一回，又有一年了，还是没回去。

三的一回，也有三年的时间了，疏了一年大半的时候了，还是没有回去。

哎呀他那个女人就有点冒火，

"啊，你变了啥么还是啷个的？这个人的心肠不好。"

6. 妻寻大禹

追起来。大禹已在工作，挖哟，人工挖个嘛。

这就是三过家门而不入，那女人对他有意见，这么来的。

女人一打听，一问呢，还不是他不对，他在工作来疏通九河。

大禹当时就跟他女人说了。

这样他女人思想解决了，大禹没得毛病。

这么呢大伙都欢欢喜喜的。

7. 禹妻分节气

他就安排二十四颗夜明珠给大禹屋里①管，分四季都是它分出来的。

原来大禹三年没回去，这些人就搞啷个灯儿②呢，都偷偷摸摸地跑回去，（时间久了）。他个人都有个家撒③，他们要不要儿就跑起回去。今天走一个，明天走两个，哎呀，上班都没得好多人了。

大禹屋里看到起不对头，把24颗夜明珠拿来分，分作四季：正月立春雨水，二月惊蛰春分，三月清明谷雨，四月立夏小满，五月芒种夏至……

就像这样分分分，分作一堆一堆的，把这些人呢掂到哪一坨，你就转去。

比如掂到正月间，正月立春雨水，这十个人呢你就回家休息，二月惊蛰春分，好！这一批又转去，前一批又转来，它叫蓑衣班。

开始要齐头班，齐头班耍起，那一走满都走了要不得，先头这样。

大禹说：

"你这样像个内当家。"

---

① 屋里：重庆方言，"妻子"的意思。

② 搞啷个灯儿：重庆方言，"怎么做的"的意思。

③ 撒：重庆方言，语气词。

原来大禹怀疑他女人不对，他女人怀疑大禹不对，结果两个人都不对路。

大伙一工作呢，他说："你还像个内当家。"

8. 禹分四季

好，又分了秋冬四季，老年人要立夏小满，不冷不热的老年人作活路。冬夏如果冷冻大了，老年人可以回去，青年的又上来。

9. 结局

过夏至就是 24 颗夜明珠一起翻出来，太阳晒那时，青年就不回去，就顶到做好。

分秋冬四季，就是适合劳动力，人家没有意见，就这样疏通了九河。

从前洪水泛滥于天下，稍有点雨就冲得不得了。这下没得啥大洪水，都归了槽，所以，大禹继承了父亲大王，疏通了九河。

10. 男女平等

男女平等也是那个时候兴的，

原来大禹是看不起他的女人的，很仇视她，吃饭不做的①，女人家就是恁个。

其实她发挥她的作用，女人家不一定都要去挖，她出的计策好，分配的活路好，比挖还要得行点，力量多大。

（异文五）大禹治水

讲述人：魏大爷

采录人：张 霞

采录时间：2001 年 2 月

采录地点：司鼓村

1. 开始

这个故事我开始讲了。

2. 人物

这个人叫大禹，又叫大水。

3. 禹父治水

不光是他动手，是他的老前辈，他的父亲就在搞这个灯儿②。

---

① 吃饭不做的：重庆方言，"只吃饭不做事"的意思。

② 搞这个灯儿：重庆方言，"这么做的"的意思。

4. 场景
架势①唉，那阵洪水一涨就泛滥于天下。

淹死很多人。

都是坝子，平的，没得河的。

5. 继承父业
后首唉，大禹就设法。

他看他们父亲一涨水就去掏，掏沟沟，掏那个沟沟攒那点泥巴，砸②也砸不住，挡也挡不了。他后首他才组织人，找那些他们一堆住的，去掏那些沟沟。

他去一掏啊，还是不得行。

6. 赶山鞭
后首他找到一个朋友，那个朋友是个讨饭的人。

他有个赶山鞭，把个山赶得走。

他把他找到了，费了很多劲儿才找到他。

他把那些挡到水的，没得水路的啊，他把他掏个沟沟啊，拿赶山鞭把石头赶起走嘛，泥巴就拿人来掏。

7. 发动人们
他搞的时候呢，团转③这些老百姓带起弄。

他去发动这些人，说：

"不光是我们这辈人，如果不把水疏通，后辈儿孙得不到安全。"

这些人想一下，也是，也信他说。

架势他把老百姓组织起。

他搞啊搞的，有些搞伤④了，有些就不干了。

他有些⑤不干了，他就去慢慢地动员。

8. 禹分四季
他用那个二十四个节气，正月立春雨水，二月惊蛰春分……

他像不冷不热啊，他分成季节，老百姓去做。

他分成季节是啷个的呢？

像那个不冷不热的，就由老年人做。

---

① 架势：重庆方言，"一开始"的意思。
② 砸：重庆方言，"堵"的意思。
③ 团转：重庆方言，"周围"的意思。
④ 搞伤：重庆方言，"乏味"的意思。
⑤ 他有些：重庆方言，"他们"的意思。

他这个时间这样一分，大家就有信心了。

9. 大禹排班

还有，过去呢，一放假啊，老百姓满都走了，满都走了就没得人得。

一涨水呢，就给他冲垮了，又不得行。

他就要成蓑衣班，

他有齐头班，原来是齐头班，一放满都放了。

他不用齐头班，用蓑衣班。

蓑衣班是楼梯换，你去了歇稍①，我又转来，我转来了呀，你又歇稍，那些人又转来。

10. 禹妻放人

大禹他那个女人在屋里当家，他在门前，他女人就在家。

那些人望到她哭哦，哭的，要转去哦，

那个女人啊，她心慈的个，她就给他放了。

哎呀，那一回发大水的损失硬是大，把那些堤坎给他冲垮了。

一个人都没得在那里救。

11. 晒干大水

她有二十四颗夜明珠，去就把它晒干了来。夜明珠把水晒干了来，干了来又做。（哎呀，我记不起了）

12. 三过家门而不入

当时大禹路过家门三回，他路过门前就走了，看一哈儿②。

眼睛瞟一下，看一下他堂客有毛病没得，屋里有其他人没得，有往来没得。

他就这个瞟一下，就走了。也没的其他啥子的。

就这样三回，当门③路过三回都没有回去哦。

他堂客就想：你还有点毛病呢，未必你门前④找的有女人吗？

男的默到女的找的有男的，女的默到男的找的有女的。

13. 禹妻帮忙

女的在屋里，还是做事，不是没有做事。

她给他发动人，说：

---

① 歇稍：重庆方言，"看一会儿"的意思。
② 看一哈儿：重庆方言，"看一会儿"的意思。
③ 当门：重庆方言，"就在门口"的意思。
④ 门前：重庆方言，"外面"的意思。

"我们这个男人，三回都不回家，你们都悠到①在屋里。呵呵……在屋里做啥子哦？二到②一涨水，后辈儿孙都没得了，淹死完，洪水泛滥于天下。"

她要团转的人像她男人那样，三回都不回来。（就是恁个的。）

三、异文分析

在以上5则异文的基础上，笔者准备就异文的一致性和差异性进行分析，深入探究产生一致性和差异性的原因，进一步研究讲述者在口承神话表演空间中的角色和作用，进而探讨神话传承和变异的规律。

（一）异文的一致性和差异性

从以上的5则异文来看，即使不同异文中的情节和主题有一定程度的差异，《大禹治水》神话的核心情节并没有发生大的变化，可以说是一个比较成型的故事。故事的主要情节脉络，在5则异文中都是清晰可见的，大致可归结为：

（开始）→场景（洪水泛滥）→禹父治水→（大禹）继承父业→动员人们→三过家门而不入→妻寻大禹→妻子放人→（大禹/妻子）排班→四季和二十四颗夜明珠→晒干河水→（结局）

我们可以看到，整个故事有头有尾，矛盾冲突从产生到解决，十分完整。尤其是采录时间比较接近的异文（一）（1988年）和异文（二）（1989年），不但故事的叙事单元完全吻合，其统一性令人吃惊地高，甚至一些句子也是几乎一字不差。比如："堂客默到他变了心（格），就迢去找他，他一天忙这忙那，也没得功夫陪她耍哈儿"（1988年）和"堂客默到他变了心，就跑去找他。他一天忙这忙那，也没得功夫陪她耍哈儿"（1989年）。再比如"他觉得成年累月做一伙，点气都不歇还是要不得，就叫人些做一段时间就耍一天"（1988年）和"他又觉得让人们成年累月地做，气都不歇也不是个办法，就叫人们做一段时间耍一天"（1989年）。……类似的地方还有很多。在其他年份的异文里，我们同样可以发现这样的高度统一性。如："开头要齐头班，一耍满都搁起耍"（1988年），"开始耍齐头班，齐头班耍起，那一走满都走了"（2000年）与"原来是齐头班，一放满都放了"（2001年）。

在所有的异文中始终存在两个关键性的人物，一个是大禹，另一个是禹妻。在1988、1989、1996年这3则异文中，大禹和禹妻的角色类型是一致的，那就是始终处于矛盾冲突的两个极端：禹妻的表现是误解大禹，阻碍大禹工作进程，

---

① 悠到：重庆方言，"老想着"的意思。
② 二到：重庆方言，"以后"的意思。

始终是处于"阴"面。而大禹继承父业，三过家门而不入，分四季，设节气，处于"阳"面，形象十分光辉。在这3则异文中，大禹的英雄形象被渲染得十分突出，而禹妻则相对处于一个陪衬的角色位置。

但是在反复讲述同一个故事的时候，讲述者从来不简单地"重复"他的讲述。他以不同的方式对故事有所侧重，讲述时语气发生变化。根据情境不同，讲述者会对细节做各种相异的处理，处理的方式因人而异。异文所反映出来的差异也是非常明显的，而且这种变化，作为被讲述者重复创造的结果，其变化的程度也各有千秋。

下面，笔者将5则异文的叙事单元排列出来，列成一表，从这个表，我们可以较明白地看出异文变异的大小和变异的地方。（见下页）

这5则异文，从组成的叙事单元上看是有差异的，异文（四）、（五）较异文（一）、（二）、（三）差异更为明显。在前3则异文中均存在的"妻子放人"、"大禹排班"等叙事单元在异文（四）、（五）中都未出现。而异文（四）、（五）出现了禹妻为主角的叙事单元，那就是"禹妻排班"、"禹妻帮忙"：原先是大禹的配角的禹妻站到了故事舞台的聚光灯下。"继承父业"和"动员人们"，在异文（一）、（二）、（三）中，原本是大禹的重要功绩，在异文（四）中则合二为一。异文（五）中也只以较小的篇幅提到。

异文/叙事单元	开始	人物	场景	禹父治水	继承父业	动员人们	赶山鞭	三过家门而不入	妻寻大禹	妻子放人	大禹排班	埋怨妻子	晒枯洪水	二十四颗夜明珠	结局	男女平等
1988	×	×				×										×
1989	×	×				×										×
1996		×				×				×					×	×
2000					这两个叙事单元合二为一	×			×		×禹妻排班	×	×			
2001									×		×禹妻排班	×		×		

从主题上看，5则异文也是有区别的。前3则异文的主题比较接近，主要是讲述大禹继承父业、排除家庭矛盾和劳力分配等种种困难，终于成功治水的种

种业绩。然而从第4则开始，神话主题发生了质的变化，特别是在最后一个叙事单元，讲述者明白地说道："男女平等也是那个时候兴的……女人家不一定都要去挖，她出的计策好，分配的活路好，比挖的还要得行点，力量多大。"也就是说，异文（四）的主题是"男女平等是怎么来的"。异文（五）在最后的评论部分中说"女的在屋里，还是做事，不是没有做事"。说明异文（五）强调的是女人在劳动中的作用，男女在劳动中的不同角色分配。在这则异文里面，讲述人想说的还是异文（四）的主题：男女是平等的。

5则异文中，异文（一）与异文（二）比其他的异文都更要相似。但是如果仔细观察，仍然会发现差异。异文（二）的用语较异文（一）更加简洁、书面一些。比如：

他们找到大禹的堂客，哭哭啼啼地对她说：

"我们出来恁多年，屋头还有老父老母、堂客啊、娃儿崽崽那些，你给大禹王说，叫他放我们回去看看嘛。"（1988年）

而到了异文（二）里面，这一段成了：

他们找到大禹的堂客，哭哭啼啼对她说：

"我们出来恁多年了，家头还有老父老母、妻室儿女，你跟大禹说，叫他放我们回去看看吧。"

再如：

大禹晓得了，心想：

恁个都要得呀，哪阵才能把九河疏得通？（1988年）

异文（二）里，这一段为：

大禹察觉后，心想：

恁个都要得呀？哪阵才能疏通九河！（1989年）

从"老父老母、堂客啊、娃儿崽崽"换成了"老父老母、妻室儿女"，从"晓得了"到"察觉后"，以及变把字句为主动句，这样的变化虽然微小，但是就熟悉本地方言的人看来，却差别甚大。异文（一）中的语言更接近平日讲述的形态。而异文（二）则有更多在正式场合才采用的词汇，如"妻室儿女"，讲述者似乎更偏重舞台表演，追求用词庄重、正式的效果。

（二）异文一致性分析

正如戴格在她的著作《民间故事与社会——一个匈牙利农村社区中的故事讲

述》中提到的一样，很多研究者把异文的一致性看成是讲述者良好的记忆力的结果。[1]毋庸置疑，优异的记忆力是成为优秀的讲述者的一个不可或缺的条件。根据戴格的研究，一个出色的故事讲述人的语料库是非常大的，真正的故事家知道的故事不应该少于40个左右。[2]而实际上，根据80年代开始的对中国民间故事家的调查，很多故事家的语料库都是庞大得惊人。仅仅在一个走马镇，就发掘出能讲1000则以上故事的故事家2人，讲500—1000则的故事家3人，讲200—500则故事的故事家10人，讲100—200则的故事家15人。另外，很多讲述者在讲述的时候会指出他们的讲述是按照他们一开始听到的样子来的，他们自己并没有增加或者减少些什么。但是戴格认为，根据经验和记录表明，所谓的"忠实于故事原貌"只不过意味着对故事主题的保持，而不是在词汇上的一成不变，讲述者也许能忠实于故事的内容，但是在形式上却有变化。[3]从笔者所调查的事实来看，大多数情况也是如此：每一个讲述者的记忆里必须储存成千上万的故事材料，在讲述的时候，如何能够完全忠实于故事原貌？但是笔者认为，戴格坚持认为异文的一致性"不过是一句空话"[4]，这似乎过于绝对了。斯卡拉在《口头叙事的阐释》中就曾提到，一些讲述者的反复讲述可以做到字句不易[5]。而笔者在司鼓村的采录也发现了类似的情况，比如上面提到的异文（一）和异文（二）就是很好的例子。

那么讲述者是如何做到字句不易的呢？斯卡拉的研究具有相当启发性。她认为首先这与讲述者储存讲述材料的记忆机制有关。叙事单元和意义单元的重现表明多次讲述的内容被很好地储存在讲述者的脑海里，讲述的方式也被同样地储存起来。故事材料，更精确地说是叙事实体部分，一个一个的母题，是以一定的结构按适当的顺序存储在讲述者的脑海里的。储存的方式是由讲述结构决定的。讲述结构的基本构成元素是一些建立在"语义内容"（semantic content）的"功能关系"（functional relationships）的基础上的小的"记忆组织程序包"（memory organization packages）。这些小"程序包"（packages）包括一小堆材料，他们的聚合方式是给讲述者提供他所需要的信息：开始—场景—行动和事件—

---

[1] Linda Dégh, *Folktales and Society—Story-telling in a Hungarian Peasant Community*, p. 166.
[2] Linda Dégh, *Folktales and Society—Story-telling in a Hungarian Peasant Community*, p. 168.
[3] Linda Dégh, *Folktales and Society—Story-telling in a Hungarian Peasant Community*, p. 167.
[4] Linda Dégh, *Folktales and Society—Story-telling in a Hungarian Peasant Community*, p. 167.
[5] Anna-Lenna Siikala, *Interpreting Oral Narrative*, pp. 46–47.

结束—评价。①就像在以上5则异文中所见到的那样,大禹治水的神话被按照矛盾发生、发展直到解决的顺序排列起来,储存在讲述者脑海里。即使有一些不够完美的记忆,导致讲述的缺憾,核心情节却不会变化。

一个明显的例子就是,2001年笔者在向魏大爷采录《大禹治水》的时候,他由于几年前脑溢血后记忆力减退,有一些情节已经记不起来了。讲到"晒枯洪水",他很抱歉地说:"哎呀,记不得了。"笔者检查了他前面已讲到的部分,发现在从前的异文中存在的一些叙事单元缺失了,如"三过家门而不入"、"二十四颗夜明珠"、"妻寻大禹"等。尽管如此,讲述者却能将这些缺失的叙事单元以其他的方式重新纳入到故事的情节链中。比如,在魏大爷后来补讲的部分中,"三过家门而不入"、"男女平等"的叙事单元被补充进来,而"二十四颗夜明珠"等叙事单元被缩减成意义单元融入到其他的叙事单元里面去。如"他用那个二十四个节气,正月立春雨水,二月惊蛰春分……他像不冷不热啊,他分成季节,老百姓去做。他分成季节是哪个的呢?像那个不冷不热的,就由老年人做。他这个时间这样一分,大家就有信心了。"这一段中,就糅合了"禹分四季"、"二十四颗夜明珠"等情节。在讲述的时候,老人由于记忆力的衰退,常常需要停下来思考一下,尝试着往下讲。他常常先说出一个关键词,比如"齐头班"、"蓑衣班",然后开始回忆并讲述这两个关键词包容的情节。此讲述过程正好为斯卡拉的论点提供了一个有力的佐证,证明在讲述人记忆的时候,材料是以有结构的程序包的形式按一定的顺序储存在记忆中的。正因如此,讲述人补充的部分是以语义内容包的形式出现的,而糅合到其他的叙事单元中的情节也是以这种聚合体的形式,并以关键词显示,如"二十四节气"、"二十四颗夜明珠"、"齐头班"、"蓑衣班"等。这些关键词在斯卡拉的著作中被称为"反复出现的短语"(recurring phrases),他们似乎是存在于讲述者头脑中赖以悬挂记忆的钩子。②讲述者总是有意或者无意地重复这些词汇。实际上,重复的过程是一个记忆连接的过程。

(三)异文的差异性分析

异文之间,内容的变化是最容易发现的。造成这些变化的原因当然很多,而讲述者在其中起到的作用是非常重要的。笔者经过分析认为,讲述者造成的异文差异的原因主要有以下三个方面:

---

① Anna-Lenna Siikala,*Interpreting Oral Narrative*,pp. 80 – 86.
② Anna-Lenna Siikala,*Interpreting Oral Narrative*,p. 84.

1. 讲述者对大量故事程式的把握和不同程度的活用，是造成神话变异的一个原因。

讲述者都有自己的语料库，他们在把握和活用故事程式的能力上各有千秋。日本学者野村纯一曾将故事讲述者划分为两种类型——纯传承型与创造型。西方学术界根据讲述者的这个特征对其进行的分类也不在少数（参见前文）。而对走马镇的民间故事作过多次调查、非常熟悉当地情况的西南师范大学民间文学专业教授彭维金在他的《中国"民间文学之乡"的启示》①一文中，将走马镇的民间文学讲唱者分为三类：

第一类为"民间文学知听者"：在民间文学讲唱者群体中是多数，他们都喜爱民间文学，可讲可唱，甚至还讲唱得不少，但是常常去头忘尾，丢三拉四，或者表达无序，口齿不甚灵巧。

第二类为"民间文学传播者"，分为三种类型：

转述者：通常称为"故事篓子"，其特点是记忆力好，口齿清楚，能将听来的故事、歌谣，清晰地复述、重唱给人听，基本上保持作品的原貌，是民间文学的保存者。他们所讲的故事、唱的民歌，多半是"大市货"，有自己特色的不多。

综述人：通常称为"文墨人"，他们多把听看来的戏文、小说或者民间说唱唱本，民间故事、歌谣集子中的作品，加以融会，前唐后汉，东扯西连，讲成很长很长，拉不断理还乱的长龙阵。这种人，村民一般特别地佩服，被视为"乡里秀才"、"有学问的先生"。

讲述人：这些人脑子里储存了许多故事、歌谣，通过自己的巧嘴说出来，既符合原型，又具有自己的特点和个性。他们讲的故事多是完整的单个故事，少有杂糅、扯串的情况。

第三类为"口头创作家"：是民间文学讲述者的最高层次。他们的民间故事，不仅带有自己的特点、个性，而且传中有创、传创结合。"别人编的头，我编的尾。"他们善于借用传统民间文学作品的因由、情节和思绪，创作出崭新的民间文学作品来。比如，魏大爷讲的许多神话、仙化题材的故事，都与传统故事不尽相同，而且具有现实意义，令人耳目一新。

彭维金教授的这一分类是比较有说服力的一种。民间故事家们依据个人才能的不同，自觉或不自觉地去表现他们所认识的世界。他们凭借所掌握的故事的

---

① 参见彭维金《中国"民间文学之乡"的启示》，《重庆市·广岛市的民俗文化动态研究》，1996年度广岛市立大学特定研究报告书。

结构章法、程式和套路，如故事程式化的主题、情节结构、表达方式，可以灵活调用、随时利用已经内化的知识。他们能够根据不同的情境，听众的不同反应，对故事情节进行取舍、组合和优化加工。"口头程式理论"的代表人物洛德（Albert Lord）认为，"程式的丰富积累会导致更高水平的创造和再创造的变异；主题和故事的积累会导致限度之内产生大量同类变体"[1]。司鼓村一些讲述者对故事程式和母题非常熟悉，他们可以信手拈来，运用自如，有时候甚至改变了神话的讲法而听众和研究者都很难察觉。他们对故事程式和母题的掌握和运用恰恰证明了这一论点的正确性，也道出了神话文本产生变化的一个重要原因。

神话故事的人物就像磁铁一样，有力地吸引众多的母题聚合在以他（她）为中心的地方。讲述者在讲述的时候，可能随意地把他所认为合适的母题聚集到一起，放到以某一个人物为主角的故事中。异文（五）就是这样。这个异文中出现了"赶山鞭"的母题。在其他4则异文中，却没有出现过这个母题。"赶山鞭"见于许多的民间故事，著名的有《九龙女智取赶山鞭》[2]、《秦始皇鞭出秦坡涧》[3]等。在魏大爷的语料库里面，有一个故事也具有这个母题，那就是地方传说《转山坪》，在这个故事里面，吞了夜明珠变成孽龙的小伙子就是用赶山鞭来赶大山，想把四川堵起来，变作汪洋大海。老人在为笔者讲述《大禹治水》的故事时，突然加入了这个母题。讲着讲着似乎"顺手拈来"地加入一个母题，甚至完全改变了讲述的方向和主题，这种情况在民间讲述者的表演中会经常见到。彭维金教授总结的"综述人"类型的讲述者的表演中就常常属于这种类型。司鼓村6队的张绍文可以从《女娲圣母补天》讲到《哪吒闹海》、再到《张三丰封神》，一个母题接一个母题地讲来，在母题和母题、情节与情节的相似处接头，比如共同的地点，相似的武器，相同的情景等，都可以导致从一个母题进入到另一个母题的变化。司鼓村当地人曾经点评张绍文的这个特点说："他晓得的很多，就是每一个故事都讲不完，像是拼起来的。"

2. 出色的讲述者对情境往往有着高度的敏感性。

随着听众、环境的不同，讲述者会主动调节他的讲述内容和所讲故事的类型。一般说来，故事在比较固定的程式之外都能给与讲述者在不同情境下进行

---

[1] 参见叶舒宪《文化与文本》，第153页。
[2] 该故事情节为：秦始皇为了修长城用赶山鞭将大山赶到海里，九龙女为了保护龙宫的安全，自告奋勇去接近秦始皇，最终骗到赶山鞭，并把它扔到海里。秦始皇失了赶山鞭十分恼火，下令抓壮丁来修长城。
[3] 该故事情节为：秦始皇登常熟庸山，想用赶山鞭将大山赶到海里。不想赶山鞭对庸山无法施威，秦始皇只好作罢。

发挥的空间。讲述者可以根据不同的时间、地点、听众、环境等对故事进行用语、内容、结构甚至主题的改动。每一位讲述者的每一次讲述都可能使故事原有的母题发生一些变化，其中的部分原因是由于记忆，部分则是为了使故事更符合讲述者自己的观点和口味。讲述者由于情境的变动而对神话进行的改动，导致了大量的神话异文的产生。具体说来，这些变异的因素有：

（1）故事表演空间中的听众的存在及其与讲述者的互动是异文产生的一个重要原因。

首先，听众影响到讲述者的表演内容，讲听互动往往产生一些在书面上无法看到、唯有在现场的互动情境中才能体会出的故事的附加意义。以异文（四）为例。异文（四）与前3则异文存在较大的差异，这种变化表面上看发生在意义单元和叙事单元的增加、缺失、替换、融合，但如果深入一步分析的话，叙事单元的变化是跟随着故事主题的变化而来的。在前面的3则异文中，故事的主题是突出大禹的英雄形象，大禹是主角。所有的矛盾冲突都围绕着治水展开。而异文（四）中，冲突的重心转到了处理夫妻矛盾和男女平等这一主题。正因如此，讲述者将故事的部分内容做了相应的调整，例如加大了"三过家门而不入"的篇幅，而不是像前3则异文一样轻轻带过。在前3则异文中，"分四季"和"二十四节气"都是大禹的功劳，到了这则异文中，一变而为大禹妻子的功劳了。而前3则异文中大禹妻子阻碍大禹工作的不太光彩的情节消失了，反过来，大禹被描述成具有"看不起妻子"这样的特征。

魏大爷向笔者介绍了前3则异文采录的情境：其采录者分别是走马镇文化站严小华和走马民间故事考察组（由中国民间文艺家协会、四川省民间文艺家协会、联合国教科文组织联合组成）。严小华采录的方法是先用录音机录下魏大爷的讲述，再用文字忠实记录成文本，为了力求一个安静的采录环境，两人常常争取把录音时间选在无第三者在场的时机。而民间故事考察组的方法是将讲述者请到镇上，给每个讲述者一定的时间，讲述自己最拿手的故事。因为有联合国以及中国民间协会的官员在场，场合是比较正式的。因此，在前3则异文讲述的具体场合下，参与的听众与异文（四）有所不同。

讲述异文（四）的情形十分有意思。在笔者采录的现场，除了笔者和魏大爷，还有他的老伴陈培书在场。笔者在魏大爷家里采录的时候，大多数时间都有陈培书相陪。陈培书并不十分在意老伴讲述的故事，她在意的是什么时候该添点茶了，该生火了，该做点饭了。因此她有时候会打断访谈，问问魏大爷想吃点什么或者笔者要不要开水这样的问题。这对相濡以沫几十年的夫妻,人到晚年,子女各自成家,只有老两口相依相靠。陈培书喜欢到大儿子家打麻将,每天午饭后一定要过瘾到日落黄昏。魏大爷每天到黄昏时候一定到大儿子家接老伴去。每天晚饭后,陈培书和魏大爷会到门前的大路上散步。有时候老伴在儿子家玩到天黑了,魏大爷定找一把手电,前往接送。魏大爷的衣食由陈培书全权负责,从两人年轻时就是如此。两人一共养育了五个儿女,都已经成家,子孙绕膝,四世同堂。可以说几十年的风风雨雨,两个人相依相扶一起走过。讲述这个异文的时候,魏大爷讲到"其实她发挥她的作用,女人家不一定都要去挖,她出的计策好,分配的活路好,比挖还要得行点,力量多大",看着陈培书一笑。这一笑,显示了老人轻松的、带点玩笑心态的态度。当时的氛围是极其温馨的。与其说这个故事是老人为作为听众的笔者讲的,不如说是为未参与采录工作的他的老伴讲的。由于这个听众的特殊性,魏大爷即席改变了故事的内容,用了《大禹治水》的神话故事的材料,但讲的是"男女平等"的事,为的是间接地赞扬老伴的贡献。而这些变动完全在包括笔者在内的听众未知觉的情况下进行的。

帕里(Milman Parry)和洛德认为,口承艺术与其说是记忆的复现,不如说是艺人与听众一起进行表演的一个过程。在故事表演空间中,听众与讲述者之间的互动非常频繁。听众的在场会刺激表演者的表演欲望,决定表演者的表演内容。[1]异文(四)就是一个很好的例子。这样类似的情形在对很多民间故事家的研究中也有发现。例如:"武德胜讲故事能根据不同层次、不同年龄、不同性别、不同职业的听众在故事种类上进行有选择的讲述。比如对干部讲秉公守法、为民做主的清官故事;对老年人讲晚年得好的故事;对青年男女讲幸福甜蜜的爱情故事;对中年妇女讲孝敬公婆得好报应,坏继母受惩罚的故事;对孩子则讲有趣的童话、神话,逗得孩子哏哏直乐。"[2]

再如:故事家谭振山的"三不讲"原则:女人在场不讲"荤故事",若故事中有"荤",点到为止;小孩子在场不讲鬼故事,若情节中有鬼出现时,便故意丢点拉点,或者在后面缝合几句,说这鬼是人装的,唯恐吓坏孩子;人多的场合不讲迷信故事,担心给自己惹来麻烦。这时候,他往往亮出"看家段儿",讲

---

[1] 参见叶舒宪《文化与文本》,第153页。
[2] 中国民间文学集成辽宁卷喀左县卷编委会编:《准喀喇沁资料本》,1987年版,第1页,转引自江帆《口承故事的"表演"空间分析》,载《民俗研究》2001年第3期。

那些道德训诫故事。他说，教人学好的故事，给啥人讲都行。①由此可见，讲述者表演的内容与听众密切相关。

其次，听众是表演者施展才华的助燃剂。听众的反应往往直接左右着讲述者的情绪，讲述热情离不开听众的刺激。魏大爷讲到，1988年、1989年严小华做走马镇文化专干的时候，是他的忠实听众。他在严小华的鼓励下，从一开始的"三缄其口"到后来"知无不言、言无不尽"，最后，他完全沉浸在故事创造的快乐当中，吃饭、睡觉都没有心思了，连抽一根烟都会思考能否作为材料讲个故事。在1996年由联合国教科文组织的官员和中国重庆民间文艺家协会的领导们组织的调查团来到司鼓村的时候，面对这些"上面来的人"，面对他们对自己讲述能力和才华的肯定，包括魏大爷在内的很多讲述者都十分激动，"不少故事家在讲述的时候不愿停歇，他们说连讲几天都没有问题，希望能一次多让其讲几个故事"②。由此可见听众对讲述者讲述热情的影响之大。

（2）研究者的在场也会极大地影响到讲述者的表演。

在讲述者眼中，研究者不是一般的听众，他们对故事表演的介入，将会对讲述者构成新的互动，直接作用于故事文本的形成。

首先，研究者的介入对讲述者设计表演策略发生影响。收集时间最晚的异文（五），故事的主题依然和异文（四）一样，但是其采录的过程十分有趣。在采录到一半的时候，魏大爷突然说"记不清了"，要求采录停下来。笔者借此机会察看了一下笔记，并倒带听了一下刚刚讲完的"大禹治水"故事，发现和上一次他所讲述的《大禹治水》故事相比，重新出现了"禹妻放人"的情节，分配四季和二十四节气的功劳又重新回到大禹身上了。笔者于是向魏大爷提出这个问题，并提到上一次采录时候的故事的内容。老人一笑，在随后的采录中，即补充了"三过家门而不入"和"禹妻帮忙"两个叙事单元。这一次，虽然禹妻没有分配四季和二十四节气的功劳（因为在故事中已经被设计成大禹的功绩了），但是她却在家里给大禹做宣传工作，发动群众。最后故事还是落脚到了妻子作用大、男女要平等这个主题上来。异文（五）实际上是在作为访谈者的笔者和作为讲述者的魏大爷的共同参与下产生的。笔者的介入，改变了讲述者的讲述意图和故事的主题，进而转变了故事文本的面貌。后来，在笔者问魏大爷，"为

---

① 江帆：《口承故事的"表演"空间分析》，载《民俗研究》2001年第3期。
② 参见联合国教科文组织、中国民间文艺家协会、四川省民间文艺家协会编：《走马镇民间故事》，1997年4月，第12页。

什么您当时要那样改动"的时候,魏大爷说,也许因为笔者是个女性,而且似乎希望听到那样的内容,所以他就顺势改变了意图方向。可见讲述者会针对研究者而调整其讲述策略。

其次,研究者与讲述者的熟悉程度会直接影响到讲述者对表演内容和方式的选择。与研究者相处时间长了,讲述者了解了研究者的工作性质,自然将其与一般的听众区别开来。有时候会主动给研究者讲一些"不好讲出来的故事。"有时候前后的态度会差异很大。例如,笔者第一次到司鼓村,在采录了几天魏大爷的故事后,魏大爷很诚恳地对笔者谈到1996年日本学者加藤千代到司鼓村做调查的情况。他对加藤的印象非常好,说那是一个"了不起的女人"。由于对方是学者,并且年龄比较大,所以魏大爷当时没有禁忌,什么故事都讲,包括"荤"故事。他接着说:"对你就不行了,你就跟我孙女一样的年纪。我们的规矩是长辈晚辈之间不讲这些东西的。"笔者当场表示理解,并且表明如果有机会,还是愿意采录,因为这是笔者的工作职责。当时老人只是一笑。笔者第三次到司鼓村的时候,与魏大爷一家人已经熟悉了,笔者直呼他为"爷爷"。一次采录的时候,魏大爷对笔者说:"我开始不放心,你年龄小,有些东西不好说,不好讲。你是工作同志,你的任务是记录故事的,我如果有些讲有些不讲,你将来写出来的东西可能不对头哦。恁个的话还是我害了你。我跟你说,我有些故事不好拿出去讲的,你是工作同志,我可以跟你讲。"然后魏大爷老人讲述了他知道的一些"不好讲出去"的荤故事。这真是笔者始料未及的。

再次,研究者可能会导致讲述者对解释的变化,这是神话文本发生变化的重要原因之一。解释是讲述者对讲述环境和听众的特别要求的回答。一个典型例子是,当讲述者在讲到一些地方化的事物时,讲述者担心城里来的研究者听不懂,就要增加一些特别的信息加以解释,即使是在讲述十分定型的故事时,也有这种现象。异文(四)中,在讲到"疏通九河"的时候,魏大爷自己为笔者在"河"上加了个"注释":"九河呢,像重庆的长江才算一条河,嘉陵江都算不到(一条河)。(它们)都是小河。"老人担心笔者不能理解九河的"河"有多大,他知道笔者从重庆来,自然想到用长江和嘉陵江的大小来作比。这样故事文本就发生了变化。而这个变化在以前的异文和以后的异文中都没有出现过。真可谓"每一次讲述都是新的"。

(3)自我距离导致讲述文本的差异。

斯卡拉在《口头叙事的阐释》中提出了"自我距离"(ego-distance)这个概

念,指讲述者自己和传统之间的距离。当一个讲述者认识到他在讲一个"故事",他会在这个故事和他本人及其观点之间拉开距离。故事被当成"故事"在讲述,因此讲述者往往需要按传统的方式和内容去讲,无法随意发挥得更多,特别是评论和解释的成分会减少很多。可是,如果讲述者觉得他是在讲一件真实的事情,他会更容易根据具体情形,强调不同的重点,更容易从不同的角度看这件事情,并且更多地说出自己的意见,不需要逐字逐句地重复他所讲的内容。斯卡拉由此认为,讲述者的自我距离导致的评论、解释方法以及对他们的表达,是保持叙事作品稳定的关键因素。①

在笔者的田野调查中,确实发现存在自我距离问题。一个比较明显的现象就是,当讲述者确实在表演一个"故事"时,如果由于记忆力的原因,讲述人记不清楚了,他通常会尝试着努力回忆。这说明讲述者希望能按传统的讲法来进行讲述,在传统与自己之间拉开距离。反过来,当讲述者在讲述一件他认为真实发生过的事情时,几乎不会出现"追忆"的现象。比如,大多数村民都能讲几个当地人崇信的"小神子"作祟的事例,不论是号称"亲眼所见"还是听别人"吹的"(闲谈的),多数人都表示相信是真的。每个讲述"小神子"的人几乎都是八仙过海、各显神通,将其说得神乎其神,没有人回忆从前是怎样讲的;而且每个人都有关于小神子的观点,有的认为小神子有好坏之分,有的认为小神子专门捉弄人,不分好坏……说法不一而足。

但是,笔者也发现,自我距离的说法并不能涵盖所有的情况。有时候,即使讲述者知道他自己讲的是故事,他也并不遵照传统的讲法,而是和讲述真实的事情一样,自由发表自己的解释和看法。比如异文(四)中,魏大爷知道他讲述的是"故事",可是他仍然根据现场的听众(妻子和女性的研究者)和环境(家中),适当地调整了故事的内容和主题,并未感到有保持传统讲法的责任。而且,在以上的5则异文中,恰恰是在主题有所改变的第4则、第5则异文中,讲述者给出了他对故事的评价和看法。他认为:

"其实她发挥她的作用,女人家不一定都要去挖,她出的计策好,分配的活路好,比挖还要得行点,力量多大。"(异文四)

"女的在屋里,还是做事,不是没有做事。"(异文五)

可见"自我距离"一说符合一些讲述的情况,但是表演现场的情况是异常丰富的,仅用一个"自我距离",虽然可以说明一些变异的缘起,却不能涵盖所有

---

① Anna-Leena Siikala, *Interpreting Oral Narrative*, p. 120.

变异的原因。另外，自我距离还是形成讲述者的讲述倾向的一个重要原因。在下文笔者将较详细地谈到自我距离和讲述倾向的问题，此处不赘言。

小结

通过以上对魏大爷从1988—2001年13年间所讲述的5则《大禹治水》神话异文和现场表演情况的分析，笔者发现：

第一，民间故事，包括神话，其材料是以一定的结构按适当的顺序存储在讲述者的脑海里的。讲述结构的基本构成元素是一些建立在语义内容的功能关系的基础上的小的记忆程序包。这样的信息储存方法，具有"双刃剑"的作用。一方面，它便于记忆者将成千上万的故事材料和故事程式牢牢地储存在脑海中，是叙事作品的文本能够多年保持一致的重要原因之一。尽管语词、表达方式等或许会有改变，但是异文的核心情节往往没有变动或者变动不大。可以说，口头叙事作品的稳定性和传承性与故事材料的这种记忆储存方式是分不开的。但是，另一方面，这种储存方式也恰恰是导致神话变异的一个原因。正是由于有结构的记忆程序包程式化的储存方式，使得讲述者能够不依赖对神话情节的机械背诵，而是凭借掌握神话的结构章法或套路。故事的程式化特点使得讲述者能够灵活地调用故事的主题、情节结构、表达方式以及多年积累的语料库。在表演现场，讲述者可以随时根据他所处的环境、面对的听众和不同的讲述目的对故事做改动，因此口头叙事作品的变异情况几乎处处可见。

第二，故事表演现场的情境是口头作品发生变异的一个重要原因。出色的讲述者一般对表演空间的情境都十分敏感，处于与听众和研究者的不断的互动之中。听众的存在使故事的功能实现成为可能，他们引发讲述者的表演欲望，影响表演者的表演内容和表达方式。固定听众群的存在还影响到一个出色的讲述者的自信和自尊。研究者的存在则可能影响到讲述者的表演策略，刺激讲述者的表演欲望；研究者的意向和提问往往介入讲述人的表演，甚至重构故事的讲述。实际上，在现实的表演空间中，往往存在讲述者、听众的角色互动和互换。如果是几个实力相当的讲述者在一起，有时候很难截然分清谁是讲述者，谁是听众。研究者的角色也不是一成不变的，他的介入有时候也会对故事的最终面貌产生很大的作用。

第三，讲述者的"自我距离"在解释讲述者与神话变异的关系这一问题时的确是一个独到的视角，但是讲述者对于传统材料的处理绝不仅仅受"自我距离"一种因素的影响，在某些情况下，他即使在自我与传统之间拉开距离，意识到自己讲述的未必是真正发生过的事情，却仍然会自由发挥，而不感到需要忠实于传统讲法。因此，从"自我距离"的角度来探讨讲述者对待传统的态度时，必须区别对待。如果简单地以"自我距离"来解释讲述者对所讲述故事的处理方式，恐怕有失妥当。

第四，讲述者在故事表演中的自由不是没有限度的。所有传统的口头作品，包括神话，都有一个大体相对固定的、成型的文本，在很多场合，故事文本的基本内容并不可以随便改动。即使讲述者被允许调整一些方面，或者引入其他的附加的意义，也必须要找到故事原有的意义与所附加内容的连接点，同时还要适应讲述情境中各种因素的互动。特定的知识是否能够被纳入既定的故事规则体系，要看它是否具有能够适应的品质。故事的表演空间既赋予讲述者以某种自由，同时也对其存在一定的限制。

第四节　个人讲述倾向与神话的变异
——不同讲述者对同一类型神话的讲述

在上一节中，笔者通过考察同一个讲述者对同一类型神话的不同讲述，讨论了讲述者根据记忆机制、情境、自我距离改变神话的讲述的可能性和局限性，以及变化中的一些规律。但是，在观察讲述者对神话进行处理使其变异的过程中，除了以上所提到的因素会导致讲述者改变神话的讲述，还有一个重要的"诱因"，那就是讲述者的"讲述倾向"（narrative tendency）。这种倾向的组成因素有：讲述者的语料库、讲述模式和讲述者作为传统承载者的地位。影响到讲述倾向形成的因素则包括：讲述者的经历和价值观、自我意识、社会交往能力。[1]在这一章里，笔者力图通过对5位讲述者所讲述的同一类型神话的分析，对上述有关讲述倾向的问题进行进一步的探讨。

一、讲述倾向与作品变异

一个出色的讲述者的语料库是极其丰富的，而在公众面前讲述的时候，他并不是讲述自己所知道的全部。他必须做出选择：哪些故事该讲，哪些故事不该讲，该怎样讲，这样的选择往往是由表演现场的情境所影响的。然而讲述者还

---

[1] Anna-Leena Siikala, *Interpreting Oral Narrative*, pp. 109–134.

有一种很重要的选择，那就是根据自己的口味，以及与心理需求相应的情绪来选择讲哪些故事，不讲哪些故事。

出色的讲述者有着鲜明的个人讲述风格。戴格在《民间故事与社会——一个匈牙利农村社区中的故事讲述》中提到：首先是表演者的语言吸引了听众的注意力，从不同地区来的讲述者，或者即使是来自同一个村庄的讲述者都能以所使用的不同词汇来区别彼此。其次是讲述者的态度，即是否遵循该口头作品的传统形式。有的讲述者喜欢按传统的讲法来讲，有的讲述者则喜欢用自己的风格来诠释，甚至其风格还非常戏剧化。讲述的时候，讲述者体验故事中角色的行为，不仅用语言还用姿态表达自己。有的讲述者有他们自己的戏剧化动作，在讲述达到高潮的时候，便以动作示意。[1]同时，斯卡拉也指出：一个口头作品的意义会根据讲述者的阐释角度而发生变化。一个作品传统上的意义必须适用于讲述者的目的，否则他不会有讲述它的愿望。而对作品母题的选择、解释和评价反映了讲述者的动机、意见、信仰、态度等等。这些无意识的因素与有意识的目的一起形成了讲述的方式和风格。斯卡拉称之为"讲述倾向"。她在田野调查中发现，每个故事几乎都被它的讲述者从同样的角度重复讲述着。多年的反复采录发现讲述者对同一个故事的评论都未发生大的变化。她认为这不仅归功于记忆能力，也归功于讲述倾向。当讲述表演的空间内各种情境因素刺激了讲述者的动机和目的时，形成讲述倾向的动机和目的就被实现了。如果这些动机和目的在很大程度上重复出现或者合乎逻辑地延续，可以推测它们表达了对讲述者个性和世界观来说十分重要的因素。也就是说，口头作品被解释、被表演的方式在很大程度上反映了讲述者的个性和世界观。[2]戴格认为，讲述者由于个人的人生经历、体验、个性和世界观的不同，会导致对同一个类型的故事的演绎产生极大的差异。这一问题的研究十分重要，但是在以前的研究中，并未得到应有的重视：讲述者的个性和文化背景没有被考虑进去，杂糅在故事中的讲述者的个人经验、生活方式和看法评价也还需要更多的关注。[3]

戴格在对匈牙利的村庄 kakasd 所做的民间故事的调查中，便将这些讲述者的生活史和他们的个性考虑进去，融入到她对讲述者的讲述表演的分析中去。斯卡拉则将不同的讲述者对同一个故事的表演进行对比分析，她认为讲故事并不

---

[1] Linda Dégh, *Folktales and Society—Story-telling in a Hungarian Peasant Community*, p. 184.
[2] Anna-Leena Siikala, *Interpreting Oral Narrative*, p. 110.
[3] Linda Dégh, *Folktales and Society—Story-telling in a Hungarian Peasant Community*, p. 37.

仅仅是讲故事，它更是一种情感、经验、价值观的交流。因此，故事中评价和解释的倾向反映了讲述者的兴趣，这兴趣引导了讲述者对传统的态度，对主题的选择和对形成故事内容的方式。[1]斯卡拉对讲述者和其生活史、观念、价值的研究为如何探究口头作品的变异提供了富有启发性的方法。笔者拟以司鼓村5位民间讲述者讲述的同一类型神话《伏羲姊妹制人烟》的5则异文为例，参考斯卡拉的上述研究方法，从探究这5则异文的构成成分、故事与讲述者的生活的结合等方面入手，探讨神话变异与讲述者的讲述倾向的关系。

选择这个神话作为范例的原因是：

（一）这个神话在当地流传比较广泛，很多人都能讲述整个神话，或者一些关键性的情节，至少也知道葫芦、洪水、百家姓这样的关键词。从笔者访谈的材料看，当地流传的《伏羲姊妹制人烟》神话都属于钟敬文先生曾经考证过的"洪水后兄妹再殖人类神话"。在钟敬文的文章中，他考察了汉族民间所传的记录材料，同时参考了少数民族所传的同类材料，并参证以周围一些民族同类型或同母题（兄妹结婚母题）的神话传说，认为，这个神话产生于"血缘婚还在流行（至少也是还被允许）的时期，而在后代长期传承的过程中，才被自觉或不自觉的修改成现在我们所看到的这种样子"[2]。同时，他还认为"其中前后两个母题的存在，很可能是由于后来的拼合，而不一定是原来所固有的。"前后两个母题指的是"洪水泛滥酿成了大灾难，毁灭了地上的一些生物"（这可以简称"洪水为灾"母题）与"仅存的人间兄妹（或姊弟），经过某种方式（占卜、觅藏等），或听从神命，结为夫妻，传衍后代"（简称为"兄妹结婚再殖人类"母题）。[3]在司鼓村所搜集到的该神话的所有异文都包含这两个母题。

（二）这5位讲述者经历各不相同，职业身份各异。从他们所讲述的同一类型神话中可以明显地看到生活经历的不同给作品变异带来的影响。戴格提出：每一个异文都是从讲述者所生活的土地上产生的。[4]讲述者总扎根于他所生活的社会阶层的具体经验中。他把自己的观点传输进、把自己的经历也卷入到故事的场景中。因此如果故事研究只着重在故事结构的比较上，那就会忽略导致变化

---

[1] Linda Dégh, *Folktales and Society—Story-telling in a Hungarian Peasant Community*, p. 87 – 109.
[2] 钟敬文：《洪水后兄妹再殖人类神话——对这类神话中二三问题的考察，并以之就商于伊藤清司、大林太良教授》，参见《钟敬文学术论著自选集》，首都师范大学出版社1994年版，第228页。
[3] 钟敬文：《洪水后兄妹再殖人类神话——对这类神话中二三问题的考察，并以之就商于伊藤清司、大林太良教授》，第232页。
[4] Linda Dégh, *Folktales and Society—Story-telling in a Hungarian Peasant Community*, p. 181.

的背景的研究。因此笔者在这里试图从讲述者的生活背景入手,做一些有关口承神话变异的尝试性的研究。

二、五位讲述者的《伏羲姊妹制人烟》神话

早在敦煌变文里面,"洪水后再殖人类"型的神话已经在中国开始被记录。[①] 在20世纪30年代末40年代初,中国南方的少数民族,尤其是苗族和瑶族的这种类型的神话,曾经引起了一些人类学者、民族学者、考古学者和文艺学者的注意,产生了芮逸夫的《苗族的洪水故事与伏羲、女娲的传说》(1938年)[②]、马长寿的《苗瑶之起源神话》(1940年)[③]、以及常任侠的《重庆沙坪坝出土之石棺画像研究》(1939年)[④]和闻一多的《伏羲考》(1942年)[⑤]等力作。新中国成立后,随着少数民族普查运动的开展,这类神话在东南、西南少数民族的口承作品记录有所增加。80年代以来,"三套集成"工作在全国展开,挖掘出大量流传于汉族地区的这种类型的异文,不仅数量增加,而且出现了不少新资料、新异文。同时,许多学者,如李子贤、姜彬、乌丙安、陶阳等人都对这个神话有所探讨。

从司鼓村索搜集到的这5则异文和其讲述者的生活简史如下:

(异文一) 伏羲姊妹制人烟

讲述人:魏大爷
采录人:张霞
时间:2001年2月27日

伏羲姊妹[⑥]制人烟那个事啊,是传说。伏羲姊妹呢,他只有两姊妹。他的娘老子都死了,他两姊妹呢种了一点田土。那个时候啊,田土很少,家庭很贫苦。那个哦,庄稼该做的时候呢,本来是按季节,但是他听到雀儿在喊种瓜,这个哥哥回家就问那个妹妹呀,他说那个妈死了呀,庄稼哪个时候作啊。没得人指示得。

[①] 吕微:《神话何为——神圣叙事的传承与阐释》,社会科学文献出版社2001年版,第336页。
[②] 芮逸夫:《苗族的伏羲故事与伏羲女娲的传说》,载史语所《人类学集刊》1938年第1卷第1期。
[③] 马长寿:《苗瑶之起源神话》,载《民族学研究月刊》1940年第2辑。
[④] 常任侠:《重庆沙坪坝出土之石棺画像研究》,载《时事新报·学灯》1939年第41、42期。
[⑤] 闻一多:《伏羲考》,载《人文科学学报》第1卷第2期,1942年11月5日。
[⑥] 姊妹:重庆方言中不论兄妹还是姐妹都可称为"姊妹"。此处指"兄妹"。

听到雀儿在喊种瓜呢就去找瓜子来种下去。问那个妹呀，那个妹呀到处找瓜种啊，找不到呀。最后在个角角①里找到起几盒。有几颗是凹瘪瘪的，有一颗呀饱满点，她哥哥拿去点呀，生了一根瓜藤，把那根瓜藤是弄得好的很。随时上水松土，随时消除虫害，把那两根瓜藤保了呢，也得开花，开花呢只有一根瓜藤，瓜呀要有雄雌二蕊的才能结果。光是一根瓜藤呢，也不知是雄是雌。结果呢，哥哥就上山上去找。去找跟那个瓜相同的瓜。到处都找了，找都找不到。结果看到那个石岩岩里呀，有一个野瓜。长得很茂盛，也开了一朵花出来。似乎看起来呢就跟他那根瓜开的花相仿。他就想去弄那个粉，费了很多力气爬呀爬呀，爬到顶顶上去，顶顶呢也弯下来了，也找不到。他扭到起从半中腰下去，才把那个花粉弄起转来。弄转来呢，他那一根瓜藤的花高起也长成了，结了一个瓜，结了一个瓜呢，（姊妹俩）找起来一个锅，就想把它办起来②吃。这个妹呢，就说不吃，拿来做种。最后哦，两姊妹都统一留下来做种，这个瓜呢就越长越大，长啊长的呀，长起呢脚脚一个大垮垮③，高低④呢长个葫芦形。这个瓜呢长的个葫芦的样子。长的大得很，甚至象小点的一个屋子那么大。啊，后来一到成熟的时候呢，那个藤藤也黄了，就那个瓜来就长成熟了。那两姊妹就把它收进屋来，那个瓜收进屋呢放到那里，舍不得吃它，最后呢就把高低那个呀垮垮⑤开了个洞。车了就把里面的籽籽抠出来，抠出来呢，一天天那个瓜就干了。干了呢，她有些东西呢都放到这里。比如象那些吃的呀穿的呀。贵重的家具呀，以至好吃的都拿来放到屋里。像间屋子，保管得很好。

把那个瓜呢，就遇到黄水上天，那个水啊越涨越大，越来越大，架势⑥涨水那几天，看到水涨得大了呢，那个妹妹跟哥哥商量，她就说要是那个水淹到我们那个坡坡来了呀，那个哥哥你就把我背起。嗯，我跑不赢呢，你就朝高处走。

这个哥哥呢想一会儿也还是可以，后来就看到呢，那个水越是涨起拢来，越涨越高，越涨越高，没得法的。他想我把你背起，那个水涨起拢来，要是把我淹到了，淹拢我的嘴巴，你都还在。要是把我的嘴巴封了口的话，我还不是倒到地上。我把你背起，你还不是死啊。他说我们两姊妹都不存在了哟，哪个办呢？

他说我们就像哪个⑦，我们两姊妹呢就钻到那个瓜里头去，那个瓜呢水涨高

---

① 角角：重庆方言，"角落"的意思。
② 办起来：重庆方言，意思是"张罗起来"。
③ 大垮垮：重庆方言，意思是"往下坠的形状"。
④ 高低：重庆方言，意思是"上面"。
⑤ 车：重庆方言，意思是"钻开"。
⑥ 架势：重庆方言，意思是"开始"。
⑦ 就像哪个：重庆方言，意思是"就这么做"。

点它就浮高点，水消矮点呢它就浮矮点。那个几天几夜涨水呢，涨起来山都淹完了哟，到处都看不到山坡了，他说这个普通天下都是一片汪洋大海了。成了这个黄水朝天了。就在那个瓜里天天呢就望那个黄水哪天消①。今天起来呢，看到那个水还是那么高，明天起来呢，看到那个水还是那么高，看来看去这个水不得消哦。只有回头躲到，还好有东西吃。放的东西都要吃完了，都要匀到②（他）吃。一天吃很少一点来吊到点命③。吃完了水不消呢，我们两姊妹都要饿死。这两姊妹都做了商量，一天吃很少一点东西来吊到性命。东西要吃完了，水就消了。一天一天的，山坡也现出来了。现出来了呢，那个瓜呢就在那个山角角里搁起了。

两姊妹呢就在角角住下来了，水一消了呢，又没得个人，鸡犬都没得，啥子都淹死完了，就只有他两姊妹，他两姊妹呀就在考虑这个事情。普天底下没得人了，又没得禾苗，又没得庄稼，只是看到一些树子都是枯枝落叶没的活的。光是些枝枝。他就在那个角角上住下来，那两姊妹就在那儿住下来。住下来了呢，有个乌龟，爬到角角上来晒太阳呀，有时候遇到怕水淹起来呢，他就爬，往高起爬一会儿呀，爬起来一会儿去来。有时候那个乌龟爬一伙呢，他一到黑的时候呢爬到水里边那个石缝里面去了，它到白天家呢，那个太阳一显呢，它就爬起出来了。那一天呢，一男一女，那个乌龟呢是个精怪，是龟精。它看到那个一男一女呢，它（呢）先（呢）打算（呢）去做个媒，它不晓得他们是两姊妹。它跟伏羲姊妹做个媒。它（要）那个女的呀跟那个男的结婚。结婚呀以后呢就有人烟。于是去说呢，（跟）那个妹一谈呢，那个妹就不承认④。又去找那个哥呢，那个哥也不承认。最后尽那个⑤说呢，说了八次，那个哥就承认了，（承认了）那个妹呢，不承认。妹不承认呢，那个乌龟精它的脸皮很厚，随时都来扭到⑥妹妹。那一天呢又来扭到她。前前后后谈了几十次。那个妹妹把它颇烦了，她在洗衣服，那个妹就将就⑦那个衣裳棒棒给它一顿打："你脸皮又厚又讨嫌，还来给我做媒人。我早就撤了你的销⑧的，你尽到⑨扭到起纠缠。"她打了呢，就把它的壳壳打烂了，打了

---

① 消：重庆方言，意思是"消退"。
② 匀到：重庆方言，意思是"节省着"。
③ 吊命：重庆方言。在这里意思是"保命"。
④ 承认：重庆方言，意思是"认可，同意"。
⑤ 尽那个：重庆方言，意思是"一直不停地"。
⑥ 扭到：重庆方言，意思是"纠缠"。
⑦ 将就：重庆方言，意思是"就用"。
⑧ 撤了你的销：重庆方言，意思是"拒绝了"。
⑨ 尽到：重庆方言，意思是："一直"。

些渣渣。嗯，把乌龟壳壳打烂了。那个乌龟呢把那个壳壳捡来镶起。几板几板[1]变成个人。它又来跟她缠。那个妹没得办法，之后就承认了。所以从前流传到做媒要脸厚呢，给别人谈个婚事要谈得成呢，要经过多次地耐烦地谈，勉强她介绍一会儿来，有时候谈不拢去呢。这个是这样流传起来的。她这样谈成了呢，那个伏羲姊妹两姊妹就成了婚。成了婚呢，两姊妹呢就商量，她说原来爹妈生我的时候呢就是要九个月呢才能产生一个人，他说我们那个要做人烟，那个普天底下都没得人了，我们要做人烟。那个要天下人多，要很快把人烟制造起来，很不容易。他们那个妹就没个办法。她月经来了呢，她的月经带呢经血就拿去挂到李子树高起[2]，挂了呢三天（哈）就看到那个树子烧烟烟了，就有人烟了，所以有些人呢，在李子树上的姓李，在桃子树高起的就姓陶，乌龟来做的媒是亡起命来谈的，把那个媒谈成了。乌龟上面有个王字，就姓王。当时呢，张王李姓呢就是正姓，所以那个年辰一久了，一代传一代的，那其余的姓呢，又是外孙哟，外侄哟，一代传一代的就传起有其他姓来了。那个姓张那个姓呢，它是啷个的[3]。那个妹嘲哥哥，你听媒人说我们两姊妹开心，那才脏人[4]呢。那个哥他说，（那个）大的个娃儿，他就姓张嘛！就是张王李姓就是这样子的。所以流传到以后呢，就说张王李姓是正姓。那个其余的那些姓就是由于时间久呢，一代传一代的。

魏大爷个人生活简史：在上一章已介绍过，此处不赘述。

（异文二）伏羲姊妹成人烟

讲述人：余国平
采录人：张霞
时间：2001年8月2日

天皇四万六千年，地皇有二万四千春，人皇是一万六千年，那才有伏羲姊妹。伏羲是哥，女娲是妹，遇到了洪水连天，就把这些人些淹死完了。洪水一发，伏

---

[1] 几板几板：重庆方言，意思是"滚了几下"。
[2] 高起：重庆方言，意思是"上面"。
[3] 它是啷个的：重庆方言，意思是"它是这样的"。
[4] 脏人：重庆方言，意思是"丢脸。"

羲姊妹没办法，遇到了一个葫芦，葫芦很大，看到起没得逃处得了，这两个伏羲姊妹就逃到葫芦里面，打开它过后，就在葫芦头里去躲到，因此就浮起来。浮在孝子乡，洪水淹了七天七夜，在那里一去的话，洪水消了，葫芦也不走了，太白星呢，才把葫芦给他们打开了，伏羲姊妹两个才出来看到，人烟被淹死完了，伏羲就说："到处人烟都淹死完了，我们如何来制人烟？我们倒不如姊妹成婚了，把这个人烟制起。"当时妹妹女娲就说："哥哥说法不对，只有养儿讨媳妇，哪有姊妹成婚呢？"伏羲当时就说："妹妹你难道不知这个情况：之所以到处人烟淹死完了，为了要把这个人烟兴起。"好，这个妹妹说："要以一个东西来为凭，过去都要以一个东西来为凭据。"妹妹说："要以磨子为凭。"哥哥一扇，妹妹又捞①一扇。老实的，如果这两扇磨子走来混合，两个就可以成婚。嘿，就真的走起，东一走西一走又走来会合了。会合拢，女娲就说："这个不为凭据，要以香烟为凭，如果说香烟点起往上冲，两柱香烟都会合在一起才能为凭。"老实的②，点起两股烟往上冲，起了一点风，就把两股烟吹来会合到了一起，这一会合拢来，伏羲就要以这个为凭据。女娲又说："这个也不为准，我们一个走东，一个走西，如果两个都走拢来了，会合到一起的话，就可以成婚。""也要得。"女娲的道法要高一些，就拿迷魂水给伏羲吃了的。老实的，一个走东边，一个走西边，这一走呢女娲就是设计的这个计，就是等他走在迷魂阵里找不到开头了，车③过来一看呢，女娲就没见了。女娲就走在松林子里面去躲到了。

伏羲就走在那个洞口上，洞口就出现来一个道人，叫金龟。他说："你要见女娲呢，你必须就要寻松林子。"老实的，他吃了迷魂水顿时就清醒了，清醒了以后回头一看，就看见一棵大松树。走在那个大松树角上一看呢，女娲确实是在那里躲到起的。像这样呢就没有什么话说了。好，就上拜天地，下拜众神，摆过以后，这个就说："到处洪水把人们淹死完了，为了要把这个人烟兴起，就说姊妹成婚。"当时就这个了。成婚三年过后，就身怀有孕，一经月数满了过后，就生了，生下来一个肉坨坨，一无眼睛，二无耳朵，三无鼻子，他两个就说这个是个妖怪，就将他一歇④拿来宰成个肉酱酱，拿火弄来烧，烧了来过后就烧成了灰去了，又遇到起风，那个风到处一吹，就吹得遍地山河都有了。这一有了过后，第二晨早起一看，就把人烟兴起了。女娲说，我们姊妹成了婚要谢媒人。女娲是

---

① 捞：重庆方言，意思是"扛"。
② 老实的：重庆方言，意思是"于是"。
③ 车：重庆方言，意思是"转过身"。
④ 一歇：重庆方言，意思是"一口气"。

早有准备的，两姊妹一走起去的话，会到起金龟道人，捡起砖头就朝金龟道人一些乱砸了来，就把这个金龟道人砸死了。又有一个道人把他医了起来，当然医不活了。女娲和伏羲就把金龟道人的骨头拿来斗①成八卦。之所以市面上的八卦就是伏羲造的。八卦好多长的好多短的，长的是管12个月，短的是24合，就管24节气。所以盘古王开天地，伏羲姊妹制人烟就是这么来的。

余国平个人生活简史：男，1929年生于走马镇司鼓村。小时家中贫穷，11岁时父母将他送到附近的道观学徒，希望他能吃口饱饭。余国平聪明好学，记忆力很好，师傅很喜欢他，三年以后正式拜师学习做道场。师傅病逝以后，道观香火淡薄，无以为继。道人各自散去。余国平回到村里，租赁田地种植粮食为生，也经常替人做法事。他做法事认真负责，在走马附近的几个村子小有名气。他在道观受过教育，识文断字，能够阅读一般的书籍报刊。对民间故事、尤其是道教故事很感兴趣，并注意积累。他所讲的故事带有明显的道教色彩。当地人称："要说来历，要推根本，找余老抽②。"

（异文三）伏羲姊妹制人烟

讲述人：罗明东
采录人：张 霞
时间：2001年7月26日

伏羲姊妹制人烟。伏羲两姊妹，因为现在是黄水朝天呢，他就坐葫芦。水好高呢，那个葫芦就好高。葫芦有个把把，他就坐在角角高头。后来嘛，水一消，那个葫芦啊，就在旱地上了。因为葫芦里面通得到气，他就还在里头。原来的葫芦有个眼呢。过去老年人说装些纸啊那些，他不回③（萨）。他们就出来了，因为黄水朝天吗，就只有他们姊妹（萨）。那时出来，哪里还有粮食米吃嘛！饿了嘛，那时黄水朝天，草草都难得找哦。那坝坝头还有啥子啊，还有螃蟹些吃得。把螃蟹壳剥了啊，就吃了啊。后来嘛，就只有他两姊妹，因为懂了事，就晓得是两姊妹（的嘛）。他两姊妹（萨），因为不是亲亲娘的姊妹（萨），两个都是姓陈。一个

---

① 斗：重庆方言，意思是"凑"。
② 老抽：重庆方言，是村人对道士的一种戏谑的说法。
③ 回：重庆方言，意思是"变质"。

耳东陈，一个禾口程。已经现在是避难了（嗒嘛），当然哦，那时候男女穿啷个衣服嘛，毛又深，就像那野人啷个，还有尾巴（呃）。他们两姊妹呢，那时草草就多一点了。他两姊妹，在那个岩洞，那个石包包都是一处的哦。当然罗，一天天就大了，虽然成了野人了，就同了宿。同了宿了嘛，就生了小孩儿了。后头就生了小野人了。头一胎生了，后来呢渐渐就多了。（多了，）他哥哥说："现在是百家姓（萨）。"所以说百家姓不是哪个来编的，百家姓呢，是一个人见啥子，就姓啥子。就恁个来的嘛！这一代长大了，又同宿起了，后一代长大了，也同宿。黄水朝天啊，后来就是几百人了（嗒嘛），五百人哦。所以说一天天人就多了。多了就不好办了，满都姓陈嘛？他说有十八陈呢。先有两个陈，为啥子后头有十八个陈呢？

"陈家陈家"，它硬是有十八个陈哦。"陈"就多了，满都姓陈不好搞（萨），就见到树树啊，秧子啊，或其他啥子，它都有个名字（萨）。比方说，鱼家嘛，就是见到鱼，好，就姓余。我今天见到一张叶子，就姓张。姓王呢，就是见到野人"汪汪"叫了（萨）。所以说它有一定的来历的。百家姓，名字呢还是编的。哎，姓张、姓王、姓李。实际上，陈家是第一把，先有陈，伏羲姊妹制人烟，先就姓陈，陈家是28个字辈，百家姓就是这样来的。古人恁个说嘛，那阵的人不懂得科学。这个姓古书上有说法的。我就不晓得了。

罗明东个人生活简史：男，1937年出生于内江永东镇东心区，家里是佃农，有姊妹七个，他排行第五，从小家境十分贫苦。罗明东参加工作以前没有读过书。但他小时候有一个叫李湘亭的邻居，这个人经常走门串户、见多识广，非常会摆龙门阵。罗明东会讲很多内江的传说故事，大多都是小时候听老人或者是这位邻居讲的。

1958年，重庆第二钢铁公司招工人，罗明东被录取。在嘉陵汽车厂，他学会了识文断字，能读书、看报、写信等。1960年公司下派分队，罗明东被提拔为队里的团组织委员。1963年他入党以后，做工会的组织委员，经常做群众工作。1965年他被分配到厂子弟校做党支部组织委员，1968年申请回厂里做技术工人，1973年被分配到天津的分厂做工人，直到1990年回乡。

（异文四）伏羲姊妹制人烟

讲述人：魏小年
记录人：张霞

时间：2001 年 2 月 25 日

那个，那个哪个说呀，那个，你要说吗，就要从孙猴子说起走，孙猴子千番①，把王母娘娘的圣水给她打倒了，那从哪个说起走咯。那一打倒了，就黄水朝天，就要淹完。它一淹完就没得人烟得。土地菩萨、土地公公就给伏羲两姊妹说，他两个的心比较是最好，他就跟他们说："明天啦，要发大水，今晚上就要涨水，黄水朝天，你们两姊妹要想逃过这一关呀，就坐在那个水缸头坐到，就淹你不死，随水而漂，水涨好高你就好高，淹你不死。"他们就跑到里面去坐着。黑了就涨水，涨得大得很，淹拢天。玉皇大帝一看这个水淹拢天了确实不好搞，他又把这个水收了。收了，陆地上就没得人烟了，地球上就剩了两姊妹。这两姊妹后来不好整，既然没得人，两姊妹住恁大个地球又住不完。喊他们造人烟，女娲娘娘说的。造人烟，哪个造法呢？喊他两姊妹结婚。两姊妹哪个可能结得到婚呢？不可能。就把那个磨子，下磴呢，磨盘呢，搬到山脚脚，磨磴呢，搬到山顶顶上去 lwei②，lwei 得下来合得起呢，就两姊妹成亲，合不起就不成亲。他就搬到山顶上去 lwei，lwei 下来合得起，两姊妹就成亲。时间长了呢，那个伏羲姊妹，那个妹就怀了孕，怀的时间满了，生了一块血巴巴来，那个女娲娘娘跟她说，割成一百坨，见到门前的树子就开挂，所以百家姓，百家姓，它只有一百个大姓。所以开头我说姓张的，为啥子姓张，是树子高头没有挂得稳，lwei（滚）到地下来了，钻出来姓"张"。所以弯弓张，立早章，弯弓张是从地下捡起来。

笔者：你拐起弯儿说哟③！

魏小年（笑）

笔者：那立早章呢？

魏小年：lwei 到地下来，dá④得"chēn 展"⑤的就是立章，dá 得 yuē⑥来 yuē 去的就是弯弓张。

笔者：我姓张，就是在地下 lwei 了的？

魏小年：哦，我不晓得。（笑）

---

① 千番：重庆方言，意思是"顽皮"。
② Lwei (音)：重庆方言，意思是"滚动"。
③ 笔者姓张，魏讲故事说，"张"是从地上捡起来的，意思是很脏，是有意开笔者的玩笑，所以笔者也开玩笑说他拐着弯骂人。
④ Da (音)：重庆方言，意思是"摔"。
⑤ Chen 展：重庆方言，意思是"平整好看"。
⑥ yue 来 yue 去：重庆方言，意思是"卷曲不平的"。

笔者：你说制人烟的嘛，哪个没看到人制出来，光只得姓啥子姓啥子。

魏小年：哦，人烟吗……

魏小年：人烟，就是伏羲姊妹挂在树上那些肉坨坨，第二天起来一看，呵哟！到处都在冒烟烟，那些肉坨坨哈①变成了人啰。

魏小年：人就是恁个来的。

魏小年个人生活简史：男，1965年生于司鼓村第5生产队，魏大爷的侄子，初中文化，初中毕业后在家务农。他从小就喜欢说唱，聪明伶俐。对民间故事兴趣浓厚。1990年拜魏大爷为师，学习讲故事两年。他能读书、看报，喜欢与人攀谈、交往。西南师范大学中文系采风队1988年与1992年两次采风，魏小年讲述故事20个左右。1995年3、9、11月日本广岛大学的加藤千代教授三次到司鼓村进行田野调查，每一次都是魏小年陪同。魏大爷很喜欢这个侄子，说他天分好，会识字，学故事快。

（异文五）伏伯与雷公之斗

讲述人：张绍文
记录人：张 霞
时 间：2001年2月25日

伏羲的老汉②叫伏伯。伏伯要到西天去开会，就叫伏羲带着妹妹照到屋③。他到天上去了，结果，雷公管天下，他就管地下。雷公要打雷才下雨，不打雷就不下雨。雷公不安逸④伏伯，就不给下雨，不下雨就没得收成。因为收成雷公没得到。他哪个给你打雷呢？伏羲跟他干起来，就有套活路做（萨）。他就跟伏羲打起来了，打不赢就被伏羲关起来了。又不拿给他吃。伏伯要到西天去开会，伏伯给伏羲两姊妹说了，别拿东西给他吃哟，他凶得很，他吃了要讨嫌。他就走了，他一走呢，伏羲和女娲两个东跳西跳，跑去看雷公。雷公欢喜得很，就在地下打滚，还作怪相给他们看。哈哈儿⑤样都不做了，扭都不扭了，两兄妹没得看头，就

---

① 哈：重庆方言，意思是"全部"。
② 老汉：重庆方言，意思是"父亲"。
③ 照到屋：重庆方言，意思是"照看屋子"。
④ 不安逸：重庆方言，意思是"对……有意见"。
⑤ 哈哈儿：重庆方言，意思是"过了一会儿"。

说:"做呀,又做怪相给我们看。"雷公说:"我不做了,我要吃东西才干。""吃东西?父王说了不准你吃。""东西不给我吃,给我一点水嘛,又不要你们费力。"两姊妹就给他水吃,哎呀,他水一吃下去,哗啦一声打雷,把笼子打垮了,他就跳出来。他也晓得那两个娃儿救了他,他给两个娃儿一个葫芦,他说:"拿去点起,没得吃得就吃葫芦。"两兄妹就拿起点。哎呀,一点起那葫芦看到看到就长大。两姊妹饿了,就吃。越吃越深,吃多大的空空。

他们就钻到空空里面去了。雷公(个老子)满起打雷哟,水越涨越高,伏伯在天上往高头爬,逐渐逐渐地就爬弯了。(狗日的)那个边边上就摔下来了。他爬不起了。淹死的人多得很。伏伯也摔了。哪个搞的呢?结果就把天升高,天公就发怒了。那两个兄妹呢,就箍在葫芦里,一会浮向这边,一会儿浮向那边,淹不到。伏伯回来看到姊妹俩都不在了,吓惨了。实际上他们没有死,一个在山这边,一个在山那边。后来成了婚,制了人间。所以说雷公凶得很哦,平常一般莫要去得罪他。打雷这些你要把耳朵捂到起,要不然遭他看到了,就要打死人。

张绍文个人生活简史:男,1919年生于司鼓村多子山偏岩子,小时候念过三个月的书。父亲在川北一带卖药、算八字、做布生意,见多识广,很会"摆龙门阵"。小时候居住的偏岩子,是走马读书人聚居的地方。邻居是一个乡秀才,经常看一些古书,闲下来,常给张绍文讲书上的故事,如《封神榜》《山海经》等。张绍文的故事主要来自父亲和这个秀才。10岁那年,他去给远方来卖椅子的人做学徒,生活很艰苦,受尽师傅打骂,但是学到了一手做椅子的好手艺。解放后就没有离开过司鼓村,为公社修理器具。他经常在劳动间隙"摆龙门阵"作为休息。文革期间,禁止讲故事。直到1992年采风队下来作调查,发动群众讲故事,他才开口。1992年西南师范大学中文系采风队采集到他所讲述的故事17个。

三、5则异文的分析

上述5则《伏羲女娲制人烟》神话异文都由两个核心母题组成:第一个母题是"洪水泛滥",而洪水泛滥的原因分别是:无解释、孙悟空闹天宫、伏伯与雷公之斗。第二个母题是"兄妹成亲",有的异文详细地讲述了兄妹求证天意的经过,有的异文说是女娲娘娘的命令,有的异文说成是乌龟的点子,有的干脆没有提到细节。

虽然大体结构一样,5则异文间的差异却是非常明显的。

首先,5则异文的大体情节结构以图示意如下:

异文（一）：

姊妹种瓜——〉瓜中避洪水——〉山脚落根——〉乌龟做媒——〉妹打乌龟——〉妹妹挂月经带制人——〉龟壳上的王字和姓氏的来历

异文（二）：

洪水泛滥——〉姊妹瓜中避洪水——〉经受考验（磨子、追赶）——〉生下肉团——〉砸死金龟道人——〉八卦的来历

异文（三）

洪水泛滥——〉姊妹瓜中避洪水——〉同宿生子——〉百家姓的来历

异文（四）

孙悟空大闹天宫——〉洪水泛滥——〉姊妹缸中避洪水——〉滚石磨——〉生下肉团——〉肉块成人烟——〉百家姓的来历

异文（五）

雷公、伏伯之斗——〉伏伯被擒——〉伏伯脱身——〉姊妹瓜中避洪水——〉成亲制人

除了异文（五）没有明显的解释事物的由来外，其他的4则异文最后都落脚到解释一种事物的来历：异文（一）、（三）、（四）解释百家姓的由来，异文（二）解释八卦的由来。

同一类型神话由不同的讲述者来讲述，所呈现的姿态是如此多样。原因何在？显然，一个重要原因是讲述者之间的差异。在多次田野调查中笔者均借住在司鼓村中，对上述讲述者的生活经历、个性特征、讲述风格有一定程度的熟悉和了解。以下笔者拟对5位讲述者各自的特点和风格及其与作品变异的关系做进一步分析。

魏大爷在讲述《伏羲姊妹制人烟》的时候，态度是非常轻松的。他特别喜欢讲一些逗人发笑的故事。他说："故事讲来要让别个听起发笑，觉得好耍，才吸引人。"所以在他第一次接受笔者访谈的时候，准备的故事大部分都是幽默故事，像《被盖还仇》《过河》《默咯（死了）》等都有一些逗人发噱的段子。这些生动有趣的故事不仅逗得听众哈哈大笑，也逗得他自己发笑。《伏羲姊妹制人烟》这段异文讲述的虽是一个洪水泛滥天下、伏羲姊妹重造人烟、百家姓如何起源的神话，魏大爷讲到好笑处却时常轻轻地笑起来。这种调侃的讲述风格把神话讲述理论上有的庄严气氛消释于无形。这一方面说明，在司鼓村，在笔者搜集这个神话的时候，神话讲述的情境不同于民族志上经常记录的以神话来追溯某个

宗族、部落历史的庄严场合，老人的笑声很好地说明了他并不把古老的事件当真，而是仅仅在讲述一个未必真有的"故事"而已。从老人在故事细节上下的功夫也可以看出他这种态度。他在种葫芦、找葫芦花、乌龟做媒、妹打乌龟等情节上使用了大量的描述性语言。尤其是乌龟做媒一段，乌龟被描述成一个厚脸皮的形象，而且用来影射现实中的媒婆。这样使得整个神话充满生活情趣，缺乏神圣的讲述风格，而近似于一个生活故事。

余国平的异文则和他一贯的讲述风格一样，仙化色彩十分明显。不仅开头出现"天皇、地皇、人皇"之说，还出现了太白金星。在另外3则异文中充当媒人的乌龟，在这则异文中成了"金龟道人"。特别值得一提的是在魏大爷和余国平的异文中都出现了"妹妹砸碎龟壳"的情节，但不同的是，前者用这个情节是为了说明乌龟背上的裂纹如何来的，而后者则附会到八卦的来历上面，道教的气息非常浓厚。这是和余国平本人的成长背景和生活经历紧密结合，不可分割的。

罗明东的风格又有不同。在他的异文结尾处说："古人怎个说嘛，那阵的人不懂得科学。这个姓古书上有说法的，我就不晓得了。"这说明他并不认为故事中发生的事情是真的，他相信的是"科学"、"书本"，因此他把同宿在岩洞中的伏羲姊妹描述成"野人"。而其他的讲述者并不这样描述伏羲姊妹的形象。这表明讲述者似乎把自己生活的这个"文明"的时代与古老时代对立起来。讲述者最想说明白的就是百家姓的来历，因此不把兄妹成婚这个过程当成描述重点。从文本来看，罗明东的异文与魏大爷的异文相比，没有那么多描述性的场景或人物对话。由于想说明"陈"是最早的姓，其他的姓都是演化来的，也就省去姊妹生出肉团的情节。当笔者问道："其他人说生的是肉团啊。"讲述者解释说："科学地说，兄妹是不可以结婚的。那是三代亲属，不可以的。但是野人他不晓得……那阵没得科学嘛！肉团的话就不得要他了，他就没得姓氏。"可见，讲述者笃信现代科学知识，态度是务实的。

魏小年的讲述比较见机、灵活，这个特点在他的讲述中表现得较为突出。这可以从以下两件事看出来。第一是在魏小年讲述《伏羲姊妹制人烟》神话以前，笔者请罗明东讲述了《女娲娘娘造人》的神话，但是这并不是罗明东语料库中的主要故事，因此讲得不很清楚。本来是作为听众的魏小年于是对《女娲娘娘造人》神话主动适时地进行了补充，并以"百家姓"为连接点把故事自然延续到了《伏羲姊妹制人烟》：神话中伏羲姊妹奉女娲娘娘的命令成婚。这在魏小年1992年的讲述中是没有的（原来的文本中，结婚的要求是哥哥提出来的）。其次是在采录的时候，笔者提到了《马桑树为什么长不高》这个神话，其最后结局是孙悟空大闹天宫造成人间洪水泛滥，和《伏羲姊妹制人烟》中的洪水刚好可以连接。魏小年于是以洪水为连接点乘势把这个神话纳入到《伏羲姊妹制人烟》当中来，成为解释洪水泛滥的情节。可见，他很善于从讲述的情境出发，处理故事中的材料和母题。比如神话中"姓张的怎么来的"这段情节，来由主要是因为笔者的在场。魏小年想借笔者的姓跟笔者开玩笑，因此故意说姓张的是从树上掉下来弄脏了的。借这个玩笑，讲述者与研究者之间一下子拉近了彼此的距离。难怪加藤教授三次来访，都点名要魏小年做向导了。

张绍文的异文与上述几则异文的不同在于，神话内容重点不在兄妹成婚，而在于洪水泛滥的起因。这个异文中，洪水的始作俑者不是孙悟空，而变成了雷公和伏伯，洪水是雷公报复伏伯的一种手段。整个故事以两姊妹成亲制人烟结束，但并没有提到百家姓的来历，似乎故事就是要讲述整个人类是如何被毁灭又被再造的，并不特意解释某种事物的由来。张绍文在其中没有直接谈到他是否真的相信神话讲述的内容，但他认为雷公、伏伯的本领很高，所以把他们归属为超现实的世界。老人最后一句警戒的话表明他讲述的时候是很认真的，认为雷公降下洪水的事情是曾经发生在古老年代里的事情。

从以上比较同一类型神话在不同异文中的差异可以看出，神话不仅会随着讲述时机、情境的不同发生变异，也会随着讲述者的不同而产生差异，特别是讲述者不同的讲述倾向，会导致神话产生差异。

（一）不同的讲述者，因为不同的讲述倾向，会对同一个类型甚至同一个母题的神话做出符合自己喜好的调整。

这种调整最明显的表现就是讲述者在对各种各样传统母题进行选择时所表现出的不同兴趣。例如，魏大爷老人喜欢讲述滑稽故事，他擅长采用传统的题材，以幽默的手法，影射现代的事情，或嘲弄、或批判、或警示。他的许多作品，如《玉皇作风最坏》、《海龙王招女婿》等都是借古老神话的因由，抒发他自己对人对事的看法，十分有趣。他讲故事善于发挥，当观察到听众对什么情节感兴趣，他就多讲，细致刻画，力求达到听众会心而笑的效果。比如他所讲述的《伏羲姊妹制人烟》中，对乌龟的刻画就非常别出心裁，其目的在于借乌龟的事由讽刺现实中媒婆的无耻嘴脸。如果换一个人讲，也许不会在这样的细节上大做文章。

而到了余国平的异文里，同一类型洪水后兄妹再殖人类神话的释源母题变成了"八卦是如何来的。"这是因为余国平喜好讲述道家故事，因此一个传统的神话故事，从他口中讲出来就被增添了许多的道教色彩，对这个神话的解释也就发生了相应的变化。

（二）讲述者的个性、表演能力和表演愿望是形成其讲述倾向的重要因素。个性外向、乐于表演并且具备相当表演水准的讲述者，其语料库一般较大，可选择的讲述模式较多，是不可多得的传统承载者。由于个性、表演能力和表演愿望的差异，即使讲述同一类型神话，不同的讲述者所获得的效果各有千秋。

讲述者的个性有外向、内向之别，表演能力有高下之分，表演愿望则有强弱的差异。一个出色的讲述者，或者一个表演欲望比较强烈的讲述者，在他/她感到兴味的时候，会表现得比平时更加出色。一般来说，当讲述者面对研究者的时候，尤其是面对录音、录像器材，往往会感到一点压力。但正是这种压力，可能会刺激他把自己最出色的表现展示给听众和研究者。他们期待来自研究者的肯定。一个个性较外向、经验丰富、善于表现的讲述者面对研究者往往显示出充分的自信。魏大爷就是这样一个性格开朗、表演能力较高、表演欲望较强的人。他不害怕在人前说话，人越多，他越有兴致，一些对着一两个人不讲的故事，却可能被听众多场合激发出来。从他讲述的《伏羲姊妹制人烟》中可以看到，他在可以表现自己讲述技巧的地方不遗余力地展示自己的幽默、生动的讲述风格，因此这则异文的篇幅较长。

笔者从调查中发现，一个讲述者的表演能力和表演欲望与他的个性有一定的联系。魏大爷能说会唱，年轻的时候就是走马场上有名的"快嘴"。从小跟幺叔公闯荡江湖练就了他见人说话不害怕的个性。他说话风趣幽默，很容易和人交上朋友。他在政府工作过，当过村长和白市驿市区公交部副部长，经常做群众工作，因此得到不少锻炼口头表达能力的机会，交际面也比一般的人要广一些。他说："我说话的本事是一点一点练出来的。"由于会讲故事，魏大爷还结识了不少朋友。原任巴县县委书记就是在听了他讲的故事后和他认识的。退休后两人不时写信联系。2001年笔者在走马调查的时候，刚好临近桃花节，这位县委书记还让人带信来邀请魏大爷一起去桃花节上饮酒聊天。

和魏大爷比起来，罗明东的表演激情要相对少一些，这可能与其性格较为安静内向有一定关系。他也曾在工厂和学校里面做过群众工作，并且表示自己的发言能力正是在这些工作中锻炼出来的，但是他特别说明自己并不太喜欢当众发言的场合。他觉得最本分的是做一个技术工人，因此1968年主动申请离开子弟校的党委行政工作，回到工厂做工人。他说做群众工作要特别注意影响，说话都要思前想后，感到自己并不太适应。退休回到村里，罗明东的生活比较低调，他承包了一片梨树林，平时种点自留地，和老伴相依为命。如果说魏大爷是村里的公众人物，罗明东则不那么"公众化"。在讲述故事的时候，他更多的是按照传统方式讲述，自己创造的成分比较少。在细节的地方，不像魏大爷那么喜欢发挥。

魏小年也是一个活跃分子，在司鼓村这个社区里小有名气。他的表演欲望非常强。在一次讲述活动中，他原本作为听众在场。当他发现讲述者对故事的记忆模糊的时候，他就想站出来补充，有时候甚至"侵犯"到讲述者的正常讲述。最后讲述的主动权常常被他争夺到手。上面的异文就是魏小年那次讲述的记录。他对笔者感兴趣的事表现出关注，总是主动讲述他所知道的故事。在讲述的时候，也很关注在场的人们的反应。比如他把笔者的姓拿来开玩笑，使得在场的人们开怀大笑，他也就更加意兴盎然，后来又连续讲述了多则故事。

余国平最为村人称道的是他做的"道场"。村里的民众大多相信，在做道场这件事上谁也不如余国平懂得多。每一件法器，每一个程序的由来，余国平都能津津有味地讲出个"道道"来。一个村民告诉笔者，别看老余平时不声不响，你问到他道家的事情，他可以给你讲上三天三夜。在调查中，笔者发现，情况确实如此。余国平老人对道教故事感到讲得最好，最有把握，也最喜欢讲。在采录的时候，讲到道教故事，他就精神一振，而在讲那些与道教关系不大的故事时，他往往三言两语就结束了，而且告诉笔者自己记不清了，讲得可能有错误。

张绍文的社交面与生活范围和以上诸位讲述者相比可能是最狭窄的。由于住在高山上，加上年事已高，亲人离散，他每日深居简出。2001年7月25日笔者访谈到他的时候，他告诉笔者他已经三个多月没有下山了。他以编竹椅为生，生活十分简单。老人对研究者态度虽然是配合的，但显然缺乏其他讲述者那样的极大兴趣。他的故事基本上是重复传统的讲法，而较少个人的创新。虽然笔者根据事先的了解，知道他的故事不在少数，真正采录到的却并不多。

可以说，讲述者讲故事的能力与其在社区中的社会地位和声望有关，且与他们的个人经历关系十分紧密。魏大爷在司鼓村甚至整个走马镇的知名度都很高，他对自己在这个社区的地位也很自信。每年春天，走马镇都要举办"桃花节"。届时，镇上要出面请一些出色的讲述者到桃花节上为前来游玩的客人们讲故事。2001年春天的桃花节上，镇政府专门为魏大爷制作了与真人同等大小的巨幅照片，摆放在讲故事的地方。能够被镇政府请到桃花节上讲故事，被走马镇很多故事讲述者看作是一种殊荣。镇上的另一个故事家刘远洋就不无骄傲地对笔者谈到,政府每年只请3至4名故事家去讲故事,而他每年都被邀请,还曾经在重庆九龙坡区的民间文化活动广场讲过故事。出色的讲述者多把讲述故事看作一种有价值的社会交流,他们的故事令人愉悦。他们和社区其他人发生联系的一个重要舞台就是讲述故事。他们的故事让他们走向社区,他们的表演能力和表演愿望在社区的承认中得到进一步的提升。

(三)讲述者的自我距离的不同也会造成叙事作品的差异。

笔者在前文曾探讨过自我距离在讲述者评论和解释神话中所起的作用和局限性。这里,笔者还想从另一个角度来进一步探讨自我距离对讲述者的讲述倾向的影响。讲述者由于在自我和传统之间拉开的距离不同,他们在运用传统材料表达自己的观点的时候,其方式就有所不同。因此,自我距离是导致讲述者具有不同讲述倾向的一个原因。斯卡拉在《口头叙事的阐释》一书中就以自我距离为重要的一个标准把讲述者分为6类:

A类是在自己与传统之间拉开距离并且非常想表演的一类讲述者。他们是最出色的讲述者。这些讲述者意识到他们是在处理虚构的材料并且把它灵活地编织到故事中。他们能够灵活运用传统材料来表达自己的观点和看法。这个类型的讲述者是幽默的和现实主义的,他们避免采取立场,而是让故事自己说话,这样他们的解释和意见在讲述时缩到最小,但是从他们的姿态、表达和风格中却能清楚地看到他们的解释。这类讲述者善于社交、善于与人相处、外向、独立和自信。

B类是在自己和传统之间拉开较少的距离。对他们来说讲述传统故事是一种评价和思考这个世界的方式。他们不是很在意得到一个表演的机会。他们把个人回忆或者个人意见加入到所讲的主题中。他们的表演模式不仅仅被表演的需要所控制,更多的是被所掌握的主题所引导。他们非常严肃地表达他们的讲述倾向。他们外向但是在社交中不如A类讲述者那么主动,缺乏独立性。

C类是自我距离非常小。他们认为故事讲的都是真实的和重要的事情。他们不仅寻找他们认为值得讲述的故事或者故事中的教育意义,还寻找进入经验世界的进口。他们并不是很想表演。这类讲述者不关心社会法则,并不想对他们的伙伴进行道德教育。他们的兴趣在于超现实的现象。这类讲述者在社会交往中比较被动而且明显的内向。

D类是把故事表演当作宣扬自我观念的手段。他们十分关注自我,缺乏社会交往兴趣。

E 类是希望从超现实故事中找到解救自己的途径。对社会交往缺乏关注，对自己也很缺乏信心。[①]

从笔者在司鼓村的调查来看，自我距离确实极大地影响了讲述者讲述神话的面貌。也许由于笔者调查力量和范围的有限，笔者并未发现 D、E 类的讲述者。但是不可否认，以上五位讲述者，他们的自身与讲述传统之间有着不同的距离。魏大爷的语料库和他讲述时的态度表明他属于 A 类讲述者。他很懂得如何把他要讲的故事讲好，包括如何构思、如何借助传统的材料、如何制造令人发笑的噱头等。他的态度完全包含在他所讲的故事中，很少直接评价什么，似乎"一切尽在不言中。"魏小年在这一点上和魏大爷非常近似。他也很少在故事中发表直接的评论，而是通过掌握的故事材料创造他自己喜欢的讲法。不过，魏小年从故事程式的积累和讲述技巧上都较魏大爷稍为逊色。

罗明东和余国平属于 B 类。罗明东在谈到他讲故事的目的时曾告诉笔者："讲故事一定要教人好，产生好的影响。别个听你的故事，晓得啥子该做，啥子不该做，就对头了。"[②]他在讲述神话的时候，一再强调这是源于古人不懂科学，他的态度是实际和严肃的。他并不把作为表演的"故事现实"和现实十分清楚地分开。而余国平把自己的道教信仰也掺进了这个故事，对神话中出现道家的神仙并无怀疑。他们都在把故事看成一种观察世界的方式，希望故事能够对周围人的思想发生一定的影响，而不仅仅是娱乐。

张绍文可以归入 C 类。他相信故事中所讲的伏伯和雷公的斗争是曾经发生在古代的真实的事情。他并未意识到在表演一个并非真实的"故事"。在讲述的时候，他个人的创造比较少，而且常常把好几个故事的传统的讲法连缀起来，用一些连接点串成一个故事，即使有时候这几个故事之间并没有逻辑上的联系。

小结

综上所述，神话的每一次讲述都是一次新的创造。神话中不可避免地被其讲述者打上了他个性和生活经历的烙印。正因如此，即使同一个神话，被不同的人传讲，其变化是非常巨大的。

第一，讲述者的讲述倾向，即讲述者明显地偏向某一种意义的选择从而形成一定风格的讲述内容和模式与讲述者对神话的评价和态度紧密相关。讲述倾向

[①] Anna-Leena Siikala, *Interpreting Oral Narrative*, pp. 143 – 167.
[②] 根据 2001 年 8 月与罗明东的访谈笔记。

反映了讲述者的兴趣，这种兴趣引导着讲述者对传统题材的态度和对传统题材的选择，因此同一个讲述者对如何处理神话的选择是具有一定稳定性的。讲述倾向的形成绝非偶然，讲述者的人生经历、世界观、信仰与动机等都会影响到讲述倾向。所以，讲述的倾向实际上反映了讲述人的世界观和个性。

第二，每个讲述者的个性、表演能力与表演愿望都有差异。当面对听众和研究者的时候，不同个性的讲述者不同程度的表演愿望和表演能力会导致同一个神话的讲述面貌各异。表演能力出色表现愿望强烈的讲述者往往尽情发挥他的所长，不放过表现的机会，对这类讲述者而言，重要的不是遵照传统的讲法，而是如何表现自己的才能。故事的讲述在某种程度上被讲述者当作社交的手段，通过讲述故事，通过再创造，他们可以表达自己的观点、意见、看法。表演出色的讲述者一般在社区中有着较好的口碑并受到听众的尊崇，反过来，社区人群的首肯又增强了他们的自信心，促使他们争取更好的讲述效果，形成良好的循环。

第三，讲述者的分类是一个庞大的课题。斯卡拉按照讲述者的语料库和自我距离对讲述者进行分类，是具有启发意义的。笔者的访谈对象似乎也可以以斯卡拉的分类标准进行划分。但是，由于笔者的调查能力所限，笔者的访谈对象并不能涵盖司鼓村所有的讲述者的类型。因此，这个分类只是极其基本的、初步的，更精确的分类还有赖于今后调查工作的进一步推进。

总之，讲述者的喜好、个性、表演能力、表演愿望、自我距离等众多因素都深深地影响了神话文本的面貌，而这些因素又和讲述者的文化背景和生活背景紧紧地联系在一起的。口承神话的变异是多种因素交叉作用的结果。

第五节 结 语

神话不仅仅是远古时代的产物，不仅仅是古籍中的只言片语，也不是社会现代化进程中的活化石、遗留物。在现代化高速推进的今天，它并没有消失，而是处在不断演变的状态中。本章将神话看作是一个不断被传承、被创造和不断变化的动态过程。通过把考察的范围聚焦到一个具体的社区内，本章考察了在特定的社会文化背景下，讲述人这个重要的因素以其各不相同的成长背景、生活经历、个人倾向、个性特点在神话传承和变异过程中扮演何种角色、起到怎样的作用。

司鼓村是重庆市九龙坡区治属下一个普通的村子。由于特殊的地理位置和悠久的历史文化背景，它养育了一代又一代出色的故事讲述者，保存了大量的民间文艺资源，包括相当数量的神话和能够讲述神话的人群。即使面临现代化急剧发展和生活方式的巨大改变，也没有使司鼓村人停止他们的说唱。这个村子正在进行的神话资源的保存、利用、再创造活动，是千千万万处于现代化进程中的中国村落的缩影。正是在这样一个特定的舞台上，让我们能够有机会观察口承神话真实而具体的表演空间，从而为我们了解和研究全国乃至世界的现代口承神话的生存和演变状况，提供了一个基础。

笔者通过对这个社区中现代口承神话生存和传承状况的具体考察，通过比较不同的讲述者讲述的同一类型神话的不同异文，以及不同讲述者讲述的同一类型神话的不同异文，来探讨神话在具体情境下和在具体讲述者那里传承和变异的一些规律。通过实际考察和比较分析，笔者认为：

一、讲述者的记忆神话的机制是神话经过反复讲述而不改变核心情节的一个重要原因。讲述者将传统资源的材料以一定的结构按适当的顺序存储在讲述者的脑海里。传统资源的程式化使讲述者能够记住可能极其庞大的材料，并灵活取用。但是，这种储存方式同时又是导致讲述出现巨大差异的一个原因。讲述者可以不依赖对故事情节的机械背诵，而是凭借掌握故事的结构章法或者套路来积累语料库。讲述者能够灵活调用故事的母题、情节、结构、表达方法等，随时根据讲述现场的情况调整神话原来的叙事单元和讲述方式。这种机制使得口头叙事作品的变异时时发生、处处可见。

二、从前的很多研究都强调讲述者在神话传承中的重要角色和作用，实际上，讲述者在神话的变异中也发挥着巨大的作用。而这种变异往往是应场景而生，应具体的社区文化背景、甚至时代特征而生，是神话具有弹性、富有生命力的表现。讲述者往往都会考虑表演现场的互动、听众的喜好等情境因素，表演者处于与听众（包括研究者）的不断互动之中。听众的存在引发讲述者的表演欲望，影响着讲述者的表演内容和表达方式，共同实现了故事的讲述，固定的听众群的存在还是一个出色的讲述者自信、自尊的来源。研究者的存在则影响到讲述者的表演策略，刺激讲述者的表演欲望，并可能介入到表演空间当中，有时候会导致神话的讲述发生巨大变化。

三、讲述者对传统的神话资源的处理方式和态度不仅仅根据具体的讲述情境来变化，他们还根据自己的讲述倾向来选择神话的讲述内容和讲述方式。由于不同的人生经历、体验、个性和文化背景，讲述者会对同一类型神话进行不同的演绎。出色的讲述者往往生活经历丰富，社会交往能力比较强，善于控制自己的人生方向，在社区里知名度比较高，讲述故事是他们成功利用传统资源和表达个人思想、观点和看法的一个有力武器。

四、讲述者的自我距离是导致神话变异的一个重要因素。由于讲述者在自我与传统之间拉开的距离不同，导致他们用不同的模式来运用和处理传统材料，采用不同的方法来评价和解释传统材料，从而影响到口承神话的变异。此外，自我距离还是产生不同讲述倾向的一个原因。讲述者出于各自的自我距离，采用不同的材料和模式来讲述神话，因此，即使同一类型神话的讲述在主题、内容、情节、结构等方面往往都不会相同。

五、但是，讲述者对传统的利用不是无限制的，对神话的变异也不是无原则的。讲述者在随情境、随个人的心理情绪改变讲述策略的时候，必须考虑神话原来相对固定、成型的文本，并不是可以随便改动神话的基本内容。倘若讲述者希望将一些新的信息纳入到讲述中，必须看它是否和原文相适应，与故事原有意义是否有切合点。因此，神话的变异在一定意义上既是自由的，也是不自由的。

后续的话

需要说明的是，由于写作时笔者的田野调查时间、深度和所能获取的资料的有限，研究视野和能力的局限，本章留下了许多将来需要进一步探讨的问题。例如：当地的历史传统与整个中国社会的高速现代化这双重力量如何在讲述者的表演中起作用？讲述者的性别是否对神话讲述起到相当重要的影响？此种影响在高速发展、日新月异的中国社会中是否持续不变，还是处于持续变化当中？距离笔者调查的2001年至今的9年间，司鼓村的经济、人口、文化、社会各个方面发生了哪些变化？司鼓村的神话讲述又会因此出现怎样的新变化？……

这些问题对于研究中国口承神话的表演、传承和变异都是相当重要的。笔者希望自己能够再接再厉，在今后的学习和工作中，继续努力，探索解决这些问题的有效途径。

最后，本文成稿于2002年，距今已有8年时间，笔者也从初试牛刀的硕士研究生成为在异国求学的学子。在北美多年的求学生涯中，不论是课堂上关于田野调查问题的激烈争论，还是课下读及中西方人类学者的田野经历，都会牵动笔者对司鼓村田野调查的诸多回忆和反思。人类学在西方的出现和发展是与殖民时代欧洲强国与世界其他国家和社会的关系紧密联系的。当殖民者遭遇与其文化习俗差异甚大的人群（他者）时，他们迫切地需要重新组织其知识系统，需要理解文化的多样性。应运而生的人类学和人类学者在大众视野中的形象似乎始终与对所谓的"他者"的描述与再现分不开。特别在马林诺夫斯基之后，田野工作方法与民族志描述体系成为了民族志写作的正宗范式。在实证主义的研究方法的影响下，人类学者多致力于研究一个封闭的"遥远"的社区，对该社区进行如同摄像机一样的全方位的描述，并将这种描述作为对他者的绝对真实的知识带到他们（她们）自己的文化中。在那样的模式下，人类学者对他者的再现是具有权威性的。然而在上个世纪七八十年代（或者更早），传统人类学写作范式的权威性遭到了来自后现代主义、后殖民主义、新批评等多方面的挑战和质疑。不仅传统人类学写作范式的"科学性"和"真实性"被质疑，人类学者作为"权威的"文化代言人的身份，以及人类学本身作为一种"社会科学"的地位也遭到批评和反思。与此紧密相关的，是人类学及其他社会科学学科对西方与非西方权力关系和再现政治（the politics of representation）的反思。在传统人类学中之前处于不可见状态中的人类学者的田野经历和在田野中与被采访人之间的权力关系以及互动过程被带到人们的视野中，成为众人聚焦的问题。对此问题的关注与对民族志书写的知识的本体认识密切相关。当民族志书写的权威性遭到瓦解，其科学的神圣性已然不再，是否人类学者对他者的再现只是自由发挥、随意书写的文学创作？作为人类学者的我们，承认对他者的写作只是一种"再现"而非"事实"、民族志写作只能代表"部分真实"之后，又该如何继续对他者的写作呢？事实上，与被访谈者的互动过程正是民族志书写的知识的产生过程，这样的知识是在双方的共同建构中生成的。因此，人类学者有义务且有必要将该知识的生成过程展现在民族志的书写中，而这正是当年笔者的学识和眼界所不能达到的。因此，本章的写作缺失了笔者田野调查经历的讲述，也少提及笔者与当地村民和相关人员的权力关系问题，现在想起来是个不小的缺憾。

在对司鼓村进行田野调查时，笔者深刻地感受到中国社会转型和现代化进程对这个位于大山环抱中的小村落无处不在的影响，在本章中也对此进行了一些描述。然而，在成稿的2002年，同样由于学识和眼界的限制，笔者未能将对神话传承与变迁的考察放在这个更大的背景中进行考察。作为中国西南地区的一个村落，司鼓村的方方面面都与经济腾飞中的中国有着千丝万缕的联系，也包括神话的传承和变异。笔者的原稿对司鼓村的经济、文化、政治、环境的描述还是比较静态的，未能展现作为中国社会文化缩影的司鼓村，在全球化浪潮与中国社会转型的关键时刻，如何在村落、地方、国家与全球各个层次的不同力量的合力下，保持并变革其神话讲述的动态过程，这不得不说是本章的另一个遗憾之处。此外，本章对讲述人的生活背景与神话讲述的关系，因为笔者当时的眼界、能力和调查时间的限制，也比较有限。以上的遗憾之处，只有留待笔者在今后的学习和工作中，在继续民族志写作的不断锤炼中，再行修正和补益了。

主要参考文献（以出版先后为序）：

一、专著

（一）中文部分

1. 袁珂编著. 古神话选释. 北京：人民文学出版社，1979
2. 钟敬文著. 钟敬文民间文学论集（上）（下）. 上海文艺出版社，1982，1985
3. [日] 大林太良著. 林相泰，贾福水译. 神话学入门. 北京：中国民间文艺出版社，1988
4. [苏] 李福清著. 马昌仪编. 中国神话故事论集. 北京：中国民间文艺出版社，1988
5. [美] 塞·诺·克雷默著. 魏庆征译. 世界古代神话. 北京：华夏出版社，1989
6. 孟慧英著. 活态神话——中国少数民族神话研究. 天津：南开大学出版社，1990
7. 张振犁著. 中原古典神话流变论考. 上海文艺出版社，1991
8. [美] 阿兰·邓迪斯著. 朝戈金等译. 西方神话学读本. 桂林：广西师范大学出版社，2006
9. 马昌仪编. 中国神话学文论选萃（上）（下）. 北京：中国广播电视出版社，1994
10. 中国民俗学会编. 中国民俗学研究（第一辑）. 北京：中央民族大学出版社，1996
11. 杨利慧著. 女娲的神话与信仰. 北京：中国社会科学出版社，1997
12. [日] 关敬吾等著. 张雪冬，张莉莉译. 日本故事学新论. 沈阳：辽宁大学出版社，1999
13. 朝戈金著. 口头史诗诗学：冉皮勒《江格尔》的程式句法研究. 南宁：广

西人民出版社，2001

14. 叶舒宪著. 文化与文本. 北京：中央编译出版社. 2000

15. 吕微著. 神话何为——神圣叙事的传承与阐释. 北京：社会科学文献出版社，2001

（二）外文部分

1. Dégh, Linda. *Folktales and Society——Story-telling in a Hungarian Peasant Community.* Translated by Emily M. Schossberger. Bloomington and Indianapolis: Indiana University Press, 1968

2. Glassie, Henry. *Passing the Time in Ballymenone.* Bloomington: Indiana University Press, 1982

3. Bauman, Richard. *Story, Performance and Event——Contextual Studies of Oral Narrative.* New York: Cambridge University Press, 1986

4. Siikala, Anna-leena. *Interpreting Oral Narrative.* Helsinki: FF Communications, 1990. No. 245

二、论文

（一）中文部分

1. 王铭铭. 小地方与大社会：中国社会人类学的社区方法论. 民俗研究. 1996年第4期

2. 王倩予. 工农村村民的信仰状况. 广岛市立大学特定研究报告书. 广岛市立大学国际学部. 1996.19—38

3. 陈建宪. 精神还乡的引魂之幡——20世纪中国神话学回眸. 河北师范大学学报（哲社版）. 1998年第3期

4. 杨利慧. 民间叙事的传承与表演——以女娲神话为例. 在"民俗学学科建设和人才培养大会"上的发言稿. 2001年11月3日

（二）外文部分

1. Finnegan, Ruth. "Observing and Analysing Performance," in her *Oral Traditions and Verbal Arts: A Survey to Research Practice.* London and New York: Routledge, 1992

2. Gilbert, Lisa. "The 'Text/Context' Controversy and the Emergence of Behavioral Approaches in Folklore," *Folklore Forum,* Vol. 30, 1/2 (1999): 119-128

三、其他故事资料

1. 重庆市巴县民间文学三套集成编辑委员会编：中国民间故事集成·重庆市巴县卷. 1989

2. 魏显德故事集. 重庆出版社. 1991

3. 侯光，何祥录编. 四川神话选. 四川民族出版社. 1992

4. 广岛市立大学特定研究报告书. 广岛市立大学国际学部. 1996

5. 联合国教科文组织，中国民间文艺家协会，四川省民间文艺家协会编. 走马镇民间故事. 1997

第三章 现代口承神话的演述人及其神话观研究
——陕西安康市伏羲山、女娲山区的个案

李红武

第一节 引 言

一、本课题的学术简史

从一定意义上说，现代口承神话属于广义的口承故事的一部分，而且，对口承故事演述人的研究与本文对现代口承神话演述人的研究具有直接的参考和借鉴意义，因此，本学术史的梳理将包括口承故事演述人研究和现代口承神话演述人研究两部分。

20世纪世界范围内口承故事的研究，"大多受芬兰学派的地理－历史研究方法的影响，一般把记录的口头传说故事规范化，然后，从中择选出任意的类型和主题，与文献传承进行比较，应用文献、历史的方法进行溯源考证，以确定其发生的场所、时代，以及分布的范围等传统方法"[①]。而中国学者对于口承故事的研究，基本上也秉承了这样的学术传统，而对口承故事的演述人没有给予足够的重视。实际上，"传统的对母题类型广泛分布的研究很有趣，但是，对母题范围的单纯描述并不能回答民间故事存在的理由，因此，我们有必要调查母题与主题，还必须对他们的传承方式，他们在演述人阐释中展示的故事文本的普遍意义和个人意义加以考察"[②]。因此，对口承故事演述人的研究，不仅有助于我们更好地理解口承故事的起源、传承、变异乃至本质等问题，而且也是我们解读个人与传统关系的一把钥匙。

尽管学界对口承故事演述人的研究相对薄弱，但是并非完全阙如。对这些学

[①] [日]关敬吾：《故事讲述家的研究及其展望——从平前信老人谈起》，载张冬雪、张莉莉译：《日本故事学新论》，辽宁大学出版社1992年版，第1页。

[②] 转引自 Anna-leena Siikala, *Interpreting Oral Narrative* (Helsinki, 1990), p. 9。

术成果进行纵向的梳理和横向的比较，有助于我们在继承的基础上寻找新的突破口，从而沿着他们的足迹前行。

（一）国外对于演述人的研究

对口承故事演述人的关注是在口承故事的搜集整理的过程中逐步形成的，但是最初的大部分学者只是从故事文本搜集的角度来关注演述人，只有极少数的学者从主体角度来研究他们。随着各国学者学科意识的发展，他们逐渐认识到演述人对于故事研究的重要性，于是开始从不同的角度对演述人进行研究，并取得一定的成就。

国外学者对于口承故事演述人的研究，受各自学术传统和学科意识的影响，发展极不平衡，但从整体来看，他们对口承故事演述人研究大致经历了三个阶段：

1. 演述人理论的萌芽阶段，主要以俄国为代表。

这一时期演述人理论主要是以发掘演述人的故事文本为主，学者开始朦胧地意识到口承故事演述人与故事传统之间的关系，但没有给予足够的关注。19世纪60、70年代，当各国的学者还在为Folklore的含义、起源及其社会功能争论不休的时候，俄国学者已经开始关注文本背后的演述人，在他们看来"民间文学的传承人并不仅仅是古代传统性文化的保存者。他们是积极参与民间文学创作的有才能的人"[①]。因此，他们在对搜集起来的民间故事进行集辑出版的时候，打破了传统的按照体裁进行分类出版的原则，给演述人出版专辑。表面上看来只是在故事出版方面的变化，却直接启发了学者对故事演述人的关注。这一时期的代表是П·Н·雷布尼科夫、А·ф·吉利费尔金格和П·Н·萨多夫尼科夫。尤其是П·Н·萨多夫尼科夫，他"第一个注意到活生生的人，即故事的讲述者"[②]。他几乎在自己搜集的每一篇文本后面都要注明讲述者，这一细小的变化反映出一种新的学术意识的转向。他在搜集过程中发现，一些杰出的故事演述人不仅会讲述储量丰富的故事，而且风格多样，讲述才能也是罕见的。在《萨马拉地区的故事和传说》一书中，萨多夫尼科夫详细介绍了他所遇到的每一位故事家，他这种在关注文本的同时将目光转向演述人的视角为以后故事演述人理论研究奠定了第一块基石。

---

① [日]齐藤君子：《从传承人理论看俄罗斯民间文艺学》，陶范译、刘晔原校，载《民间文学论坛》1992年第4期。需要指出的是，日本学者高木立子纠正说，"齐藤君子"被错译，应该是"斋藤君子"，是前日本民俗学著名的学者。鉴于出处问题，本文仍沿用"齐藤君子"。

② 转引自贾放《俄罗斯民间故事研究的"双重风貌"》，载《北京师范大学学报》（社会科学版）2001年第6期。

2. 演述人理论的发展阶段。

主要集中在 19 世纪末 20 世纪初期,仍然以俄国为代表,日本也取得了比较大的成绩。这一时期的学者在秉承以往学术传统的同时,也对演述人理论进行了拓展。其主要特点表现在:第一,学者进一步尝试着根据演述人来编排故事。H·E·翁丘科夫在他搜集整理的故事集《北方的故事》(1908 年)中,完全采用了按照演述人来编排故事的原则,并在文后附有每个演述人的小传和自己的评述。翁丘科夫的方法直接影响了以后故事搜集的实践,重要的代表人物如泽列宁、索科洛夫兄弟、M·K·阿扎多夫斯基等人都是沿着他的轨迹并向前发展的。第二,把演述人作为独立的对象,从演述人的角度对其文本加以解读。1924 年,阿扎多夫斯基对西伯利亚女故事家 H·O·维诺库洛娃所讲的故事和讲述风格专门撰述长文进行了探讨。他在综合翁丘科夫、索科洛夫等前辈的理论基础上,结合自己的田野实践,扩展并深化了演述人理论。他认为传统的传记式的方法对于演述人的研究是远远不够的,应该从讲述者的创作个性、故事总目和讲述风格等方面着手,从而扩大了演述人理论的研究范围。第三,采录演述人讲述故事的方法逐步走向规范化。这主要以日本为代表。在俄国演述人理论的影响下,1922 年,佐佐木喜善出版了《江刺郡昔话》,成为日本最早的演述人故事专集。1927 年,他又出版了《老媪夜谈》,这是一本以女性演述人为主的故事专集。此后,日本口承故事演述人的故事专集如雨后春笋般涌现。1936 年,为了规范和推动日本口承故事演述人的研究,发表了《民间故事采集手册》。该书明确地表达了人们对传承人的重视。[1]

此后,阿扎多夫斯基的文章传到其他国家,在国际民俗界产生了广泛的反响,越来越多的学者开始从演述人的角度来反观民间故事的研究。阿扎多夫斯基的演述人理论不仅奠定了俄国故事理论在国际上的地位,而且引起了国际民间故事研究的一场革命,正如琳达·戴格所指出的:"俄国学派的最大的成就是在社会学和文体批评以及美学原则下,对演述人个性研究的介绍和一种个体演述人讲故事的分析模式的建立。"[2]

3. 演述人理论向纵深发展。

主要是在 20 世纪 60 年代以后。随着学者对人们讲故事的原因和讲述意义的

---

[1] [日]野村纯一:《日本民间故事讲述家的研究》,白希智译,辽宁民间文艺研究会编:《民间文学论集》,第 379 页。

[2] Linda Dégh, *Folktales and Society—Story-telling in a Hungarian Peasant Community*, pp. 55 – 56.

追问,一种新的民俗学理论——以"表演"为导向的民俗学理论(performance-orientation folkloristics)在美国出现。该学派指出,以往学者注重对叙事文本的研究,而对叙事生存的情境(context),尤其是对那些创造、传承叙事文本的主体缺乏足够的关注,他们认为,"传统的对母题类型的分布的研究很有趣,但是对母题范围的单纯描述并不能回答民间故事存在的理由。因此我们有必要调查母题与主题,还必须对母题和主题传承的方式、在演述人阐释中所展示的故事文本的普遍意义和个人意义加以考察"①。基于这样的认识,他们将注意力转向了对口头传统的交流与表达价值的关注,把口承叙事作为一种表演实践来加以探讨,对在自然场合下揭示出的民间故事的情境意义给予了特别的强调。在表演理论主要代表人物之一的理查德·鲍曼看来,"表演"是"一种言说的方式","一种口头语言交流的模式",是对语言上的技巧和效力的展示,②表演的意义是由表演者和观众在特定的时空范围内"动态地创造(be created dynamically)"③的。因此,运用"表演"的视角来阐释民间口承叙事,打破了以往学者单纯重视文本的局限,促使我们从演述人、听众、演述场合等多重角度来反思民间口承叙事的意义及其民间文学的特征。这一时期演述人理论的主要特点就是将演述人的研究放在特定的文化区域里,考察演述人与文化传统之间的关系。让演述人回归到其生活的文化传统中,将死的文本与活的传统结合起来,一批关于演述人研究的力作纷纷面世。其代表人物主要有琳达·戴格和安娜-丽娜·斯卡拉。戴格在其1969年出版的《民间故事与社会——一

美国著名民俗学家和语言人类学家理查德·鲍曼(Richard Bauman),采自鲍曼著,杨利慧、安德明译:《作为表演的口头艺术》一书

---

① 转引自 Anna-leena Siikala, *Interpreting Oral Narrative*, p. 9。
② [美]理查德·鲍曼:《作为表演的口头艺术》,杨利慧,安德明译,广西师范大学出版社 2008 年版,第 12 页。
③ Timothy R. Tangherlini, "Performing through the Past——Ethnophilology and Oral Tradition", *Western Folklore*, Vol. 62, No. 1-2, 2003, p. 144.

个匈牙利农村社区中的故事讲述》一书中，以 Kakasd 地区为个案，不仅对民间故事存在的因素给予了探索，而且把故事演述人放在特定社区内进行了系统的研究。① 而斯卡拉在 1990 年出版的《口头叙事的阐释》(Interpreting Oral Narrative) 一书中，同样将演述人置于特定的区域——Kauhajoki，对民间故事、演述人和传统之间的关系进行了全景式的描述。她特别注重故事演述人的个性因素、世界观和对社会环境的态度如何影响了演述人在特定社区中的社会地位、演述人作为传统承载者的质量和演述人作为民俗传承者的能力，指出演述人的叙述倾向（narrative tendency）与传统取向（traditional orientation）有着密切的关系，并按照演述人与传统之间的关系，对演述人进行了划分。②

综上所述，各国学者立足本土实践对口承故事演述人进行了较为深入系统的探讨，形成了各国的学术传统，他们的这些学术成就为我国口承故事演述人的研究提供了弥足珍贵的经验。

（二）国内对于演述人的研究

与国外演述人研究相似，我国学者对于口承故事演述人的关注，也是伴随着对口承故事文本的搜集开始的。严格来讲，中国学者对于口承故事演述人的研究，开始于"五四"运动之后。大约可以分为三个时期：一是"五四"运动时期—20 世纪 70 年代末，这一时期开始初步关注口承故事的演述人，主要的视角是演述人的身世与讲述故事之间的关系问题；二是 20 世纪 80 年代—90 年代，伴随着"民间文学三套集成"的编纂，对于口承故事演述人的研究也达到一个高潮，开始从民间故事演述人的个人生活史、传承路线、性别意识、讲述风格等方面来研究演述人主体，从而将口承故事的研究大大地向前推进了一步；三是 20 世纪 90 年代末以后，对于口承故事演述人的研究，除了秉承以往的学术传统外，一些学者还借鉴西方的先进理论，如表演理论等，来关注中国的民间故事演述人，拓展了口承故事演述人研究的领域。

1. "五四"运动—20 世纪 70 年代末

这一时期的演述人研究又可以分为两个小阶段：第一小阶段为"五四"运动到中华人民共和国成立前。这一小阶段的特点是在搜集整理民间故事文本的同时，对民间故事演述人的研究有了朦胧的关注意识；第二小阶段为中华人民共

---

① Linda Dégh, *Folktales and Society—Story-telling in a Hungarian Peasant Community*, trans. Emily M. Schossberger (Indiana University Press, 1969).

② Anna-leena Siikala, *Interpreting Oral Narrative*.

和国成立后到 70 年代末。这一小阶段的特点是随着民间故事采集过程的进一步展开，各民族都发现了一些储量丰富的民间故事演述人。这一时期学者的视角主要集中于民间故事文本的搜集整理，着重于挖掘各民族民间故事的历史、社会、文化的意义和价值，对于演述人的关注也只是从个人的生活史与其讲述故事内容方面的联系为维度来研究的，但由于这时处于特殊的历史时期，这种研

晚年钟敬文。采自安德明著《飞鸿遗影——钟敬文传》

究很快就销声匿迹了。第一阶段主要是从民族自觉、民族觉醒意识开始关注口承故事的演述人的，也就是说，当时对于口承故事演述人的关注是服务于政治需要的。在二三十年代，刘大白、钟敬文等就开始在自己的家乡搜集民间故事，这些前辈在搜集民间故事文本的同时，也把故事文本的提供者及其简略的情况附在文本的后面，如在自己所搜集的故事文本后面写上演述人的姓名、年龄等。这为我国口承故事演述人研究提供了较早的一笔。第二阶段则主要是伴随着全国性的民族民间文学普查活动展开的。中国民俗学界的泰斗钟敬文早在 1950 年写的《谈谈口头文学的搜集》一文中就提出了在搜集整理民间口头文学需要注意的问题。这虽然是一篇谈论民间口头文学搜集整理的论文，但文中也谈到民间故事演述人和演述情境等问题[1]，显示出学界前辈敏锐的学术眼光和前沿的学术思想。此外，孙剑冰[2]、董均伦[3]等也在相关的文章中也对演述人进行了精彩的论述。

2. 20 世纪 80—90 年代

这一时期是口承故事演述人研究的学术自觉时期。随着 80 年代"民间文学三套集成"（包括民间故事集成、民间谚语集成与民间歌谣集成）编纂，在大规模搜集整理流传在民众口头的活的民间故事等文本内容的同时，还发现了大量优秀的民间故事演述人和民间歌谣的传唱者，甚至发现了故事村、歌谣村等流传故事和歌谣比较集中的地点。同时，这一时期出版界

---

[1] 钟敬文：《民间文艺谈薮》，湖南人民出版社 1981 年版，第 313 页。
[2] 孙剑冰：《略述六个村的搜集整理工作》，载《民间文学》1955 年 4 月创刊号。
[3] 董均伦：《搜集整理民间故事的几点体会》，载《民间文学》1955 年 7、8 月号合刊。

对民间故事文本的及时出版为民间故事文本及演述人的研究也起了推动作用。概言之，这一时期对于演述人研究，主要涉及以下几个方面：

（1）演述人个性与共性问题的讨论。在对演述人共性与个性研究方面，学者虽多有论述，[①]但是论述最为精辟的首推许钰。他在对演述人共性与个性表现形式的分析的基础上，指出，口承故事的演述人可以分为"传承型"与"传承兼创作型"两类。[②]

（2）对演述人传承线路的研究。从传承的角度来研究演述人，是传统演述人研究的重点，我国学者对于演述人传承线路的研究，论述也比较充分，[③]而用力最勤的要算张紫晨了。张紫晨指出了民间故事从传承来源到故事演述人再到接受者的系统的完整的过程，文章还提出了族源系统的传承与亲缘系统的传承等问题。[④]

（3）从性别的角度对演述人进行研究。学者对于故事演述人性别的关注是从演述人的传承路线研究开始的。著名民间文艺学家刘守华通过对32位民间故事

[①] 关于这方面的研究，学者多有论述，如裴永镇在《民间故事的搜集方法浅论》一文中对于民间故事讲述家的鉴别提到以下几点：除了一个讲述者具有的素质之外，还要从"情节是否完整，讲述是否娴熟是否具有个人风格特点；是否具有群众基础。"作为一个故事讲述家，不仅记忆力好，而且口才要好，也就是说话巧，这样才能成为一个名副其实的民间故事传承人（《民间文学论坛》1985年第2期）。袁学俊在《石家庄地区的故事家群》一文中也提到了民间故事演述人的共同性问题：他指出，故事家的共同特点是生活曲折，阅历丰富，记忆力好，文化水平比以前公布的一百多位故事家文化水平偏高，从而对已有故事的再创造和新故事的编创能力较强，不是职业故事家，口头表达能力强（《民间文学论坛》1987年第5期）。在另一篇《耿村民间故事村调查》中，他进一步提到故事家的确定标准：1.有一定数量的作品，有自己的代表作。2.有一定的讲述（演唱）能力（不强调其舞台式表演水平）。3.有较强的记忆力，善于传承或创造。4.有一定的社会影响，起码得到过村民公认（《民间文学论坛》1989年第1期）。还有月朗在《民间故事传承路线研究》一文中从演述人性格方面提到了演述人的共同性问题，他指出：几乎所有的故事传承人都具有热情、开朗、大方、善谈的外露式性格（《民间文学论坛》1988年第3期）。许钰在《口承故事论》一书中也提出了自己对传承人的标准，指出客观界定讲家的条件，可以概括为三个方面：第一，故事讲述家都能讲较多的故事，在这方面，一般以能讲50个故事为起码的条件；第二，故事讲述家讲述的水平较高，所讲的故事结构完整、生动有趣，具有一定的个人特点；第三，在群众中有一定的影响。（许钰：《口承故事论》，北京师范大学出版社1999年版，第203—231页）

[②] 许钰：《口承故事论》，第230—241页。

[③] 参见月朗《民间故事传承路线研究》，载《民间文学论坛》1988年第3期；乌丙安：《耿村故事传承论析》，载《民间文学论坛》1991年第6期；李溪：《侗族一个故事之家传承诸因素调查》，载《民间文学论坛》1986年第5期；刘守华：《文化背景与故事传承——对32位民间故事讲述家的综合考察》，载《民族文学研究》1988年第2期；袁学俊：《耿村民间故事村调查》，载《民间文学论坛》1989年第1期；樊更喜：《从耿村故事家群看不同年龄段对传承内容的选择》，载《民间文学论坛》1991年第6期等。

[④] 张紫晨：《关于民间故事讲述家的传承活动》，载《民间文学》1986年第2期。

讲述家的综合考察，得出了女性家族传承和男性社会传承的差异，[1]而这种差异直接导致了演述人所传承故事种类、故事集散场地、个人讲述风格等方面的不同。江帆则从活动特点、文化背景和两性差异等角度对辽宁女故事家群的特征进行了论述，并指出性别研究在故事演述人的研究中所具有的意义：一方面它（性别研究，笔者注）贯穿于故事家故事活动的全部过程中，对故事集散的场所、规模和特征有着内在的作用；另一方面，它积淀于故事传承过程中的主体意识产生潜在的影响，直接或间接地制约着故事的题材、风格和语言。[2]

综观这一时期我国对故事演述人的研究，我们可以看出，这一时期对于故事演述人的研究与70年代以前相比，无论研究的力度还是研究的广度，都大大向前迈进了一步。但这一时期对于民间故事演述人的研究，侧重点是对演述人整体特征的研究，而对于演述人的个性探讨则略显不足。尽管这样，我们仍然可以说这一时期对于民间故事演述人的研究而言是一个繁荣期。

3. 20世纪90年代至今

20世纪90年代以后，随着我国学术理论逐步走向成熟以及学术视野的拓展，一些学者开始利用西方的理论来关注中国传统的口承故事演述人。在众多西方理论中，对我国演述人研究影响最大、成就最显著，而且越来越引发学者兴趣的要算表演理论了。对表演理论的研究与探索，杨利慧可谓贡献较多的一个学者。近年来，她一方面致力于介绍表演理论的先进成果，一方面也在积极地实践表演理论。她在谈到如何通过演述人的表演将传统的文本与神话的讲述结合起来进行研究时，强调"表演者的研究，十分注重在特定社区中，个人在传统的保持、延续、变更中所起的作用，从而探讨个人与社区文化、传统之间是如何互动的"[3]。她发表的其他两篇重要论文《表演理论与民间叙事研究》以及《民间叙事的传承与表演》，对表演理论进行了集中的探讨。前一篇论文全面介绍了表演理论产生的学术背景、理论主张、影响与贡献以及存在的不足，[4]而后一篇论文则是对表演理论的具体实践与检验。她通过对河南淮阳人祖庙会上的两次

---

[1] 刘守华：《文化背景与故事传承——对32位民间故事讲述家的综合考察》，载《民族文学研究》1988年第2期。
[2] 江帆：《论辽宁女故事家活动的文化特征》，载《民间文学论坛》1990年第2期。
[3] 杨利慧：《民间叙事的传承与表演——以女娲神话为例》，2001年11月23日在"民俗学学科建设和人才培养大会"上的发言稿。
[4] 杨利慧：《表演理论与民间叙事研究》，载《民俗研究》2004年第1期。

兄妹婚神话的表演事件进行深入细致的考察，探讨了在实际讲述过程中，表演者与参与者之间、传统与个人创造性之间的互动关系等问题，为我们如何在实际的神话讲述活动中运用表演理论提供了有力的个案。①此外，江帆在对我国近20年民间故事研究理论反思的基础上，指出我国在故事理论研究上的滞后，在实际研究中缺乏对故事"讲述情境"——即"表演空间"的关注，并以辽宁故事讲述者为对象，运用表演理论对表演空间中的讲述者从"表演者的识别、知识构架、讲述者对故事程式的把握及讲述者在表演中的自由与限制"等方面对表演理论进行了本土化研究，指出，"故事在讲述中传达的并非只是文本的内容与意义，讲述过程还附加着很多与文本相关的特殊意义，对故事的分析只有将文本还原田野，扼住文本由来的那个特定的'讲述情境'，将其与存在的'上下文'结合考察，研究才有意义。"②

虽然我国对于表演理论的引进比较晚近，但运用表演理论来关注我国口承故事演述人，打破了传统研究中孤立地对演述人进行研究的局限，而把演述人放在整个故事演述的情境之中，结合具体的演述时机、地点、听众和研究者对故事演述的影响加以研究，从而为我国民间故事演述人的研究开辟了新的研究视域。同时，表演理论对演述人的研究更关注的是个体的研究，注重在特定情境下对特定演述人及其故事演述的分析，因而也弥补了以往注重集体性的研究而缺乏对个体的关注的不足。

这些有关口承故事演述人的研究为研究现代口承神话演述人提供了极其珍贵的经验。

（三）我国现代口承神话演述人及其神话观研究

如本书总论中所指出的，我国现代口承神话的研究已经历了百年学术历程，也取得了骄人的成绩，但是，其间也存在不少问题：总体而言，我国学者对于现代口承神话的研究，如同对待其他口承故事一样，都将主要的精力用于现代口承神话文本的搜集和整理，并将之与古代典籍神话相比较，从而对我国神话做来源、性质、历史内涵乃至功能方面的阐释，而对现代口承神话演述人则没有给予足够的重视。学者将现代口承神话演述人，尤其是汉族的现代口承神话演述人纳入自己的研究视野是非常晚近的事。直到20世纪晚期，在民间故事（狭义）传承人理论和表演理论的启示下，一些学者才开始逐渐把目光投向现代口

---

① 杨利慧：《民间叙事的传承与表演》，载《文学评论》2005年第2期。
② 江帆：《口承故事的"表演"空间分析——以辽宁讲述者为对象》，载《民俗研究》2001年第2期。

承神话演述人。

1. 我国现代口承神话演述人研究

我国口承神话演述人研究虽然比较晚近,但也出现了几部有一定分量的研究成果。需要指出的是,现阶段我国学者对口承神话演述人的研究,与少数民族地区史诗艺人的研究相比,汉族地区的口承神话演述人的研究异常薄弱。

在笔者查阅的相关资料中,较早对神话传承人给予关注并进行专章论述的是孟慧英。孟慧英在《活态神话》一书中对于神话的传承者的历史演变进行了比较详细的分析和大胆的推测,文中指出,随着历史的发展,神话的传承者经历了"平常人、非专职祭司、专职祭司和歌手与故事家"的发展规律,并对未来神话传承的趋势进行了大胆的预测,她认为,"神话传承者在我国各少数民族中几乎都存在,但主要的还是形成中的祭司和祭司两类。然而歌手传播已经成为趋势"[①]。神话与史诗有着密切的关系,很多创世史诗实际上讲述的就是神话,因此,有关史诗传唱艺人的研究对于口承神话演述人的研究也有着借鉴意义。彝族学者巴莫曲布嫫在其博士论文《史诗传统的田野研究——以诺苏彝族史诗"勒俄"为个案》指出:在发掘史诗传统的过程中,史诗传承人至关重要,因为"过去乃至现在的每一个史诗传承人在演述史诗时,都积蓄了大量的口头表述经验,都是一个活生生的、有痛苦、有欢乐、有思想、有欲望的存在。他们演述的史诗是其生命体验和口头经验的结晶,是与整个乡土社会的地方知识与集体记忆过程息息相关的。如果我们不以人的眼光,研究主体的视角审视史诗传承的轨迹,就无法洞悉史诗传统中那个真实的、有时甚至是深隐的史诗世界,因而也就无法真正地把握史诗传统的生命本质"。基于这样的认识,巴莫从史诗传承者生活的环境、个人成长的经历、学艺经历等方面给予"深描",指出,"只有从歌手那里才能恢复史诗演述与演述传统的创造性价值与文化意义"[②],从而将传承者的研究提到一个较高的地位。这对本章的写作具有极大的启示,从歌手的演述来恢复史诗演述人传统以及歌手的创造性价值直接启发笔者从神话演述人来反观当地的演述人传统以及演述人对传统的贡献这些问题。此外,像李子贤、陈岗龙等对少数民族史诗艺人都有比较精当的论述,这里就不一一赘述了。

由此可见,对演述人的研究,目前主要集中在少数民族中间,而对汉族现代

[①] 孟慧英:《活态神话》,南开大学出版社1990年版,第133—151页。
[②] 巴莫曲布嫫:《史诗传统的田野研究——以诺苏彝族史诗"勒俄"为个案》,北京师范大学博士2003年毕业论文,第36、74、75页。

口承神话演述人的研究则显得异常匮乏，就笔者目前所掌握的资料来看，只有杨利慧和她指导的研究生们在做这方面的研究——本书各章即集中地体现了这一学术旨趣，个人在神话传承与变异中的作用受到了特别的关注。

2. 对于神话观的研究

从上面的分析中我们可以看出，以往无论是少数民族史诗艺人的研究，还是汉族口承神话演述人的关注，强调的都是演述人对于演述传统的重要性以及演述人在文本传承与变异中的作用，而对这些演述人的神话观则很少有人涉及。但是，演述人的神话观对于现代口承神话的研究非常重要，因为只有通过研究演述人看待神话的态度与方式，我们才能够更深入细致地认识神话的意义、本质和它们在实际生活中发挥的功能。因此，神话观的研究是神话学中应有的重要内容。

国内外学者对于演述人神话观的研究均十分有限。美国民俗学家阿兰·邓迪斯在给山陀尔·厄尔代兹（Sándor Erdész）的文章《故事家拉约什·阿米对世界的见解》写的导语中指出：尽管每一位神话学家对神话研究的终极目标会根据自己的理性偏好作出回答，但是，这些神话学者却在一点上达成了共识，即"在研究神话的各种各样的动机中，最重要的一条是探究人是怎样认识自己的世界的"[①]。他在导语的末尾提供了其他一些相关研究成果，如迈克尔·卡尼（Michael Kearney）的《世界观理论与研究》、马赛尔·格里奥尔（Marcel Griaule）的《与奥戈泰梅利的谈话：多贡宗教思想导论》等。山陀尔·厄尔代兹在《故事家拉约什·阿米对世界的见解》一文中指出，拉约什·阿米（Lajos Ámi）本人对世界结构的解释与他故事中体现出来的世界观相同，因为他本人确信故事中的奇迹的确发生过，对他而言，故事世界不是一种空想的"梦幻世界"，而是古时候发生在今日匈牙利土地上的真实事情。因此，通过研究拉约什·阿米对故事中世界结构的看法，可以看出他本人的世界观。[②]厄尔代兹的研究告诉我们：故事家在故事演述中表现出的对故事世界的看法，实际上就是故事家本人对现实世界的看法，即其中体现出故事家的世界观，因此，关注神话演述人对于其所演述的神话的评价，也可以看出他的神话观。

国内学者对神话观的研究，迄今主要集中在对知识分子神话观的评述上。例

[①] [美]阿兰·邓迪斯编：《西方神话学读本》，朝戈金等译，广西师范大学出版社2006年版，第381页。

[②] [美]阿兰·邓迪斯编：《西方神话学读本》，第383—402页。

如钟敬文与杨利慧曾经撰长文针对中国自先秦至近代一些重要学者的神话观进行了比较系统的梳理，并从认识论的角度对孔子、屈原、王充、应劭、罗泌、朱熹等古代学者的神话观形成的原因进行了探讨。他们在文中指出，古代学者在对神话的解释与论说上，主要表现为"神话史实说"与"神话虚妄说"，究其根源，这两种观点的形成源自于这些学者试图将神话"合理化"，即用"现实的逻辑去权衡神话的真实性"。文中还提到，在一些学者身上，会同时出现这两种观点，这种矛盾的神话观与"他们对神话性质的不了解和并未彻底摒弃对超自然力量的信仰（包括对圣人及经典的迷信）"密切相关。[1]谢选骏认为神话历史化是由于后世学者对其作出"智性"的阐释，在神话历史化的过程中，形成了"希腊式"、"中国式"与"希伯来式"三种具有代表性的方式。[2]郭于华在《论闻一多的神话传说研究》一文中集中探讨了著名学者闻一多的神话观。她指出，闻一多在研究神话传说问题时，把神话传说放入到他们赖以产生和存在的社会文化的整体结构中去，从而得出比较客观的见解。从闻一多对图腾神话与原始先民生殖信仰溯源的考察与文化意义的缜密论证，我们可以看出闻一多历史化的神话观。[3]此外，潜明兹在《神话学的历程》一书中，对于孔子、鲁迅、茅盾、顾颉刚等学者的神话观也有精彩的论述，笔者就不一一列举了。

虽然国内学者对神话观的探究已有一些成绩，但这些研究始终集中在知识分子身上，绝少对传承神话的演述人的神话观给予关注。有鉴于此，本文将以陕西省安康市伏羲山、女娲山区现代口承神话演述人为个案，运用田野作业、口述史及以表演者为中心的研究方法，结合当地的地方志资料，通过他们对流传于当地的伏羲、女娲神话的个人阐释来探讨他们的神话观，并对其形成神话观的差异的原因做初步的分析，以期对现代口承神话演述人神话观的研究进行有一定突破意义的探索。

二、主要理论与方法

本文主要使用的理论和方法有：

（一）田野作业

在选点之前，陕西安康伏羲山、女娲山区对于笔者而言，是一个完全陌生的

---

[1] 钟敬文，杨利慧：《中国古代神话研究史上的合理主义》，参见《中国神话与传说学术研讨会论文集》，台北汉学研究中心印行，1996年版，第33—59页。
[2] 谢选骏：《神话与民族精神》，山东文艺出版社1986年版，第335页。
[3] 郭于华：《论闻一多的神话传说研究》，参见苑利主编《二十世纪中国民俗学经典·学术史卷》，社会科学文献出版社2002年版，第239—253页。

地方；对当地人而言，笔者也是一个十足的"局外人"。如何进入田野，融入当地民众的生活，让自己由"局外人"变成"局内人"，从而既能够保持"局外人"的问题意识，也能够用"局内人"的眼光来看待这些问题、思考这些问题，成为笔者的当务之急。因此，田野作业法成为笔者的首选。笔者分别利用节假日对当地进行了三次实地调查，第一次是2003年10月2日至6日，笔者随导师杨利慧副教授一起出席平利县举行的"女娲文化学术研讨会"，利用会后休息的时间，对曾参与当地"民间文学三套集成"的邹慧珊老师和民间艺人黄镇山进行了访谈，从而对当地的现代口承神话演述情况有了一个大体的了解，初步确定将该地作为自己的调查地点；第二次是2004年1月初至2月初，为时近一个月。这次调查主要是确定田野合作伙伴，即确定现代口承神话演述人，并对当地的民俗文化进行全面的把握，问题主要涉及演述人生活的环境、与神话演述相关的习俗、现代口承神话在当下的演述状况以及过去的情况、演述人演述的与神话相关的故事和歌谣、演述人简单的生活史等内容，主要采用的是参与观察的方法，同时对于个别的演述人则进行了深度访谈；第三次是2004年4月底至6月初，历时也是一个月左右。本次主要对笔者选定的三位合作者进行了深入的访谈，内容涉及他们的个人生活史、演述的神话、各自对神话的看法以及神话演述对于他们当下生活的影响等，主要使用的是深入访谈的方法。

本文之所以选择陕西安康伏羲山、女娲山区作为笔者的调查点，理由如下：

首先，伏羲山、女娲山区有着独特的地理环境和人文景观。该区地处陕西南端，与湖北、四川接壤，形成了"亦南亦北"的独特地理环境。这里，除了有以人类始祖伏羲、女娲命名的两座山以外，还有许多与他们相关的地名，如磨沟、卦影坛、胥姑垭等，围绕这些地名，形成了数量不等的神话故事，当地的老年人对这些故事都比较熟悉，这为笔者调查现代口承神话奠定了基础。

其次，该区有着悠久的演述传统，尤其是在集体劳动时期，形成了许多远近闻名的"大唱家"（当地俗语，即能唱许多山歌的人），这些大唱家唱的歌谣中涉及到很多神话内容，而且他们也可以用故事的形式来演述。至今，当地在"老了人"（去世）之后，还盛行"唱孝歌"的习俗，而这些孝歌中也有很多是关于人类始祖伏羲、女娲的故事。虽然在80年代初期一些地方学者为编纂"民间文学三套集成"进行过普查，但仍然有大量的现代口承神话资源可供发掘。此外，随着当地旅游事业的发展，一些地方民间艺人开始自觉地利用这些民间口承故事来为当地的旅游服务，围绕伏羲庙、女娲庙的重建，一些地方知识分子和民间艺人搜集整理伏羲、女娲的神话传说并散发一些小册子,同时对一些民间老艺人加以保护。这些民俗事象都引发了笔者探索的兴趣。

第三,该区是以汉族为主的聚居区,这为笔者考察汉族地区现代口承神话及其演述人提供了基础。

在实地田野作业中,笔者主要采用参与观察与深度访谈的方法,同时还使用了社会学的问卷调查法。访谈的对象总计有 8 人,其中三位是笔者的主要合作人,分别是黄镇山、陈贵友和柯尊来。

(二) 口述史方法

无论被用作"文字史料和实物资料的印证"[①],还是"大众历史意识的重建"[②],口述历史都以其反映生活的广泛性与一定程度上的客观性吸引了许多学科学者的关注,而从民众的表达方式来"认识可以辨认的模式"[③]正是民俗学者的目的之一。

本文考察特定区域的现代口承神话演述人,对他们的了解主要是通过录音访谈的方式获得的。访谈中这些演述人演述的神话以及表达的神话观很大程度上与各自的个人经历密切相关,因此,对他们个人生活史的了解也成为调查的重点之一,这些资料的获得,笔者主要采用了口述史的研究法。当然,本文并不是为这些演述人写个人传记,但是,对他们过去生活经历的追溯,有助于我们更深入地理解他们为什么至今都在演述神话以及形成今天这样的神话观的原因。

(三) 以表演者为中心的研究方法

本文也在很大程度上借用了琳达·戴格创立的"以表演者为中心"的研究方法(参见第二章)。此外,芬兰学者斯卡拉对演述人理论的补充与修正也是本文写作的重要依据。斯卡拉根据自己的研究指出,不同的演述人不仅对不同的故事有着各自的兴趣,而且对同一故事也有着不同的看法。在长期的演述活动中,形成了比较固定的解释和看法,之所以这样,是与演述人的"传统取向"(traditional

---

[①] 杨雁斌:《重现与印证历史的历史学——口述历史学的客观性质管窥》,参见《国外社会科学》,2002 年第 4 期。

[②] 庞玉洁:《从往事的简单再现到大众历史意识的重建——西方口述史学方法述评》,参见《世界历史》,1998 年第 6 期。

[③] Barbara Allen, "Oral History: The Folk Connection," in *The Past Meets the Present*, Stricklin and Sharpless, 参见唐诺·里奇《大家来做口述史》,王芝芝译,台湾远流出版公司 1997 年版,第 61 页。

orientation）和"叙述倾向"（narrative tendency）密切相关的。[1]

本文以伏羲山、女娲山区现代口承神话演述人为对象，探讨了演述人在当地神话传统传承与变异过程中所起的作用，而且对不同演述人对于同一地方传统表现出的差异性的原因进行了分析，这种分析模式主要借用了"以表演者为中心"的研究方法。

三、相关概念的界定

为了本文叙述的方便，下面就笔者使用的几个关键概念进行一下界定：

（一）神话观

学界对"神话观"并没有明确的界定。笔者认为，演述人的神话观是指演述人在长期的神话演述实践中形成的对神话的本质、功能和意义等较为稳定的看法。演述人在演述活动中，告诉我们的不仅仅是一则故事，实际上，神话演述还是他们自我表达和自我实现的途径。他们往往将自己对神话的看法在演述活动中自觉不自觉地表达出来，体现出他们对神话的认识。研究演述人的神话观，对于我们正确理解他们如何看待神话、如何利用神话以及对神话持何种态度等问题非常重要。

（二）神话演述人

对于演述人，学界往往将其归入传承人中，至于其性质、标准和分类，至今依然众说纷纭。张紫晨将"传承人"定义为"长期直接参与民间文艺活动，并通过自身进行演唱或讲述民间作品的传承者"[2]。这一界定虽然抓住了传承人的主要特征，但所说的传承人主要是职业的民间艺术家。实际上，在现实生活中，有许多这样的人，他们也能演述很多故事、歌谣等民间文学，但是，他们并不主动演述，也不以此为职业，可是在民间文学的传承中，起着不可小视的作用。因此，笔者认为，凡是参与民间文学的所有个人，无论他们是有意识还是无意识，是积极还是消极、主动还是被动，只要他们在自己的生活当中，掌握了一定的民间文学知识，我们就可以把他们叫做民间文学的传承人。对于传承人，不同的学者从不同的角度进行了分类。有两分法、三分法、四分法甚至五分法等。

---

[1] 参见 Anna-leena Siikala，*Interpreting Oral Narrative*。
[2] 张紫晨：《民间文艺学原理》，花山文艺出版社1991年版，第106页。

比如许钰就根据传承人对作品态度将传承人分为"传承型"与"传承兼创作型"两类。[①]勒沙·阿佛尔（Leza Uffer）则根据讲述者的态度，将传承人分为三类，第一类是消极的讲述者，他们知道故事但不讲述；第二类是偶尔的讲述者，他们知道故事，在适当的场合并被要求时才讲述；第三类是有意识的讲述者，他们有杰出的创造力，其创造性为公众认可，他们乐于讲故事，并以自己的记忆力而骄傲，一旦在讲述中忘记，他们可以临场发挥，加以修饰，而且，他们一般只讲特定种类的故事。[②]而斯卡拉则根据讲述者与传统的关系以及对传统的态度将讲述者分为五类。[③]她的分类略显繁琐，这里不再赘述。

总之，对于传承人的分类，笔者认为阿佛尔的分类比较实用，既简单，又具有可操作性，因此，本文选择阿佛尔的分类方法。

笔者文中所用的演述人，属于阿佛尔分类中"有意识的讲述者"。他们具有如下一些特点：1. 有着惊人的记忆力，2. 有着储量丰富的故事库，3. 必须富有创造性，4. 具有自己的风格特点，5. 有一种将故事传承下去的责任感。总之，这些演述人的演述，不仅传承和创新着古老的叙事，而且还通过演述，把自己的审美理想、价值取向等个体思想传达出来，影响听众，甚至影响社区生活。

需要指出的是，本文使用"神话演述人"这个概念，并不是说这些演述人只会讲神话，而是想说明本文关注的视角主要是现代口承神话。其实，在他们的日常生活之中，除了讲述关乎神的故事、演唱有关人类始祖的歌谣之外，还有丰富多彩的民间故事、传奇、笑话等内容活在他们的口头。同时，用"演述人"代替"讲述人"，主要的目的是想说明，在陕西安康伏羲山、女娲山区，这里的民众不仅用散文的形式讲述着神话故事，而且在他们的歌谣中也有着丰富的神话内容。与"讲述人"相比，用"演述人"更能概括当地现代口承神话的生存状况。

[①] 许钰：《口承故事论》，北京师范大学出版社1999年版，第231页。
[②] 转引自 Linda Dégh, *Folktales and Society——Story-telling in a Hungarian Peasant Community*, p. 174。
[③] Anna-Leena Siikala, *Interpreting Oral Narrative*, pp. 146 – 169.

第二节 伏羲山、女娲山区的历史地理和人文概况

口承神话总是在一定的时空背景下传承的。特定地域的演述人在演述神话的时候，其言谈举止不可避免地会带有地方特色。神话的传承环境不仅对于神话文本意义的生成有着重要的作用，而且，对于我们理解演述人的个人经历、个人演述的特点、个人对神话的阐释乃至其世界观的形成有很大影响。因此，在对神话演述人及其神话演述进行考察之前，有必要对演述人生存的自然环境和人文环境进行概要的介绍。

本文调查的地点在陕西省安康市，主要涉及伏羲山、女娲山两山之间的三个村子，为了叙述的方便，本文将它们作为整体加以介绍。

一、"两山夹一川"：演述人生活的自然环境

安康，地处秦巴山间，属于南北过渡地带，北有秦岭为障，南有巴山护堤，两山之间，汉江由西向东奔向长江，形成了"两山夹一川"的独特地貌，是陕西最南端的一个市区。区内伏羲山、女娲山属巴山余脉，在北纬31°42′~33°49′，东经108°01′~110°1′之间，属典型的山区。

安康市，属古之庸国，古称金州，明清时期改为兴安州/府。自秦设郡以后，建制一直为郡或州，民国时期设立安康专区，2000年撤区建市，即今天的安康市。安康市虽然几经易名，但其行政机构主要集中在安康县。安康之名，源自晋太康元年（公元280年），因安置巴山一带入境移民，设立安康县，取"万年丰乐，安宁康泰"之意。现在的安康市管辖一区九县，与陕、豫、鄂、川四省交界，是陕南重镇。

安康境内峰峦叠嶂，沟壑纵横，总的地势为南高北低、东高西低，呈梯形走向，海拔差距很大，约在300~2917.2米，因而有农谚云："低山菜花开，高山雪皑皑"。这从安康地区的一些县志对各自地形的描述中可见一斑。"安康……

伏羲山、女娲山区的地貌

距省七百二十里，万山重叠，汉水横带"①；"陕之汉中属邑有曰平利县者，在万山中"②；"邑境山桑成林"（《汉阴县志》）等。其气候属于亚热带湿润季风气候，年均气温为15.5℃，降水量800~1100毫米，四季分明，春秋温煦，夏不甚炎热，冬也不太寒冷。

由于安康梯形分布的地理特征和亚热带季风气候，加之南北过渡的独特位置，使这里物产丰腴，南北兼备。山区茂林修竹，森林覆盖率达40%，药材繁多，特产层出，平利县有着"巴山药库"和"山货之乡"美誉，而紫阳毛尖则香飘万里。丘陵地带稻黍飘香，以小麦、稻谷、玉米、红薯、马铃薯为主。再假之以渔猎，使得安康人民生活优裕，不忧冻饿。故《兴安府志·卷十六》载："火耕水耨，民食鱼稻，以渔猎伐山为业，果蓏蠃蛤，食物常足，故呰窳媮生而无积聚，饮食还给，不忧冻饿，亦无千金之家"③。这我们从后面安康人的生活习惯中还可以看出，这里暂不叙述。尽管这里"山□林密，物产甚多"，但是"惟以风气闭塞，工业落伍"④，因此，安康地区以农业为主，虽然矿藏丰富，但工业并不发达，主要以轻工业为主。

虽然大自然给了安康南北兼济的独特地貌和物产丰腴的生态环境，但过多的天灾人祸使得"万年丰乐，安宁康泰"这一美好的愿望成为当地人民过去久远的期盼。

安康地区受地形和季风的影响，自然灾害频繁，尤以干旱和洪涝为最。其中因为水患而导致安康和平利两县被迫迁址。据清嘉庆二十年（1815年）的《安康县志》载："康熙三十二年（1694年），屡备水灾，随加修治，四十五年（1707年），汉水又溢，乃迁新城。"又清乾隆《平利县志》载："雍正六年（1728年）五月，大雨连夜，平地涌水，冲塌老县城。"清光绪《平利县志》载："嘉庆七年（1802年）多水灾，旧治（今老县）累被水冲塌，移治白土关（今县城）。"其余像"十年大水"、"十五年淫雨"、"十八年秋涝"等这样的记载只要我们翻翻当地地方志资料，随处可见，倾城水灾在当地民众的记忆中难以磨灭，而颗粒无收、江河断流的干旱在民众的头脑中的记忆同样深刻。清光绪《平利县志》载："嘉庆五年（1800年）秋大旱，成灾七分。光绪三年（1877年）弥年不雨，

---

① 荆凤翔：《安康县乡土志》，民国二十八年。

② 刘博：《重修平利县治记》，载《续修平利县志卷之十一——艺文志》，平利县志编纂委员会办公室1985年刊印。

③ 李国麒：《兴安府志》，乾隆五十三年刊刻。

④ 荆凤翔：《安康县乡土志》，民国二十八年。

四乡饥民蜂起。"而平利县民政部、统计部的资料也表明,从1949年到80年代末,仅平利一县大的干旱就达6次,尤以1986年伏旱为最,当时干旱使得全县8个区、29个乡受灾,450条河溪断流,堰干208条,井干40眼,高温达39.4℃。[①] 水旱灾害之外,独特的地质构造也让安康民众心里不踏实。该地在唐德宗四年(788年)就发生过里氏6.5级的地震,据《陕西省志·地震志》载:"(贞元四年正月)乙亥,(京师)地震,金、房尤甚,江溢山裂,庐舍多坏,居人露出。震级 $6^{1/2}$。"[②] 此外,霜冻、暴风、虫害等也时刻威胁着当地人民的生活。

如果说以上是天灾的话,那么盗匪出没、频繁战乱等人祸同样给当地百姓的正常生活造成了严重的危害,某种程度上甚至比天灾还要厉害。安康属三省边防,为陕西门户,荆襄锁钥,巫峡之泄尾,历来战乱频繁。明清时期统治阶级为了镇压各个义军,战火连绵不断,使安康地区长期处于"农夫少于兵卒,战马多于耕牛"[③]的境地,这些战乱导致"土著者流徙死亡,十居其九,土地由此荒芜"[④]。以后四川、湖北、河南、江西、安徽等移民携妻负子,来此开垦度日,形成了五方杂居,南北交融的人口结构。

频繁的天灾人祸,不仅使具有民间具象意义的象征物,如家谱、庙宇、碑刻等不同程度地成为历史的尘埃,当地民众的流徙死亡也造成了他们对地方记忆程度不等的断裂,五方杂糅的人口结构导致了当地文化的多元化,这一切不仅让学者对当地的研究感到困难重重,就是对当地民众试图重构地方历史也变得扑朔迷离。同时,安康的多灾多难也将当地民众渴望"安康"的理想破灭,对现实的无奈使他们转向对神灵的企盼,多次战火和运动之后幸存的神庙的断壁残垣和依然流传在当地百姓口头的有关神的故事歌谣绵延着民众的心中不灭的希望。

二、"亦秦亦楚,融巴汇楚":演述人生活的人文底蕴

安康南北过渡的地理位置,当地土著与多方移民的长期交融和以移民为主的人口结构,不仅在安康文化中得以反映,而且从安康人的个性特征和生活习俗中也可窥见一斑。

(一)形成安康文化的因子

安康地处秦头楚尾,长期战乱和多方移民使其文化受到荆楚文化、巴蜀文化、

---

① 参见《平利县志》,平利县地方志编纂委员会,三秦出版社,1995年6月,第107—108页。
② 转引自陕西省地方志编纂委员会编《陕西省志·地震志》,地震出版社1989年版,第20页。
③ 参见《平利县志》,第495页。
④ 荆风翔:《安康县乡土志》,民国二十八年。

秦陇文化和中原文化等的影响,在这些文化中,对安康文化影响最大的是荆楚文化和巴蜀文化,长期的文化交融,形成了"亦秦亦楚,融巴汇楚"的文化特色。

春秋战国时期,诸侯争霸,百家争鸣,各诸侯国为了扩张自己的疆土广纳贤良,客观上营造了一个相对自由的文化氛围,民族间交流异常频繁。到了战国后期,楚国以长江为屏障,占据了长江中下游及其数个支流流域,形成了与秦国对峙的局面。汉江是长江最大的支流流域,楚人富于幻想,"信鬼巫,重淫祠"(《汉书·地理志》)的风俗不可能不影响到地处汉江流域的安康。这我们从一些考古资料和地方志记载以及当地的民俗风情中可见端倪。1992年8月30日《中国文物报》报道了丹江口水库区发现春秋战国时期的楚国贵族墓,根据千余件出土的文物"证明丹江是楚文化的发源地"[①]。说明汉水流域是楚人活动比较集中的地方,有可能是荆楚文化的发源地。而安康距离丹江口只有百里之遥,而且同属汉水流域,在长期的交往中,必然会受到楚文化的影响。《兴安府志·卷十六》引《寰宇记》载:"兴安州猎山伐木,深有楚风"(安康在明清时期归兴安府管辖,当时的行政机构就在今天的安康县,笔者注);《平利县志》载:"民间婚娶多以布疋为礼,不甚论财。近因楚民侨居,间亦有论财者,然土著之家,犹仍古风";《汉阴县志》载:"邑境近楚,巫风滋盛。"其余像"习尚近楚"、"好视鬼神"这样的记载在陕南各地均有。所以,清代安康诗人叶世倬有诗云:"今日入秦仍入楚,秦山大半楚人耕。"这种影响也可以从安康风俗民情上看出来。安康百姓"有病信巫不信医",在饮食方面"尚滋味,好辛辣"、"甘其食,美其服,安其居,乐其俗"[②]等均与湖北、四川相似,可以说,楚文化影响到了安康文化的方方面面。

安康文化在受荆楚文化影响的同时,也深受巴蜀文化的浸润。巴蜀居民地处我国西南,都在汉水中上游一代活动。这不仅从一些史志可以看出,而且也有考古发掘的资料作为佐证。《后汉书·西夷西南夷列传》云:"巴郡,南蛮郡……皆出于武落钟离山(今湖北长阳县境)"。《华阳国志》:"巴族开疆域,'东至鱼腹,西至僰道,北接汉中……'"古之汉中为广义的汉水中游。巴蜀居民很早就在汉水中上游地区活动,据文物考古证明,从1955年至1988年,在汉中、安康等地区有多起考古文物出土,分别发现了早期的巴蜀尖底罐等陶器;中期的铜器群和石棺墓;晚期流行的巴式柳叶剑,从而确立了汉水中上游为巴蜀文化。而安康境内出土的文物和现存的习俗,与巴蜀也极为相似。比如距安康市五里出

[①] 转引自谈俊琪主编《安康文化概览》,陕西人民出版社1997年版,第10页。
[②] 谈俊琪主编:《安康文化概览》,第14页。

土的立发纹身面纹戈、巴式剑、蝉纹矛，平利县出土的汉画像砖等都可以说明巴蜀文化与安康文化之间的渊源关系。①境内随处可见的悬棺葬和老人洞与巴人的悬棺葬相关，境内山区居民的服饰、招婚、转房、老了人以后唱夜歌等习俗都与巴蜀极为相似。

安康文化在与周边文化长期的交流碰撞中，一方面顽强地保持着自身固有的传统，一方面也不断地吸纳外围文化，形成了"风气兼南北，语言杂秦蜀，亦秦亦楚，亦巴亦蜀"②的基本特征。

（二）伏羲山、女娲山区的神话传统

不同社区的民众在其长期的实践活动中会形成与其生产生活相适应的独特的传统，即使是同一社区的不同群体之间也会有符合该群体特征的行事方式，从而区别于其他的群体。那么，何谓传统？"传统"是"一个外延很宽、反映客观事物最一般规定性的概念"③，其最基本的含义是指"从过去延续到现在的事物"，是"围绕人类的不同活动领域而形成的代代相传的行事方式，是一种对社会行为具有规范作用和道德感召力的文化力量，同时也是人类在历史长河中创造性想象的沉淀"④。希尔斯认为，凡是延续三代以上、被人类赋予价值和意义的事物，比如一个社会特定时刻所继承的建筑、纪念碑、景观、雕塑、绘画、书籍、工具以及保存在人民记忆和语言中的所有象征结构（symbolic construction），同时，传统还指人们世代相传的围绕一个或几个被接受和延续的主题而形成不同变体的时间链。⑤正是因为传统的存在，才使得我们在"不同的代际之间、不同的历史阶段之间保持了某种连续性和同一性"⑥，从而使生活于该传统中的人有一种认同感和归属感，而且，传统为我们的文化创新奠定了基础。传统不仅是历史的，也是现实的，它是"现存的过去，是现在的一部分"⑦。传统一旦形成，就作为一种隐性的机制作用于生活在这一传统中的人们，影响他们的言行举止，制约着他们的生产与生活方式并强化着他们的共同记忆。

---

① 谈俊琪主编：《安康文化概览》，第14—16页。
② 谈俊琪主编：《安康文化概览》，第17页。
③ 中国人民大学科学研究所主编：《传统文化与现代化》，中国人民大学出版社1987年版，第23页。
④ [美]爱德华·希尔斯（Edward Shils）：《论传统》，傅铿、吕乐译，台北桂冠图书股份有限公司1992年版，第2页。
⑤ [美]爱德华·希尔斯：《论传统》，第2页。
⑥ [美]爱德华·希尔斯：《论传统》，第3页。
⑦ [美]爱德华·希尔斯：《论传统》，第14页。

一个社区的集体记忆，除了内化于群体心灵的集体意识之外，还有一些外化的具象表征。具体到伏羲山、女娲山区的民众而言，这种具象表征主要表现为当地的民众将积淀于其记忆深处的现代口承神话中的许多专名，比如伏羲、女娲等神话人名具化到该地的地方风物上，像伏羲山、女娲山、磨沟村等，在这些地方又假之以庙宇等象征符号来强化他们对伏羲、女娲的信仰。这使得伏羲山、女娲山区的民众无论在口承叙事方面还是在民间信仰方面都在建构着该区独特的神话传统，并世代相承。具体而言，这种神话传统主要表现在如下几个方面：

1. 神话与地名水乳交融，形成了浓厚的地域特色。

笔者在伏羲山、女娲山区进行调查时发现，除了当地民众口头流传着比较多的关于伏羲、女娲的神话之外，当地还存在许多与神话相关的地名。比如笔者研究的一位重要的神话演述人黄镇山给笔者提供了一则歌谣——《伏羲女娲把亲合》，内容如下：

洪水滔天人烟莫，哥妹二人逃命活。多亏一个大葫芦，钻进里面把难躲。
水涨葫芦漂上天，水退葫芦把地落。葫芦落地没扳破，正好落进水田河。
妹乐一对活神巫，哥愁身后断香火，妹问我俩怎么好？哥答只好把亲合。
妹想合亲急如火，偏打主意难哥哥：隔河梳头隔河拜，头发绞合亲也合。
哥哥下水过西河，哥妹头发绞成砣；头发成砣妹又变，看哥硬石几经磨；
汝河栽竹隔河拜，竹尾绞合把亲拜，隔河栽竹都拜活，两根竹尾绞成砣；
哥哥你莫早快活，妹妹主意实在多，蛇沟山下去捉蛇，两蛇交尾把亲合；
哥妹分头捉来蛇，两条蛇尾绞成砣，妹动心思又难哥，度坝隔水两面坡，
隔坡烧火齐冒烟，两烟相绞把亲合，两股青烟相绞着，妹妹还是不愿合；
哥哥仰天长叹气，妹妹又把点子说，卦影潭里看日月，日月同潭人相合，
中秋看到重阳节，日月合潭妹不合。妹费心思难哥哥，两座山顶滚石磨，
各人一扇滚下坡，两扇合拢人相合。妹妹登上女娲山，伏羲山顶哥落脚，
哥妹对山滚石磨，滚进磨沟正好合。两扇石磨合拢了，看妹主意有好多？
石磨合了妹不合，皂角梁上绕树捉，若是哥哥追着我，妹拉哥哥把亲合。
日出追到日西落，绕了一天没追着。看到归巢花喜鹊，盘旋反转落了窝。
哥哥突然回转身，迎面张臂拦截着，妹妹一头扑进怀，哥哥抱住跑不脱。
妹妹急中生智多，无媒怎能把亲合？哥妹一路找媒婆，来到龟岭刚歇脚，
见一乌龟把话说，天授使命地委托，我给哥妹把媒作，阴阳相合化育多，
伏羲女娲把亲合，化生子孙千万多，想合怕羞去问卦，求子嫌丑奉香火。[①]

---

① 黄镇山采录的伏羲山民歌手抄本。

我们暂且不论这首歌谣的艺术性，单从内容上而言，短短的 39 行歌词，就包含了洪水滔天、兄妹卜婚、兄妹成婚、生育人类等神话母题，同时，我们从最后两句也可以看出当地民众有向伏羲、女娲求子的习俗。除此之外，黄镇山还告诉笔者，歌中涉及伏羲山、女娲山区的 11 个地名：水田河、西夷河、汝河、蛇沟道、庹家坝、卦影潭、女娲山、伏羲山、磨沟、皂树梁、龟岭等。而笔者在伏羲山、女娲山区走访时也发现，一些 40 岁以上的人基本上都能够以不同的形式或多或少地说出这些地名的来历。逢年过节，这里的老百姓还在伏羲庙、女娲庙的遗址上烧香祈愿，燃放鞭炮！而且围绕这些信仰，形成了特定的食俗，如庖氏红豆包、女娲香肠、甜秆酒等，延续至今。

这些与神话相关的地名和地名背后的故事为伏羲山、女娲山区的民众记忆传统提供了依托，因为这些地名本身就具有维系记忆的功能，它们为当地民众记忆神话提供了"空间的停泊处"[①]，有了它们，该区的民众才能在一种共享的基础上回忆、操演这些神话，理解这些神话，并传达给外人——当年洪水滔天的时候，救命的葫芦就是落在水田河这个地方，伏羲、女娲滚磨成亲的地方就在伏羲山和女娲山，而磨子落下去合在一起的地方就是现在的磨沟村等等，利用这些地名来记忆传统，表达认同成为当地神话传统的一个显著特色。

2. 婚丧嫁娶、田间地头等日常的神话操演强化着民众的神话记忆。

在伏羲山、女娲山区，随着当地生产方式由过去的集体劳动转向以家庭为单位的个体劳动，以及近年来打工潮的出现，神话演述人依靠大型集体场合来演述神话的机会越来越少，但是，这种演述活动在民间婚丧嫁娶仪式中依然存在。如前所述，在伏羲山、女娲山区民间的结婚和丧葬场合中至今依然存在着"斗歌"、"谝故事"的习俗，这些歌谣和故事有很多涉及到伏羲、女娲的神话，这些演述场合为当地民众记忆神话提供了具体的情境和记忆的框架，正是在这样的场合下，他们不断地回忆、记忆、传承乃至重新建构着他们的神话传统。

除了这些日常的场合之外，一些非日常的场合也强化着他们的神话记忆。一旦遇到天灾人祸，人力无法回天的时候，他们就会想到庇佑他们的神灵——皋

[①] Nathan Wachtel, "Memory and History: Introduction," *History and Anthropology*, 12 (2): 207 – 224. 转引自夏春祥《人与空间的对话——从介寿路到凯达格兰大道》, http://www.phen.nccu.edu.tw/Circle/activity/。

王（伏羲）老爷和女娲娘娘。在过去，如果当地久旱无雨，他们就向伏羲老爷祈雨——抬着伏羲像在四野中游视枯萎的禾苗，让其知道旱情，从而普降甘霖，拯救百姓；如果遇到阴雨不断，江河泛滥，则向女娲求情——老太婆们用纸扎成女娲像，以鸡蛋壳为头，上画披发和五官，身着红色左衽燕尾服，绿色人纹蛇筒裤，展开双臂喇叭袖，左手握一枝高粱秆，右手持一把铁锨铲，用象征五色云的五彩丝线系在长竹竿顶，竖立竹竿稍微倾斜，纸扎女娲在风雨空中旋转舞蹈，称之为"女娲扫天婆"。这些情景虽然不常见，但是这种关乎当地民众集体利益的场合一旦出现，就会将他们对神话的集体记忆重新激发，同时也为新一代记忆传统提供了生动的情境。

3. 伏羲庙、女娲庙的重建为神话传统的复兴进一步提供了契机。

伏羲山、女娲山相对而望，两座山的山头各自建有伏羲庙（当地叫皋王庙、高望庙）、女娲庙。伏羲庙于2003年在当地民众的努力下进行了重建，庙内供奉着伏羲和女娲的泥塑像，于2003年7月举行了开光仪式并举行了盛大庙会。女娲山上的女娲庙据说始建于汉代，庙内供奉女娲像。因为战乱等原因，多次毁灭。庙内现有清乾隆元年平利县令古沣题的《中皇山女娲氏庙碑记》，该庙于1952年毁坏，于2005年4月复建，并举行了开光仪式。围绕这些庙宇，当地流传着很多故事，比如《女娲·石牛·牛王漆》《女娲斩黑龙》《女娲山上太子坟》《伏羲制八卦》等。这些庙宇的重建，对于当地传统的复兴无疑具有积极的作用。

如上所述，伏羲山、女娲山区现存的神话地名和现代口承神话成为当地演述人记忆传统、表达认同的媒介。但是，在实际的调查中笔者发现，那些依靠传统滋养的演述人对传统的态度并不完全一致，对他们而言，他们只从传统材料中选择那些他们乐意演述、能够用以抒发他们心中块垒，而且听众喜欢听的材料来演述，此外，这些演述人对同一类型神话的阐释也不是完全相同的，他们对传统材料的选择与阐释，有着强烈的个性特征，实际上，演述人的神话演述是一种"自我表达"（self-expression）和"自我实现"（self-realization）的过程。[①]

三、现代化进程中演述人生活环境的变迁

了解了地方史志和老人口述中安康的过去，再来看现实的安康，一个强烈的感受就是安康在变，而且变化日新月异。生活环境的变迁必然会影响到口承叙事的演述人，因此，对环境变迁的展示，有利于我们更好地理解今天演述人的

[①] 转引自 Anna-leena Siikala, *Interpreting Oral Narrative*, p. 11。

生存状况。

(一)演述人生活环境的变迁

外出务工是导致演述人生活环境变迁的重要原因。虽然安康地大物博，物产丰腴，但是靠天吃饭的他们常常受到天灾年景的侵扰，加上山区闭塞的交通和通讯，即使丰年，农民的生活也只能保持一种"不忧冻饿"的状况。过上山外城市人现代化的生活成为他们心中的梦想，于是，离开土地，走出大山，到外面去打工赚钱来改变他们生活的现状成为早期的一种尝试，这种尝试带来的直接的可见的生活的改善以及新奇的见闻，刺激着那些依然在土地上苦苦挣扎的同乡，那些早期出去的"前辈"希望在一个陌生的环境立足，需要同乡的帮忙，而那些希望改善他们生活的人们则请求这些"前辈"带着他们出去闯闯，一个你帮我带的打工潮就这样形成了。据笔者的调查，与笔者合作的三个主要的神话演述人中，每家都有在外打工的，黄镇山的大儿子和儿媳妇、柯尊来的两个儿子以及陈贵友的媳妇都在外面打工，而笔者所住的平利县西村，全村有 1168 口人，其中有 175 人在外打工，如果把 20—60 岁作为青壮年劳动力的话，西村有 707 人处于这个年龄段，那么这些打工的人数大约占这些劳动力的 25%。[①]村中剩下的大部分是老人、妇女和儿童。村民出外打工除了渴望迅速改变他们生活的现状这一主要原因之外，退耕还林也是重要原因。安康山区多，平地少，因此，大面积的退耕还林造成了劳动力的剩余，于是，无地可种也造成很多劳动力出外打工。

电子媒体走入寻常百姓家极大地改变了传统的娱乐方式。在实行家庭联产承包责任制以前，集体劳动、家庭互助使人们有大量的机会聚在一起，边劳动边谝闲。有时候白天劳动，不同生产组之间还形成竞争，为了激励本组的战斗力，提高劳动效率，每组都会挑选一至两名歌手来唱歌助威。晚上又常常因为赶活聚在一起，为了消磨时光，减轻疲乏，常请那些故事家来谝古今。实行承包制以后，这样的场面几乎很少出现。现在村里很多人家都买了彩电，有的村里还安装了闭路电视，因此，看电视成了村民闲暇时主要的消遣。没有安装闭路的山区，村民们便安装"小锅盖"（一种地面接收电视信号的设备），可以收到很多闭路电视。有些比较富裕的人家还买了 VCD、DVD，利用冬天回家的机会从外面买一些碟片回来看。即使农闲，也很少有人串门，一般人都在家看电视，干一些自己家的事情。

---

① 以西河乡计生办 2003 年年底的统计数据为标准，西河乡计生办党金萍提供。

打麻将也是村民比较喜欢的娱乐方式。现在人们生活水平提高，手头有了活钱，农活也不是那么重了，人们在干农活之余便聚在一起打麻将消遣。

此外，村里有的商店门口进行多种经营，在卖日常用品的同时，还备有台球，这也是很多年轻人比较喜欢的娱乐方式。

总体而言，安康人的生活与过去相比，不仅生活水平有了很大的提高，闲时的娱乐也日趋多样化了。

（二）变迁中的演述人

如前所述，故事演述总是在具体的情境中发生，情境发生变化，故事演述必然也会发生变化。很多来自田野的实践都表明，社会情境是影响故事讲述的重要因素。琳达·戴格通过对撒拉（Sara）长达11年（1943—1954年）的考察指出，由于生产方式的改变，故事讲述在这里停止了，但是故事家仍然保存着大量的故事，只是没有听众，他们不再发挥作用了。[1]为了对安康现代口承神话演述人及其神话演述有一个大致的了解，除了三位合作者外，笔者以自己下乡时的居住地——平利县西村为基地，于2004年5月20日至5月21日对该村100位村民进行了随机调查。之所以选择西村，基于以下两方面的原因：第一，该村距离伏羲山、女娲山比较近，翻过一座山梁即是磨沟，村民在结婚和丧葬的时候也有唱花鼓、唱夜歌的习俗，笔者认为该村村民应该对这些神话地名的由来比较熟悉；第二，出于调查的方便，笔者两次调查都住在西村，而且西村不像其他两个村子，这里地势相对平缓，村民居住也相对集中，因此，调查起来比较方便。

著名匈牙利裔美国民俗学家琳达·戴格，杨利慧摄，2001年

---

[1] Linda Dégh, *Folktales and Society—Story-telling in a Hungarian Peasant Community*, p. 51.

140

笔者采用的问卷调查表如下：

关于伏羲山、女娲山区口承神话讲述情况的调查

个人概况：

姓名	性别	年龄	职业	受教育情况

问题设计：

1. 请问您知道皋王老爷（伏羲）、女娲娘娘是怎么一回事吗？

   A、知道　　　　B、知道一些　　　　C、不知道

2. 如果知道，您能给我讲讲他们的故事吗？

   _____

3. 这些故事您是从什么地方、什么时候听来的？

   _____

4. 我们村附近有皋王山（伏羲山）、女娲山、磨沟等地名，您知道这些地名是怎么来的吗？也就是说，他们为什么会这么叫？有什么故事吗？

   A、知道

   _____

   B、不知道

5. 以前谝这些古今的时候，是在什么样的情况下谝的？您能把当时的情况说说吗？

   A、过年过节　　B、田间地头　　C、庙宇庙会　　　D、红白喜事

   E、其他（请说明）_____

6. 这些故事您以前告诉过您的孩子们吗？或者准备告诉他们吗？

   A、告诉过，并将继续告诉他们

   B、没有，但准备告诉他们

   C、没有，也不准备告诉他们

7. 当您的孩子听了这些故事之后，他们有什么反应？

   A、很感兴趣　　　　B、不感兴趣

8. 您怎么看待伏羲、女娲？

   A、他们是历史曾经有过的人物，是我们的祖先

B、他们不是真实的人物，是人们为了好玩而胡编乱造的

C、其他_____

关于问卷的几点说明：

1. 在问卷过程中，一些村民不会写字，笔者便根据其口述来帮助记录。

2. 本次问卷采用随机调查的方式，就是以笔者居住的房东家为点，沿路见门就进，有人就问，没有经过选择。

3. 本次问卷共100份，其中填写问卷或者回答问题的只有19份，除去村民对于笔者比较陌生或者忙于其他事情，因而拒绝回答这一主要原因之外，也不能排除村民的确不知道这样的可能，因此，笔者的分析，只能以这19份问卷表为主。

4. 由于当时调查时间紧张，问卷设计有许多不合理、不完善的地方，但是，这些问题基本能够涵盖笔者比较关心的问题，比如演述人的职业、故事传承的线路、演述的场合、故事内容等问题，反映的情况也只是一个大概，不是非常精确。这里需要感谢的是房东大叔的女儿党金萍，是她陪笔者进入农户进行问卷，同时也充当了笔者的翻译。同时，也感谢那些村民对笔者调查的合作。

19份问卷显示的个人概况如下：

单位：人

	性别		年龄		职业		受教育程度	
男	12		60岁以上	6	农民	10	高中	3
			40—50岁	1	干部	4	中专	2
女	7		20—30岁	10	学生	2	初中	11
			10岁以上	2	其他	3	小学以下	3
总计	19			19		19		19

对调查问题的回答结果如下：

单位：人

		回答情况				合计
问题1	A、知道		男	7	9	19
			女	2		
	B、知道一些		男	3	8	
			女	5		
	C、不知道		男	2	2	
			女	0		
问题2	A、可以讲		男	7	12	19
			女	5		
	B、没有讲				7	

问题3	A、老人那里听来的		10	16
	B、书本上看来的		5	
	C、电视上看来的		1	
问题4	A、知道		13	19
	B、不知道		6	
问题5	A、过年过节		8	
	B、田间地头		7	
	C、庙宇庙会		2	
	D、红白喜事		1	
	E、其他		1	
问题6	A、告诉过，并继续告诉		5	16
	B、没有，但是准备告诉		7	
	C、没有，也不准备告诉		3	
问题7	A、很感兴趣		9	9
	B、不感兴趣		0	
问题8	A、是历史人物，人类的祖先		10	19
	B、虚构的人物，人们编的		4	
	C、其他		5	

从笔者的问卷调查中可以看出，现代口承神话在当地传承中具有如下一些特点：

首先，口承神话的分布和传承并非"均质地"[1]存在于社区的每一个民众口头。实际上，对于现代口承神话这一特定的文类，从安康的情况来看，这一文类只是掌握在少数对此感兴趣的民众口头，比如在笔者收回的19份有效问卷中，只有17人知道或者知道一些，而可以讲述的只占12人，没有收回的81份问卷中，其中许多人都是因为不知道或者不感兴趣才没有回答。

其次，演述人并非限于宗教或其他神职人员，而是趋于多样化。从年龄及其职业分布来看，神话作为一种比较古老的文类，被一些学者认为是一种"神圣性"的叙事，[2]只有那些年龄比较大、或者是特殊身份的人，比如巫师、祭司、萨满、毕摩等，而且只有在特定的场合才可以讲述。[3]但是，笔者在西河村调查时

---

[1] Bengt Holbek, *Interpretation of Fairy tales—Danishi Folklore in a European Perspective* (Helsinki: FFC. No. 239, 1987), p. 140.

[2] 如阿兰·邓迪斯认为神话是关于世界和人怎样产生并成为今天这个样子的神圣的叙事性阐释，参见阿兰·邓迪斯《西方神话学读本·导言》。

[3] 孟慧英：《活态神话——中国少数民族神话研究》，第133—151页。

发现，演述人在回忆这些神话发生的场合时，主要集中在过年过节和田间地头，这类回答人占回答总数的近80%，而且，这些神话演述人在给笔者现场演述神话的时候，他们并没有把神话看作是神圣的故事，或者说只有在特定的时刻才加以演述的故事，而像日常谝古今一样告诉笔者，不少内容还涉及到戏谑的成分。这些演述人有些是普通的村民，有些则是村里的干部，还有学校的学生。

第三，演述人存在性别偏差。性别问题是我们在研究演述人时不可忽视的问题，但以往的学者没有给予足够的重视，尤其是在现代口承神话领域，学者更是鲜有触及。笔者在西河村调查时发现，在回答问卷的19位被调查者中，其中知道神话的男性有7人，而女性则只有2人，男性人数大约是女性人数的4倍。为什么会出现这种差异？一些学者认为主要是男性与女性的经历不同造成的；而有的学者则认为之所以女性在故事讲述方面比较差，是因为女性"没有足够的耐心来掌握篇幅宏大、内容复杂的故事"；还有的学者认为这与社会文化相关，认为"妇女在晚上还有活干，而男人则聚在一起消遣和闲谈"；而瑞典学者霍白克（Bengt Holbek）则从三个方面分析了造成演述人性别差异的原因：（1）与调查者的性别相关。（2）与当地的文化传统有关。（3）可能与文化发展的不同阶段有关。①但霍白克认为，前两个原因不是关键性的因素，第三个因素才是造成性别差异的决定性因素。从笔者的调查来看，造成安康个案中男女性别差异的原因，除了笔者是男性，更容易与男性演述人接触之外，当地的文化传统是造成演述人性别差异的主要原因。虽然时代发生了很大的变化，但是现在农村男女性别依然有着比较明确的分工，沿袭着男主外、女主内的传统，男性有着更多的话语权，女性很少参与到男性的话题中来，即使在吃饭时也是如此，如果客人在，女性和小孩很少上餐桌。这一地方文化传统显然对传承人的性别有影响。

第四，新趋势：传承方式多样化。口耳相传一直是口承叙事传承的主流，笔者的调查也证明了这一点，从老人那里获得故事的占总数的63%左右。但是，笔者的调查也发现一种新的趋势正在出现，即书面传承、媒体传承在口承叙事传承中占的比重越来越大，大约占到总数的37%。可以预测，随着乡村现代化步伐的加快和教育水平的提高，现代口承神话的传承越来越多元化，而且现代媒体在传承神话方面将起着越来越重要的作用。

第五，不同民众的神话观往往存在差异。民众对神话怎么看待？调查显示，

---

① Bengt Holbek, *Interpretation of Fairy Tales—Danishi Folklore in a European Perspective*, pp. 155 – 157.

即使生活在同一地方传统中的民众对于神话也有着不同的理解。具体到西河村这个社区，民众对于神话主要有两种理解，一种认为神话就是历史，伏羲、女娲是人类的祖先，占总数的 52.6%左右；一种认为是神话是虚构的，不是真实的，只是为了消遣，占总数的 21.1%左右。为什么生活在同一地方传统之下的民众会对传统有着不同的解释？笔者将在下面专文论述，这里不再赘述。

小结

本节主要介绍演述人生存的时空背景及伏羲山、女娲山区的神话传统。

安康特殊的地理环境和独特的人文因子不仅给生于斯长于斯的人们提供了赖以生存的物质保障，而且也给他们带来了取之不尽的精神资源。安康人民渴望"幸福安康"的生活，但是过去安康的多灾多难使他们对神灵充满了企盼，于是关于神的故事、山歌就在对神的信仰中传承下来，并形成了特定的习俗。

伏羲山、女娲山区有着悠久的神话演述传统，这一传统是民众在长期的神话演述活动中逐渐形成的，其特点主要表现在当地民众把现代口承神话与该地的许多地名结合起来，在一些特殊的场合中进行演述。这些地名和场合本身就有记忆的功能，它们为当地民众记忆神话提供了现实的依托，而当地婚丧嫁娶的仪式场合则提供了神话演述的情境。

安康在变。演述人生存环境的变化，使得现代口承神话无论在神话内容还是神话演述、传承方面都出现了新的特点。面对日益变迁的现代社会，神话这一古老的文类在多大程度上可以影响当地人的现实生活，则取决于那些创造性的个人。

第三节　黄镇山："神话是人们对历史的曲解"

神话是在原始思维的基础上产生的，但后世不少学者却对其作出"智性的"、"历史化"的解释，从而导致了神话的历史化。在很多学者看来，产生于原始思维的神话，"经过透视或还原，无非是一些变相的'人话'，是关于人的生活的系列描写，是人间生活的折射"[1]。在中国，对神话作智性的解释有着很深的学术传统，并形成了"神话史实说"与"神话虚妄说"两个主要的流派，但无论

---

[1] 谢选骏：《神话与民族精神》，山东文艺出版社 1986 年版，第 335 页。

是"神话史实说"还是"神话虚妄说",这些学者无非是用"现实的逻辑去权衡神话的真实性",从而对神话的存在作"合理化"阐释。[1]对神话的合理化阐释,并不是学者的专利,实际上,有一些普通民众也持这样的观点,他们把神话中的诸神看作是"曾经受到崇敬的真实历史人物"[2]。黄镇山就是这样的代表。

黄镇山及其研究室

一、"'女娲造人'实际上是女娲在画泥水画"

与黄镇山老师相识,缘自于2003年国庆期间笔者随导师参加陕西省平利县在安康市举办的"女娲学术研讨会"。在当地旅游局黎局长的引介下,我们对黄镇山进行了初次的访谈,虽然是第一次接触,但是他对当地现代口承神话的了解和风土人情的熟悉让我相信,他就是我要找的演述人之一。进一步熟悉之后,笔者发现他不仅可以演述当地的现代口承神话,而且对古典文献中记载的神话也非常熟悉,更让笔者惊讶的是他能够结合当地的风土民情和流传的歌谣故事,对神话做出自己的解释。以下是笔者对黄镇山的一段访谈,从访谈的内容中,我们不仅可以看出他对神话的理解,而且还可以对他的演述特点有一大概的了解:

李红武(以下简称"李"):黄老师,您好,上次(指2003年国庆期间)您告诉我们这个地方有两座山,分别叫做伏羲山和女娲山,能说说为什么这么叫吗?

黄镇山(以下简称"黄"):伏羲山、女娲山是相对望的,女娲山的名称比较一致,但是伏羲山则有很多名称,当地老百姓叫皋王山、高望山、高媒山等,现在,为了旅游的需要,对外称伏羲山,但是这里的老百姓一般还是叫皋王山。山上原来有庙叫"女娲庙"和"伏羲庙",里面供奉着人类的祖先伏羲、女娲。

李:伏羲、女娲是人类的祖先?您这么看吗?

黄:是的。在老百姓看来,伏羲、女娲是神,实际上,伏羲、女娲是活动在汉水流域的两个部落首领。东汉·王延寿《鲁灵光殿赋》载:"伏羲鳞身,女娲

---

[1] 钟敬文、杨利慧:《中国古代神话研究史上的合理主义》,参见《中国神话与传说学术研讨会论文集》,第33—59页。

[2] [美]阿兰·邓迪斯编:《西方神话学读本》,第79页。

蛇躯。"晋·郭璞《玄中记》载："伏羲龙身、女娲蛇躯。"以及很多关于女娲"人首蛇身"的说法，实际上，并不是说伏羲、女娲有龙的身子、蛇的躯体，而是他们崇拜龙、蛇，故而把它们作为氏族图腾罢了。我们这个地方的老百姓把蛇称为"神虫"，如果路上遇到两蛇相交，要急忙脱掉上衣盖住，尽快取香表

北师大民俗学专业的研究生在采访黄镇山

烧香祷告伏羲、女娲赦罪，否则会"背时"（当地方言，意思是背运）。因为两蛇相交意味着人之来源，而俗人是不能看的。此外，当地老百姓认为伏羲生于农历十月初四，日出辰时，辰属龙；而女娲生于正月初七，早饭巳时，巳属蛇。所以我们这里在农历的十月初四、正月初七要祭祀伏羲、女娲的。

李：是吗？现在还在祭祀吗？

黄：现在中断好多年了，本来希望今年能够举行，但是，唉……

李：您能给我讲讲关于伏羲、女娲的故事吗？比如说"女娲抟土捏人"、"女娲补天"之类的？

黄：关于他们的故事，你可以看看我写的材料（在我第二次对黄镇山进行访谈时，他给了我一份近二三十万字的笔记，笔者注），那里写得比较详细。伏羲、女娲是当时洪水滔天之后仅存的两个人。

李：好好的怎么会洪水滔天呢？是什么导致了洪水滔天呢？

黄：哦，关于洪水滔天，是这样的。古代有个魔怪，对人类不满，有一种树叫马桑树，能长上天，这个魔怪就经常从天上下到凡间，兴妖作怪，扰乱人间。他经常下冰雹，造瘟疫。地上有个雷神，他启发人类开天辟地，魔怪下冰雹时，雷神与魔怪搏斗，雷神是个混沌神，（他把魔怪打到地上，）魔怪被碰到石头上，疼了，但看不见是谁把它弄下来，以为土地这么硬，于是从马桑树上爬上天去，把天上的一个雨盆，这个雨盆是一个神盆，用五个指头沾一点水，到人间就是很大的雨，结果魔怪因为愤怒，把整个雨盆全倒了下来，而且还把马桑树一拔一拧，说马桑树长不高，长到三尺就弯腰。水全部倒下，发生了洪水，伏羲与女娲在山上，雷神与魔怪格斗时抛下一个葫芦，救了兄妹两个，而他们（指雷神和魔怪，

笔者注）两败俱伤，全死了。[1]

李：哦，原来洪水是这样来的，那后来呢？

黄：伏羲、女娲兄妹二人坐在葫芦里面，奇怪的是这个葫芦就在水田河附近转来转去，一直等到洪水退了之后，他们才出来，跑出来一看，全死了，就剩下他们两个人了，怎么办呢？伏羲就要跟女娲成亲来繁衍人类，但是女娲不同意。后来女娲想想，只有他们两个人了，不结婚也没有办法，可是还是有点不好意思。于是对伏羲就说，我们占卜一下吧，如果老天让我们结婚，我就和你结婚。伏羲说："怎么占卜呢？""我们每个人扛一个石磨，你到伏羲山上，我到女娲山上，从山顶滚下去，如果石磨合在山下合在一起，我就跟你成婚。"其实，女娲比较聪明，我们这个地方有一首民歌叫《伏羲、女娲把亲合》里面，提到女娲多次难她哥哥的。石磨滚到山底以后，真的就合上了，他们就结婚了。石磨相合的地方，现在就叫磨沟村，那里还有一座庙叫"皋王庙"，供奉的就是伏羲。他们结婚以后，开始生儿育女，繁衍人类。说到人类繁衍，我一直认为人类起源地之一在我们汉水流域，有很多考古资料都说明了这一点。此外，我们这个地方还有一首民歌是这样唱的："一个葫芦大又大，装过伏羲和女娲，万千子孙遍九州啊，葫芦大得装天下。"

李：关于人类起源，还有一种说法是女娲用黄土捏的人，这里有的老百姓也这么讲，比如，陈贵友就是这么跟我说的，您知道这种说法吗？

黄：当然知道，我很小的时候就听说了这么一首歌谣，大概是这样的："伏羲女娲抟泥巴，造出万千泥娃娃；新庙梁有白土巴，羲娲造出白娃娃；豕爪沟有黑土巴，羲娲造出黑娃娃；风妇坳有黄土巴，羲娲造出黄娃娃。"一般老百姓都这么认为，人是女娲用泥巴捏的，而且一些史书上也这么记载，比如东汉应劭《风俗通义》中就说"女娲抟黄土作人，剧务，力不暇供，乃引绳于泥中，举以为人。故富贵者，黄土人；贫贱者，泥人也。"我们这个地方有个挂影坛，就是那天你上伏羲山指给你看的地方，据说那个地方是伏羲根据观察天象弄八卦的镜子，也是女娲仿照自己的影子捏泥人的镜子。实际上，女娲抟土造人，并不是真的造出人类，而是说她仿照自己的影子来捏泥像，而"引绳于泥中，举以为人"是在画泥水画，说明女娲是人类早期的一位美术家，并不是在造人类。

李：哦，原来是这样的啊。那还有"女娲补天"呢？

黄：女娲补天，很多人都知道女娲炼五色石补天，但是天是怎么破的，很多

---

[1] 关于这个故事，在当地百姓中流传比较广泛的是《马桑树为什么长不高》，其中的魔怪有人认为是齐天大圣孙悟空，但是洪水的来源则是一样的，都是推倒了雨盆所致。

人都说不展（当地方言，就是"说不清楚"）。在《淮南子·天文训》中说道："昔者共工与颛顼争为帝，怒而触不周之山，天柱折，地维绝。"就是说，女娲时代，共工和颛顼为了争夺帝位，发生了战争，共工战败之后，一头撞到不周山上，不周山是支撑天的柱子，结果，不周山倒了，导致了天塌。天塌之后，各种各样个怪物出来害人，于是女娲就用五色石来补天，斩断鳌的足来把天重新撑起来，拯救人类。在我们这个地方，就是普陀山上还有女娲炼石用过的炼石炉呢，非常形象。在我看来，关于女娲"炼五色石以补苍天，断鳌足以立四极，杀黑龙以济冀州，积炉灰以止淫水"，是指当时伏羲山、女娲山地区发生了一次大的地震，导致这里江河泛滥，洞穴倒塌、破裂，女娲作为部落首领，就用炉中燃烧之后剩下的石炭灰来补洞穴，挡洪水，洞穴塌陷之后，用鳌足粗的木头来立起四柱，搭建棚子供人居住。实际上女娲是带领人们走出洞穴，走向地面居住的部落首领，所以晋代葛洪《抱朴子·释滞》说："女娲地出"，就是这个道理。我们这个地方民俗认为鳌鱼是地震的象征，当地老百姓有句俗语叫"鳌鱼眨眼地翻身"。

……

从上面的口述资料中我们可以看出，黄镇山在讲述神话故事时具有如下一些特征：

首先，黄镇山在神话演述活动中，喜欢引经据典。比如他在给笔者演述"女娲补天"的神话故事时，就引到《淮南子·天文训》中关于"昔者共工与颛顼争为帝，怒而触不周之山，天柱折，地维绝"这样的文献记载，体现出他不仅对当地流传的现代口承神话耳熟能详，而且对于古典文献中关于这些神话的记载也非常熟悉。

其次，黄镇山在演述活动中重在对神话进行合理化阐释，体现出其很强的历史化倾向。在他的思想观念中，神话原来就是历史，人们将当地流传的关于伏羲、女娲的故事看作神话，并对他们进行顶礼膜拜，这种做法实际上是对历史的曲解，是后世人们对当时生活的想象与夸张而已。他认为，无论当地民众口头流传的"女娲造人"故事，还是东汉应劭在《风俗通义》中关于"女娲抟黄土做人，剧务，力不暇供，乃引绳于泥中，举以为人。故富贵者，黄土人；贫贱者，泥人也"这样的记载，在他看来，人是由泥巴捏的，这完全不是真实的。他认为，女娲是人类早期的一位杰出的艺术家，其"抟土造人"表明这位人类始祖为了美化当时的生活环境，是在画泥水画而已。实际上，这种对神话做历史化的阐释在中国有着很悠久的学术传统。这种阐释较早始于孔子。比如孔子把"夔一足"这样的神话现象借助于中国语言中一词多义的解释为"像夔这样的乐官一个就足够了"；再如，孔子把"黄帝四面"的神话解释为"黄帝依靠四位贤人治理四方"以及将"黄帝三百年"的神话解释为"生而人得其利百年，死而人畏其神百年，亡而人用其教百年"，都体现出其合理化的倾向。孔子之所以形成这样的神话观，除了"儒家重史实和理性主义思想特点之外，还与文明和理性的进一步发展及人们（尤其是知识阶层）逐渐用现实的、逻辑的头脑来对待神话有关"[①]。黄镇山神话观的形成与此相似，对其神话观形成的原因，笔者将在下文加以分析，这里不再赘述。

第三，黄镇山的故事演述有着鲜明的个性特征。他的演述简短，语句精练，而且好引经据典。由于演述人生活环境的变迁，他的兴趣发生了转向。如他所言，"这些神话我都知道，以前我也跟别人谝过，但是，现在我不想讲了"。需要指出的是，与其说他不想讲，还不如说随着当地生产方式的转变，他失去了讲述的场合和听众了。"社会环境的变化会取消讲述的场合，废除古老的集体劳动，这样故事就失去了其自然的前提。……故事家依然保留着他们的故事，但没有一个听众，因此，他们不再发挥功能（文中主要指消遣功能，笔者注）。"[②]当故事的消遣功能不再被发挥的时候，演述人的兴趣就会发生转化，寻求故事的其他功能，具体到黄镇山而言，他说："我现在主要的精力一方面就像你一样，搜集老百姓口头流传的故事，另一方面，对这些口头故事中涉及到的本地地名，借助古典文献记载，结合当地的民俗，来考证这些地名的由来，从而为发展地方旅游提供历史和现实的依据。"这些年，他确实也是这么做的。他借助于发展地方旅游的大环境，发动当地的民间精英，成立了"伏羲山研究会"，为当地民间庙宇的恢复花费了不少心血。

总之，黄镇山在长期的演述实践中形成了历史化的神话观，这种神话观的形成，则与其自身的人生经历和个人取向密切相关。

二、"我从小就是一个'问事穷'"

从上文的分析可以看出，黄镇山把神话当作历史，是人们对历史的夸张与变形，他之所以对当地的神话有着浓厚的兴趣，一方面源自于他对神话与历史的理解，另一方面也与其朴素的乡土情结密不可分。要想比较深入地了解黄镇山的神话观，我们必须对其个人经历有比较全面的把握。

[①] 钟敬文、杨利慧：《中国古代神话研究史上的合理主义》，参见《中国神话与传说学术研讨会论文集》，第35页。

[②] Linda Dégh，*Folktales and Society—Story-telling in a Hungarian Peasant Community*, p. 51.

为了对黄镇山的个人生活史有比较明晰的了解，笔者根据访谈获得的信息，按照所谓的"转折点"（turn point）将其分为三个主要阶段：

（一）童年：在故事、歌谣中成长

黄镇山，男，1955年出生于陕西省安康市坝河乡二郎村。他现在讲的很多故事、唱的歌谣，很多都是小时候学来的。

笔者在黄镇山家采录故事、歌谣，中间女孩为当地的小歌手，右前为黄镇山

据黄镇山讲，他出生在一个大杂院中，院中有十个老汉、老婆儿。由于当时这个大杂院中只有他一个小孩，加之其家特殊的关系（因为一个大杂院中房子非常紧张，而他们家的房子较为宽敞，所以邻居来了客人都需要到他家借宿）。许多老人非常喜欢他，经常讲故事、唱山歌给他听。在这十个老人当中，其中有四个对其以后从事民间文化工作产生了重要的影响：首先一个是苏贵林。苏贵林是一个秀才，不仅识文断字，而且多才多艺，会扎纸活，耍龙灯、狮子等民间艺术，尤其是苏贵林一肚子的孝歌（祭祀歌）、故事给当时年幼的他（据黄说当时他只有两岁）留下了美好的回忆，至今他还记得苏教给他的一首歌谣：

伏羲女娲抟泥巴，造出万千泥娃娃。司卦沟有黑土巴，兄妹造出黑娃娃；风妇垧有黄土巴，兄妹造出黄娃娃；新庙梁有白土巴，兄妹造出白娃娃。

这里，苏贵林将伏羲女娲抟土造人的神话传说与不同肤色人种的来历进行了巧妙的粘连，而且将当地的许多地名也融合进去，比如新庙梁、司卦沟（当地也叫豕爪沟）、风妇垧，现在这些地方依然存在。尽管当时黄镇山只有两三岁，但这些瑰丽的神话传说给其留下了深刻的印象，到三岁的时候，他就可以将自己学到的这些故事讲给同龄甚至稍大一些的伙伴，很多小孩都对他都刮目相看。

另一个对黄镇山产生较大影响的是同院的陈益录夫妇。陈益录曾经读过12年的长学，对一些历史故事非常熟悉。不仅陈益录擅长讲故事，而且他的老伴也能讲。在陈益录给黄镇山讲故事的时候，他们夫妻之间往往因为观点不同而发生争执，这时又常常因为陈益录肚子中的墨水更多而使他的妻子中途拜倒。比如，陈益录给黄镇山讲述大门对面的伏羲山的故事的时候，他的老伴便说，那不是伏羲山，而是皋王山。于是陈益录便开始给黄镇山讲述"伏羲"二字的来历以及与皋王之间的关系，他的这种引经据典的解释不仅让儿时的黄镇山叹服，而且让其老伴也无话可说。另外，陈益录在讲述故事的同时，还用手指蘸水教黄镇山写字，而这些字大部分是繁体字，这为黄镇山以后阅读古书奠定了一定的基础。陈益录夫妇认为伏羲、女娲是自己的祖先，在他们的家里还供奉着伏羲、女娲的神像，逢年过节都要祭拜。这些耳闻目睹的事情对黄镇山以后从事民间文学研究埋下了兴趣的种子。

还有一个民间艺人对其学习乐器和山歌也有很大的影响。此人也生活在当时的四合院中，叫朱世富，他早年丧妻，说话有点结巴，但吹起唢呐、唱起山歌却是无人可敌，当时被誉为"千首歌王"之一。黄镇山从朱师傅那里学会了不少的山歌，而且还初步接触了民间乐器——唢呐、二胡等。这为其以后整理山歌奠定了一定的基础。

黄的奶奶彭婆对其也有一定的影响，但主要在巴人文化方面。比如说当地随处可见的"老人洞"的故事，当时彭婆就给他讲过。①

黄镇山从小就勤学好问，被人称为"问事穷"，只要自己不理解的，就要刨根问底，直到得到满意的答案为止。而一些连老人都解释不出的问题，也没有被有心的他忘记，而是萌发了长大以后搞懂的愿望。听着黄镇山娓娓叙述他儿时的经历，那种浸染在民间文化氛围中的向往与留恋，那种无忧无虑、自由汲取民间文化养分的乐趣，那讲述的语调，那复杂的眼神，既有对过去美好的回忆，又有人事沧桑的失落，此中滋味，也许，像我这样的年轻人是永远都难于体会到的。总之，儿时大杂院的10位老人成为其民间文化的启蒙老师，为其以后从事民间文学研究打下了坚实的基础。

（二）青年："文革"使其因祸得福

黄镇山七岁开始上小学，而这些老人也在这段时间中相继谢世。在上小学期间，正是我国文化大革命闹得比较厉害的时候，所幸的是当时他所处的黄家庄没有受到太大的冲击，使其得以顺利完成小学。当时学校是上午上课，下午劳动，而黄镇山则负责给队里放牛。当时与其搭对放牛的是一个叫王隆奎的80多

---

① 据黄镇山讲：当时的人长着尾巴，尾巴干了，人就快要死了，就被带到老人洞，由亲人送饭，直至其死亡。他们叫"巴人"也与当时人长着尾巴有关。笔者发现：在当地一些比较险要的山区，老人洞非常多，笔者曾经在向导的引领下实地看过，这些洞有的是天然形成的溶洞，也有后世凿刻的人工洞，凿刻的形状就像现在当地的棺材一样，是长方形，长约210厘米，宽约60厘米，高约90厘米，洞口呈长方形，长约80厘米，高约60厘米，人可以自由进入。

岁的老头，他特别擅长讲故事，唱山歌，也是远近闻名的"千首歌王"之一。他们一道上山放牛，当把牛赶到山上以后，爷孙俩就坐在一块儿讲故事，唱山歌。王隆奎是土生土长的伏羲山居民，对当地的一草一木都非常地熟悉。王隆奎主要讲述的是历史故事，在讲故事的时候，他总是强调他讲述的故事是真实的。从小学四年级开始，黄镇山就开始边听王老汉讲故事、唱山歌，边进行记录整理，通过王隆奎的讲唱，黄镇山对幼儿时代自己学到的故事、山歌加以对照，而王隆奎见自己唱的山歌被记录成文字，唱得就更带劲了。

当时的集体劳动经常会出现两队对歌，鼓舞士气、一争高低的情形，而王隆奎经常被拉去唱歌鼓劲，当时那种卖力鼓劲、不争出个高低不罢休的斗歌习俗，甚至有时候还会发生打捶（打架）的现象，现在很难见到了。

此时的黄镇山已经开始有意识地开始接受民间文化了，与王隆奎一起6年的放牛生涯，黄镇山积累了大量的民间故事和山歌。

1966年，黄镇山的一个远房亲戚冯朝喜来到黄家，对其也产生了不小的影响。冯本来就是坝河人，按辈分是黄镇山的四爷。冯朝喜也是一个大唱家，而且上过6年学，因为有文化，讲起故事来有板有眼，而且还将某些字写出来教给黄镇山，对黄镇山在山上记录的王隆奎的故事歌谣中有些不正确的、不准确的字都加以纠正。冯朝喜深谙世事，加之能说会道，当地出了一些纠纷都请他来解决，在当地非常有威望。他的学识，他的经历，他的口才，他的威望对黄镇山产生了极大的诱惑力，从小，黄镇山就想成为四爷那样的人，甚至要超过四爷。

1968年，一位不速之客让黄镇山对伏羲八卦产生了兴趣。该人姓谭，是一位职业道士，当时到黄家时已经80多岁。谭道士对伏羲八卦了如指掌，但限于当时特殊的历史条件，谭道士只有在晚间油灯下才可以谈论这些被当时称为"迷信"的东西，而黄镇山在一边旁听，当时就对八卦卦象倒背如流了。1969年，黄镇山一边读书，一边开始担任生产队的会计。同时，谭道士将黄镇山家中珍藏的一些古籍拿出来教其读古书，半年的时间，让黄镇山获益匪浅，使其真正进入了"文化层"。

进入初中以后，当时的中学校长张运熙也是多才多艺，见黄镇山知识面广，又勤奋好学，于是对其格外关照，在传授课本知识的同时也向其传授简谱知识，这为其以后搜集整理民歌进一步奠定了基础。在初中阶段还认识了汉剧老艺人涂金星，从他那里也学到了不少表演方面的技巧和汉剧的"本头"及曲调。

1972年进入高中，高中三年是其知识突飞猛进的时期，由于当时一批下来劳改的名校老教授的加盟，客观上给他带来了福祉。尤其是在文学、史学和音乐方面有了长足的进步，而且得到了正规的训练。当黄镇山将家乡的民歌唱给他的音乐老师白慧琴时，老师非常惊讶，认为非常奇特，在教授他乐理知识的同时，也鼓励他坚持下去。当时的音乐老师也是西安人，她认为《周南》《召南》说的就是渭南地区，汉水流域。

三年的高中生活，不仅是其知识的积累时期，也是思想观念发生转变的时期，与这些老师先贤的文化交流，使其产生思想的火花，由此，黄镇山开始从文学、史学、音乐三个方面来反观民俗文化，更加增强了他对乡土文化的深厚情感。同时他也利用民间的形式创作，多次在报刊、广播上发表。

十年"文革"，对很多人而言是不幸的，然而对黄镇山而言，则因祸得福。因为"文革"，才使他有机会跟这些民间艺人、大学教授学习，而这些知识积累不仅使他对乡土文化有了独特的认识，而且也为他以后从事民间文化的搜集、整理和研究奠定了坚实的基础。

（三）中年：致力于民俗文化研究

高中毕业后，黄镇山在其所在的乡——勇敢乡中学担任民办教师。酷爱写作的他经常写一些小文章。1975年是黄镇山人生的转折点。他的文章经常在广播里播出，他的父亲认为儿子已经成为了一个文人，便告诉他家里储存着一些"文物"，这批文物是过去作伪保长的黄镇山的爷爷在挖战壕的时候在伏羲山、女娲山区出土的。看了这些祖父留下的遗产，尽管当时黄还不懂，但他非常兴奋，萌发了搞懂的欲望。在黄镇山看来，这些文物就像家里的古书一样，是一种知识，只是书写的载体不同而已，同时也有一种预感，似乎与儿时听到的山歌、故事、神话有关，而画像砖上的图案，与当时捣毁的神像有一些相似。于是，他开始边读书边工作，利用工作之余，自修了陕西师范大学历史系的所有课程。这些知识的积累，不仅为他继续研究祖父留下的遗产有着重要的帮助，而且对于他从历史的角度来看当地的现代口承神话有着直接的影响。

黄镇山家藏的画像砖之一

结婚以后，随着自己第一个儿子的降生，黄感觉到微薄的工资无法养家糊口，于是便辞职回家务农。为了继续研究祖父留下的遗产，他顺便做一些与文物有关的生意，一方面可以贴补家用，另一方面也可以将书本上学到的知识运用到实践中去，而且，进行文物生意需要到很多地方、与很多人进行接触，尤其是那些出土文物的地方，他更是经常光顾，这无形中也扩大了他的知识面。

进入80年代以后，中国大地上出现了一股"民俗旅游"的热潮，民俗文化变成了弘扬民族文化、展示本土形象的旅游资源，而不再被简单地视为"落后"、"迷信"的东西。①在这样的背景下，黄镇山以当地皋王山（也就是伏羲山）皋王庙为依托，将当地一些民间艺人团结起来，在汉滨区文化旅游局的大力支持下，成立了"伏羲山研究会"，对当地的民俗文化进行搜集、整理和研究，并于2001年农历七月十五在伏羲山北的凤凰胥姑垭举行了民俗文化展演会，让一些濒临失传的民间艺术、年轻人已然陌生的民俗文化重新展示出来，在当地引发了很大的反响。现在的他，继续在孜孜不倦地整理当地的民俗资料，而且还经常自费到各地进行交流，写出了大约二三十万字的手稿，这些手稿如《中国唯一的一座伏羲山——兼述相接的汝皇山和女娲山》《安康传说的虞舜文化》等，在文章中，他将古典文献记载与当地的口承资料结合起来，对当地的地名进行合理的推测，我们姑且不论其论述是否科学，论证是否严密，仅从其给我们提供的资料来看，就具有较高的民俗价值。

如今，年近五旬的黄镇山已经是四世同堂，但却家徒四壁，儿女长年在外打工，而他则醉心于自己的民俗研究，家里照顾老人、看护小孩以及所有的农活等重担全部落在妻子一个人身上，他只有在农忙抢黄的时候才搭把手，但是，他的妻子对此毫无怨言。

在研究民俗文化的道路上，他可谓尝尽酸甜苦辣。既有将民众的口承故事与文献记载结合起来，从而对当地地名得名缘由顿悟的快感，也有被人误解，被人拒之门外的失落；既有朋友、艺人对其工作的首肯，又有跋山涉水、走家串户的艰辛；同时，他还得从自己本来就非常贫困的家境中拿出一部分钱来为那

---

① 关于这方面的文章，可参见王铭铭《中国民间传统与现代化——福建塘东村的个案研究》，载《传统文化与现代化》1996年第1期；贺学君：《民俗旅游的文化价值》，李明德：《旅游与民俗文化》，林继富：《民间传说与旅游文化》，均见刘锡诚主编：《妙峰山·世纪之交的中国民俗流变》，中国城市出版社1996年版；刘晓春：《民俗旅游的文化政治》，载《民俗研究》2001年第4期。

些民间艺人买礼物,忍受在漫漫长夜中,孤灯下整理资料的寂寞。但是,他认为"我乐意这么做,觉得这么做有意义"。他对笔者说:"我接受的是民俗文化,在我看来,只有接受民俗文化,然后根据(现存)的实际地名,(再)结合史料典籍,(那么)很多地名就可以迎刃而解了。"

从我们对黄镇山一生的简单解读中,我们不仅可以看出他故事演述特点和语料库中大量存在现代口承神话的原因,而且可以发现其历史化的神话观形成的原因:

首先,黄镇山之所以能够掌握大量当地的现代口承神话,与其生存的环境和个人境遇密切相关。我们在第二节谈论演述人生存的时空环境的时候就已经指出,伏羲山、女娲山区存在着大量与神话相关的地名,而这些地名背后都有着一个动人的神话故事。此外,在黄镇山小的时候,当地有着很盛的演述传统,这种演述不仅是当地民众记忆传统的手段,也在集体劳动时被民众用以鼓舞斗志,婚庆时候用以增强喜庆气氛,丧葬时候缅怀先辈、警示后人、漫漫长夜中消磨时光,度过饥荒的精神食粮。在这样的氛围下成长起来的他,这些故事、歌谣会自觉不自觉地存储在他的记忆深处,而当地这些与神话相关的地名的存在和不定期出现演述这些故事的场合也强化着他的个人记忆。当然,环境的存在只为其掌握这些口承故事提供了客观条件,他的语料库中之所以能够有大量的故事,还与其个人的兴趣密切相关。从上面对其个人经历的叙述中,我们发现,儿时的黄镇山就对当地的"古今"充满了好奇,被老人们称为"问事穷",遇到不明白的事情,不问清楚绝不罢休,而他周围许多歌把式、故事家的存在,不仅满足了他的好奇心,而且为其提供了记忆源。

其次,黄镇山历史化的神话观形成的原因,与其所受的教育和发展地方旅游的特定取向密切相关。早在童年时代,他就受到大杂院中一些有文化的旧式文人的熏陶,在他们的教导下,不仅记住了很多故事,而且还认识了不少古字,这为他以后看中国古典文献奠定了一定的基础。文革时期,谭道士避难其家,利用晚间休息的时间指点他阅读家藏的古籍以及讲解《周易》等文献,进一步提高了他对中国传统文化的领悟。而高中三年,在一批高校教师的指点下,则有了质的飞跃。自修陕西师范大学历史系的课程,更加强化了其神话历史化的观念。黄镇山多年持之以恒地演述神话,研究神话,有其特定的目的:对当地民众口头神话搜集与整理,并与古典文献中神话资料相对照,试图证明这些地方确实是人类的始祖伏羲、女娲曾经活动过的地方,进而推测汉水流域是人类的发源地之一，从而为当地的民俗旅游提供依据。比如，伏羲山区有一地名叫龙凤山，据说与伏羲、女娲有关。为了增强其旅游的历史性，他引用《左传》"太皥氏以龙纪"以及《春秋世谱》"华胥生男子为伏羲，女子为女娲"这样的文献记载，然后又结合当地民谣"胥姑登上龙凤山，一条青虹绕身缠；春心一动十二年，才和盘古结良缘。生儿为皇高皇山，结网渔猎八卦山；生女为皇汝皇山，抟土做人补洞天"，这样，他将历史的记载与当地的民谣结合起来，为当地的旅游提供依据。

小结

在有着浓厚演述传统的伏羲山、女娲山区成长起来的黄镇山，对依然流传在当地民众口头的神话故事和当地大量存在的神话地名产生了极大的兴趣，这一兴趣进一步激发其思考神话与历史之间的联系。儿时长辈的故事和学校的教育让其相信那些曾经吸引自己、现在依然在民众口头传承的神话，其实就是人类的上古史，只是时隔久远，人们无法理解，因而曲解了历史罢了。为恢复历史的本来面目，同时也为当地的民俗旅游寻找依据，他选择神话来表达自我，实现自我，从而形成了他的叙述倾向，长期的演述实践，逐渐形成了其选择现代口承神话、引用古典文献、进而加以阐释的叙述模式，较好的教育经历和发展当地民俗旅游的特定取向对形成其历史化的神话观产生了重要的影响。

第四节　陈贵友："神话是真实的事件"

神话到底是荒诞的故事还是神圣的叙事，抑或是真实的历史？学者对这一问题至今难有统一的答案。其中，有的学者根据一些地方的民族志研究成果，特别强调神话的"神圣性"，并把是否具有神圣性作为判断神话的重要标准之一。比如威廉·巴斯科姆指出："神话是散文的叙述，在讲述它的社会中，它被认为是发生在久远的过去的真实可信的事情。神话是信条的化身，它们通常是神圣的，并总是和神学和宗教仪式相结合。"[1]这些学者认为，对于传承神话的当地人而言，不仅神话的内容是神圣的，而且神话的传承过程也是神圣的，神话成为当地民众的"笃信对象"。[2]

---

[1] [美] 阿兰·邓迪斯编：《西方神话学读本》，第10页。
[2] [美] 阿兰·邓迪斯编：《西方神话学读本》，第30页。

很多学者将神话与宗教仪式联系起来,并认为神话是对仪式的语言表达。对于它们之间的关系,笔者不敢妄加评述,但需要指出的是,神话并不总是和宗教仪式结合在一起的,它还可以作为一种独立口头艺术存在。伏羲、女娲在伏羲山、女娲山区民众的心目中有着崇高的地位。笔者在伏羲山、女娲山区调查时发现:一方面,当地民众逢年过节和农历初一、十五的时候,去伏羲庙、女娲庙烧香祈愿,表达他们对伏羲、女娲的信仰;另一方面,当地在演述关于伏羲、女娲的神话故事的时候,无论在演述内容,演述场合上还是神话传承上,神话演述都不是一种神秘的行为,而成为一种大众共享的娱乐方式。一面是对伏羲、女娲的神圣的信仰,一面却成为民众消遣的对象。是什么造成了民众对伏羲、女娲这种矛盾的心态呢?也许陈贵友的个案可以给我们一些启示。

一、"人是女娲娘娘用泥巴捏的"

认识陈贵友,得益于平利县旅游局邹慧珊老师的推荐。据邹老师说陈贵友在年轻时是当地有名的歌手。与陈贵友见面,则在旅游局给我安排的住处——党叔家。之所以在党家见面,是因为近几年陈贵友及家人长年在外打工,只有在年关的时候才回家乡租间房子过年,过年之后马上又出去,而党叔和陈贵友是很好的朋友,他们就像一家人一样,因此,我们的见面就安排在党叔家里了。

我们第一次见面的时间是2004年1月16日下午,经过党叔的介绍,我们很快就熟悉了。陈贵友非常健谈,而且不拘小节,我简单介绍了我此行的目的之后,我们的谈话就转入了我要调查的内容上。这里还需要交代的是,由于陈贵友受其生计的影响,即使在年关,他也不得闲,经常要为了家人的生活而出去奔波,因此,我对他的访谈只能是断断续续,只要他有时间,我就抓关键的问题问一些。此外,党叔也给我介绍了他的不少身世。这样,我们也可以从这些断断续续的访谈中看出他在故事传承、演述方面的一些特点以及他的神话观。

以下是笔者对他的一段访谈:

李:陈叔,您好,您能说说女娲是怎么一回事吗?

陈贵友(以下简称"陈"):

陈贵友在给笔者讲述伏羲、女娲的故事

对于女娲，一般老百姓都晓得，是一代一代传下来的。小娃子的时候，没有电视之类的（陈贵友家现在也没有电视），觉得老人谝古，谈起来新鲜，就喜欢听；还有一种就是通过唱歌，大人唱，小孩听，一代一代往下传。

李：他们主要讲些什么，唱些什么呢？

陈：就是伏羲女娲啊，三皇啊，三皇结束了就唱五帝，五帝里面就有尧舜故里啊，大禹治水啊，一代一代往下唱，往下讲。

李：您能给我讲讲这些故事吗？比如说女娲的故事。

陈：我就从磨沟说起吧，滚石磨。这里有个磨沟河，磨沟村，现在已经改成皋王庙村了。说是姊妹（兄妹）两个洪水滔天以后呢，就没有人烟了，水越来越大，大了以后呢，姊妹两个呢被水逼得往山上跑，你水越大他就往山上爬，（所以现在人们就说啥子东西呢，就说多少地方修寨子啊、庙啊，为什么庙宇要盖在山顶上呢，也是这样一种流传，你不盖在山顶上，老祖先已经吃过这样的亏了，他不再往河边盖了，如果盖在河边，那么，洪水来了，这些儿女百姓又要吃亏，又要上当了。就是这种流传，所以盖在山顶。）所以说逼上伏羲山以后呢，也就是皋王山。雨还在下，水还在涨，我们怎么办，正在想呢，突然看见面前有个葫芦，来了个很大的葫芦，姊妹两个说只有往这个葫芦里爬了，也什么都不顾了，就爬到这个葫芦上，海游天下，转到哪里算哪里，可是这个葫芦转来转去，老是流不出去，水住了以后呢，这个葫芦从水田河转上去以后落到皋王山了，他们两个就在这里生活。那么生活以后怎么办呢？也没有人烟了。所以伏羲对他妹子说，妹子，我们现在已经没得人烟了，我们在这里想法还要生活下去，这是第一次说。到第二次呢这个女娲始终还是没有把这个事想开，姑娘家，始终心眼还是顾忌一些，所以这个伏羲第二次又向她求婚，直接就明说了，说，我们没得人烟了，我们姊妹两个成亲吧，以后才有人烟。但是他妹妹还没有答应，后来就说，第三次求婚，他妹子就说，哥哥，你多次向我求婚，我有个要求，如果有天意，那我们就（成婚）。这里有一副石磨，那个时候的磨子是很简单的，不像现在的石磨，实际上过去的石磨不叫石磨应该叫对磨，搁现在科学鉴定叫砸器。他们姊妹两个把石磨分开以后，一个背到鸭锅山，一个背上伏羲山，就往下滚，要重合，就说我们姊妹两个有天意，那么以后就结合，就传宗接代；要不重合，就说明没有天意，那么，我们以后就没有人烟了。磨子滚下去以后，他们到山底下一看呢，两个磨子正正当当地合在一起了。所以，从此以后，简单地说，姊妹两个就成亲，就开始生活。生活以后，靠人繁殖人，繁殖到什么时候才能把人繁殖起来呢？所以，那个时候转过来呢，就是神话了。那么女娲就用泥巴开始做人，又有一种说法说，不是拿黄泥做的，这是错误的，拿人身上的污垢，人身上一弄，弄成条条，往出一甩，成人了，那种说法不正确的。那么，正确的是拿泥巴做人。拿泥巴做人以后呢，摆到一个地方，你要一下雨，怎么办呢，就开始盖房子，用石板啊，树皮啊，盖起来，把他们养起来，那么养起来以后，时间长了以后就成人了。成人了以后，第一次做的，第一次做的以后呢，从那以后呢，才有百家姓，所以说他们姊妹两个呢，生一个呢，赵钱孙李，周武郑王，生一个，一个姓，生一个下来呢，比方说，昨天生下来，按次序排，今天做的一批都姓一个姓，以后生的孩子呢，也是一个姓，所以，从那以后，才有百家姓。

李：原来我们都是泥巴捏的啊！（笑）我刚才听您说女娲拿身上的污垢做人是不正确的，为什么？什么是正确的？

陈：为什么呢？用污垢这么一点小东西，那个形容不全乎，根本就不够制一个人，拿泥巴做人，日子长了，他就成了人，这还有个道理沙，为什么人身上有污垢，不管你洗得过干净（方言，多干净），你慢慢搓，慢慢搓，还有那种脏东西呢，所以人就是拿泥巴做的。女娲娘娘"抟土做人"，所以是洗不干净的。我们这里还有一种俗语，就是当你说别人不干净的时候，他会反过来骂你，说"你干净！你是石头缝里蹦出来的？"说的就是这个事。

……

从笔者对陈贵友的访谈中，我们至少可以得出如下一些结论：

首先，强调神话是"真实的事件"是陈贵友神话观的显著特色。一方面他认为人确实是由女娲用泥巴捏的，反映出其比较古朴的神话观。比如对于早期人类起源的问题，在他看来，洪水过后，兄妹两个为了繁衍人类，只好成婚。但是，婚后的兄妹两个为了使人口遍布九州，仅靠人繁殖人是不可能的，于是，他们就用泥巴捏人，日子一长，这些泥人就活了。所以，他认为，人是泥巴捏的，这并不是神话，而是事实，而作为事实的证据就是现在人们在身上搓的时候还可以搓下泥巴来，在他看来，用人繁殖人的说法才是"神话"。另一方面，他非常相信科学，在谈到伏羲、女娲滚磨成亲的时候，讲到石磨，他告诉笔者，经过科学的鉴定，过去的石磨不叫石磨，而叫"对磨"，此外，他还特别相信书本、报纸、电视等媒体的宣传，与老百姓口头传承的东西相比，他更相信这些媒体报道的东西，这也就是他虽然不认识几个字但仍然经常拿出自己珍藏的"朝分歌"的手抄本来看的原因。从陈贵友对人类来源的阐释中可以发现，他对神话的真实性毫不怀疑。关于神话的真实性问题，中外学者对此多有论述，除了一些学者将神话还原为上古的历史，强调其历史的真实性之外，一些学者还将其与宗教仪式相结合,上升到信仰的层面,强调神话的神圣性。美国学者阿兰·邓迪斯就把"神圣性"作为判断神话的重要标准之一,而威廉·巴斯科姆也认为神话是神圣的,并将之与神学和宗教仪式结合起来,强调不仅神话的内容是神圣的,而是传承的过程也是神圣的,神话是当地民众的"笃信对象"。[①]我国神话学者吕微同样认为"神话是通过解释宇宙起源、人类起源以及文化起源等终极问题来认识世界,并为人类文化与社会制度提供神圣性的合法证明"[②]。由于这些学者把神话看作是神圣性的叙事,因此,他们不仅强调神话的内容是神圣的,而且,与之相关的神话的传承、演述也是神圣的,神话演述总是由特定的演述人,如少数民族的萨满、毕摩、师公,汉族的巫婆、神汉等在特定的场合,如送灵、驱傩或者其他宗教性的场合中出现。对这些特定的演述人而言,神圣的东西必然是真实的,是不容置疑的。陈贵友是一个神话演述人,他对女娲造人的神话也确信不疑,但是他并没有将神话看作是一种神圣的叙事,而是可以随意演述的,体现出他对神话的理解。此外,陈贵友所说的神话的"真"与黄镇山将神话还原为"历史"的"真"也是不同的。因为在与黄镇山的谈话中,笔者发现,在他的头脑中似乎并不存在神话的概念,在他的眼中,神话是人们对历史的曲解,而历史则是真实的。因此,他试图通过自己的努力,把神话还原为历史。而陈贵友则根据一些生活经验和当地流传的一些俗语,认为神话本身就是真实的,根本不用还原。当然,在实际演述中,陈贵友还特别强调"科学"的影响,这使其神话观略显复杂。

其次,从传承线路和传承场合上看,

陈贵友在给笔者唱山歌,前为刘自学,后为陈贵友

---

① [美]阿兰·邓迪斯编:《西方神话学读本》,第 30 页。
② 吕微:《中华民间文学史·神话编》,参见祁连休、程蔷主编《中华民间文学史》,河北教育出版社 1999 年版,第 3 页。

陈贵友的故事主要来自老人的口传心授，故事传承的场合多在一些红白喜事等人数比较集中的地方。

第三，从演述特点来看，他喜欢在演述过程中插入自己的评论，表达自己的观点。比如他在讲到庙址的选择问题时，就谈到人们对大洪水的深刻记忆。

陈贵友之所以对神话感兴趣以及在长期的演述中形成这样的神话观，这与其个人经历密切相关。

二、"我从小就渴望成为一名'歌把式'"

（一）九岁便崭露头角

陈贵友，男，1957年出生于旬阳县桂花乡，后来搬到西河乡东村居住。陈贵友出生于一个普通的农民家庭，有兄弟姊妹六个，他排行老四。由于家里人口众多，生活相当贫困，家里没有多余的钱让其接受正规的学校教育，因此他识字很少。

唱山歌是他们家的祖传，他的祖父就是唱山歌的行家，后来他的父亲从他祖父那里学得唱山歌的本领。陈贵友最初学习唱山歌，一方面是自己感兴趣，另一方面则是其具备唱山歌的条件。因为在大生产的时候，不同的队组之间会展开一些竞争，为了鼓舞本队的士气，每个队都选择一两名唱歌的"把式"来唱山歌，这些唱歌的人不仅可以不干活，而且经常成为各队挖掘的对象。儿时的陈贵友觉得唱歌不仅可以出名，而且可以不干活，便萌发了当"歌把式"的愿望。于是，大人在前面唱，他则默默地跟着学，由于其记忆力非常好，加之嗓音洪亮，一两遍下来就记住了，于是，父亲便着意对其加以培养，除了平时对其加以点拨，还经常带他出入各种婚丧嫁娶的场合，对其进行言传身教。而陈贵友悟性也极好，到七八岁的时候，就可以在父亲唱不下去的时候，帮助父亲"过调"[①]。九岁的时候，在父亲的带领下，第一次在正式的场合亮相，尽管当时有些紧张，但长辈出于对晚辈的宽容以及陈贵友出色的表现，赢得了众人的喝彩，这增强了他进一步学习的欲望。

然而，不幸的是，就在他崭露头角之后，他的父亲便永远离他而去了。为了养育众多的儿女，他的母亲为他们重新找了一个父亲。

巧的是，他的继父也是唱歌的把式。他的继父曾经是保长，而且有文化，家里有很多古书，对于历史也有一些研究，这对于陈贵友唱孝歌非常有帮助。他

[①] 指喊调子的时候，由于主唱人气上不来，就让另一个人接着喊，以便自己换气。

继父的家里有很多"朝分歌"①的手抄本。陈贵友从自己父亲那里主要学到了山歌和花鼓戏，而孝歌（丧歌）则主要是从他的继父那里学来的。

"朝分歌"中记载的故事一般从盘古开天地开始，一直延续，可以唱到当下的现实生活，夏朝以后的历史，都有着比较详细的记载，而像盘古开天、女娲造人等神话故事，则记载得比较简略，而对于很多不识字的乡民而言，这些远古神话的记忆，主要是靠口耳相传的。斗歌场上，最容易被人问倒的，也是这些神话内容。因此，对这些神话故事了解得越详细，越清楚，在歌场上就越有把握，这样详细掌握这些神话故事的来龙去脉便成为每一个歌把式追求的目标。

"朝分歌"的手抄本

（二）十八九岁开始独当一面

集体解散以后，单纯依靠在红白喜会上给人家唱歌根本无法满足生活的需求，于是，陈贵友便给别人当学徒，干起了木活。但是，即使在干木活期间，他也没有放弃其喜爱的歌谣，只要有机会，他便出现在歌场上，静静地听，默默地记，如果遇到歌把式，当晚听不够，他总是想方设法打听这个歌把式的住址，虚心地向他们求教。为了学得本领，他还以给人家做木活为代价，以求得他们教给其中的一些关键。功夫不负有心人，由于其虚心求教，博采众长，到十八九岁的时候，他终于成为歌场上独当一面的把式，而且在斗歌中几乎很少失手，正因为如此，他也成为主人家争相邀请的对象，甚至会出现只要他一出场，便很少有人敢跟他斗歌的场面。而他也尽情享受着别人羡慕的目光。有时候，即使在自己开拖拉机期间，无论时间多紧张，只要有歌场，他都会赶回去，不顾劳累地唱夜歌。慢慢地他也成为别人求教的对象，开始自己带徒弟。

（三）三十岁以后逐渐丢弃

唱孝歌，不仅需要惊人的记忆力，丰富的歌场经验，而且还需要有很好的体力。因为主人家请这些歌把式一般一请就是一晚上，甚至三个晚上，是非常累

---

① 所谓"朝分歌"，是指歌手唱歌的底本，主要是手抄本，上面的歌词大都按照历史顺序演唱。

人的，没有一定的体力和耐力，很难支撑下来，而且，给的报酬也相当低廉，因为歌师在当地并不是一个固定的职业，有时候纯粹就是邻里间的互帮互助，生活很难有保障。

20世纪80年代，随着中央政府改革开放政策的出台，一些农民开始离开自己的土地，到大城市去打工赚钱以求迅速改善他们的生存条件。在这样的背景下，陈贵友带着自己的妻子和子女，离开土地，先后在湖北、河北、北京等地打工，一出去就是一年，只在年底的时候才回家过年，年后便又开始离乡背井的打工生活，有时候甚至过年都不回来。这样，长年没有唱歌的环境，他的歌就慢慢被遗忘了。

因此，无论是讲述故事，还是演唱歌谣，除了一个人必备的素质之外，环境也是至关重要的。陈贵友以及像他这样的歌把式之所以不得不放下自己喜爱的歌谣，笔者认为，至少有两方面的原因：一方面是由于唱山歌环境的消失。山歌在集体劳动时候最为火爆，几乎每一队都有一两个歌手，组成对子进行演唱。在劳动的时候，两队互相竞争，如果一队被斗败，则意味着这一队今年的收成不好，可见歌手在一个生产队中的重要性，不仅关乎着本队的面子，还意味着队里今年的劳动收成。由此不难想象当时唱山歌之盛行，唱歌人之卖力，一些著名的歌手之火爆。现在，集体劳动消失了，那种集体劳动的热闹场面也不复存在了，而且，现在能够演唱山歌的也屈指可数，经常只剩下一个人，很难将过去那种豪放悠远的调子一个人独立完成。另一方面则是受经济的冲击。过去唱歌，无论是山歌还是孝歌，几乎都是义务性的帮忙，报酬基本上是象征性的，根本无法养家糊口。包产到户后，尤其是改革开放后，一些传承民间艺术的艺人开始下海，多年不练，变得口生了甚至遗忘了。陈贵友就是这样的民间艺人。

（四）重新开始回忆过去的歌谣故事

陈贵友在外打工十几年，感觉有点累了，而且生活也极不稳定。同时，十几年的打工生涯，让他阅历颇丰，看到别的地方利用当地的民俗文化把当地的经济搞得红红火火，而自己的家乡有着非常深厚的民俗底蕴，于是，他萌发了回家乡利用当地丰富的民俗资源来发展当地旅游的想法。

而与伏羲山相望的女娲山，不仅风光秀美，而且有始建于唐代的女娲庙，女娲娘娘在当地及周边民众心目中有着很大的影响，香火一直非常盛，只是由于"文革"的破坏，加上长年疏于修葺，现在的女娲庙已经破败不堪。如果借助于女娲庙的香火，在女娲山发展民俗生态旅游，前景将非常诱人。他的这种想法与平利县政府靠旅游来拉动地方经济的政策相吻合，于是，他利用自身对当地民俗文化熟悉以及懂苗木管理的优势，加上当地政府的政策扶持，在女娲山搞起了旅游开发，并于2004年国庆期间成功地举行了女娲庙的开光仪式。

现在的他，一边在女娲山搞开发，一边利用休息的机会，拿出家里的一些"朝分歌"的手抄本来回忆过去的歌谣故事，遇到记不清的，还向一些健在的老人去打听。在笔者对其访谈的过程中，他已经记起很多的歌谣，其中涉及到很多伏羲、女娲、鲧、大禹等神话故事，而且，他也能将这些歌谣的内容用讲故事的形式讲述出来。

从以上陈贵友的个人经历中，我们可以发现：

首先，陈贵友之所以对传统的神话及其他民间文学文类感兴趣，一方面受其家庭的影响，另一方面，则是出于歌手在歌场中竞争的需要。陈贵友从小就在有着演述传统的家庭中长大，他的祖父、父亲以及继父都是当地唱歌的把式，由于家庭的熏陶，使他从小就树立了当歌把式的愿望，对当地的歌谣产生了浓厚的兴趣。多年在歌唱中的锻炼使他明白，要想在歌场上立于不败之地，必须对别人不太熟悉的远古的神话了如指掌，这样，才能在斗歌中不被别人问倒，从而战胜对手。此外，演述歌谣还是一门谋生的技艺。贫寒的家境让其想方设法增加其谋生的手段，虽然单靠在婚丧嫁娶上给别人唱歌难以养家糊口，但是多一门技艺毕竟比少一门好，而且，即使是出于相邻间的互助，也有利于融洽乡邻之间的关系，何况有时候主人家还会有象征性的红包或者礼物。于是，他有意识地对伏羲、女娲神话的细节进行搜集整理，并在演述中形成了自己的"传统取向"和"叙述倾向"，终于成为当地有名的歌手。

其次，陈贵友之所以对把神话看作是真实发生的事件，与其个人的生活经历密切相关。陈贵友从小生活在一个比较贫穷的家庭，兄弟姊妹众多，使其无法接受正规的学校教育，教育程度的不足使其只能依靠自身朴素的经验来对人类起源的神话加以阐释。而作为一名歌手，他经常出入婚丧嫁娶这样的场合，在这些场合中，他一方面通过演述神话、与别人斗歌来消磨时光，另一方面，就是通过神话来教化当事人，而最具有教化功能的故事莫过于那些真实发生的事情。因此，他特别强调神话的真实性。对于神话的真实性问题，他有自己的一套判断标准，在他看来，那些被大多数人认可的东西，在他看来就是真实的。另外，他也特别相信"科学"，相信"书本"，认为上了书的，广播、电视、报纸等报道过的东西，他也认为是真实的。因此，在他的演述中，经常会用"科学"、

"书刊报纸"等字眼来增强他演述的可信性。

第三，由于陈贵友在当地以唱歌出名，虽然可以将歌谣的内容用散文的故事讲述出来，但讲述的过程中在用词造句方面显然没有黄镇山精炼，显得口语化。在故事的创造性方面，陈贵友则显得比黄镇山和柯尊来强。在黄的文本中，除了其对故事的阐释之外，基本上引用的都是别人的故事和史书的记载，而柯尊来遇到问题，回答不上来的时候，则用"这是一个问号"或者"那时候怕是这样的吧"来代替，而不作进一步的阐释。陈贵友则不然，总是根据具体的情境来把握故事讲述。比如，有一次他在我住的房东家党叔家里给我讲关于伏羲、女娲滚磨成亲的故事，当时除了我们两人之外，还有党叔和他的母亲在场。当他讲到伏羲、女娲扛着磨分别上山的时候，笔者插了一句，说"女娲怎么可以背得动石磨呢"？他告诉笔者那时候的磨子叫对磨，女娲毕竟是女的，能力小一些，所以拿的是上面的，比较轻的。这时候，他突然意识到党叔母亲的在场，于是赶紧就说，现在男女都一样了，有时候，女的比男的还要强，女的能干的事情，男的不一定就行，并举西河乡的女党委书记为例，进一步加以证明，由此可见他对现场情境的把握和即兴创造力。

小结

本节主要探讨的是陈贵友神话演述的特点和演述活动中表现出来的神话观，并对其神话观形成的原因进行了探讨。

受家庭的影响，陈贵友从小就渴望成为一名歌手，因为一名优秀的歌手不仅可以赢得别人羡慕的目光，而且还是一门谋生的手段。别人的经验和自己的实践使其认识到，要想在歌场中立足，必须对别人不熟悉的古老的神话尽可能地了解，于是他想方设法地向那些有经验的老歌手学习，精诚所至，金石为开，虚心的态度和长久的磨炼使他最终成为一名远近闻名的歌手。由于受其自身教育程度所限和个人经历的影响，对于当地流传的神话，他有着自己朴素的认识，一方面他认为神话是真实发生的事情，人类的确是女娲用泥巴捏成的，体现了其朴素的认识论思想；另一方面，他又对科学表现出充分的信任，比如对石磨的解释，显示出其比较复杂的神话观。对神话母题的兴趣形成了他一般的传统取向，为了在演述活动中获胜以及现在开发民俗旅游的目的使其更加关注当地流传的现代口承神话，形成了他的叙述倾向。长期的演述实践，形成了其比较稳定的对神话的个人阐释和演述特点。

第五节　柯尊来："神话是神乎其神的故事"

在现实生活中，很多人总是用"神话"来形容那些难以置信、荒诞离奇的事情。但是一些具有特定职业的人，如少数民族的说唱艺人、萨满、祭司、毕摩以及汉族的巫婆、神汉等，往往认为"神话"是非常"神圣的"，并不是任何人都可以演述，只能由特定的人在特定的时空背景下演述，否则会触犯神灵，引发灾难。然而，笔者在伏羲山、女娲山区结识了一位被当地人称为"巴巫蛮道"的道士柯尊来，他却把神话看作是神乎其神的、不可信的、可以随时随地演述的故事。

一、"神话是不可信的故事"

笔者能够结识柯尊来，纯属偶然。2004年春节期间，笔者在安康对黄镇山老师进行了为期一周的访谈，访谈结束后准备返京，黄镇山盛情邀请笔者看看他的个人收藏，同时也看看他们的伏羲山研究会，也许会对笔者的论文写作有帮助。于是笔者改变了自己的行程，随其从安康返回伏羲山区。在那里，笔者不仅见识了黄镇山个人收藏的文物，同时也对现代口承神话在当地的传承有了进一步的了解，更为重要的是，遇到了第三位合作者——柯尊来。时间是2004年1月30日，我和黄镇山从安康出发，去伏羲山。黄镇山告诉笔者，柯尊来是一个道士，当地人叫其"巴巫蛮道"（因为他们信奉道教师祖张云幕，所以称为道士；但他们又自认为不同于武当山的道士，因此，被称为"巴巫蛮道"，笔者注）。因为之前对此根本不了解，于是利用乘车的机会，笔者把黄镇山写的《巴道说源》匆匆看了一遍，有了一个大概的印象。到了柯尊来家里，已经晚上7点多了，当时，他们全家正围着火炉烤火。尽管有黄镇山介绍，但是，初次与道士接触笔者还是有点紧张，但事后发现自己的紧张是多余的。柯尊来是一个非常和蔼的人，说话慢条斯理，

柯尊来在接受笔者的访谈

而且非常善于讲故事，山歌唱得也很好，虽然我们初次见面，却有一种一见如故的感觉。我们当晚就开始聊天，一直聊到凌晨两点，如果不是其妻子催促，也许我们会一直聊下去的。正是这一晚的相识，笔者决定将他作为笔者的合作者之一。但当时学校正要开学，笔者只好跟柯尊来约好，下次来这里做田野时再进一步对他进行访谈。

下文的一段访谈记录主要是根据在2004年5月9日录音整理的，从这些材料中可以窥见柯尊来的讲述特点和他对神话的认识：

李：柯叔，您好！这次呢还是想听您谝谝关于伏羲、女娲的一些古今，以及希望能对您的个人经历有进一步的了解。

柯尊来（以下简称"柯"）：哦，那可以么。

李：您看，这里地处伏羲山区，前边就是伏羲山，下面就是胥姑河，而不远的地方就是女娲山，民间流传着许多关于伏羲和女娲的故事，您以前听说过吧？

柯：哪有啊，我以前也听说过。

李：您能给我谝一谝吗？

柯：原来我也知道一些故事，但我就没有注意我们这里很多地方跟故事上的地名联系，那时候就没有联系上，现在联系起来才恍然大悟，确实是恍然大悟。那就是说故事与我们这个地方，与伏羲山确实是巧合了。

李：巧合？您认为是巧合？

柯：我认为确实是巧合，实际上也是巧合。

李：您能给我具体说说吗？

柯：第一就说我们胥姑垭吧。胥姑垭的地名可不是几十年的胥姑垭，自我一省事（能记事，笔者注）以后就是胥姑垭，但是我也没有问老年人好多年的胥姑垭，但是我们伏羲山文化开发以后，就问一些老年人你知道这个胥姑垭吗？人家也说他们记事就是胥姑垭，就说不清。

李：为什么叫胥姑垭？

柯：就是说胥姑垭在伏羲山下，胥姑垭有胥姑庙，是个大殿，上殿、下殿，两边的厢房，道人有两三个。再说胥姑河，那边的新庙子，就是新庙梁，伏羲山在那个地方，那里山势险峻，主要是老百姓上伏羲山路比较远，祭祀不方便，也就是说给伏羲盖了一座新庙，我刚才说的一次性盖了四个皋王庙，就是为了祭祀方便，为什么盖这么多庙，就是对皋王爷不得不崇拜，不得不祭祀，祭祀多了庙也容纳不了，你哪里人就在哪里祭祀，新庙梁，新庙梁，肯定是一个新庙子，老年人说是一个新庙子，在什么时间这个庙没了，是个怪事情，伏羲山朝这个方向

来，十几里路以外，这个地方呢我是听平利磨沟有一个雷胜强说的，听他说的，有一个脱耙坡，这个地名很少听见人说，就是伏羲在这个山顶与女娲两个互相在山上把这个磨子往山下滚，伏羲是男的劲大，人家可以把磨子背上去，女的怎么办呢，她把这个磨子，在这个平的地方没法滚，她要拉到一定地方，能滚的地方放手

柯尊来在给笔者讲神话故事

能滚，她采了什么办法呢，做了一个就是这个耙，这个东西，用绳绳拉到一定的地方，把磨子滚下去，拉到这个脱耙坡这个地方怎么办呢，绳子断了，绳子断了以后，连耙带磨滚下去了，滚哪里了，就是滚在磨沟了，这个地方就在磨沟附近，这是雷胜强给我介绍的，这个地方怕是个很小的地方，我很少听别人说过，具体地名我也记不太清了。反正是有脱耙两个字，究竟是坡呢还是梁呢还是沟呢，就不太清楚了。

李：就是说，女娲和伏羲究竟是什么样的人呢？

柯：那就是很神奇的人吧。

李：怎么神奇呢？

柯：因为他的父亲就是雷神，他的母亲，哦这个华胥。华胥和雷神相配以后生的伏羲，生的女娲。

李：华胥和雷神他们怎么相配的呢？

柯：雷神是咱们当地的，是华胥为上神，是一个女性，是有这个造化，她是断到这个地方，与雷神相配。

李：华胥是什么地方的？

柯：是西北来的人吧，从西北来的。是天地的造化，她与雷神有姻缘之配，有可能是雷神为静她为动，她来配雷神。

……

李：您继续说华胥和雷神。

柯：那就是这么一回事。

李：就是生的伏羲和女娲，但是在我们这一带流传得比较广的一个故事就是说洪水滔天。

柯：那天我不是给你讲过吗？

李：但是那天我有点忘记了，您能给我再讲一遍吗？

柯：可以么。这个洪水滔天原因就是说，天地还没有光线的时候，也没有盘古的时候，地球内藏着四个大蛟龙，因为没有光线他们就没有出来，在里边昏睡吧。后来有了光线，他们就从里边出来了，出来以后怎么办呢，他们就作乱，作乱，作乱就是说谁有很大本事，谁来多大个事，有很大本事就做很大个坏事，就是一齐下了一场暴雨，原来，地球有光线以后，地球可以说是走到哪里，就跟平川一样，根本没有山，也没有什么河，也没有什么沟，整个就像圆鸡蛋一样，平平的，他们下了一场洪雨，特别大。四个大蛟龙，他们同时下，一下洪水大的，把这个地球打的，有土的地方是一股一股的，有山的地方，有石头的地方也是一梁一梁的，把这个有土的地方用水把土推出去，留下了山石推不动，所以后来地球上大山大水大河，就是把天下老百姓人类全部都灭了，谁也跑不脱。地球上四个大蛟龙从四方一路，同时下这个洪雨，谁能跑脱，淹死了。

李：那会儿地球像一个鸡蛋的时候就有人类？

柯：对！

李：那个人类从哪里来呢？

柯：这个人类也就是说从这个，盘古……

李：您不是说哪会儿还没有盘古吗？

柯：没有盘古的时候地球下藏着四个蛟龙，地球有光线他们出来。

李：那会有没有人呢？

柯：那就有人，他们出来这个时间呢，很长时间（就是多长时间，笔者注）他们才出来，这个是一个问号。盘古开天辟地有了光线，有了光线以后，也就是说，女娲是天下盘古以来第一个大皇帝，虽然没有当皇帝，要承认为皇帝，造人啊，她一看，地球上有光线了，没有人，什么动物都没有，这是个什么世界呢，她想，这地球上要成为一个世界，有世界就要有人，所以她就用泥巴做人，她开始用泥巴做人的时候，她就仿照自己造人，她是个女的，所以专门做的是女的，后来她一想啊，这个女的将来一死，世界又没有人了，她就又想象做一些男的，来配偶，上一代死了还有下一代，一代一代人就多了，就是做娃一样，人家就说，那就是一种神话么，她吹一口仙气，全部变人。做好以后，她上架，在地上不容易干，容易干，来了一场雨，这一场雨与这个蛟龙有可能有关系，到现在四大龙王，也就是四大蛟龙，下雨就是他们么，一下，收都收不及，下的架也倒了，原来做好的时候，好的配好的，高的配高的，矮的配矮的，都配好了，一下倒了一锅粥，弄的，原来配的那个也弄不展了，只要男娃娃和女娃娃就行了，是吧，就是搞不展了，最后一整，一下搬了个断胳膊没腿的，就说是，现在世上人缺胳膊断腿呀，也有眼睛看不见的呀，千姿百态的人都有，也就是吃了你那么一个亏，这人开始也没有想要成为怎么一个人，反正一口仙气吹下去以后，叫他们能行动了，也就没有说是穿衣裳了，女娲穿的是仙纱，亮亮的，就是仙纱。她也没有想到这个衣裳怎么弄。这一些人开始就是第一代就是猿猴，也不穿衣服，而且受到日月光华的照淋，长了一身毛，也不会说话，就是在坡上拣些野果子吃。最后就是一句话，通过劳动创造了人，从这一代猿猴，他们在生活当中，通过实践，开始摘果子吃，最后，这个无形中石头碰石头，碰出了火以后，把森林给点着了，烧死野兽，他们拣这些野兽肉吃，感觉很香，很香以后他们就打猎，他们打猎，吃肉。这个庄稼这个东西都是野的，坡上长了一些这样那样的，长起来以后，他们肚子饿了，有火了，他们也就说是想象到，看这个东西好像能吃，拿来，掰一个麦穗啊什么的，在火上一烧，用手一摩擦，把这个米一吃，很香。很香他们也就动脑筋，把这个摘来种。种庄稼，那没有农具啊，开始就是用棍棍之类的，把种子洒到哪里以后，戳一戳，攒一攒，能长就行了，最后他们就感觉戳呀，啥子，就动脑筋制农具，其实这牛这东西，还是他们打猎的时候，获取的一些野兽，大的他们就吃了，小的他们就喂着，喂长了，舍不得吃，看它们劲大，能为我们出力。总的一句话是劳动创造人，通过他们的劳动实践慢慢进化。（刚才您说的是华胥拿泥巴捏人，笔者问）我刚才说的就是洪水滔天以后的事情了。

李：华胥和女娲是同一个人吗？

柯：那不是。根据我刚才说的这个顺序就这么来。华胥和雷神为上神，雷神地点在我们这里，其实下凡造人是女娲。我上次给你说的那个经文（即故事，笔者注）很贯穿，通过洪水滔天以后，以前世上有人没有人不知道，反正通过这个洪水滔天之后，天下是没有人烟了。后来女娲降伏龙王，这四大蛟龙闯了这么大的祸，给世间造了这么大的孽，我们有女娲伏龙的那个神话小说，有那个本子，有女娲伏龙，骑到龙背上，抓住龙须，拿着宝剑，要斩他头啊，斩他头，龙就求饶，求饶行，就留你一条性命，你到世间上为天下老百姓风调雨顺，国泰民安，东南西北四大海，你们一人任一个龙王，掌管天下的雨簿，风调雨顺，五谷丰登，这就是后来的四大龙王，给他们也起上这个号，敖广就是东海龙王。女娲伏龙就风调雨顺了，天下太平了，种庄稼。伏龙以后，时间与那个时代那个时间来说，一个故事分叉说，伏羲一看，天下后代断绝了，洪水滔天以后后代断绝了，伏羲也考虑他跟谁来婚配呢，需要婚配，天下无人，他妹子是女的，也没有配的了，他就向他妹子求婚，求婚也是为了世上有人，话说转了，他们两个能赢得扯吗？再说婚配以后，还想生儿吗还是生女呢？所以就说女娲就是挖泥做人。

……

李：他们怎么想起拿泥巴捏人呢？怎么能活呢？

柯：这就是神话。（笑）泥巴娃娃怎么能成活，我们都不会相信这些事情，不过有些事情，你现在就说不清，世上老百姓，这个人究竟是从哪里来的，又能说出这不是泥巴娃娃变的，谁又能说得清呢。从古今上看，许多事实，纠纷，从读者来看这个事情怎么下台，他肚子饿要吃饭呢，还说这个事情不得下台，用什么办法解决，没办法解决，最后还不是用一个神话小说来解决。这是一个解决的办法。古今属于人最高水平的生活，是一种人的生活水平，书上的生活水平，超过人的实际生活水平千倍万倍。越怪的东西，越不相信的东西，才吸引他去看。

李：您给我讲的这些故事，平时给别人谝吗？

柯：很少谝。

李：那你做法的时候，是不是一晚上都做，有没有空闲的功夫听到其他人在讲这些故事？

柯：我们作道，一去就忙，忙到差不多了，有点空闲时间就要休息，困倦得不行了。

李：这些故事在像您这样的年龄，您感觉知道的人多不多？

柯：不多。不多，就在我们五星村来说的话，要说说这些故事的话，现在没有了。

李：那您觉得这些故事还会传下去吗？

柯：不可能了，没有谁听么，没有谁问么，没有谁追究这些事情。

李：我想冒昧地问一下，您认为什么样的东西是神话呢？

柯：就是不可相信的事情，没有看见的事情，没有现实看见的，而且是不可能的事情，但是人家说的很神乎其神，而且你还很爱听，这一种说法就叫做神话小说，而且说神、鬼，说的很生动活泼，这就叫神话小说。

……

从以上笔者对柯尊来的访谈中，我们可以看出其演述神话的一些特点和神话观：

首先，柯尊来的神话演述与前面两位演述人相比，他的演述更为生动，而且比较文学化。但他的故事演述缺乏创造性。这集中体现在他在演述的过程中遇到不明白的地方，不是发挥创造性加以补充，而是用"这是一个问号"来代替。

其次，在神话观方面，柯尊来持"神话虚妄说"的观点。与黄镇山和陈贵友不同，他既没有将神话作为真实的叙事，也没有看作是被曲解的历史，而认为神话"是不可相信的，看不见的，不可能的事情，人们把它说得神乎其神"的故事。比如说对于女娲用泥巴捏人的故事，在他看来，人是猿猴通过长期的劳动变来的，并不是什么泥巴捏的，人们之所以这么讲，主要吸引听众的注意力。"古今不要钱，只要你编得圆"充分表明，神话在他的眼里，只是一种人们用来闲时消遣的工具。谈到"神话虚妄说"的观点，我国学术史上最具有代表性的莫过于东汉唯物主义哲学家王充了。王充为了驳斥当时东汉出现的谶纬之风，运用实地经验和譬喻、类推的办法，对儒书中记载和民间流传的神话进行了大肆的批判。比如他对儒书中记载的"女娲补天"神话的驳斥。众所周知，在《淮南子·天文训》中有"昔者共工与颛顼争为天子，不胜，怒而触不周之山，天柱折，地维绝。女娲炼五色石以补苍天，断鳌足以立四极"的记载。但是，王充从现实经验出发，认为"天非石体，四柱难支；鳌虽长大，难及天地；女娲为人，高难及天"等理由，进行了全面的驳斥，从而得出"女娲补天"纯属"虚妄之言"的结论。[①]从认识论的根源来看，柯尊来与王充相同，对于这些离奇的故事都持一种否定的态度。但是，与王充不同的是，柯尊来并没有像王充那样，试图通过对神话的驳斥来达到"订真伪，疾虚妄"的目的，而只是将其作为一种闲时消遣的工具。

第三，柯尊来在故事演述中强调"命运天定"的观念，这显然与其道士职业有密切关系。在他看来婚姻是天定的，不是人力可以左右的。比如，他认为来自西北的华胥就是上天指定来与雷神结婚的，认为这是造化。

在笔者的头脑中，作为道士的柯尊来应该像少数民族的神职人员，如毕摩、萨满等以及汉族的神汉、巫婆一样，应该认为神话是一种只有在特定的仪式场合之下才可以演述的神圣叙事。但是，上面他对神话的阐释大大出乎笔者的意料。通过进一步的接触，在对其人生经历和他对道士这一职业的认识有了一个大致的了解之后，笔者才明白形成他这样神话观的原因。

[①] 钟敬文、杨利慧：《中国古代神话研究史上的合理主义》，参见《中国神话与传说学术研讨会论文集》，第37—41页。

二、"我们的'道'是一种'艺'"

与黄镇山、陈贵友不同，柯尊来出生于一个道士家庭。他的父亲是当地的"巴巫蛮道"之一，他现在继承了父亲的衣钵，也成为当地的一名道士，经常被人请去做道场。按照"巴巫蛮道"的辈分来排，他是"冲"字辈，是现存道士中辈分比较高的一辈。同时他还是伏羲研究会的成员，是"巴巫蛮道"研究室（附属于伏羲山研究会）的主任。他平时除了主持各种法事，为亡魂做道场之外，对五行八卦也比较精通，别人也请他相面、看手相，利用赋闲在家机会，他还扎纸活。柯尊来家现有五口人，上有年近九旬的老母，下有两个已到成家年龄的儿子，现在这两个孩子都在外打工，由于他不定期被人请去做道场，家里的农活基本上靠他的妻子来操劳。

上文提到，柯尊来对于当地流传的伏羲、女娲神话有着与黄镇山和陈贵友不同的认识。在他看来，无论伏羲大帝拯救渭南民众，还是女娲娘娘抟土造人，这些都是不可信的，是人们为了消磨时光，编一些"人们不可相信的事情，没有现实看见的，而且是不可能的事情，但是说得很神乎其神，人们还很爱听"的故事，他特别相信自己的眼睛和个人的经历，除非自己亲眼目睹，否则，再怎么神乎其神，他也认为这是不可能的，是一种"古今"。在他看来，谝古今非常容易，只要你记性好，口才好，编圆就可以了，俗语有"古今不要钱，只要你编得圆！"

他的思想也受到主流意识形态的影响，比如，他对人类的起源的看法，无论神话故事中说得多么神奇，他在结尾总是用一句话结尾："总之一句话，是劳动创造了人"。这种观念的形成，也许他的人生经历会告诉我们答案：

我是土改二年出生的，也就是 1952 年，从我记事的时候，那就是咱们吃食堂的时候，那时叫刮共产风，毛主席说马上就要实现共产主义了，这是一个理想，整个就是大面积的老百姓，走到那里吃到哪里，生产到哪里，咱们这个地方的人可以调到十几里以外的地方去做活，去了，就在那里吃、住，那个时候确实是全国一盘棋，没有小范围。

伏羲山下的柯尊来

集体劳动的时候，我们这个五星村、三星村、方星村这三个村成立一个俱乐部，请人家外地的"大把式"，我们这里把"把式"叫做一号的，叫行家。当时我很小，还不懂事，常常在一些红、白、喜事上凑热闹，听老人谝古今。当时我就特别喜欢，特别着迷，一旦这些老人停止不讲了，我就会缠着他们不放，而且，我很有心，他讲得累了，不想说

身穿道袍的柯尊来正在做仪式

了，我赶紧问一句，说那个事情究竟怎么样了？所以我们生性爱听，感觉这个有味道，我们很喜欢，跟吃饭一样，爱吃。而且由于我父亲是一个艺人，经常有人来我们家，老的少的都有，来了就乱谝一通，感兴趣，我就听，不感兴趣，我就出去玩了，当时是小孩，不用劳动的。

我爱听的故事一般是上了书的，像《封神演义》啊、《隋唐演义》啊、《西游记》等，这样的故事我爱听。经常来我们家的人中，有一个人特别能讲故事，他就是现在鯀家乡，也就是胥姑垭山梁那边的有一个人叫张至藩，张至藩是我母亲的亲大舅，是个县参议员，当时他的文化深，看的书很多。张至藩个子大，说话特别幽默，声音不高不低，一脸笑，说话很逗人听，随随便便说出来就很逗人听，他的古今不知道有多少，他可以到你屋来，看见谁家有个啥事情，或者是喜事或者是啥矛盾事，他马上说一个古今来对照你这个事情，那个老汉在你家里玩十几天，都不感觉讨厌，大家都很喜欢他，我也特别喜欢，我把他叫舅爷的。在很多故事中，他给我们讲的一个就是《封神演义》里面的《哪吒闹海》，我印象特别深刻，还有一个涉及到伏羲，就是上次给你说的"伏羲显灵"的故事，就是说八大王要血洗伏羲山居民，结果伏羲显灵，拯救了这里的老百姓。这样的神话小说，别的老汉也谝过，但是没有人家张至藩老汉说的贯穿（即连贯，笔者注）。从小，我就特别佩服我的舅爷，就想成为像他那样的人。

我上了五年半学。我从八岁上学，因为生的天性的问题，脑子比较混，哪怕开始两年是混过去了，三年级以后才进步大。后来，我大哥结婚以后，要分家另过了，因为一分家，家里的劳动力不够了，我就不能上学了。当我知道不能再去念书了，心里马上就警惕起来，所以，在屋子深造起来，我父母亲就说，我那个

娃子一进屋就胡画呀，就是找些纸、磨些砖画，找些书看。我很喜欢书法，但是家里穷，买不起纸和笔，于是，我就磨了四块大方砖，用水蘸着练。现在，我的书法还可以，我大儿子的书法也不错，门上的对联都是他写的。

说到我父亲对我的影响，有好的一方面，也有不好的一方面。因为他是一个道士，在学校念书的时候，人家就说你父亲是一个道士先生，你们是迷信家，你们是最讲迷信，这就是同学们揭我的二话（就是揭我的短），在破四旧、立四新的时候，人家对我的教育就是你们是迷信家庭，对我这么个影响。我从思想上，对我父亲这个艺没有反对过，我认为不是一个坏事，我认为这是一个艺，需要有人接替他，群众需要，接他去，他又学了这个东西，他又会，但是他作艺的过程中没有做反动的事情，他没有说反动的话，我父亲不多言多语，我父亲是一个好人，人家的威信也很高，我没有见哪一个人对他不尊敬。即使在"文化大革命"的时候，他也没有受到红小兵的迫害，而且受到当地老百姓的保护。所以我的这些道具都还在，其他道士的道具都烧了，书也烧了。

对于我父亲的这个艺，我不但不反对，还有点爱好，但是在60到80年代，国家一直禁止，老百姓作道，都是偷偷摸摸的。我学道比较晚，快三十岁了，而且已经结婚了，也很担心自己能不能学成。当时是1980年，邓小平第三次上台，正式当了国家领导，说了一个百花齐放，当时一下子兴起来了，这个艺兴起来了，说明这个艺还是正确的，老百姓还是需要的。我再不学，我父亲当时已经是70多岁了，如果我父亲一走，就把这个艺带走了，就失传了；二一个我们这个经书，就是这个宝藏，如果不学，也就没有用了。我学我条件好，我能写，能唱，困难就是年纪大了，记性不行了，但是下决心了，就开始学。但是我父亲对我的年纪信心不大，只是抱着一种试试的态度，多次请求并试验过以后，终于用心教我了。

而我下定决心，安心学道，也源自于一个偶然的机会。当时，我随父亲去给一个死了儿媳妇的老汉家做道场，这个老汉给我讲了两个故事，其中一个是孙武子生而知之的故事，另外一个是苏秦学而知之的故事，尤其是苏秦"头悬梁，锥刺股"，历尽艰辛终于成为六国宰相的故事给了很大的信心，下定决心一定要把我父亲的艺继承下来。

现在，干我们这一行的，整个伏羲山区不到10个人，而且都年龄都已经在五十岁左右了，干的人越来越少，有愿意干的年轻人缺乏天资，但是大部分受不了这样的苦，真的担心祖辈传下来的手艺在我们这一代人手中断送。

对于谝古今，现在基本上没有人听了。以前集体劳动的时候，因为肚子吃不饱，而且又不到吃饭的时间，于是，人们就要求我给他们谝几个古今，我呢，也比较喜欢。这样,人们围成一圈,我就开始谝。因为这个,人家队长还经常批评我不务正业呢。

柯尊来道士除了给笔者讲故事之外,还是唱歌的好手,尤其善于喊调子,利用中午吃饭的时间,他和他的哥哥①以及汪德田②为笔者喊了一首山歌调子,内容涉及女娲用黄土捏人的神话故事:

柯尊来等三人在伏羲山下唱山歌

女娲塘边抟泥巴,伏羲后边打土巴,打坏了泥娃娃;

打上了女娲犹自可,打上了泥娃娃出傻瓜,后代无发达。③

当时的演唱完全是为了我而唱的,但他们却非常认真。我们选择了一处比较空旷的山野,背后有松柏青翠,田野油菜绿得可人,柯尊来的哥哥站在中间,手拄锄头;左边是柯尊来,右边是汪德田,我则在一边拍照,黄镇山和另外一位中年人在旁边听。由于久不唱歌,尽管在唱前多次练习,唱的过程中还是出现不少接不上的问题,但那高亢深远的歌声在空旷的山谷中久久回荡,似乎诉说着女娲始祖抟土造人的动人神话与伏羲女娲嬉戏时的欢乐情景,非常有震撼力。

柯尊来的自述告诉我们,之所以形成其"虚妄"的神话观,与他所受的教育和对"道"的认识有着密切的关系。

从小生活在有着浓厚神话传统的伏羲山、女娲山区的道士柯尊来对于那些情节比较神奇的故事非常感兴趣,但他并没有将神话看作是一种神圣性叙事,而是看作一种不可信的神乎其神的故事。这与其所受的教育、认识事物的态度不无关联。如他所言,他是"生在新社会,长在红旗下,接受的是毛主席的新政策的教育",无论"女娲造人"的故事多么离奇,他还是用"劳动创造了人"来

---

① 柯尊来的哥哥柯尊清是一位退休的老教师,据黄镇山讲,他也是一位喊调子的高手。

② 汪德田,男,税务局退休的干部,说拉弹唱样样精通,尤其是喊起调子来,声音浑厚、清越,非常有感染力。

③ 据汪德田讲,这样的山歌需要四个人来演唱,原来只有汪德田和柯尊来两个人,演唱时,正好碰上柯尊来的哥哥在田里除草,于是邀其一起,才勉强唱起来,就是这样,最后的调子还是没有喊出应有的气势。

收尾，表现出学校教育对其思想意识的影响，同时，他多次向笔者强调"眼见为实，耳听为虚"，强调自己的直观感受，除非自己亲眼所见，否则别人说得再怎么玄乎，他也不会相信的。另一方面，这种神话观的形成也与其对道教的独特认识有关。他虽然是一个道士，但他认为他所从事的这一职业不是迷信，而是一种"艺"，是在满足老百姓的需要，因此，他不相信神话中出现的那些事情，认为这不过是人们闲时消遣的玩意儿而已。

小结

本节集中探讨了柯尊来的神话演述的特点和演述中表现出的神话观，并对其神话观的形成进行了探讨。

柯尊来从小就对情节比较离奇的神话故事比较感兴趣。因此，无论是在听别人演述还是自己给别人演述，他都有意识地选择那些比较神奇的故事，从而形成其一般的传统取向。由于受自身教育、个人经历以及对道士这一职业独特的认识，他对神话持一种比较否定的态度，认为神话是不可信的，只是人们为了消磨时光来谝那神乎其神的"古今"，因此，基于吸引听众的目的，他有意选择那些"神乎其神"神话来演述，并在演述中逐步形成自己比较稳定的叙述倾向。

第六节　结　语

现代口承神话的传承离不开演述人，因此，对个体神话演述人的考察和研究就成为探讨神话传承与演变规律最重要的途径之一。本文即是针对现代口承神话演述人的研究，力图反思和回答下列问题：在一个有着浓厚神话演述传统的汉族社区，个体是如何记忆和传承这一传统的？同一地域神话传统滋养下的不同个体对这一传统有着怎样的个人阐释？造成他们不同阐释的原因是什么？通过对陕西省安康市伏羲山、女娲山区三位现代口承神话演述人的个案研究，本文得出了如下结论：

一、利用地名来记忆神话成为当地神话传统的显著特色。

传统是特定社区民众在长期实践中形成的基于过去的一种集体性重建的过程与结果。传统一旦形成，就会成为一种隐性的机制作用于这一传统中的个人，模塑着他们的记忆，规范着他们的行为，强化着他们的认同。伏羲山、女娲山区有着浓厚的神话演述传统，这一传统有着显著的地域特色，这一特色主要表现在当地有大量与神话相关的地名，而每一个地名后面都有着动人的神话传说，这些与神话相关的地名和地名背后的故事为伏羲山、女娲山区的民众记忆传统提供了依托，因为这些地名本身就具有维系记忆的功能，它们为当地民众记忆神话提供了"空间的停泊处"，而婚丧嫁娶、田间地头等场合为神话的代代传承提供了契机，正是因为这些神话地名，该区的民众才能在一种共享的基础上回忆这些神话、操演这些神话，理解这些神话，并成为他们向外人表达地方文化认同的标志。利用这些地名来记忆传统、表达认同成为当地神话传统的一个显著特色。

二、不同演述人在长期的演述活动中形成了鲜明的个性特征和相异的神话观。

伏羲山、女娲山区流传最为广泛的神话就是关于伏羲、女娲的神话，不同的演述人在自身的演述实践中形成了不同于他人的个性特征。黄镇山的演述非常简短，一般只演述神话的梗概，在演述过程中喜欢引经据典，他的神话演述重在阐释，表达自己对神话的看法，而不在神话的内容。比如，他在讲到"女娲炼石补天"这一则故事的时候，引述"炼五色石以补苍天，断鳌足以立四极，杀黑龙以济冀州，积芦灰以止淫水"，是指当时伏羲山、女娲山区发生了一次大的地震，导致这里江河泛滥，洞穴倒塌、破裂，女娲作为部落首领，就用炉中燃烧之后剩下的石炭灰来补洞穴，挡洪水，洞穴塌陷之后，用鳌足粗的木头来立起四柱，搭建棚子供人居住。实际上女娲是带领人们走出洞穴，走向地面居住的部落首领，所以晋代葛洪《抱朴子·释滞》说"女娲地出"，就是这个道理。陈贵友的演述富于创造性。他善于根据具体的情景来把握故事演述。比如，有一次他给笔者演述伏羲、女娲滚磨成亲的故事的时候，讲到伏羲、女娲背着石磨分别上山，笔者插了一句"女娲怎么可以背得动石磨呢？"他告诉笔者"当时的石磨叫对磨，女娲毕竟是女的，能力小些，背的是对磨中较小的一个。"这时候，他突然意识到党叔的母亲在场，于是赶紧说现在男女都一样了，有时候女的比男的还强，并以该乡的女党委书记为例加以证明，由此可见他对现场情景的把握和即兴创造能力。此外，陈贵友在演述中经常加入自己的评论，表达自己的观点，不时用一些"科学"的论据来证明自己演述的真实性。与其他两位演述人相比，陈贵友的神话演述比较口语化。与陈贵友、黄镇山相比，柯尊来的神话演述最为曲折动人，而且比较富于文学化，他特别忠于故事的原文，对于不清楚的地方从来不进行能动的创造，而是用"这是一个问号"或者"也许是这样的吧"之类的话语来代替。

对同一地域的神话传统中三位演述人的不同神话观的关注是本文重点。黄镇山认为神话是远古的历史，人们之所以把历史事件神化，是因为人们对亘古历史的想象和夸张，是对历史的曲解。所以他经常把神话加以合理化的阐释，以求"还原历史的真相"。陈贵友认为，神话演述的内容是曾有的事实，在远古的过去确实发生过洪水滔天，而洪水过后，是女娲用泥巴创造了人类，否则，为什么现在人的身上还会有泥巴，还有"你是石头缝里蹦出来的？"这样的俗语流传。而在柯尊来的眼里，神话无非是一些不可见也不可信，神乎其神的故事，是人们闲时消遣的工具而已。因此，柯尊来总是选择那些曲折动人、虚无飘渺的故事进行演述，以期吸引听众的注意力。

三、不同演述人的神话观的差异与其各自的个人经历和自我表达的需求密切相关。

黄镇山对神话的兴趣一方面源自于试图通过神话来解读历史,另一方面则努力通过神话的历史化来为当地的民俗旅游寻找依据。他通过对当地民众口头神话的搜集与整理，并与文献中记载的神话资料相对照，试图证明这些地方确实是人类始祖伏羲、女娲曾经活动过的地方，进而推测汉水流域是人类的发源地之一。之所以形成其历史化的神话观，与其良好的学校教育经历和个人修养密切相关。陈贵友之所以对现代口承神话感兴趣，一方面是他渴望成为一名优秀的歌手，另一方面则想获得一门谋生的手艺。他经常出入丧葬场合进行神话演述，加上缺乏良好的学校教育，使他对伏羲、女娲神话中所发生的事情深信不疑，形成了比较古朴的神话观。他的神话演述目的主要有两个：一方面是试图在歌场上获胜，另一方面，也试图通过对人类始祖的缅怀来教育后人崇宗敬祖。柯尊来对神话的兴趣则完全是被神话曲折离奇的情节所吸引。在他看来，神话不过是当地民众为了消磨时光的工具。虽然他是当地的一名道士，但是较好的教育和对道士这一职业的独特认知，再加上对自身经历的依赖，形成了其不同于陈贵友和黄镇山的神话观。

总之,通过本文对同一地域神话传统滋养下的不同演述人对同一类型神话的不同阐释的考察表明，传统并不是僵化的教条，不同的个体可以根据自己的人生经历和自我表达的需要对传统进行能动性的创造，而在继承的基础上进行能动的创造正是传统的生命力之所在。

由于时间、精力和个人能力所限，本文还留有许多与之相关的问题。比如，笔者在伏羲山、女娲山区调查的时候，当地民众在传承现代口承神话的时候，往往散文叙事和韵文叙事并存，这引发了笔者思考，到底哪一种方式更利于神话的传承？为什么？笔者调查的三位演述人，全部都是男性，那么，传承人的性别与文类之间到底有怎样的关系？在民众学校教育程度日益提高和大众媒体日渐普及的今天，演述人如何看待文本、媒体神话与口头神话之间的关系等等，这些问题，将在我以后的学术生涯中做进一步的思考。

主要参考文献（以出版先后为序）：

一、专著

（一）中文部分

1. 袁珂编著. 古神话选释. 北京：人民文学出版社，1979
2. 钟敬文著. 民间文艺谈薮. 长沙：湖南人民出版社，1981
3. 裴永镇编. 金德顺故事集. 上海文艺出版社，1983
4. [日] 大林太良著. 林相泰，贾福水译. 神话学入门. 北京：中国民间文艺出版社，1988
5. [俄] 李福清著. 马昌仪编. 中国神话故事论集. 北京：中国民间文艺出版社，1988
6. [美] 塞·诺·克雷默著. 魏庆征译. 世界古代神话. 北京：华夏出版社，1989
7. 潜明兹著. 神话学的历程. 哈尔滨：北方文艺出版社，1989
8. [美] 戴维·利明，埃德温·贝尔德著. 李培茱，何其敏，金泽译. 神话学. 上海人民出版社，1990
9. 孟慧英著. 活态神话——中国少数民族神话研究. 天津：南开大学出版社，1990
10. 李子贤著. 探寻一个尚未崩溃的神话王国. 昆明：云南人民出版社，1991
11. 张振犁著. 中原古典神话流变论考. 上海文艺出版社，1991
12. [英] 爱德华·希尔斯著. 傅铿，吕乐译. 论传统. 台北：桂冠图书股份有限公司，1992
13. [法] 石泰安著. 耿升译. 西藏史诗与说唱艺人的研究. 拉萨：西藏人民出版社，1993
14. [美] 阿兰·邓迪斯著. 朝戈金等译. 西方神话学读本. 桂林：广西师范大学出版社，2006
15. 马昌仪编. 中国神话学论文选萃（上）（下）. 北京：中国广播电视出版社，1994

16. 杨利慧著. 女娲的神话与信仰. 北京：中国社会科学出版社，1997

17. 许钰著. 口承故事论. 北京师范大学出版社，1999

18. [法] 莫里斯·哈布瓦赫著. 毕然, 郭金华译. 论集体记忆. 上海人民出版社，2002

（二）外文部分

1. Dégh, Linda. *Folktales and Society——Story-telling in a Hungarian Peasant Community.* Indiana University Press, 1969

2. Bauman, Richard. *Verbal Art as Performance.* Waveland Press, 1977

3. Holbek, Bengt. *Interpretation of Fairy Tales——Danishi Folklore in a European Perspective.* Helsinki: FFC No. 239, 1987

4. Siikala, Anna-leena. *Interpreting Oral Narrative.* Helsinki: FFC No. 245, 1990

二、论文

（一）中文部分

1. 孙剑冰. 略述六个村的搜集工作. 民间文学. 创刊号. 1955 年 4 月

2. 董均伦. 搜集整理民间故事的几点体会. 民间文学. 1955 年 7 月，8 月号合刊

3. 裴永镇. 故事家故事的搜集方法浅论. 民间文学论坛. 1985 年第 3 期

4. 李溪. 侗族一个故事之家传承诸因素调查. 民间文学论坛. 1986 年第 5 期

5. 刘守华. 文化背景与故事传承. 民族文学研究. 1988 年第 2 期

6. 月朗. 民间故事传承路线研究. 民间文学论坛. 1988 年第 3 期

7. 降边嘉措.《格萨尔》说唱艺人的灵魂观念. 民间文学论坛. 1988 年第 3 期

8. 江帆. 民间文化的忠实传承人——民间故事家谭镇山简论. 1989 年第 2 期

9. 赵海洲. 民间故事讲述家的个性. 民间文学论坛. 1989 年第 4 期

10. 江帆. 辽宁女故事家故事活动的文化特征. 民间文学论坛. 1990 年第 2 期

11. 乌丙安. 耿村故事传承论析. 民间文学论坛. 1991 年第 6 期

12. 樊更喜. 从耿村故事家群看不同年龄对传承内容的选择. 民间文学论坛. 1991 年第 6 期

13. [日] 齐藤君子. 陶范译. 刘晔原校. 从传承人理论看俄罗斯民间文艺学. 民间文学论坛. 1992 年第 4 期

14. 孙剑冰. 民间故事讲述家秦地女自述. 民间文学论坛. 1992 年第 6 期

15. [芬]安娜－丽娜·斯卡拉. 庞建春译. 讲故事的个人意义和社会意义. 1995年芬兰国际民俗学会暑期参考. 13期. 打印稿

16. 乔健. 传说的传承：藏族《格萨尔》史诗诵唱者与拿瓦侯族祭祀诵唱者的比较研究. 中国神话与传说学术研讨会论文集. 汉学研究中心. 1996年

17. 钟敬文, 杨利慧. 中国古代神话研究史上的合理主义. 中国神话与传说学术研讨会论文集. 汉学研究中心. 1996年

18. 江帆. 辽宁民间故事及其类型特征分析. 民间故事论坛. 1997年第2期

19. 江帆. 口承故事的"表演"空间分析. 民俗研究. 2001年第2期

20. 贾放. 俄罗斯民间故事研究的"双重风貌". 北京师范大学学报（人文社会科学版）. 2001年第6期

21. 杨利慧, 安德明. 理查德·鲍曼及其表演理论——美国民俗学者系列访谈之一. 民俗研究. 2003年第1期

22. 祝秀丽. 中国民间故事讲述活动研究史略. 民俗研究. 2003年第1期

23. [芬]安妮基·卡尔沃拉－波瑞贞霍. 孟慧英编译. 民间讲述者. 民族文学研究. 2003年第3期

（二）外文部分

1. Tangherlini, Timothy R. "Performing through the Past——Ethnophilology and Oral Tradition." *Western Folklore*, Vol. 62, 1/2 (2003)

三、学位论文

1. 岳永逸. 天桥街头艺人生活史研究——以技艺传承为主. 北京师范大学硕士学位论文. 2001

2. 张霞. 讲述者与现代口承神话的变异——重庆市走马镇工农村神话变异的个案研究. 北京师范大学文学院硕士学位论文. 2002

3. 祝秀丽. 辽宁省中部乡村故事演述人活动研究——以辽宁省辽中县徐家屯村为个案. 北京师范大学博士学位论文. 2002

4. 巴莫曲布嫫. 史诗传统的田野研究：以诺苏彝族史诗"勒俄"为个案. 北京师范大学博士学位论文. 2003

第四章 民间传统的当代重建
——山西洪洞县侯村女娲神话及其信仰的个案

徐 芳

第一节 引 言

近 20 年来，民间传统的重建如雨后春笋般在中国的大地上开展起来。一些民间神庙被修复，许多家族和村落的祠堂被恢复。在民间庙宇和祠堂的修复的同时，一大批民间传统的仪式和象征也回到地方文化的舞台上来。这些民间传统的重建，有学者称之为"传统的再造"，也就是说，"乡土的传统可以在新时期特定的情况下，被民间加以创造，或恢复原来的意义，使之扮演新的角色"[1]。然而，重新恢复后的民间传统，要想充分实现其社会作用，并不是件轻而易举的事情。

"民间传统"是"传统"大范畴之下的一个小范畴。"传统在现代意义上是英文 tradition 的汉译，是指由历史沿传来的、具有一定特色的文化、思想、道德、风俗、心态、艺术、制度等，是一个外延很宽、反映客观事物最一般规定性的概念。"[2]而"民间传统"是与"官方传统"相区别的，包含了民众的文化、思想、思维方式、伦理道德、风俗习惯、心理素质传统以及文字传统等等的要素。[3]

女娲的神话与信仰是民间传统的重要组成部分。从一些地方对其加以利用和重建的过程中，可以透视当代中国大地上如火如荼进行的"民间传统的重建"浪潮的复杂图景，同时，也可以发现现代口承神话传承和变迁的一些规律。有鉴

---

[1] 王铭铭：《村落视野中的文化与权力——闽台三村五论》，生活·读书·新知三联书店 1998 年版，第 76 页。

[2] 中国人民大学科学研究所组编：《传统文化与现代化》，中国人民大学出版社 1987 年版，第 23 页。

[3] 中国人民大学科学研究所组编：《传统文化与现代化》，第 23 页。

于此，本文将以山西省临汾市洪洞县赵城镇侯村的田野研究为基础，围绕着该村女娲陵庙的修复、相关信仰的恢复以及女娲神话在当地的传承和再创造，力图展示在当代民间传统重建的背景下女娲神话及其信仰的复兴过程和变化特点，并揭示重建过程中各种复杂因素的相互作用和影响，以及个人在传统复兴中的作用。

笔者是山西人，2000年7月至2002年2月间，曾先后对侯村进行了4次田野考察，总共历时2个月左右。田野调查中，主要对村落庙宇的修复进行了全过程的跟踪调查，同时也对村落中流传的神话及信仰存在形态等进行了搜集和调查，共走访了18位信息提供人。

第二节　侯村的历史地理与民俗文化

神话及其信仰的发展变化往往离不开其生存所附着的特定语境。村落就是其中重要的组成部分，因为村落提供了神话及其信仰相互作用、相互影响的文化基础结构（cultural infrastructure）。对于村落的社会、历史等情况的了解，有助于我们深入认识重建的具体过程、原因、复杂性等，分析重建的一致性和差异性。在本节中，笔者将从社会－历史的视角，对侯村的地理、历史、村民的日常生活等基本情况进行详细的描述，试图为这个特定环境下女娲神话及其信仰的重建提供一个具体而丰富的语境。

一、侯村的历史、地理及现状

侯村，位于山西省临汾市（2001年5月由"地区"改称为"市"）洪洞县赵城镇东南约3公里，东依霍山，西近汾河，素有"洪洞第一村"之称。赵城原来是独立的县，于1953年并入洪洞县后改为镇，一直沿袭至今。它地处中纬度的内陆，属暖温带、温带大陆性季风气候，这里四季分明，冬季长而寒冷干燥，夏季短而炎热多雨，春季气候多变，风沙盛行，秋季天气温和，降温迅速。日照、热量充足，但普遍缺水，大部分地方要依靠广胜寺的水源来保证麦收。

侯村的村名，据说因此地为商周时期的诸侯受封之地而得来。但该村确切的形成时期，却无从查证。从考古的角度来看，侯村所在地有着悠久的历史。1984年，山西省考古研究所在侯村发现了陶窑一座、墓葬五座，还发掘到了许多新石器时代的骨器和石器。经过考证和研究之后，考古工作者将侯村这处新石器时代遗址确定为"陶寺文化侯村类型",年代约从公元前2300年延续到公元前2000年,持续发展了300年左右,属龙山文化之列。①

整个村庄东高西低,而南北基本持平。周围环绕着许多行政村庄:北边有耿峪、耿北、新庄,西边王家堡、宋堡,南边有永乐村,北边有山

侯村西门上书的"女娲故里"

西最大的山维尼龙厂。紧邻工厂还有同蒲铁路线穿过,加上靠近公路,这里的交通非常便利,坐三轮出租车或是骑摩托车20分钟左右就可以到达赵城镇中心。

据村里79岁的乔福老人回忆,新中国成立前,村里有东西南北四座大门,上面都有气势恢宏的城楼。大门的四周都有铲崖墙,不经过这四座大门很难进入村内。如今,铲崖墙和东北门早已没有了,南门只留下土墙,只有西门保存得还算完好。70年代,村委会接受了在外工作的本村人的建议,组织人在西门上题写了"女娲故里"几个字,成为该村的一个标志物。1973年,受到旁边工厂规划的影响,整个村庄按照城市格局进行了一次改造,村委会统一规划了房屋,修了土路,形成了"路直、房齐"的特点。

1997年,全村又统一规划了路面,修筑起三条柏油大路:青年路、供销路(即原来的御路,也就是以前官员祭祀时要走过的路)、幸福路。经过这两次大的规划,整个村庄形成了一种包围型的态势:即村民居住在中间,周围被耕地和工厂所环绕。加上逐步齐全的公共服务设施,如今的侯村已经初步呈现出城镇化的迹象。全村有5350人,共1160户,分为17个村民小组。村民年龄递增比较均匀,每个年龄数大约为100多人,人口自然出生率为17‰。长期以来,无外来人口入迁,民族均为汉族。

该村姓氏比较杂,主要是申(占全村人口的40%)、孔(占27%)两姓,其余还有李、高、刘等杂姓。②老支书刘双喜③说:"解放前,村中在姓上有很大的

---

① 山西考古研究所:《侯村新石器时代遗址调查报告》,《三晋考古》,1990年第2辑。
② 以上数字为2000年人口普查的结果,均由该村统计石槐杵提供。
③ 刘双喜,男,72岁,小学文化程度,曾担任村支部书记数十年,此次女娲陵庙修复的负责人之一。

不一样，村里的红白事，一般都是姓申的和姓孔的来张罗、操办，像刘姓这样的杂姓连跑腿的份也没有。解放后就不一样了，我做了三十几年的干部，就说明大家都一样了。"然而对于村中的主要姓氏申姓的来源，村民的说法不大一样：有的说是从陆安府迁来的，也有说是从霍县移民过来的。因此，申姓村民彼此之间并没有形成明确的家族观念。

新中国成立以来，村民的受教育程度有了大幅度的提高。以35—50岁年龄段来说，由新中国成立初的以文盲和小学文化程度为主，改变为目前以初中文化程度为主。35岁以下的年轻人读高中的比较多。而在九年义务教育普及之后，家长对孩子的学习更加重视了，现在村里每年都可以出五六个大学生。这也是村民引以自豪的地方。

村落经济状况的好转对于村民受教育程度的提高起着直接的作用。以前，侯村的经济在赵城中起着支柱作用。刘双喜说："我听人家王丕绪[①]说，过去女娲庙在的时候，侯村的经济在赵城是比较发展的，每年庙会挣的钱就等于有的村子一两年的总收入，加上做买卖的、钱铺、当铺，咱们村都有，还有跑运输跑到河南、天津送棉花，侯村在这附近比哪个村子都富。"但是，经过历年的战争与社会动乱，这些"经济支柱"均告破产，女娲庙也在解放赵城的战争中被毁，村落的经济从此萎靡不振。如今，侯村的经济来源已经由新中国成立初的以农为主转变为农、工、商相结合的多种渠道。这种变化的主要原因是村里农耕地的大幅度减少。该村原有耕地7000多亩，1970年上级政府在村南建立山西山维集团，生产维尼龙，占去了1000多亩耕地。80年代以来又盖了生产焦煤的3家私人工厂，加上居民建房，目前只剩下5000余亩，村民人均耕地也由原来的2亩多锐减为1亩。这样一来，以农为主的局面大大改变。许多村民即使仍然以种植业为经济来源，一般也要同时种植一些科技新产品。在他们看来，种小麦、玉米、高粱等杂粮投入高、收入少、见效还慢。而且，大多数村民都有了自己的家庭副业，比如做小本买卖、三轮焦煤短途运输等等。此外，山维集团解决了部分的劳动力，许多村民"像城里人一样"，过起了早8点、晚5点的生活。下班之后，还可以干农活，这些人因此有了农、工结合的双重身份。耕地的减少也形成了部分青壮劳动力的外流。近年来村中年轻人经常外出经商、打工，这部分人数不少，占到全村人口总数的将近1/3。

2001年，村里人均年收入有2389元，比以前有了较大幅度提高。全村几乎

[①] 王丕绪为前山西农科院党委书记，侯村人。

每家每户都有电视,其中还有200多户装上了有线闭路。近两年以来,村中有半数以上的村民家中安装了电话,与外界的联系步入了现代化。但是,村民们也说,现在生活是好了,可是村边上的工厂也把他们害苦了,这些煤焦厂、尼龙厂的污染太厉害了,村里的地被熏得什么收成都没有了。尽管有诸多的抱怨,侯村的村民们还是非常向往山维集团这种国有企业里工人的生活,觉得到工厂里上班比起种地来强多了,挣钱多,有保证。总的说来,工业化、现代化已经对这里人们的生产生活发生了或多或少的影响。

二、侯村的日常生活

侯村的村民,同其他地方的农耕人群一样,过着一种既相对稳定又富于变化的生活。

当地日渐减少的农业属于旱作形式,传统作物主要有小麦、玉米、高粱等,这影响到当地的饮食:以小麦、玉米等为主的麦面杂粮为主食。在居住方面,以前以土窑洞为主。20世纪60年代,村民开始改造窑洞,用砖做顶棚,两边仍用黄粘土。到了70年代,大多改成全砖窑。90年代以来,年轻人结婚都盖成平房了。但村里的老人对窑洞大多有着深厚的感情,申继亮[①]就说:"窑洞比平房省钱,而且它还冬暖夏凉,不用像平房那样装暖气和电扇。窑洞中间的一间到两间做客厅,东边的一般给老人们住,西边的是年轻的夫妻,当到孩子们长大,就在西边的窑洞中间建个门,把另一边让给孩子们住。这种长幼顺序可以分清楚。而如今,年轻人一结婚,就盖了新房搬出去住了,只把老人留在窑洞里。"在交通方面,同样也是传统和现代化并存的现象,在农家院落里,既有驮载人和物的马、牛、驴等自然工具,也有摩托车、三轮车等现代化"装备"。

前面曾经提到的村里农、工、商兼存的经济形态改变了过去以农为主时期的人们的生活形态和节奏。首先,村民每天的生活节奏发生了变化。传统的农业生产有着明显的农忙和农闲之分。刘双喜回忆起以前劳动的情况:"农忙时,早晨起来先上地里干活,吃早饭一般都在九、十点多,之后接着再去干活,到了天黑之后才回来吃饭。农闲时,大家就有时间走动走动,拉家常。"可是现在的情况不一样了。上班、或是经商、搞运输,多种经营使得村民没有了固定的作息时间,甚至一家人的分工都不一样,一天中连吃饭都碰不到也变成了常事。另外,如前所述,耕地的较少和商业的参与促使年轻劳动力大量外流。在村中,承担劳动的主要是妇女、老人和具有农、工双重身份的人。即使这些年轻人在农

[①] 申继亮,男,65岁,大学毕业,中学退休教师,此次女娲陵庙修复的负责人之一。

忙的时候赶回家里干活，但农忙一结束他们又继续外出打工了。这样，村里日常的人际往来的走动也相对少了很多。村民再也没有闲暇时间聚在一起了。

当然，这种走动的减少还与村落受到现代媒体的冲击有关。现在村民家家都有了电视。看电视取代了以前的串门，成为了解外界的主要手段。电视对人们的吸引力几乎是不可抗拒的，休息的时候，它把男女老幼都吸引到它的周围。

村里的这些变化，特别是现代媒体的冲击，还引起了人们思想观念的转变。忙着自己的生计、忙着看电视，使人们逐渐淡化了村落集体活动的意识。据老人们回忆，50年代的时候，村委会组织成立了自娱自乐的团体像八音会、同乐会等，平时大家聚在一起吹拉弹唱，非常高兴。逢年过节还有扭秧歌、唱蒲剧，踩高跷等活动。申继亮现在还记得刚解放宣传婚姻法，他唱《小二黑结婚》《小女婿》时的情形。他说："那时候说演戏，就把老头、老婆婆的衣服一借，自己穿上，上个胭脂，贴个胡子，戴上白毛巾，就上舞台了。"如今，这些社团和社团活动根本没有人来组织，也没什么人参加了，看电视变成为人们主要的休息和娱乐方式。这些变化还潜移默化地影响着人们的价值观的转变。一提到现在的年轻人，村里的老人们都摇头感叹，说现在年轻人的观念和他们根本不一样，不像他们以前那样孝敬老人了。以前在他们看来，打架是件非常丢人的事，现在这些年轻人都不觉得了，打架斗殴、赌博这些不良风气在村里不断滋长。

尽管生活发生了很大的变化，但是春节还是村民们每年最隆重的节日。大扫除、蒸馒头、买年货……村民们从腊月中下旬就开始忙碌，一直到除夕之夜的守岁。大年初一村民们相互拜年，初二开始走亲戚，一直要持续到正月十五看完社火、吃完元宵才算真正过完年。当地有句俗语："盼了初一盼十五，盼了十五没盼的，拉下脸来纺花哩。"这时候，春回大地，新一年的农忙和工作又要开始了。侯村人有"年时六节"的说法，也就是说一年中有六个重大节日，除了除夕、春节、元宵节之外，还有清明、端午、中秋。而其他一些传承久远的农历岁时节日，如中元、重阳等，则逐渐被冷落遗忘了。除此之外，村民一年中还要到庙会上"赶赶集"，买些草帽、衣服、牲口、农具等生产生活必需品，听听戏，和很久没有见面的亲戚叙叙旧。不过，近年来，这些庙会越来越少了。人们都说，现在出门方便了，到城里什么时候都能买到要的东西，比去庙会上买方便多了。

在人们的日常生活和节日中，我们不难发现当地民间信仰的影响。然而，总的说来，在侯村居民的现代化生活中，民间神灵信仰的程度已经趋于淡薄，信仰行为也更趋向于简单化。

村落的敬神活动，一般是在特殊的日子里进行的。这种日子，主要是指各种节日，每月的初一、十五和庙会时。对于天地诸神（当地称为"老天爷"）的祭祀，主要集中在春节期间。对于这些神灵的祭祀，一般是从腊月二十三祭灶神开始的。在该村，灶神既没有神像，也没有牌位，大多是在家中的灶台设香炉，以之为神案敬奉。从正月初一开始，所有被祭拜的神灵变成了一个集中的群体，没有了各自单独的名称。祭祀的程序上，与祭灶相同，在院中按方位设立神案，摆上馒头等贡品，焚香叩头祭祀。

从申继亮提供的《侯村女娲庙的修复图》可以看出，新中国成立前，除了村东边的女娲陵庙以外，村里以前还有许多的庙宇建筑，比如，村正中的三官殿，村北的水神殿，村西南的火神庙，女娲庙侧还有禹王殿等，这些庙宇中供奉着各路神祇，如女娲、尧、舜、禹、送子娘娘、马王爷、龙王爷等。乔福老人说，以前人们经常到这些庙里上香，比如天旱时要到龙王殿里祈雨，播种之后要到三官殿里祈求风调雨顺，没有孩子的人家要到女娲庙里求孩子。但是这些庙宇在新中国成立前后的战火和"破四旧"中均已被毁掉。由于失去了庙宇的依托，这些信仰大多在解放初期都被迫中断了，或是变得零散、个人化。目前只有对女娲娘娘的信仰活动在庙宇的修复下重新变得活跃起来（见下文）。

相比之下，人们对于祖先的崇信和祭祀就要频繁得多。除了春节期间与诸神一同进行祭祀祖先外，还在清明节、农历七月十五、农历十月初十和祖先的忌日，以家庭的形式进行单独的祭祀活动。祭祀的过程与祭祀天地诸神的基本相同。唯一与之不大相同的是，家庭的祖先均有木制的牌位，上面明确地标出了祖先的身份。

与神灵和祖先相对的，在当地的民间信仰观念中，还存在着一些给人们带来不祥和灾难的邪恶的力量，与之相应的，也就有对风水和某些特殊的日子等神秘力量的信奉。最常见的是，人们在盖房、修整庭院、为死者选坟地时，都要举行"动土"的活动。当事人先请阴阳先生——当地人称为法师，看个好方位、选个合适的日子和时辰。到了选好的日子，法师在选好的地方附近插满五色彩旗，嘴里念着咒语，把酒和烟灰搅和在一起，在彩旗周围画个圈，意思是说，这个地方的太岁已经搬家了，在这个范围内动工，对谁都安全。近年来，这种做法在村中日渐盛行。村民们普遍认为，倘若不这样做，就会犯"煞"，会导致家中人生病、事情不顺等事端。不过，他们也说，这是"迷信，政府不让这样干。

但要不这样做，也不行，对人会不好的。"

三、侯村的"古话"

侯村人对神话、故事等民间叙事文学形式没有明显的区分，都称为"古话"。"古话，古代的话，也就是过去的事情"（刘双喜语），它们有一定的意义，"有的是辛辣的讽刺，有的是劝人不要作恶多端，不要发财以后忘恩负义，要积善行善，还有一些贬斥过去封建社会的三从四德。像盘古开天地、女娲造人则说明我们的祖先不仅勤劳能干，而且敢于和大自然作斗争。"（申继亮语）讲"古话"，几十年前在侯村是非常普遍的事情。申继亮回忆了他小时候的一些情形：

"我们小时候一般晚上讲故事，尤其是冬天，夜长，点上小煤油灯，老奶奶、大婶串门来纺线，男人没有事情干就抽旱烟袋。我们这些小孩子不睡觉，就闹着让爷爷给讲故事。他们多讲一些故事，教育我们好好学习，要听话，还有一些农村里的笑话，非常有意思。但是关于女娲的不多，主要是怕犯忌，害怕说得不对，娘娘会怪罪的。"

从中我们可以看出以前故事的讲述时机、讲述功能、讲述人和听众等方面的情况：同一村落或是家庭的成员聚集在一起，通过故事的讲述，达到娱乐、宣传、教育等目的；故事的讲述人大多是村落或是家中的老者，听众则是村落中的其他成员，包括年轻人和孩子。同时，我们也可以看到，尽管在名称上没有太大的区别，神话的性质、讲述时机、讲述人的态度与心理等都与故事有所不同，前者的神圣性更大，讲述人对之怀有的敬畏之心也较重，因而在故事讲述的晚上，听到的神话不多。

然而，时至今日，在侯村，上述各方面的情况发生了很大的变化：神话、传说、故事的讲述总体上呈现出一种萎缩的态势。"这些古话不大有人讲了，人们都各有各忙的。"（申继亮语）以女娲神话为例来说，女娲庙修复之前，由于失去了信仰和庙宇的依托，已经不大有人再讲了，一些年轻人只是在电视上听说过女娲的名字，却根本不知道女娲的"古话"。

不过，现在有一种新故事正在被侯村人饶有兴趣地讲述着。这种新故事的讲述人大多是外出打工者或外出旅游者。除了许多年轻人外出打工谋生，现在生活好了，村里人也自发组织短途旅游。这些打工者和旅游者把外出的所见所闻、外地的风俗传说等带回来讲给村人听。2001年5月份，申继亮和刘双喜等六七人去了趟介休绵山，回来之后，他就给别人讲了介休的风俗传说和介子推的故事，还说："在侯村待的时间长了，大家对原来的传说故事，不是很感兴趣，反而谈到别的地方的事情会好一些。"

为什么会出现这样的状况呢？其实，人们讲"古话"的时机越来越少，并不仅仅是因为"古话"内容新旧的问题，而是它的讲述人、讲述情境和听众都发生了很大的变化。

变化最大的是讲述情境。申继亮告诉我，为什么现在讲述的机会少了，首先"咱讲得不如电视讲得好"，而且即使讲，他也只是讲一些小孩子喜欢听的《西游记》中的故事，比如孙悟空、猪八戒，因为他现在退休在家，主要的听众就是自己的小孙子。其他的"古话"，小孩子们不感兴趣。而且"小孩们学业压力大，放学回家之后要写作业，吃饭一般要到七八点，只要再看上半小时的电视，就催他们去睡觉，根本就没有机会讲。"年轻人呢，则要忙着维持生计，也没有时间和精力去听。所以，"即使有人愿意讲，也没有多少人爱听。" 对于那些在神圣场合里讲述的神话，由于大多失去了信仰和庙宇的依托，已经没有了讲述的场合。按照申继亮的说法，庙没有了，人们到了农历三月初十那天，都是自己来求个孩子，看看戏，凑凑热闹就走了，谁有时间听老汉讲"古话"呀。所以，讲述时机的减少也就在所难免了。

此外，讲述人也发生了变化。如今的讲述人，不像以前的老者有着丰富的乡土知识和经验。刘双喜说，他们年轻的时候，先是战乱，后是破四旧、抓生产，丧失了从老人那里学习古话的机会，因而，当他们开始讲述故事时，从老人中传承来的东西明显地占不了主要位置。申继亮也是一样，他读过大学，教过书，在村中处于"文化很高"的位置上。他自己说，小时候听来的故事能够记住的不太多了，现在讲述的有一些是从书中看来的，他在讲述的时候会糅进自己的理解和加工。而且，他现在能够讲述女娲的"古话"，很大程度上是因为他是女娲庙宇修复的主要负责人之一，他认为自己有必要知道这些。否则，就不能算是负责人了。看来，由于女娲庙宇修复这件事情，才为他们重新学习、掌握传统知识并加以讲述提供了新的动机和场合。

笔者认为，侯村"古话"发生如此变化的主要原因是社会变迁。首先是社会经济的发展，使村民生活水平有了极大的提高，人们尝到了发展经济的好处。大家普遍关心经济利益，想方设法要把自己的家庭生活搞上去，因此相当忙碌，忙完了田里的，又忙家里的，还有很多人要忙自己的生意。多种经营使人们没有了固定的作息时间。于是，村民就没有闲暇聚在一起，更何况讲和听"古话"呢。另一个因素是现代教育的大力推行。近十年来，随着幼儿教育、小学教育、中学教育的普及，村里识字的人多了，人们获取知识信息的方式也就变得多样化了，不像以前那样仅靠口耳相传了。还可以提到的是现代媒体的发展和迅速发展。侯村如今家家户户都有了电视，为了提高收视率，还有许多人装上了有线闭路。电视吸引了大家的注意力。有了电视，小孩子不愿听爷爷讲故事。正如申继亮说的，电视里播放的是"有声有色"的故事，他没有电视讲得好。有时候，讲述人自己也参与到观看电视的行列中了。

总之，各种社会、经济、物质和文化力量的作用改变了侯村村民的社会生活。传统上"古话"讲述的一些功能被其他事物取代了，例如，讲故事的娱乐功能由看电视、听广播等取代、其教育功能则多由体制化的学校教育取代了。社会的变迁也使得传统的民间"古话"所传授的生活知识和价值观念看上去有些"过时"了，年轻人自有其获取生活知识和价值观念的新的渠道。加上讲述人和听众越来越少，因此，侯村"古话"的讲述活动也就逐渐由盛而衰了。

小结

通过以上的描述和分析，我们可以看出，侯村是晋南地区一个普通的村落。侯村在20世纪80年代实行经济体制改革以后，生产力得到了很大提高，农村剩余劳动力大量转移，这些都给侯村的民俗文化带来了极大的影响。村里的生产方式、人们的消费生活、信仰民俗等发生了不同程度的变化。在这个变化过程中，物质民俗由于其对异质文化具有很强的兼容性，因此它的变迁走在了各种民俗文化变迁的最前列，紧接着与它密切关联的精神和制度民俗文化也发生了不同程度的变迁。这种变迁是传统文化和现代文化相碰撞的结果。在目前的情况下，侯村的传统民俗文化仍然占据着重要的位置。"古话"和信仰作为传统民俗文化的组成部分，虽然也随着社会的现代化变迁而发生了诸多变化，但它们仍然在人们的生活、行为、世界观等方面发生着作用。

第三节　女娲信仰的恢复与重建

民间信仰习俗通常被视为人类学、民俗学等学科研究领域中的重要范畴，也因此受到学者们的广泛重视。但是在1949年之后，作为传统的民间信仰被中国官方认为是落后的封建迷信，而遭到了严重的破坏，祭祀物品和建筑大多被焚毁、捣毁或是另做它用；相关的一些调查和研究也受到了限制。1978年改革开放以后，祠堂重建、庙宇重修，各种祭祀活动广泛地开展起来，民间信仰又逐渐恢复。民间信仰为什么在遭到了严重破坏之后会如此迅速地重建？重建的过程是怎样的？重建的结果又能说明什么？

本节以侯村女娲陵庙的重修，以及在它的带动下女娲信仰的恢复为例，来观察当地民间传统重建中的一些特点，并试图对上面提出的问题有所回答。

一、女娲陵庙的位置和修复历史

侯村女娲陵庙，位于村落东北的高台地上。其中的女娲庙，在宋代碑刻上称为"女娲庙"，元代碑刻上则称为"娲皇庙"，村里人大多叫做"娘娘庙"或"奶奶庙"。从尚存的宋元两块石碑的碑文以及清道光七年（公元1827年）《赵城县志》卷二十九"陵墓"、卷三十"艺文"[①]中的记载都可以看出，侯村的这座女娲庙是受历代皇帝供奉和祭祀的国家正庙。村里的老人们也说，以前这庙有很多房子，是完全按照皇宫的样子建造的。

这座女娲庙始建于何时尚无确考。现存最早的文字记载见于《平阳府志》所记："唐天宝六年（公元747年）重修。"[②]可见在此之前，该庙宇已经存在。至于庙宇那次重修后因为什么原因再次被毁，没有明确的文字记载。到了"唐建中二年（公元781年）'霍山裂'"[③]。公元747年重修后的女娲庙，极有可能毁于这次大地震中。因而，宋开宝年间只得重新修建。根据如今保存尚好的宋开宝六年（公元973年）《新修女娲庙碑》（高5.7米，碑额雕龙，碑座伏龟）中的记载，这次"新修"是宋太祖亲自下诏，由中央官员负责，动用国家资金，按照国庙规格进行的一次大规模的修建。

到了元朝，又对该庙进行了两次大的修复。据《大元国重修娲皇庙碑》（形同宋碑）[④]所载，至元四年（公元1267年），道人张志一派其弟子申志宽组织修复，国家给予资金补助，但修复的原因并未记载。该朝另一次修复是因为公元1323年庙里发生了一场火灾，次年就对其进行了修复，详细情况没有记载。修复之后的女娲庙"庙貌宏敞，周围约五里许"[⑤]。

在明代，根据明宋拯《敕建娲皇庙碑》的记载，女娲庙两次均因庙会期间不

[①] 洪洞县志编纂委员会：《洪洞县志》，孙奂仑修，张青点校，山西人民出版社1992年版，第104、123页。《赵城县志》是其中的一部分。
[②] 章廷圭修，郑维纲等纂：《平阳府志》，山西人民出版社1989年版，第56页。
[③] 洪洞县志编纂委员会：《洪洞县志》，孙奂仑修，张青点校，第94页。
[④] 《洪洞县志》，第94页。
[⑤] 《洪洞县志》，第49页。

慎，失火烧毁，都立即得到了修复。县令带头捐款，乡人赞助，修复工程都很顺利。其中第一次因工程量过大，曾"请于朝，报可"[1]。

经过明代两次修建，完善了女娲庙的国庙格局，使侯村女娲庙的建筑规模达到了鼎盛。在清朝统治的 273 年间，女娲庙没有大的损坏，也没有大的修复工程，基本保持了原来的面貌。老支书刘双喜曾听老人们说，民国时候，县里也派人来修，花了一年多至两年的时间。但具体的原因，他也不清楚了。修复之后，女娲庙是个相当大的建筑群体：由仪门、戏台、钟楼、鼓楼、宋元碑、正殿补天宫、子孙娘娘楼、古柏等部分组成。

解放战争时期，女娲庙受到了严重破坏，大多数建筑毁于战火之中。新中国成立后，村委在原址上建起了侯村小学，四周被村民的房屋包围着，只有三株古柏和宋元石碑还保存尚好。

在女娲庙的背后，还有两个大土丘。从文献记载中看，它们是女娲的陵墓。

"女娲陵，在县东八里侯村。正副各一，皆在庙后，东西相距四十九步。各高二丈，周四十八步，居左者为正陵，其副陵相传葬衣冠者。俗言鸟雀不类，虫蚁不蚀，亦好事者之说也。"[2]

而在民间，除了认为它是女娲的陵墓以外，还有一种说法：

"传说娘娘（女娲）的丈夫（爷爷）负气出走，娘娘随之追寻。当爷爷到达侯村正南十五里地的伏牛村时，娘娘已追到侯村，突然觉得鞋中有东西硌脚，便脱下鞋子磕出了两堆土，这便是庙后'高二丈，周四十八步'的两个土丘，两丘间百余米的间距就是女娲娘娘这一步之距。"[3]

土丘在新中国成立后也遭到严重破坏，现在只有正陵的土丘还保存着一半，副陵地貌大概可以辨出，但是土丘没有了。

二、女娲陵庙在当代的重新修复

1994 年的春天，山西省社科院研究员孟繁仁来到侯村，考察了女娲陵庙的现状，并于 1995 年撰写了《修复和开发我省珍贵的旅游资源——女娲陵》的提案，"受到了有关领导的重视"[4]，这掀开了侯村修复女娲陵庙的序幕。

---

[1]《赵城县志》：卷 34，第 139 页。
[2]《赵城县志》：卷 29，第 104 页。
[3] 村民申正明所讲，他还将该传说写入自己的文章《试解女娲庙中土丘之谜》中。
[4] 在调查过程中，总有村民向笔者说起，他们这次修复的报告直接递到了第四届世界妇女代表大会上，受到很大重视，冰心和陈香梅还给他们题词呢。

可以说，这次修复的初衷并非出自民间，而是"为了倡导现在的精神文明建设、发扬祖国传统的优秀文化、同时也促进当地旅游事业的发展"①。然而，修复工作进入实质性阶段之后，民间的力量开始登上了舞台，成为了表演的主角。

这些民间力量是一种"非正式权威"②的力量，由侯村的民间精英人物组成。他们大多是村里的退休干部和教师。前部分人曾经是国家权力的地方代理人，在他们淡出了政治领域之后，转而从事乡土传统的重建。他们充分利用自己在位时所获得的政治资源，在国家政策许可的条件下，为村落的民间传统重建做了很多的努力。像刘双喜这样的人，在村里做了三十几年的干部，"与上面的领导们都很熟，加上他的大儿子现在又在北京当官，联系外面、筹钱的事情多亏了他。"（申国强③语）可见，村落领袖的政治才华在女娲陵庙的修复过程中得到了新的展示，这也是对其如今政治才华无从施展的一种补偿。而后部分退休教师像申继亮、申国强等，大多是村人公认的知识渊博、经验丰富的人，他们在村民中间有着很高的威信。比如，重修期间对女娲陵庙的来源、历史等情况的"考证和研究"，村民们就比较信服他们的观点。大家认为："他们读过书，懂得多，一般他们说得比较准确。"因此，大家推举他们出来组织这件事，还说："这事不靠他们，就办不成。"但是在这些"权威"自己看来，他们并没有什么特别的地方，只是觉得"国家给他们几百块钱的工资，在家里坐着也是坐着，老了还可以给国家、村里做些贡献"。

这些侯村的民间精英首先发动成立了"修复女娲陵庙领导组"。这个组织除了以上两类人之外，还囊括了县乡政府的领导和村委会的干部。由于这次修复一开始就打着"恢复地方文化，发展地方经济"的口号，因此这些精英们邀请县政府旅游局的领导来挂名担任组长。这些领导作为中央政府政策的实施者，基本上遵照国家提供的文化建设规划开展他们的工作。他们有时会与当地的民间权威发生冲突。女娲庙的修复还在计划阶段时，刘双喜等人曾提出侯村小学占了女娲庙原来的地方，想把学校迁出来，在原址上建正殿。但这一想法遭到了县旅游局的坚决反对，他们认为"百年国策，教育为先"，不能因为要盖庙就把学校挪个地方。最终，侯村民间权威的想法未能实现，新修的女娲庙建在了学校的旁边。当然，有时候出于地方文化认同的原因，这些地方领导也会采取与

---

① 洪洞县女娲陵寝修复领导组编印：《中华之母——女娲》，第1—2页。
② 王铭铭：《社区的历程》，天津人民出版社1996年版，第155—165页。
③ 申国强，男，61岁，小学退休教师，中师毕业。他也是这次庙宇修复的负责人之一。

国家不同的策略,对一些民间自发行为(比如"刨娃娃"这种与计划生育相违背的做法)采取"睁一只眼、闭一只眼"的态度。

笔者在调查中发现,侯村民间的权威力量对于政府领导的表现比较满意,因为政府的参与为这次修复提供了正式的制度保证和一定的资金来源。然而,他们对村里的干部却颇有微词,因为村长和书记在这件事上也只是挂个名而已,"有时候开会也不来,什么事情都不管"。申继亮曾经抱怨说:"村长只顾着自己开工厂,忙着捞取个人好处,对这种不挣钱的事情总是推三托四的。他们要不是害怕娘娘将来不保佑他们的官运和财运,才不会参加呢。"

由于要筹措很多的建设资金,民间权威还尽可能争取村里的"在外力量"。所谓"在外力量"是指那些在年轻的时候就离开家园、外出闯荡,如今大多已经取得社会的认可,并有了一定的政治经济地位的人。怀着对家乡的怀旧意识或是受地方亲友的委托,他们愿意帮助促成地方庙宇的重建。同时,他们也被当地政府视为重要的政治经济资源,他们提出的一些观点和意见,大多能被接受。这样也对当地的传统文化重建有利。

领导组成立之后,这些民间权威曾在一起开过几次会,商量筹款、宣传、分工等事情。为了扩大影响,他们印刷了一本宣传侯村女娲庙修复的小册子。这本小册子名为《中华之母——女娲》,其前言中这样写道:

"凡事都有个目的,我们出这个小本子,目的有两个:一是远古时代的'女娲精神'对于我们正在倡导的精神文明建设,发扬祖国传统的优秀文化,藉古鉴今,同样可以发挥重要的作用。……二是开发女娲陵庙这个人文景观,除了其不可低估的历史价值和文化内涵的现实作用外,对于发展地方旅游业、促进经济发展,同样会产生很大的贡献。"

这个前言似乎是从官方的立场出发的,却主要想说明地方象征性建筑和地方认同的重要意义。它借助官方的某些政策和口号为自己的所作所为争取合法性和政府的支持。

在侯村这些民间精英的大力宣传和精心组织下,大部分村民投入到庙宇的修复活动中。但是对于以上这些官方政策与民间精英之间的矛盾和互动,村民认为与他们的生活关系不大。他们关心的是,神明是否灵验,能否满足自己的要求,使自己过上更好的日子。他们如今出钱出力,是为了"将来庙会搞起来,有人来旅游,就是卖冰棍、照相也能挣钱"。

由以上内容可以看出,在侯村女娲庙的修复过程中,地方民间力量一直具有主动性和支配性；村干部则消极地被这种民间力量所吸纳；广大民众从自己的利益和需求出发，其积极也被充分调动起来。这个庙宇重建的过程是几种不同力量从各自不同的目的出发，实施不同的文化策略所致的结果。

2000年的农历三月初十，修复之后的女娲庙举行了新的庙会。这次的修复是按照一般的文庙规格进行的。修复后的女娲庙坐北朝南，东西长15米，南北宽9米、加上外沿共10米。

申继亮说，在庙宇的前檐上，本打算绘制女娲造人的图，让人们知道女娲的一些事迹，但是因为没有找到资料，加上工匠的水平有限，只好绘成山水图像。

庙内正中供奉的就是女娲娘娘，没有神像，只有高1.2米的木牌位，上写"上古娲皇圣母之位"。《赵城县志》中记载了侯村女娲庙"拆塑更木"的原委：乾隆十七年（公元1752年），皇帝准太常卿金德英之奏，认为当地是"淫祀"，将侯村娲皇圣母庙中"衮冕执圭"的女娲彩塑拆毁，用木质牌位替代。自此之后，侯村女娲庙中就再也没有塑像了。牌位的旁边有一副对联："黄土抟人万物皆生，炼石补天唯我独尊。"牌位左右各有一泥像，只有泥胎，没有上彩。村民们说，左为孔子，右是观音。按照他们的设想，等将来正殿盖成之后，就把女娲娘娘"请"过去，然后将这里建成佛儒道混融的"三神殿"。木牌位的背后还有一泥胎，前有牌位上书"子孙娘娘之位"。其实，原来的建筑中，子孙娘娘单独供奉在子孙娘娘楼里。据村民回忆，子孙娘娘像原是坐像，大约一人高，面目和蔼，身穿红衣服，手放在腿上，腿上还爬着几个小孩。对于子孙娘娘的来历，村民们的说法不一。申继亮认为是女娲和伏羲的母亲华胥氏，而申天则说女娲是最早的一个人，子孙娘娘不会比她大，但具体的来历他也说不清楚。而大多数村民也认为第二种说法比较正确。

殿前右侧放有一块大石，一人之高，形状非常不规则。申继亮说那是

侯村女娲庙里的牌位

补天石，但大多数村民不知道它是何物。庙前保留有明清时期的四通碑文，其中三通已经模糊，另一通只能简单地辨出"清光绪年间"几个字。此外，还有些近年来新立的碑记载着捐款的人名。修复领导组有个不成文的规定，若捐款 50 元以上的就集体立个碑，1 万元以上要单独立碑。在庙前的中央，有个用砖砌成的、一米高、直径约两米的牌位池子，这是村民用来"烧枷"的地方（详见下文）。

在庙宇修复的同时，女娲陵的修复工作也开始了。副陵在原来的地形上重新堆起了土，正陵则在原有的基础上，筑起了围墙，还在前面竖起了"女娲陵"的大碑。另外，原来的戏台，由于占地的原因，无法再复原，只好利用村西南的活动中心做戏台，远离了陵庙本身。

庙前的"女娲石"

三、当地女娲信仰的恢复

在女娲陵庙轰轰烈烈的修复过程中，当地的女娲信仰也由女娲庙被毁之后的地下的、零散的消极活动转变为公开的、大规模的积极传承了。

（一）日常生活中的女娲信仰

在侯村，人们把正月二十这一天叫做"添仓节"，也叫"天仓节"。据说这与女娲有关。传说女娲补天之后，天上又出现了许多小窟窿。女娲就制造了鏊（有三足，中间稍凸，这种器具原来在晋南地区普遍存在），在鏊下烧火加热，把面糊糊倒在上面，盖上盖子，很快就做成形状类似天穹的饼，用它来堵"天苍"的窟窿非常有效。在当地，每年阴历正月二十，人们"拿喝剩下的米汤发面，掺上玉茭面、软面，在鏊子上摊成饼，也叫做摊煎饼、摊馍馍。把摊好的饼掰开，往房顶上扔一些，还有粮仓里，添仓嘛。还要给家里人分一块，分给他就是给他添福了"[①]。这天，孩子们若是捡或偷饼的话，大人们都不能叫骂追赶。这种习俗在侯村一直沿袭着，可是大多数人多年来"只知其然，不只其所以然。"有村民说："只知道每年正月二十要摊馍馍哩，也不知道为啥要做这个，反正从小

---

① 讲述人：申国强；讲述时间：2002 年 2 月 15 日；讲述地点：其家中。

我妈妈就是这么做的。"而如今，女娲庙修起来之后，人们开始关注它，逐渐对这个节俗的来龙去脉有所了解。村里的一些妇女也能讲上几句关于这个节俗来历的传说了。

（二）女娲庙会

清末民国时期，女娲庙会曾经是侯村经济发展的支柱之一。在申继亮根据村里老人回忆写成的《三月初十侯村女娲娘娘庙会》一文中，他这样描述清末民国时期庙会的盛况："会期都有戏剧助兴，一般情况下一台戏唱四天，如遇丰年，就两台戏对着唱，老百姓叫'对台戏'。会期京广货棚、饮食摊点、农具市场、牲畜交易，庙里庙外，连成一片，差不多要占侯村面积的三分之一。来赶会的有本村的，也有安泽、浮山、汾西等周边各县的，年年都是人山人海，络绎不绝。"新中国成立前后，由于庙宇被毁，女娲庙会也由盛而衰。其后"破四旧"和"文革"期间还曾经中断过。庙宇修复之前，这里的庙会更像是"物资交流大会"，只有零散的个别人到陵前"刨娃娃"或是在原来庙宇的地方烧烧香。如今，伴随着女娲陵庙的修复，农历三月初十的女娲庙会又一次成为全村乃至方圆几里的信仰中心。

现今庙会上的主要活动有：

1. 求子还愿

这是庙会的主要活动之一。在庙会这一天，人们（主要是妇女）涌向女娲正陵"刨娃娃"。在这个土丘中，有一些拇指大的小石子儿，当地人称为"料角石"。求子者在庙里烧过香，就到这里来"刨"，如果从土丘中刨出来的石头是长形的，就代表男孩。求子者悄悄把它用事先准备好的黄表纸包好，揣在怀里，一路不说话。回家之后，悄悄把它压在土炕的席子底下。要是三年之内得子，便是娘娘送的孩子。若刨出的石头为圆形，就说明是女孩。求子者就在陵墓附近找一安静处，大哭一场，用哭声告诉娘娘今年没有刨上儿子，明年还来。求子可以自己为自己求，也可以婆婆为媳妇求。

如果求子成功，就要在来年农历三月初十这天到庙里还愿。还愿的形式可谓是多种多样。一般视还愿者许愿的大小和经济状况来决定。通常情况下，是自己蒸些馍，拿几张黄表纸，到庙里来献（就是叩头祭拜）；如果许了要还小孩，也要一并把纸或布做的小孩带来，放在子孙娘娘像前；如果许下唱戏，就要在庙会这天唱大戏，唱戏的钱由许愿人来出，而且他还要极力邀请村民和亲戚们都来看戏。

在庙会上，村民们还常常会讲到女娲庙会上求子灵验的传说。据说村里75岁的申仁定就是当初其母亲"刨娃娃"得来的儿子。当时他们家有钱，是富农，就许愿要唱戏还神，后来真的唱了三天三夜。还有一位82岁的申白女，当初她没有儿子，就过继了其大伯（也就是丈夫的哥哥）家的男孩。60岁时，她还没有孙子，就到女娲庙上为儿媳求了个儿子。她说当时家境不好，就蒸了些馍，没有唱戏酬神。

2. 祈福去灾

庙会这一天，除了求子，人们还会带着自己的儿女来到庙前"烧枷"，以求娘娘保佑孩子健康成长。这种"枷"据说是很久之前女娲娘娘防止老鹰叼吃小孩而发明的。它用谷杆圈成三角形，套在小孩脖子上。以前圈上还插满刺尖朝外的皂角，现在改用黄表纸缠一圈。

"这种'枷'是侯村小孩的护身符。只要把孩子带过的'枷'送到庙里，在娘娘面前烧掉，就算是在娘娘那里报了

烧枷

个名，娘娘会保佑这孩子平安长大的。"因此，庙会这一天，许多妇女都会在家给孩子戴好"枷"，然后领着孩子来到庙里，先让孩子在娘娘庙前磕三个头，再到庙前的"烧枷池"中把"枷"烧掉。如果孩子年龄太小，就在家象征性在脖子上戴一下，然后由大人拿到庙上烧掉。

这样的活动要持续到12岁孩子长大成人。村中现在还有着这样的歌谣：

谢谢奶奶

远古时候真可怕，

空飞雕鹰叼娃娃。

奶奶宝枷脖子围，

长大才能卸下它。[①]

这一习俗也在庙宇重修之后重新"火"了起来。

3. 唱戏

庙会期间，除了唱还愿戏之外，一般还有酬神戏。这种戏一般是由村委组织

---

① 村民刘北锁编著：《山西省洪洞县赵城侯村女娲皇陵故事（一）》，2000年10月，第8页。

的。申继亮听老人们说,以前的戏从农历三月初就开始,到三月十五左右结束。当年蒲剧界的老艺人曹福海、王存才等都在此献过艺。当时还流传着顺口溜:"宁误了吃肉喝酒,别误了侯村庙会看存才的杀狗"。当初戏台就设在正殿对面的戏台上。唱戏的目的有两个:一是娱神,让女娲娘娘高兴;二是娱人,赶庙会的群众也在祭祀活动中得到快乐。如今庙会上的唱大戏,由于戏台的转移,第二个目的占据了主要的位置。唱戏时间也缩短为初九、初十和十一这三天,一天演两场,多数是蒲剧,白天折子戏,晚上拉本戏。这些戏吸引了方圆几里的人来看,热闹非凡,人头攒动。

除此而外,庙会期间还有物资交流会。供销路、青年路上摊点密布,卖的有"枷"、布娃娃、黄表纸以及布匹、衣服、各种小吃、日用品等,吸引了众多赶庙会的人。

总的看来,现代的庙会多以神庙为中心,是融汇了由进香、祭祀、祈福、许愿等组成的信仰活动,加上集市贸易、民间艺术、民间娱乐和小吃等组成的一种群众性民俗活动。它所蕴含的功能在现代社会中对发展地方经济、娱悦民众生活、促进地方认同等方面的作用不可小看。

四、问题和讨论

侯村女娲陵庙的重建和女娲信仰的恢复,是80年代以来洪洞地方传统再创造的一个组成部分,也是更为宏观的场境当中所谓"民间传统重建"的组成部分。为什么现代化过程中民间信仰没有随着社会变迁的拓深而消失,反而在此过程中得到复兴与重建呢?结合侯村女娲信仰的个案和其他地区民间信仰重建的相关资料,笔者认为其原因主要有以下几个方面:

(一)官方意识形态控制的"松懈"和文化策略的改变

当代中国民间信仰的复兴与重建,与20世纪70年代末期以来官方意识形态对民间控制的相对"松懈"和中央政府文化策略的变化有关。十一届三中全会以后,国家政策的中心由政治斗争转为大力发展经济。"集体致富、发挥地方优势、保护农民利益以调动积极性等,是国家农村政策中所包含的一些新精神;与此同时,随着将权力向地方下放,国家在对农村文化规范和行政建设方面采取了相对平和的渗透方式。"[①]在这种国家权力对民间意识形态的控制相对松弛的情

[①] 刘铁梁:《村落庙会的传统及其调整——范庄"龙牌会"与其他几个村落庙会的比较》,参见郭于华主编《仪式与社会变迁》,社会科学文献出版社2000年版,第299页。

况下，那些曾经被压制的、被国家权力称之为"迷信"和"封建"的、但在村民看来符合其生活和心理需要的民间信仰，就被村落的"领袖们"加以重建，并且在新的历史条件下赋予其新的意义。

另一方面，改革开放以后，为了重新确立中华民族的认同意识，官方意识形态运用比较具有历史文化内涵的象征取代了以前的强制性政治认同。在此过程中，官方意识形态运用了许多民间传统文化的因素，比如像黄帝、炎帝、孔子等，许多政府部门还组织了对黄帝陵、炎帝陵等的纪念、祭祀活动。这就从直接的层面自上而下地为地方文化的自我发挥提供了空间。

由此可以看出，官方意识形态和民间文化不像比喻的那样，是一种"游击战"、"蚕食"和"蚂蚁啃骨头"的关系，[1]它们之间不只是存在对立和冲突，也有互渗、合作和统一。在侯村的个案中，我们就可以看到官方和民间的复杂关系：女娲庙宇的重修，起始于政府"发扬精神文明、发展地方经济"的倡导；重建过程中，民间权威通过各种方式争取官方的支持和地方政府的参与，因为有了地方政府与民间权威的合作，庙会和信仰的重建才获得了它的正当性和合法性；当然，地方政府和民间权威也有矛盾的一面，像前面提到的关于学校搬迁和重修庙宇的冲突就是一例。

(二) 寻求地方经济的发展

侯村的女娲庙和女娲信仰得以重建的另一个重要原因，就是地方政府力图利用地方文化传统来搞活地方经济。其中之一是用传统吸引游客，开发地方旅游事业。这一点在《中华之母——女娲》的前言中已经被明确地提出来了：他们重建女娲庙的目的之一就是为了推动地方旅游事业的发展。这一动机和目的在全国各地近些年来的民间传统重建浪潮中占据了很大的比重。

甘肃泾川王母宫的修复和西王母信仰的恢复就是其中一例。始建于西汉元封年间（公元前107年左右）的泾川回山王母宫在"文革"期间遭到了很大的破坏。"1990年，台湾同胞通过资料的考证，认定泾川回山是西王母发祥圣地，纷纷组团前来朝圣。为了弘扬中华文化，扩大两岸交流"[2]，从1992年8月起，在当地政府的带动和海外团体的资助下，泾川县自发成立的民间组织"重修王母

---

[1] 高丙中：《民间文化的复兴：个人的故事》，见其《居住在文化空间里》，中山大学出版社1999年版，第47页。

[2] 彭金山：《西王母庙会及泾川风俗》，参见王建太、张怀群主编《甘肃泾川与西王母文化》，国际华文出版社2001年版，第66页。

宫经理会"开始了当地王母庙的修复工作。到 1999 年为止，建成了包括西王母大殿在内的民俗文化建筑群落。重修之后举行的西王母庙会重新有了广泛的群众基础。每年农历三月二十日，周边市县的西王母的信众、还有许多台湾同胞，不远千里，前往回山朝拜西王母。"山上山下人声鼎沸，回山瑶池热闹非凡"[1]。"国家实行政策开放和经济体制改革以来，改变了原来西王母庙会只举行祭祖、拜神的单一功能，逐渐演变为多功能综合活动，使其成为当地的社会活动中心和物资交流的场所。人们利用这个场所出售产品，购买生产生活所需的必需品，当地的政府部门也利用这个场所来搞活经济，促进社会发展。这种功能被称为'文化搭台，经济唱戏'"[2]。因此，可以说"西王母文化是泾川以发展旅游事业而带动经济腾飞的一个契机"[3]。

由此可以看出，重建之后的民间信仰"被权力政治资本发明为能够生产经济效益和社会效益的文化资本，意欲通过它产生社会效益，带动饮食、住宿、购物、交通、招商、引资等第三产业的发展"[4]。这样一来，这些文化资本也开始介入到地方的现代化建设之中，而这些曾被视为"封建"、"迷信"的地方民间信仰才有可能在现代性话语中获得合法地位，并获得广泛的社会声誉。

（三）寻求文化认同的结果

民间信仰的重建并非只是为了旅游开发，获得经济利益，它还代表着当地民众对自我认同（self-identity）的一种努力，这也是民间信仰重建的重要原因之一。在村落里，尽管彼此之间存在着许多的差异性，但是村民还是感受到他们之间共享有相同的地缘、同质的文化，因而要选择和建构一种象征的共同体，给作为共同体的村落制造一种特殊的感情和心理状态。因此，当地民众会"通过大众媒体、印刷品、民俗复兴以及向旅游者展示等方式来表现自己的传统"[5]。在这种表现的过程中，民众突出自我定位，以便自己的传统性得到注意，并借此表达出对本地文化的自豪感。侯村的女娲陵庙和信仰的重建，也是人们为了增强和保持其地方文化认同、恢复地方民间传统而付出的一种努力。当地人认为女娲曾经造福于侯村的人们，因此，她"最后长眠在赵城侯村这块宝地上，完

---

[1] 彭金山：《西王母庙会及泾川风俗》，参见《甘肃泾川与西王母文化》，第 66 页。
[2] 何元智：《西王母及其神话与信仰的功能》，参见《甘肃泾川与西王母文化》，第 141 页。
[3] 王云霞：《西王母文化与泾川旅游事业开发之管见》，参见《甘肃泾川与西王母文化》，第 193 页。
[4] 刘晓春：《民俗旅游的文化政治》，载《民俗研究》2001 年第 4 期。
[5] [美] 丹·本-阿默思：《承启关系中的"承启关系"》，张举文译，载《民俗研究》2000 年第 1 期。

全是顺理成章的事情"①。女娲庙则完全按照皇宫的形式建造，还受到过历朝历代诸多皇帝的祭祀，享受过"国家级"庙宇的待遇。此外，像"刨娃娃"、"烧枷"这样的习俗，都是侯村所独有的。由此，侯村村民借助这些来营造和保持村落里的认同，也通过这些与其他村落区分开来。可以说，这里的女娲陵庙、女娲信仰是村民社会文化认同的一种标志和象征。

另外，民间信仰在当代的重建还得益于炎黄子孙对根的文化上的认同。改革开放以来，被分割在大陆之外的炎黄子孙纷纷回国探望，在全国掀起了"寻根问祖"的热潮。这种寻根问祖，首先是寻求一种文化认同（cultural identity）。所谓的文化认同是由共同的宗教信仰、历史经验、语言、民族、地理、经济环境等因素共同形成，它可以超越政治和经济，具有强大的凝聚力和感召力。这种文化认同一般有两种表现形式：一是寻访故里。二是寻找民族之根。近年来，许多民间庙宇和信仰的重建都是借着这股热潮开展起来的。侯村女娲庙和女娲信仰的重建，也是借助"中华之母——女娲"这个民族之根进行的。侯村民间精英们在宣传册中写道："在提倡'男女平等'、'尊重妇女'的今天，我们应该在纪念'炎黄'二帝这两位伟大男性祖先的同时，不失时机地重新修复女娲陵庙，以永远继承和发扬女娲的伟大精神。"②

民间信仰的重建是一个复杂的过程，以上的原因只是民间信仰得以重建的几个方面，这几方面的原因经常交织在一起，共同对民间信仰的重建发挥作用。

另外，我们也看到，当代的重建并非是民间信仰完全意义上的复兴，而是其在当代情境下，怀有不同目的、不同动机的人们对地方传统予以不同选择的"重建"过程，是人们选择性地构架过去以与当代的影响共鸣。

从政府的角度来说，它在提倡地方文化传统形式的同时，也排斥那些被认为与官方意识形态不同的形式，比如说"封建迷信"的东西，因此，它不可能对原来的文化传统全部吸收；从发展地方经济的角度来看，为了使地方文化更具有吸引力，只能把该地区最具有传统、最富有特色、最有影响力的民俗文化事项给予充分地恢复和展现，其他一些"普通"的民间传统则被淡化或遗忘了；而对于民众来说，他们对民间信仰也有自己的扬弃观：神明灵验与否是决定庙宇香火是否旺盛的主要因素。那些"能够"解决人们现实生活中的苦难、满足村民信仰心理的行为习俗日渐兴盛，相反的则在社会发展过程中自然淘汰。

---

① 洪洞县侯村女娲陵庙修复领导组编印：《中华之母——女娲》，第47页。
② 洪洞县侯村女娲陵庙修复领导组编印：《中华之母——女娲》，第18—19页。

所以说，不论从哪种力量的角度而言，当代民间信仰的重建都是他们从各自不同的目的出发，根据不同的文化策略选择出大同而小异的诸多民俗事项并有机地结合在一起，来为各自的现实生活服务。

小结

从以上的分析中可以看出，当代中国大地上掀起的这股民间信仰重建的浪潮是"特定时期的一种产物"，是极为复杂的社会现象。它的产生是多种原因相互作用的结果：它与20世纪70年代末以来官方意识形态对民间控制的相对"松懈"以及中央政府文化策略的变化有关，是民众和炎黄子孙寻求文化认同的结果，也是开发民俗旅游事业、促进地方经济发展的途径之一。与信仰相关的庙宇的修复则是地方政府、村落民间精英、民众等多种社会力量运用不同文化策略共致的结果。而信仰的恢复和庙宇的修复还是一个有选择性的过程，这种选择性因主体、目的、策略等的不同呈现出一定的多样性。这些现象都值得研究者予以深入的关注和研究。

第四节 女娲神话的传承与再创造

女娲神话和女娲信仰有着密切的联系。女娲神话中叙述的超自然力和事件，"至少从神话的产生来说，被认为是远古时代确曾存在和发生过的。对神圣存在的虔敬和信仰，使神话具有了神圣的性质，往往与世俗的生活范畴分开，而与人们的宗教紧密相连，甚至成为宗教信仰的有机组成部分"[①]。直到今日，依然有一些神话带着对女娲及其事迹的虔信和崇敬，成为当地民间女娲信仰的组成部分。因此，要研究女娲的信仰，不免会涉及其神话；而对女娲神话的探讨，也往往需要结合相关的民间信仰习俗作参照。

与女娲信仰一样，女娲神话也是民间传统的重要组成部分，同样也是侯村民间传统重建中的一部分。在重建过程中，女娲神话发生了什么样的变化？这些变化有没有呈现出一定的规律性？女娲神话的传承与再创造与信仰恢复的关系如何？这些问题都值得深入探讨。

此外，在女娲神话的传承和再创造过程中，作为主体的村落里的个人，他们在重建过程中发挥着重要作用。所以，结合讲述人来探讨神话的传承与再创造，

[①] 杨利慧：《女娲的神话和信仰》，中国社会科学出版社1997年版，第121页。

更加容易看到村落里的个人如何结合自身的特点，在具体的情境下进行神话的传承和再创造。

因此，本节将在前面提供的具体情境下，进一步揭示作为侯村地方传统的重要组成部分的女娲神话被传承和再创造的具体过程，同时也对社区中的个人在女娲神话的保持、延续和变更中所起的作用进行分析。

一、神话的消极存在与积极承载

神话是一种以口头语言为主要传播方式的民俗事项，因此，有学者也将神话称为语言民俗。任何一种民俗事项都不会孤立地存在于社会之中，它一定要与社会上的其他一些事项发生关联。与神话关联的其他民俗事项很多，但主要的是那些依附着神话的信仰民俗和由信仰民俗派生出来的行为民俗。在现在的生活中，神话这种语言民俗和信仰民俗、行为民俗相互影响、互为因果："神话既会形成心理的文化积淀而产生信仰民俗，在信仰民俗的驱动下，人们将信仰用行为的方式表现出来，从而产生行为民俗。反过来，行为的民俗又会成为信仰民俗和语言民俗的依据。"[①]

侯村的相关情况正好体现了这一点。如前面提到的那样，在这次女娲陵庙重修之前，由于失去了庙宇的依托，人们对女娲娘娘的信仰逐渐走向了淡化，表现出来的行为趋向了零散的个人化，神话也就"没有什么人讲了"，变成了一种"消极"的存在，甚至出现了萎缩、消失的状态。然而，随着女娲陵庙的重修和女娲信仰的恢复，人们又开始虔诚地祈福求子了，对于女娲娘娘的信仰重新成为了全村乃至方圆几里的信仰中心。那么，在信仰和行为都发生了很大变化的时候，神话还是在被消极地承载着吗？神话的传承会因此发生什么样的变化？

下面笔者将以调查过程中采集到的两则女娲神话故事为例，来对上述问题进行探讨。

例一，2001年的女娲庙会上，有许多妇女在女娲正陵上"刨娃娃"，不远的地方还有一些年轻的旁观者。有人不解地询问"刨娃娃"习俗的来历。申继亮就给他们讲了"为什么要到女娲陵前来求子"的"古话"：

传说女娲娘娘用泥捏完人给他们配对之后，又一想，这些人如果出现了婚后不孕，那不又要绝后吗？她就想出了一个办法，用白垩土——也就是我们说的石灰，和了一池子泥糊糊。她又把绳扔到稀泥中，拉出来后，这么一甩，白泥

[①] 郭精锐：《神话与民俗》，转引自程健君《口承神话》，海燕出版社1997年版，第12页。

点溅得四处都是。等到晒干后，娘娘就把这些白泥点收拢在一起，叮嘱她的子孙说："这些小白泥点就是小精灵。我死后，就把它们埋在我的坟堆内。要是有人结婚后不能怀孕，可以刨出一个来，带回家中，放进土地爷爷神堂内，土地爷爷就会把消息传给我，我知道后，便会给你们送来子女"，从此以后，人们要是没有了孩子，就来这里刨一个拿回去，很快就会有娃娃了。

听完之后，立刻有人向申继亮打听细节，有人发出质问："这种方法管不管用？"接着，有另一位年纪稍大的人补充讲述了村民求子灵验的事情。

例二，庙会过后第三天，申继亮等几个负责人到庙里处理庙会之后的事情。学校里上课的几个学生过来凑热闹，问起几天前大人带着他们来烧枷的事情。申继亮给他们讲了"女娲是儿童的保护神"的故事。当时一同在听的还有陵庙修复其他两位负责人申国强、刘双喜以及陵庙看门人。

这个烧枷池烧的枷不是苏三离开洪洞县时戴的那种枷，而是儿童戴的枷。小孩子为什么要戴枷呢？

传说远古时候发生了一场可怕的洪水，死了很多人。那些漂在水面上的尸体，就成了凶猛的老雕、老鹰的食物。后来，洪水退了，没有了死尸，可那些猛兽已经养成了吃人肉的习惯，就只好叼小孩子来吃。女娲娘娘知道了，心疼得了不得。为了保护小孩，她就特制了一种防身用的枷。她找来一些谷杆，把它圈成三角形，在圈上插满刺，长长的刺尖都朝向外面。小孩子出门的时候，就把它戴在脖子上，这样一来，那些老鹰真的不敢再来吃小孩了。

现在，哪里还有老鹰呢，倒是有不少的小孩子被村里过来过去的车压死、压伤了。大人们给你们烧枷还是为了让你们健康成长。

以上这两则神话分别对庙会上的一些信仰行为的来源做了解释。可见，神话、信仰和表现出来的行为在这次重建中同样有着密切的关系。从讲述中可以看出，伴随着女娲庙会重新开始，有关女娲的一些信仰活动重新被人们积极地传承起来，这些都使得当地的女娲神话改变了以往被消极承载的境况，有了积极讲述的机会。

这里所谓的"消极存在"，指的是一种自然状态的惯性的延续，而与此相对的"积极承载"或"积极存在"则是一种积极的、有一定创造性的延续。前已述及，在侯村的女娲庙被毁之后，关于女娲的"古话"在村中逐渐不再被人讲起。然而，近年来，女娲庙的修复、女娲信仰的恢复改变了这种状况，它们为女娲神话重新在当地的积极传承提供了舞台。这种由消极存在向积极传承的转变主要表现在：

首先，讲述人从消极走向了积极。在此次重建过程中，女娲神话的讲述人大多是女娲庙宇的负责人，像申继亮、申国强等，他们讲述女娲神话具有极强的现实目的：如宣传侯村女娲庙以及侯村的风俗民情等等。而这些人在修复之前，只能称得上是女娲神话的消极承载者，他们并没有太多的神话知识储备，不大会主动讲述女娲神话，神话"在很大程度上是一种以散漫的状态流传的"[①]。申继亮曾经说过，自己现在能够讲述女娲的"古话"，是因为自己是女娲庙的负责人，有必要知道女娲的事情。所以，从修复开始，他经常翻看书籍、走访长者，掌握了许多关于女娲的神话故事，并对神话进行了积极的创造（详见下文）。而且，作为庙宇修复的负责人，他们除了在别人询问时讲述女娲神话，在更多的情况下，为了宣传女娲庙，他们都会主动讲述女娲神话故事。比如，"辛村女娲庙的来历"（见下文）的讲述。可见，正是由于女娲庙宇的修复才给了他们主动了解和积极讲述神话的机会。

其次，听众也积极参与进来，成为神话讲述和传承的一个有机组成部分。帕里（Milman Parry）和洛德（Albert Lord）认为，口传的艺术（verbal art）与其说是记忆的复现，不如说是艺人在同参与的听众一起进行表演的一个过程。[②]在表演空间中，听众和讲述人是互动的，两者缺一不可。在女娲庙修复之前，侯村的大多数人，尤其是年轻人并不关心女娲及女娲神话。然而，从上述两则女娲神话故事的讲述中，我们可以看出，听众有了主动探求的欲望，这在一定程度上会刺激表演者的讲述，也会影响到讲述人的讲述内容。听众和讲述人两者之间的互动，构成了神话讲述事件的发生，也促使神话讲述由消极向积极转变。

第三，庙会的恢复为女娲神话的讲述提供了新的情境。以前，"庙没了，人们都自己到土丘那儿求个孩子，看看戏就走了。谁有时间听老汉我讲'古话'"。（申继亮语）庙宇修复之后，侯村的女娲庙会重新成为方圆几里信仰的中心，赶庙会的人，不仅有本村的村民，还有附近县乡的信众。他们来赶庙会，不仅是为了祈福、求子、听戏、凑热闹，而且因为庙宇和庙会的恢复，使他们在一定程度上有了了解女娲神话和侯村女娲庙的需求。这一切构成了女娲神话讲述的新场合。

---

① [美] 阿兰·邓迪斯编：《世界民俗学》，陈建宪、彭海斌译，上海文艺出版社1990年版，第232页。

② 叶舒宪编：《文化与文本》，中央编译出版社1998年版，第153页。

从以上的分析中可以看出，神话、信仰以及行为在民间传统重建过程中发生着密切的联系。而侯村女娲庙、女娲信仰的重建，不论从讲述人、讲述情境还是听众方面，都促使当地的女娲神话改变了以往的消极生存状态，成为被积极传承的民间传统的一部分。

二、讲述人与神话的再创造

前已述及，社区中的个人是传统的传承和再创造的主体，对主体的关注和研究使得我们的视角从强调集体性转而为个人。美国民俗学家琳达·戴格（Linda Dégh）非常重视对传统中的个人的研究。"有些学者认为，强调个体对民俗的贡献是站在理解文化传统的真实目的的对立面"[1]，她认为其实不然，传统是一个大的理念，"个人是传统链条中的一环"[2]，"传统都是由个人来保存和延续的，如果忽略了个人的作用，泛泛地谈论传统只能是空谈"[3]。因此，在她的研究中，特别重视个人在传统的保持、延续和变更中所起的作用。在研究过程中，她并没有把个人孤立起来看，而是把对个人的这种研究建立在整个社区的基础之上。她注重社区中的个人、文化和传统三者之间的互动。以上这些观点和方法对现代口承神话的研究有重要的启发意义。

长期以来，我们对现代口承神话的研究强调的都是集体性，而忽略了个人在神话的传承和再创造中的重要性。戴格的研究告诉我们，社区中的个人才是传统的承载者。神话作为一种传统，常常被这些个人加以改变、改造，从而更好地为他们今天的现实生活服务。

在侯村当代民间传统重建过程中，同样也是村落中的一些个人，对女娲神话进行了再创造，为他们的这次活动服务。在这些个人中，最为突出的就是申继亮。因此在这一节中，主要介绍他的个人生活史以及他对女娲神话的讲述情况，分析女娲陵庙重建中他对女娲神话进行传承和再创造的具体过程，并在此基础上关注民众对口头和书面的理解和态度。

申继亮告诉笔者：

我 1937 年出生，今年 65 岁。解放前年纪小，也算受过苦，1947 年赵城解

---

[1] Linda Dégh, *Folktales and Society——Story-telling in a Hungarian Peasant Community* (Indiana University Press, 1968), p. 49.

[2] Linda Dégh, *Folktales and Society——Story-telling in a Hungarian Peasant Community*, p. 49.

[3] 杨利慧：《民间叙事的传承与表演——以女娲神话为例》，在"民俗学学科建设及人才培养研讨会"上的发言，其中谈到了戴格的相关研究。

放，1948年我就在村里小学念书，1948年后半年到赵城三高（也就是现在的第三高级小学）念五六年级。1949年正月入贺龙中学，开始在临汾，后来随贺龙中学去了西安。到了西安之后，因为那时候才13岁，部队要往大西北开发，我们十几个小孩就回来了。1950年村里办起了夜校，因为我以前在贺龙中学比别人多认识几个字，会汉语拼音，就在夜校扫盲。（由于）表现不错，参加共青团，1952年成立了赵城中学，在那里读了两年书。1955年考到华北第二工业学校，学的是锻冲专业。1958年毕业之后分到哈尔滨军工厂做技术员，第二年带工资到哈尔滨工业大学学习。后来回家

修复工程的主要参与者

探亲，当时父亲去世，母亲年纪大了，我老伴有了大姑娘，家里缺个主事的，我就申请调了回来，到赵城中学教语文，那是1962年正月。

"文革"期间，我被调到县城中学当教导主任，后来还到县教育局教研室工作过几年。1978年调回来以后，就一直在高中教学，直到1995年退休。

获过的奖励太多了，每年基本上都是县里的先进，最高的表彰是山西省先进教育工作者，省级的。我带的那些班，考走了二十几个大学生，最后那一年还考了个全县第一。

1995年退休之后，正赶上村里重修这女娲庙，我就去帮帮忙，国家给了几百块钱的退休金，坐着也是坐着，老了还给国家、村里做点贡献。以前的苦日子都熬过来了，现在国家安定、子孙满堂，我就好了。①

申继亮比较善于讲故事，而且会根据不同的听众讲不同的故事。他说："（讲故事）要看对象，有人来听的话，要迎合迎合这些人的口味。""以前带着学生上哪儿去劳动，学生说，老师给我们讲个故事吧。我就讲给他们。（讲的时候）有个时代性，比如说，过去讲阶级斗争，要讲一些符合当时形势的，比如说长工斗地主的故事，讲长工怎么的聪明，地主怎么的愚蠢。如今科技发达了，就

---

① 讲述人：申继亮；讲述地点：申继亮家中及女娲庙里；讲述时间：2001年7月21日。括号中的词为笔者所加。

讲些科技方面的，现在的电视机、收音机，被称为'千里眼'、'顺风耳'，坐在家里就能知道千里以外的事情，就可以联系这些讲一些故事。现在退休了，在家里替孩子们带孙子，就多讲一些孩子们喜欢听的故事和笑话，像孙悟空、猪八戒。"

由于他长期担任语文老师，因此"读过好多书"，这也形成了他讲故事的另一个特点：经常把书上看到的东西融在他的口头讲述中。他曾经讲过"盘古开天地"、"女娲怎么来的"、"女娲惩治昏君"等三则神话故事，并说明"这些（故事）书上都有记载，也是这么说的，好像是《中国上古史演义》，（我）早在六十年代就已经看过了"。

此外，他在讲故事的时候还经常会有自己的联想和创造。在他讲完"女娲造人"之后，接着讲了个"狗腿子的故事"，故事的结尾，他这样讲道："女娲造人的时候是不是也用泥造狗了，这可说不好。"因为同是用泥捏东西，他就把两个联系在一起讲述，还认为说不定它们之间有前因后果的关系。这些就是他根据自己的理解，对神话和故事进行的个人再创造。

申继亮在村里属于"有知识"的人。村民们说，这个人以前在外面见过世面，懂得多，脾气又好，为人不错，所以这次修复活动的文字宣传工作就让他负责。他参加了《中华之母——女娲》宣传册和其他宣传材料的编纂过程。

2001年7月，他搜集整理了四则"女娲的传说"，准备把它作为新的宣传材料。在这份新的宣传材料中，有一个明显的特征：先引用古文献、再写神话故事。他把两者结合起来。比如，在第一篇《创造人类》中，申继亮这样写道：

《风俗通义》记："俗说天地开辟，未有人民，女娲抟黄土做人，剧务，力不暇供，乃引绠于泥中，举以为人。故富贵者，黄土抟人也；凡庸者，引绠人也。"

话说，盘古开天辟地后，天上有了日月星辰；地上有了山川草木，鸟兽鱼虫。可是单单没有人类。天地间显得很是荒凉、寂寞。

……

笔者就这份材料以及这个特点与申继亮进行了一次访谈。以下是这次访谈的部分内容的整理：

徐：你怎么会想到把古文的话放在传说的开头，你可以直接说："很久很久以前……"

申：因为当时一开始，从理论上来说，也没有这方面的知识，也缺乏这方面的探索研究，既然想修复女娲庙和女娲陵，那就得造点舆论。舆论从我们知道的就是这些神话传说。没办法，就把以前看的书翻出来，就算是找个根据。

徐：古文下面的这些故事主要的来源在什么地方？你以前听过这些传说故事吗？你有没有把听来的这些用在里面？

申：有一些是从《风俗通义》里边找来的，《中国通史》上面也有。把文言文变成白话文，再加一些演绎。以前听过的，也都用上了。

徐：这些听来的东西用在什么地方？这些东西是基础还是书上的东西是基础？

申：作为素材，没有什么矛盾吧，我需要的时候就把它用上，为这个故事服务。如果有用的就把它用上。

徐：你写的时候，是先查过资料才写的，还是写出来觉得不好，才去查资料补充？

申：二者兼有。有时候资料上有这个，就先把它翻译过来，用通俗的白话文把它写出来，有时候把原来的故事整理一下，整理的过程中，我再补充。比如，求孩子的那个，那就是村中流传的：侯村的娘娘，你给我送的孩子，要聪明伶俐的，不要憨厚笨拙的，要什么的。群众的一些心愿，就把它参照在里边写进去。

徐：你在写这些资料以前做过搜集吗？怎么搜集的？

申：做过。1995年我找了几个七八十岁的老汉，农村的，那些人都提不起笔来，但是知道这些故事。几个老汉坐在一起，我就说叔叔、老哥，给我说个故事传说，讲讲女娲是怎么回事。他们就讲。他们也是东一犁，西一耙。你说一句，他说一句，比如说，这边正说着女娲陵那里有两堆土，那边老汉们又开始说爷爷庙的事了，我把他们说的简单地记下来了，然后再去整理。

徐：你在整理这些传说的时候，有没有给别人讲过？

申：也讲过，不多讲，就是为了修这个庙，我们常去庙里看看，碰到有人在一起谈哩，我就坐在那儿听。听完之后，有人说，你说的那个不对，让人家老汉（指申继亮）说。我就说说。

徐：说的时候，和整理出来的有什么不同吗？

申：不太一样，那些古文，记不那么清楚，就把大概意思说说。[1]

从中可以看出，围绕着女娲陵庙的重建，为宣传这次活动，申继亮对女娲神话在具体的村落情境下进行了新的创造。结合他自身的特点，就是让书面和口头互动起来：用神话传说这种生动的、易于流传的形式来宣传女娲的功绩和当地的一些信仰，又在这些口头神话之前加入了古籍中的记载，作为神话传说的

---

[1] 受访人：申继亮；访谈地点：申继亮家中；访谈时间：2001年7月23日。

根据；在具体的编纂过程中，把书面语口头化或是以口头语为基础进行书面补充；对于编辑成册的书面材料，他也常常在口头上进行讲述。在这个具体的个人再创造过程中，书面语和口头语结合在一起，共同发挥着重要的作用。

应当说，如今各种民间故事大多有了自己的文字记录本，民众识字的普遍水平较以前大为提高，人们可以直接面对民间故事的文字"定本"。这就使得书面语和口头语重新结合在一起，也使神话、传说、故事等民间叙事形式的传承有了新的途径，发展变化也有了新的规律。

两者结合之后，人们往往根据自己的审美意识和实际需要，有选择地对书面记载和口头讲述加以利用。像申继亮，在自己再创造过程中，他并没有明显地区分出口头语和书面语的不同，而是觉得它们没什么矛盾，两者可以兼用。他利用书面文本和口头传统之间的微妙关系，通过再创造展现了其个人的创作技巧，并让女娲神话来为现实生活服务。

像申继亮这样对书面语和口头语进行融合的现象并非特例。山东民间故事讲述家宋宗科的故事同样具有二者兼容并蓄的特点："既继承了书面文学对人物的必要描写和语言提炼等优点，又保持了从民间故事进程中表现人物的传统方法，使书面文学和口头文学融合为一体，趋向于统一，提高了民间故事的艺术欣赏价值，同时，也为民间文学的传承和发展注入了新的活力。"[1]

对于民间文学研究来说，这是一种值得注意的现象。通过分析可以看出，书面文本和口头传统并不像早年一些学者所认为的那样，两者之间存在一条不可逾越的鸿沟，是彼此截然对立的两件事情。"新的观点更强调它们所形成的类似光学'谱系'式的关系：在谱系的两端，是较纯粹形态的书面创作和口头创作。在两端之间，还有大量的中间形态的、或曰过渡形态的现象。"[2]调查研究中，我们经常遇到这类现象，像申继亮受过现代教育，宋宗科也粗通文墨，他们的创作过程可以视作中间形态。此外，在当代条件下，口头传统和书面文本之间的关系，"也不是简单的从口头传播到文字记录的单向过程，也有从书面重新流向口头传承的事例"[3]。因此，我们应该在对两者的共同审视的基础之上，来关注两者在民间文学传承过程中的相互影响。

---

[1] 王太捷：《书面文学与口头文学的融合——再论宋宗科现象》，载《民间文学论坛》1992年第2期。

[2] 朝戈金：《蒙古口头史诗诗学——冉皮勒〈江格尔〉的程式句法研究》，广西人民出版社2000年版，第57页。

[3] 朝戈金：《蒙古口头史诗诗学——冉皮勒〈江格尔〉的程式句法研究》，第57页。

三、女娲神话在重建过程中的地方化

"地方化"是指原本没有特殊地域特征或地域特征不明显的神话，在其流传过程中，逐渐与所流入的特定区域的地理、气候、风物发生粘连，使得神话带有了鲜明的地方特色，以增强神话的可信性和真实感。[①]

女娲是远古时期的始母神，关于她的神话，在早期的流传中并没有明显的地域特征。但在以后不断的流传和扩布过程中，不同地方、不同人群往往根据他们自己地域或文化的特征和特点对这公共资源加以附会，使之成为地方人群认同和传播的新版本。

在调查中，笔者发现，在女娲庙修复之前，叙事的地方性因素已经是女娲神话在当地生存的要素之一。比如，村民们一般不能主动讲述女娲和伏羲的神话故事，而只有当提起"爷爷庙"时，才会讲到这个邻村风物的来历。

侯村女娲庙进行重建以后，女娲神话的地方化倾向较修复之前更为突出、更加鲜明，并且有了服务于现实的目的，因此，村民的讲述也变得积极起来。

首先，用女娲神话故事为侯村的风俗习惯、信仰行为、自然地理以及庙宇建筑等进行诠释，从内容上讲，较庙宇和信仰恢复之前，变得更加丰富了。除了前面讲到的"为什么要到女娲陵前来求子"、"女娲是儿童的保护神"以及"添仓节"的来历之外，还有对庙宇以及周围情况的说明。比如，申国强讲的"爷爷庙的来历"：

咱们这有个娲皇圣母庙，也叫做娘娘庙，还有个爷爷庙，爷爷庙离这儿是十来里地。原来总说，在母系社会，女的掌权。有一次，爷爷给娘娘梳头，梳得疼了怎么了，娘娘就踢了一脚。娘娘就把爷爷踢到了伏牛村，那有个庙，就叫爷爷庙。我们小时候去的时候，还看见爷爷像后边有个女人的脚印，就是娘娘踢的一脚，一脚踢了九里十三步。那个爷爷庙现在没有了。[②]

在侯村的庙宇修复和民间信仰的重建过程中，有了这种文学化的解释，听众会产生一种真实感，认为这个神话故事就是在这里发生的。这种解释由于追溯到远古时代的始祖母——女娲最初的奠定性行为而获得了肯定。而那些与远古女娲发生联系的现实生活中的行为，也因此在人们中间形成认可。这种解释还

[①] 杨利慧：《女娲的神话与信仰》，中国社会科学出版社1997年版，第106页；程健君：《口承神话》，海燕出版社1997年版，第9页。
[②] 讲述人：申国强；讲述时间：2001年7月24日；讲述地点：女娲庙前。

以其富有幻想的手段增强了感染力，使它本身更容易传播和流传。

其次，侯村的民间传统重建过程中的神话地方化有着明确的现实目的。重点是为了"名正言顺"的需要。前面提到过，侯村这次重建女娲庙宇的目的之一，就是寻求对女娲这种民族之根的文化认同，也借此契机推动地方经济的发展。为了让侯村的女娲陵庙得到社会的确认，他们必须为它"正名"，使它与侯村发生特殊联系。因此，重建过程中，民间精英们就选择了在传统中得到认可的公共资源——女娲神话，在其原有的基础上进行了地方化的改造，使它满足这次重建的需求。比如，第三节中提到的"侯村两个土丘的来历"等等。

在这里还可以举出这样一例。在侯村女娲庙重修的同时，相隔几十里的汾西县辛村的女娲庙也正被修复。2000年庙会时，辛村的庙宇负责人被邀请到侯村参加女娲庙的"开光"仪式。仪式之后，申国强给这些人讲了"辛村女娲庙的来历"：

我给你们讲讲咱这个庙为啥没有塑像？这是个传说。为啥没塑像，原先是有个塑像的，以后就发了大水了，大水把这个像冲到西边，西边就是你们辛村。娘娘像到了辛村以后，停在河里边。村里人到天亮听见河里边有女人哭，不知道发生什么事了，这些人就去到河边，看见了塑像。有人说，这是娘娘的像，娘娘想住在咱们这，就把像抬回去，盖了庙，辛村的娘娘庙就是这样来的。所以说，你们那供的那个像就是我们侯村的。[①]

在当地人看来，侯村的女娲庙才是"正宗"，对它的修复，自然是天经地义的事情。像辛村这样的女娲庙只是侯村这个"源"分出去的一个"流"。因此，在讲述与侯村相关的女娲神话故事时，自然带有了鲜明的功利色彩。

最后，在民间精英把女娲与侯村特定地域相附会的过程中，产生了新的女娲神话。像申国强讲述的"爷爷庙的来历"中，主人公已经不再是那位神通广大、能补天除害、孕育人类的女始祖，而变成一个爱生气动怒的普通女性。这类神话已经远离了女娲神话的原始形态，与传说、故事的界线变得模糊起来。

但是，这并不意味着朴实的、原始的神话不再被讲述了。在神话地方化的同时，关于女娲的较为古朴的神话也同时被村落中的个人所讲述：

原来有兄妹俩，当时没有人，再往下繁衍，兄妹俩能不能结婚，所以他们就祈求上天，说：如果我们兄妹俩可以结婚的话呢，有两堆山火，那么大的烟，烟上去以后，拧起来，汇合在一起。如果不允许我们兄妹俩结婚，烟就散了。哎，

---

① 讲述人：申国强；讲述时间：2001年7月24日；讲述地点：女娲庙前。

上天就给他们说，可以吧。烟就合在一起了，他们两个就结婚了。他们两个结婚以后，还是女娲觉得兄妹结婚不对，她后来就提出不要近亲结婚。一次，她在河边洗澡，看见自己影子，觉得很漂亮，如果能造成像我这样的人来就好了。她就在那里把黄土抟成泥人，一个一个地捏泥人，摆在河滩上，让太阳晒。晒干了以后呢，那小泥人就跳起来了，蹦起来了。她挺高兴的，她就继续捏，后来有一天呢，突然狂风大作，她捏的泥人还没干哩，她着急了，赶快往起收，有的把胳膊断了，有的把腿断了，所以现在这人里边就有了缺胳膊少腿的啦！[①]

这种较古朴的神话与严重地方化的神话在现实生活中共同存在、一起流传，这也是侯村女娲神话生存与传播的又一特征。

总的说来，地方化是侯村这次民间传统重建过程中的一个重要趋势。其实，神话地方化的倾向原本就存在于当地人的口头讲述中。只是在这次重建过程中，这种倾向表现得更为突出、鲜明，内容变得更加充实丰富，细节也更具体生动，并且有了强烈的现实目的，神话因此获得了新的生命力和进一步流传的力量。

小结

从上述分析中，我们可以看出，作为一种语言民俗，在民间传统的重建过程中，女娲神话与信仰民俗、行为民俗有着密切的联系：庙宇的修复、信仰的恢复为神话的传承和讲述提供了由消极存在向积极承载转变的舞台；神话的积极讲述又反过来为庙宇的修复服务，为信仰习俗、地方风物进行诠释，这也使得神话的地方化倾向更为鲜明。而以往较少被关注的村落里的个人，则是现代口承神话传承和变异中的重要因素，他们可以利用口头传承和书面传承的双重来源，为传统的重建服务。这也从一个侧面体现出书面和口头的互动关系。总的说来，现代口承神话的传承和变异是多种因素综合作用的结果。

第五节 结　语

综上所述，作为民间传统的重要组成部分的女娲神话及其信仰并不是社会现代化进程中的"异物"[②]，它们并没有在现代化推进过程中退化消失，而是呈

[①] 讲述人：申继亮；讲述地点：其家中；讲述时间：2001年2月12日。
[②] 李靖：《美国民俗学研究的另一重镇——宾夕法尼亚大学民俗学文化志研究中心》，载《民俗研究》2001年第3期，第115页。

现出一种重建的趋势。事实说明，女娲神话及其信仰是一个不断地被传承、被创造和不断变化的过程。本文力图把它们置身于当代民间传统复兴的大背景之下，联系其发生、发展的具体的政治－文化背景在具体的社区内对它们的重建过程以及变化的特点进行考察和分析。

侯村，是晋南地区一个极为普通的、处于发展变迁状态中的村落。从1999年开始，该村的女娲陵庙又一次在当代民间传统重建的背景下得到了修复。与此同时，有关女娲的神话和信仰重新回到了村落地方文化的舞台上，并在当地经济与文化发展中扮演着积极的角色。该村以女娲庙宇修复为外在表现的民间传统的重建活动，是当代中国特定的大环境下的产物。

这次的重建呈现出一些特点：

一、它是多种因素共同作用的结果。以女娲陵庙的修复来说，它是各种社会力量共同表演、相互协调和互动的结果：它是在地方政府的支持下，以"弘扬传统文化、发展地方经济"为宣传口号，由村落的民间精英策划、组织，多数村民的参与下完成的。而女娲信仰的复兴也是有诸多原因的：它与20世纪80年代以来官方意识形态对民间控制的"松懈"以及其文化政策的变化有关，它同时还出自于地方发展经济、寻找文化认同的需求，等等。

二、庙宇的修复、信仰的复兴和神话的传承与再创造这三者之间有着密切的联系，共同构建起当地的这次民间传统重建的浪潮。庙宇的修复激起了信仰的积极态势；由于与信仰发生着密切的联系，神话得以重新被积极地传承；出于庙宇宣传、凸现地方文化特点等实际的需要，神话发生了明显的地方化变化。

三、侯村当代的这次民间传统重建具有一定的选择性。它并非是对民间传统完全意义上的重建，而是不同的社会力量、不同个人从各自不同的目的出发，运用不同的文化策略，对侯村民俗传统进行选择，并将之予以重新组建和创造的结果。这些被重建的民俗事项，既与以往的传统一脉相承，同根共源，又具有新的时代特点，为人们当代的现实生活服务。

四、侯村此次的民间传统复兴过程中，村落中的个人，尤其是那些民间权威人物发挥着重要的主体作用。以民间权威而言，他们不仅组织、策划女娲陵庙的修复，同时也积极地进行女娲神话的传承和再创造，来为现实的目的服务。而村中的多数人参与了庙宇的修复，还构成了女娲信仰的主要信仰群体。在神话的传承和讲述中，他们既是听众，也可能是今后的讲述人，他们是神话传承和再创造中不可或缺的部分。所以说，村落中的个人在民间传统的不断传承、变化、重建过程中的作用不可小视。正如本笛克丝曾经说过的那样："社区里的'民众'不只是传递传统，他们也生产、表演、展示自己要表达的文化，以满足他们的需求。传统只是个标签，需要人们来发明、保存和改变它。"①

通过侯村民间传统重建的个案，我们看到的是具体的村落中，在民间传统重建的活动背景下，女娲神话及其信仰的动态变化过程。当然，侯村的民间传统重建活动是当代中国民间传统重建浪潮中的一个有机组成部分，"管窥见豹"，从中我们也可以领味到中国广大地域范围内民间传统重建的一些特点和规律。因此，这个女娲神话及其信仰的复兴情况的个案研究，也具有一定的普遍意义。

在文章的最后，笔者要说明一点：由于时间、精力以及财力的限制，一些与本论题有关的问题，比如说，现代口承神话在重建活动中的讲述情况怎样？作为传统传承和重建的主体，其他个人在传承和再创造上，与申继亮相比较有什么不同和相同之处？一般的民众对包括神话和信仰在内的民间传统的复兴与重建有何理解？他们在其中扮演了什么角色？等等。这些问题，都要留待以后，在经过更详细的调查和拥有更丰富的资料的基础上，继续研究。

主要参考文献（以出版先后为序）：

一、专著

（一）中文部分

1. 袁珂编著. 古神话选释. 北京：人民文学出版社，1979

2. [日] 大林太良著. 林相泰，贾福水译. 神话学入门. 北京：中国民间文艺出版社，1988

3. 中国人民大学科学研究处组编. 传统文化与现代化. 北京：中国人民大学出版社，1987

4. [俄] 李福清著. 马昌仪编. 中国神话故事论集. 北京：中国民间文艺出版社，1988

5. 孟慧英著. 活态神话——中国少数民族神话研究. 天津：南开大学出版社，1990

6. 李子贤著. 探寻一个尚未崩溃的神话王国——中国西南少数民族神话研究. 昆明：云南人民出版社，1991

---

① Regina Bendix, *Backstage Domains——Playing "William Tell" in two Swiss Communities*, p. 17.

7. 张振犁著. 中原古典神话流变论考. 上海文艺出版社, 1991

8. [日] 关敬吾等著. 张雪冬, 张莉莉译. 日本故事学新论. 沈阳: 辽宁大学出版社, 1992

9. 程健君著. 口承神话. 河南: 海燕出版社, 1997

10. 杨利慧著. 女娲的神话与信仰. 北京: 中国社会科学出版社, 1997

11. 王铭铭著. 村落视野中的文化与权力——闽台三村五论. 生活·读书·新知三联书店, 1998

12. 杨利慧著. 女娲溯源——女娲信仰起源地的再推测. 北京师范大学出版社, 1999

13. 郭于华主编. 仪式与社会变迁. 北京: 社会科学文献出版社, 2000

14. 朝戈金著. 蒙古口传史诗诗学——冉皮勒《江格尔》程式句法研究. 南宁: 广西人民出版社, 2000

（二）外文部分

1. Dégh, Linda. *Folktales and Society——Story-telling in a Hungarian Peasant Community.* Translated by Emily M. Schossberger. Bloomington and Indianapolis: Indiana University Press, 1968

2. Bauman, Richard. *Story, Performance and Event——Contextual Studies of Oral Narrative.* New York: Cambridge University Press, 1986

3. Holbek, Bengt. *Interpretation of Fairy Tales——Danishi Folklore in a European Perspective.* Helsinki: FFC, 1987. No. 239

4. Bendix, Regina. *Backstage Domains——Playing "William Tell" in Two Swiss Communities.* Bern: Peter Lang Publishing, Inc., 1989

5. Smith. Valenel, ed. *Hosts and Guests: The Anthropology of Tourism,* 2d ed. Philadelphia: University of Pennsylvania Press, 1989

二、论文

（一）中文部分

1. 张余. 晋南的神话与传说. 民间文学论坛. 1990 年第 2 期

2. 王太捷. 书面文学与口头文学的融合——再论宋宗科现象. 民间文学论坛. 1992 年第 2 期

3. 高丙中. 文本和生活: 民俗研究的两种学术取向. 民族文学研究. 1993 年第 2 期

4. 王铭铭. 中国民间传统与现代化——福建塘东村的个案研究. 传统文化与

现代化. 1996 年第 1 期

5. 王铭铭. 小地方与大社会：中国社会人类学的社区方法论. 民俗研究. 1996 年第 4 期

6. 孟繁仁. 中华之母——女娲. 三晋文化论丛. 第 3 辑. 1997 年

7. 陈建宪. 精神还乡的引魂之幡——20 世纪中国神话学回眸. 河北师范大学学报·哲社版. 1998 年第 3 期

8. 孟繁仁. 黄土高原的"女娲崇拜". 中国文化研究. 1999 年夏之卷（总第 24 期）

9. 王铭铭. 地方政治与传统的再创造——福建溪村祠堂议事活动的观察. 民俗研究. 1999 年第 4 期

10. [美] 丹·本-阿默思. 张举文译. 承启关系中的"承启关系". 民俗研究. 2000 年第 1 期

11. 彭兆荣，魏爱棠等. 新民俗传说的地方化叙事. 民俗研究. 2000 年第 1 期

12. 钟年. 民间故事：谁在讲谁在听？——以廪君、盐神故事为例. 民间文化. 2001 年第 1 期

13. 刘晓春. 民俗旅游的文化政治. 民俗研究. 2001 年第 4 期

（二）外文部分

Gilbert, Lisa. "The 'Text/Context' Controversy and the Emergence of Behavioral Approaches in Folklore." *Folklore Forum*, Vol. 30, 1/2 (1999): 119-128

三、文献和地方志资料

1. 张振犁，程健君编. 中原神话专题资料. 中国民间文艺家协会河南分会编印，1987

2. 章廷圭修. 郑维纲等纂. 平阳府志. 山西人民出版社. 1989

3. 侯村新石器时代遗址调查报告. 三晋考古. 1990 年第 2 辑

4. 洪洞县志编纂委员会. 孙奂仑修. 张青点校. 洪洞县志. 山西人民出版社. 1992

5. 中华之母——女娲. 洪洞县女娲陵寝修复领导组编印. 1999

6. 刘北锁编著. 山西省洪洞县赵城侯村女娲皇陵故事（一）（打印稿）. 2000

7. 王建太，张怀群主编. 甘肃泾川与西王母文化. 国际华文出版社. 2001

8. 申继亮搜集整理. 女娲的传说（打印稿）. 2001

第五章 神话、庙会与社会的变迁(1930—2005年)
——河南淮阳县人祖神话与庙会的个案

仝云丽

第一节 引 言

神话并非僵硬不变的物质实体,在不同的社会文化语境中,神话传统往往会发生相应的变化,从而处于不断变迁和重塑的"动态过程"之中。对于中国的现代口承神话在自帝国时代结束以后的历史传承和变迁状况,学界的研究一直比较薄弱,对口承神话在各个具体历史阶段,比如民国时期、文化大革命时期或者上世纪80年代以后的讲述和变异情况,远未进行细致深入的考察和梳理。[①]那么,现代中国的风云变幻对口承神话有无影响?在哪些方面有影响?影响的程度如何?不同时代的不同特点又为神话传统烙上了怎样的印记?……对于这些问题,国内神话学领域似乎都未曾进行过充分的考察。

有鉴于此,本文将选取1930—2005年河南淮阳的人祖庙会以及庙会上的神话讲述活动为考察对象,采取文献分析与田野研究相结合的方法,从历史以及权力与政治的视角,对人祖庙会以及相关的神话讲述活动进行历时性的考察。具体地说,本文将特别关注如下这些在以往的神话研究中很少被讨论的问题:在过去的70多年中,中国社会发生的巨大变化给当地的神话与民间信仰带来了怎样的影响?在不同的历史阶段,这些影响各有何特点?庙会的兴衰与国家和地方政府之间存在怎样的关系?民间信仰与庙会的变迁又对与之密切相关的神话讲述活动造成了什么影响?影响主要在哪些方面?影响的程度如何?神话传统的传承者们在社会的变迁中有何际遇?这些人生经历又为其讲述神话带来了怎

[①] 迄今为止的中国神话史主要针对的大都是文献记录的古典神话,或者比较泛泛地论及少数民族的口承神话,对口承神话在各个历史阶段的传承和变迁状况的考察则相对阙如。杨利慧、安德明曾在《中国神话手册》(*Handbook of Chinese Mythology*, ABC-CLIO, 2005)一书中辟有专节,对中国历史上自先秦直至现今对于神话的记录、评论和人们的神话观等做了一番梳理,其中介绍了"三套集成"工程对现代口承神话的搜集成就,以及自己在田野作业中调查到的20世纪90年代河南淮阳人祖庙会上的兄妹婚神话讲述事件。不过,总体而言,有关现代口承神话的历史传承和变迁状况的研究十分稀少。

样的影响等等。本文希望通过对这些问题的探讨,将现代口承神话的研究推向进一步深入。

本文的民族志描写主要立足于笔者的田野调查。笔者曾分别于2005年1月底至2月初、3月至4月初,两次赴淮阳人祖庙及庙会现场进行田野调查,采访了多位神话讲述人,整理了访谈资料10余万字。选择淮阳作为田野调查点的原因主要是:第一,淮阳人祖庙会在豫东地区颇有影响,有关伏羲女娲在天塌地陷之后兄妹成亲、重新繁衍人类的口承神话至今在当地仍广为流传。第二,关于该庙会及其口承神话传播状况,前人已有不少重要调查和研究成果(见下文),为笔者提供了极好的比较资料。第三,笔者是河南人,从小在农村长大,家乡与淮阳的风俗文化有许多相通之处,因而在调查中能够较好地和当地人进行沟通交流,易于理解当地的民俗文化。

本文之所以能够选择对20世纪30年代的淮阳人祖庙会及其相关的神话讲述情况进行描述和分析,主要得益于一部重要的历史文献:郑合成编纂的《陈州太昊陵庙会概况》[1]。1934年(民国二十三年)3月21日至4月14日太昊陵庙会期间,河南省立杞县教育试验区与省立淮阳师范学校师生联合对太昊陵庙会(当地俗称"人祖庙会")进行了"详细调查",调查成果由郑合成编纂成《陈州太昊陵庙会概况》出版。书中对当时的太昊陵概况、庙会期间赶会的群众及交通、商业、游艺、庙会概况以及税收和庙会杂话等都进行了比较详细的描述,对了解20世纪30年代的人祖庙会及神话讲述活动具有极高的参考价值。本文对这一阶段历史状况的描述还参考了蔡衡溪编著而成的《淮阳乡村风土记》[2]。蔡衡溪为淮阳东北区人,1926年在开封读书时,曾利用暑假和寒假时机回到故乡淮阳,通过自己亲赴各村访问调查和委托朋友代为搜求的方式,把各处各村风土内幕所包括的材料搜集了一个大概,次年暑假将之编纂成《乡村风土记》稿本。1931年春,他将其中一部分略加整理,送由《河南民报》发表。1934年又整理汇编成《淮阳乡村风土记》铅印发行。该书共分语言、风俗、集会三编,其后并附淮阳县概况七项。书中对20年代和30年代的淮阳社会文化习俗(例如婚俗、俗语、民间基层组织等等)有一些描述。尽管该书对人祖庙会及相关神话讲述活动着墨并不算多,但也为了解当时的淮阳社会和风俗提供了珍贵的参考资料。

本文对其他各历史阶段、尤其是当代淮阳庙会与神话的描写,还参考了20

---

[1] 郑合成编:《陈州太昊陵庙会概况》,河南省立杞县教育试验区印行,1934年。
[2] 蔡衡溪:《淮阳乡村风土记》,1934年铅印本。

世纪 80 年代张振犁率领"中原神话调查组"取得的相关调查成果（参见总论）、杨利慧于 90 年代对河南淮阳的调查研究成果（参见附录），以及淮阳一批地方知识分子如骆崇礼、杨复竣、李乃庆等人的著述等。

针对文献记录的不足，本文还综合使用了访谈和口述史的方法，主要围绕口述人对过去的庙会和神话讲述活动的记忆，社会文化变迁对口述人个人生活史的影响等主题展开交流。口述史的访谈帮助本文研究获得了鲜活而丰富的资料。

另需交代的是：为保护资料提供人的权益，文中绝大部分的受访者都使用了化名（地方知识分子除外）；所用图片如无特别说明，均为笔者所摄。

第二节 "羲皇故都"的历史地理与文化生活

口承神话的传承和变异与它所依存的特定地方的社会文化语境有着密切的关系：不同时期的神话讲述活动总是在一定的时空背景下进行的，地域文化也一直在熏陶、塑造着一代代的神话讲述人。淮阳富有特色的历史地理与人文生态环境，构成了人祖神话讲述赖以生存的具体而丰富的语境。

一、淮阳的地理历史及人文概况

淮阳地处黄淮冲积平原，旧时境内有蔡河、古黄河、颍水、沙水、谷水等流过。黄河泛滥多次沉积，造成境内约占耕地面积 27%的洼坡地出现。这些洼坡地面积大小不等、深度不一。这个昔日发生洪涝灾害的重灾区，直到新中国成立后才基本根治涝灾。[①]

如今的淮阳仍属国家级贫困县，辖域总面积 1467 平方公里，其中耕地面积 177.32 万亩，总人口 135 万（2002 年）。截至 2005 年 12 月 31 日，淮阳县辖 6 个镇、13 个乡。主要土特产有黄花菜、蒲菜和乌珠酒等。[②]县城坐落在距河南省周口市东北方向 32 公里处，四面被风景优美的柳湖、东湖、南坛湖、弦歌湖环绕，在这 1.6 万亩的"龙湖"中宛如水上明珠。

和全国其他悄然发生变化的现代城乡一样，淮阳人的生活既相对稳定又富于变化。如今迈步在淮阳大街上，旧式建筑已难寻其踪，小楼最多高三四层，默

[①] 淮阳县地方志编纂委员会编：《淮阳县志》，河南人民出版社 1991 年版。此外还参考了河南淮阳政府官方网站公布的信息，http: //www. huaiyang. gov. cn。

[②] http: //www. huaiyang. gov. cn。

默彰显着现代社会的变迁。服装专卖店、电器行、超市、新华书店、网吧、照相馆等随处可见。每天，县城的东西主干道和环城路上车水马龙，环城公交车、夏利出租车、载客的面包车、简陋的三轮车川流不息。

淮阳的乡村则与此不同。你站在绿树掩映的村庄外，能看到瓦房群中傲然立着那么几座两三层小楼，而走进村庄里逛，却还能见到土坯房。有的人家屋子宽敞明亮，现代家具一应俱全，也有不少人家的屋子低矮潮湿，电灯泡发出的光微弱昏黄。生活水平的差距由此可见一斑，乡村的贫富分化日益明显。

淮阳的农作物以小麦、玉米为主，乡民在很多时候仍是靠天吃饭。若夏天逢上洪涝灾害，庄稼地成一片汪洋，颗粒无收是常有的事。合着农业活动的节奏，人们在春耕、夏收、秋种时较忙，其他时间则比较空闲。如今，现代农业机械化耕作带来了大批剩余劳动力，很多无望依靠升学或从军以走出农村的年轻人开始成群结伴地去郑州、广州、北京等地的工厂打工。电视等现代媒体加强了乡民对外界的了解，打工者的岁末探亲、与家人的电话交流等也源源不断地将多元化的现代社会信息带入家乡，乡村不再闭塞。

淮阳历史显赫。据说早在6000余年前，"三皇"之首的伏羲氏曾在此定居并以此为都，命名为宛丘。3000多年前，周武王封帝舜之后妫满治陈，建陈国。春秋楚灭陈国置陈县。西汉置淮阳国，以在淮水之北得名。1913年废陈州府，改淮宁县为淮阳县。1969年起属周口地区。

淮阳自古文化发达。中国文学史上第一部诗歌总集《诗经》曾载《陈风》10首。这里相传还是道家文化的发源地：道教始祖老子生于陈国苦县，在淮阳附近的鹿邑县至今尚存老子庙。淮阳也曾是儒家文化创始人孔子的重要游历地：孔子曾三次来陈。历代文人墨客如曹植、李白、苏轼、苏辙、晏殊、范仲淹等文坛巨匠更留下歌咏淮阳的诸多名篇。

淮阳与太昊伏羲氏有着密切的关系。《三皇本纪》说伏羲"有圣德。仰则观象于天，俯则观法于地，旁观鸟兽之文与地之宜，近取诸身，远取诸物，始画八卦……造书契，以代结绳之政……始制嫁娶，以俪皮为礼。结网罟，以教佃渔……养牺牲以充庖厨……"传说伏羲氏在位114年，死后葬于陈。后人为追念他的功德，尊他为先祖，很早以前就在宛丘（现在的淮阳）筑陵、建庙。成书于五代的杜光庭《录异记》中曾这样记载："陈州为太昊之墟；东关城内，有伏羲女娲庙。……东关外有伏羲墓，以铁锢之，触犯不得，时人谓之翁婆墓。"据《陈州府志》记载，春秋时淮阳已有太昊陵墓，汉代曾在陵前建祠，唐宋两

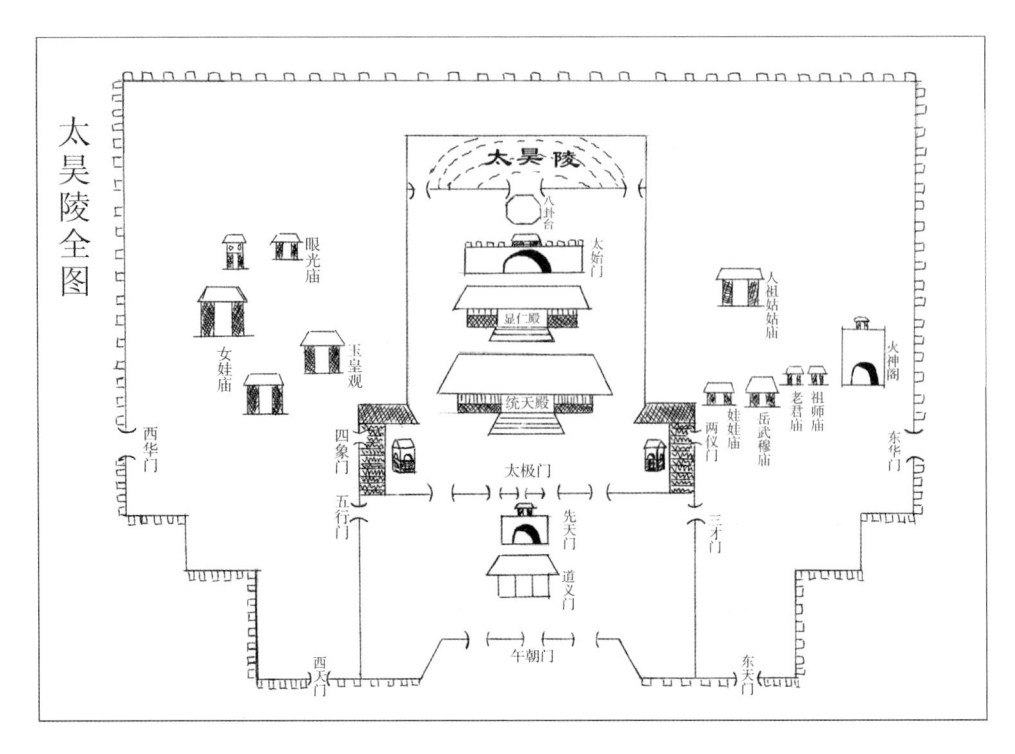

1934年的太昊陵示意图，采自《陈州太昊陵庙会概况》。(原图附有文字："人祖姑姑庙"、"人祖奶奶庙"等庙均是守庙道士告知，并无匾额，或者是因为"人祖"既然在这里，使其他有关系的人们都修庙来共享。这种例子很多，如济南大明湖真武大帝庙内之有"圣父母"殿是。至"火神阁"、"岳武穆庙"、"女娲庙"等便都是临时在旷地里修的陪衬品了。)

代帝王都曾下诏扩建陵园，祭祀太昊伏羲。后经明清两代多次增建修葺，太昊陵（当地俗称"人祖庙"）最大规模时占地达 875 亩，南北长 750 米，分外城、内城、紫禁城三道"皇城"。伏羲陵墓位于紫禁城内，"陵高十寻"，上圆下方，寓意"天圆地方"。根据郑合成等人的调查，1934年的太昊陵里，全部建筑都分布在一条以陵墓为中轴的南北线上，由南向北依次是午朝门、玉带桥、道义门（今写作"道仪门"）、先天门、太极门、统天殿、显仁殿（右侧壁上有子孙窑）、太始门等建筑。太极门以内两侧有钟楼鼓楼，内外城之间，左侧有女娲观、玉皇观、三仙观；右侧有岳王观、真武观、太清观。

1949年中华人民共和国建立后，为保存名胜古迹，曾在1957年至1958年对太昊陵进行修葺整理，重修了午朝门、钟鼓楼、殿宇楼阁，并浚玉带河、筑金鱼池等。随着文化大革命席卷全国，太昊陵庙内建筑又遭严重破坏，周边庙地也被大量民房和厂房侵占。

2005年笔者所见到的太昊陵虽经过一系列的重修，但与鼎盛时期的宏大规模相比仍相差甚远。它面积不足150亩，基本上只留有中轴线上的主体建筑，而女娲观（即娃娃殿）、玉皇观、三仙观、真武观、太清观等已难寻其踪，当地称为"转厢楼"的太始门和七观中唯一幸存的岳王观已属危房，亟待整修。2004年政府为发展旅游，主持拆迁了太昊陵附近的民房，在太昊陵前新修了姓氏文化广场。县政府已制定了太昊陵整修工程计划，试图从整体上重新恢复地方志记载中占地875亩的太昊陵及众陵观原貌。

除太昊陵外，淮阳还有画卦台、白龟池等遗迹，相传分别是为纪念伏羲演八卦和天塌地陷时拯救人祖兄妹的白龟所建。

20世纪80年代以来，随着淮阳地方政府对文化旅游的重视，地方学者在他们的著作中开始大力宣扬伏羲"三皇之首"的地位。太昊陵作为淮阳的文化名片，在当地政府的对外宣传中逐渐被冠之以"天下第一陵"的名号，在当地民间传统中，伏羲的地位也更加显赫：

陈州有个太昊陵，国里国外都有名。里皇城，外皇城，皇城修得真威风。进午门，往里看，只见老爷①坐大殿。手托八卦面朝南。出了午门往南看，城湖修得那个不简单。城湖的水，清又清，中间盘着那九条龙，黑里白里放光明，黑里白里放光明。②

这是20世纪90年代在淮阳广为流传的一首经歌，将太昊陵及太昊陵里的人祖爷带给当地人的自豪感表现得淋漓尽致。

二、人祖神话与人祖庙会

在淮阳及其周边地区，伏羲女娲在大灾难之后重新繁衍人类的神话广为流传，伏羲也因此被尊奉为"人祖爷"，女娲被尊奉为"人祖姑娘"、"人祖奶奶"或者"老母娘"。该类型神话的基本情节一般是这样的：人祖爷在上学的路上遇见一只白龟，白龟预言即将天塌地陷，要人祖爷每天给他带一个馒头，这样灾难来临时它就会救他。妹妹（或

献给人祖爷的大香叉

---

① 老爷：当地信众对人祖爷伏羲的称呼。
② 演唱者：王大娘（识字，该经歌是从经歌宣传书上学的）；时间：2005年3月20日下午；地点：××朝祖会在太昊陵东侧的租赁房内；场景：会中会唱经歌者轮流演唱；访谈者：仝云丽。

姐姐）人祖姑娘女娲得知后，也让人祖爷每天替自己捎一个馒头给白龟。天塌地陷之时，两人躲在白龟的肚子里躲过了灾难，却发现天下只剩下了他兄妹俩。女娲（或伏羲）提议两人结成夫妻，伏羲（或女娲）不愿意。两人在昆仑山上各执一扇磨往山下滚，两扇磨滚一块儿就成亲。成亲之后，兄妹孕育子女。两人嫌这样繁衍人类太慢，便开始抟土造人。不料逢天降大雨，人祖爷用扫帚往屋里扫晒在院子里的泥人，结果使一些泥人缺胳膊少腿，世界上从此有了残疾人。人洗澡老搓不完身上的泥，说明人是泥做的。

这类神话详细解释了人祖爷、人祖姑娘作为人类老祖先的原因所在。它的存在和影响远远超出了神话讲述活动本身，它"是一种经过苦心思索而成的积极力量"，并非"理性解释或艺术幻想"，而是"原始信仰和道德的实用宪章"[①]，对于淮阳及其周边地区的民众来说，人祖神话表达、增强并理顺了他们的信仰，已成为人祖庙会强有力的支撑，制约着当地文化的许多方面——围绕人祖庙形成了许多朝祖习俗和与神话有关的民俗物象，它们都深深烙上了人祖神话的印记。

且不论太昊伏羲在学者们的历史研究中究竟是怎样的，根据笔者2005年的田野调查，人祖爷人祖姑娘兄妹婚的神话经过漫长的流传过程，已被很多当地人看作真实的历史。对淮阳及其周边地区的民众来说：伏羲就是真实存在过并定都宛丘的"人祖爷"，是人类的老祖先，太昊陵就是伏羲的陵寝所在地，这些都是勿须置疑的远古事实，民众也非常相信人祖对淮阳的佑护。

每年农历的二月二至三月三，来自河南、河北、安徽、山东、湖北等四面八方的香客浩浩荡荡涌到太昊陵朝祖进香，形成了规模盛大的人祖庙会（又称"太昊陵庙会"或者"二月会"）。

人祖庙会上通常人山人海，热闹非凡。据笔者2005年的考察，逢到庙会高峰期，赶会的人数每天可达数十万。震耳欲聋的爆竹声、欢快喜庆的唢呐声、婉转动人的经歌声、招揽生意的吆

给人祖爷、人祖姑娘献鞋

[①] [英] 马林诺夫斯基：《神话在生活中的作用》，参见[美] 阿兰·邓迪斯编《西方神话学读本》，朝戈金等译，广西师范大学出版社2006年版，第244页。

喝声……合奏成庙会的最强音，时时冲击着人们的耳膜。朝祖进香、祈福求平安、许愿还愿是人们赶庙会的主要目的。进得陵来，瞻仰一下统天殿上的人祖爷，在人祖坟前添几抔土、磕几个头、烧几把香，"孝敬"些冥币元宝，供几桌酒肉美食，献几套衣袍鞋帽，为人祖爷、人祖姑娘唱几段经或者跳"担经挑"（详见下文）……这是信众主要的民俗活动。人祖庙会上有着独特的求子习俗，如摸"子孙窑"求子①，"拴娃娃"②；得子以后要在孩子3岁或者12岁时来太昊陵还愿，男孩儿们多披红挂绿，或坐在舅舅肩头，或昂首阔步在自家还愿队列之首，手里举着高高的

举着旗杆的12岁少年

"旗杆"③，在响器班的吹吹打打声中进陵来就直奔人祖坟前。在信众们看来，太昊陵作为人祖爷的灵寝所在，一草一木皆富灵性。朝拜完人祖后，人们你拥我挤地在坟前的香灰炉中烧生鸡蛋吃，或在柏树底下拣柏树籽，认为吃了可祛病。人祖坟西侧原药王庙旧址处，聚集着许多边磕头边拿着黄表纸的人，他们这是在求药王爷赐下良药，一待纸上有了烟灰状的颗粒，全然不顾是飘来的香灰还是空气中的浮尘，多急不可待地倒嘴里服下，若是为家人求的药，则小心翼翼地包好。

这些看似支离散乱、没有联系的民俗活动，其展演的共同主题皆是世俗社会民众对人祖的崇信。人们想象的神圣世界无比真实，连烧给人祖爷的黄表纸上都写上了这样的文字：

---

① 郑合成在《陈州太昊陵庙会概况》中记述：1934年时"此同一青石之北面，有浅坑一个，盖摸深坑可以得子，摸浅坑可得女也"。而现在则只有一个坑。

② 民国时人们多是捐给道士些香火钱，在娃娃殿拴泥娃娃。而现在则在太昊陵显仁殿后的女娲娘娘像前拴塑料娃娃，拴一个娃娃要交给工作人员80元人民币。工作人员在拴的娃娃上绕一条红绳，嘱咐人们起个名字、磕个头，然后带回家。

③ 当地朝祖时的供品。所谓"旗杆"即木杆，以前多用椿木所制，杆圆状，长五尺，上有开放方盒，方盒中插出旗杆头，到陵前烧掉。现在的"旗杆"则只要是木杆就行，长短不一，陵前不允许烧，祭祀者一般放在墓上。当地有学者认为旗杆是生殖崇拜的象征。上图中少年左手所拿的即是旗杆。

人祖爷：
　　×××送您老人家元宝陆拾陆个，天地通用钞票柒佰伍拾亿，请接下，保佑全家平安无事，家里病人早日康复。

×××
二零零五年三月三

　　因为人员流动量大，每年的人祖庙会期间也是各路商家、小贩们生意最红火的时候。2005年的人祖庙会期间，太昊陵午门外、东华门、西华门外的摊点密密麻麻，商品琳琅满目，纸箔冥币、泥泥狗、布老虎、玉器、水果、衣服、日用品……真可谓应有尽有。此外，还有六七家杂技团、"阴界迷宫"、"地下迷宫"等在太昊陵内外城之间的空地上搭棚演出，大喇叭招徕顾客的声音不绝于耳。姓氏文化广场上，耍猴儿、坐花轿等娱乐活动也吸引了不少人参与。

　　泥泥狗和布老虎是大人们逛庙会时给孩子挑玩具的首选，这两样淮阳人引以为豪的地方特产，与人祖神话也有着千丝万缕的联系。淮阳的泥泥狗底色皆为黑色，其上装饰有青、白、黄、红四色，极其古朴神秘，很多作品与《山海经》中所记相似，被专家们誉为"真图腾"、"活化石"。泥泥狗种类很多，当地学者在80年代统计时尚有500多种，包括猴、鸟、虎、狗等众多动物，还有各种奇形而神秘的事象，如神话中常提到的浑沌[1]、长鼻子兽等。泥泥狗据说是从伏羲、女娲抟黄土造人时流传下来的，现在还常见的"草帽老虎"（即老虎头上戴草帽）泥泥狗，相传就是他们兄妹结婚时"自相羞耻"、"结草为扇以障其面"（唐李冗《独异志》）的遗留。而"小泥鳖"则仅是一个两厘米长的小泥点，中间一弯分出头身，着黑色，捅音孔即成。有学者认为这与《风俗通义》中记载的"女娲抟黄土造人，剧务，力不暇供，乃引绳于泥中，举以为人……"的情节极相似。[2]泥泥狗又称"陵狗"。淮阳当地文献

泥泥狗"浑沌"

---

[1] 当地很多人讲人祖兄妹婚神话时，会说到天塌地陷、洪水泛滥是发生在一个"浑沌"时期的结束时。《庄子·应帝王》说：中央之帝浑沌是个无面目、无孔窍的人。当它被光明之神在倏忽之间凿开七窍之后，浑沌却不幸死了。参见郭庆藩《庄子集释》第1册，中华书局1961年版，第309页。

[2] 彭兴孝、唐经武：《伏羲文化中的泥塑艺术——泥泥狗》，参见《三皇之首太昊伏羲》，河南美术出版社1998年版，第139页。

还记载有伏羲外形为狗，医治陈国公主的传说。来太昊陵朝祖进香后在庙会上买几个泥泥狗带回去给孩子玩是当地延续至今的传统。80年代，老斋公们赶庙会回村，常常被孩童们拦住索要泥泥狗。近些年随着仿真汽车、卡通手机、水枪等现代玩具风行，乡村儿童拦住老斋公们要泥泥狗的场景已不复见。

淮阳制作泥泥狗的作坊集中在伏羲陵东三里处的金庄、许楼、陈楼等几个村庄里。近年来，由于做泥泥狗的利润不高，许多手艺人宁愿外出打工也不愿靠捏泥泥狗为生，生意渐渐集中到手艺好、头脑活、销路广的人家。整体来看，淮阳的泥泥狗品种日渐减少且大多制作粗糙，状况令人堪忧。人祖庙会是泥泥狗销售的最大市场。现今庙会上征收的高昂摊位费使得更多从事泥泥狗这个小本生意的人家将之装在篮筐里流动销售，见到管理人员来就赶紧躲，已不见早前"摊摊都有泥泥狗"的红火场面。

庙会上随处可见的布老虎形象古朴可爱，相传它们也是伏羲女娲兄妹成婚时因害羞而以帽遮面、扮成老虎的遗迹，承载着后世子孙对人祖的怀念与敬仰。布老虎的种类曾经很多，单头虎、双头虎、玩具虎、枕头虎、直卧虎、侧卧虎……形态各异，大小不一。二月会是布老虎的旺销期。很多人家刚过罢春节就全家动手，齐心协力做布老虎。一个月做的布老虎即便堆满三间屋子，二月会期间也能倾销一空，收益相当可观，净利润甚至可达五六千元。即便如此，现在也很少有人专职做布老虎。

人祖神话和人祖庙会对淮阳及其周边地区影响深远。人祖庙会作为一年一度显著的地方文化表演事件，调节着人们在信仰、经济、文化等各个方面的生活。近年来，越来越多的省内外媒体开始关注人祖神话和人祖庙会，通过电视、报纸、互联网等媒介的大力宣传，古老而洋溢着现代气息的人祖庙会成为了淮阳最与众不同的"名片"。

三、其他民间信仰

（一）以人祖信仰为主的多神信仰

在淮阳乡村，除信仰基督教的家庭外，几乎每家都把人祖爷的神位或神像摆在正屋的显要地方，

憨态可掬的布老虎

崇信以人祖信仰为中心的多神信仰。每逢农历的初一、十五，信众都要在自家的神像前给人祖爷上香，平时生活中遇到难事也不忘向人祖爷祷告。人祖庙会期间几乎每家都要有代表到太昊陵给人祖爷敬香火。当然，多元化的民间信仰特点在淮阳体现得也很明显。当地除主要的人祖信仰崇拜外，人们还敬奉包公、孔圣人、城隍爷以及村庙里的众神灵（多是观音菩萨）等。

1. 包公

历代清官被塑造为"神"是民间造神运动中极其重要的一部分。在各种地方戏中，北宋清官包拯来陈州放粮的故事被不断唱诵，广为人知。淮阳即当时的陈州，民间至今仍流传着许多与包公放粮相关的传说。如四国舅来陈州赈灾时克扣皇粮，在粮中掺沙子后才发放给百姓。包公查办此案，命人将粮中的沙子筛出来，竟堆成了淮阳城东南角的平粮台。县城东南角的金龙桥就是当年包公铡四国舅的地方。至今那儿还长着一种红叶红杆儿红根子的芥芭草，颜色与别处不同。①包公的恩德民众铭记于心，并修建了包公祠专门供奉包公。

包公祠旧址位于淮阳城内西北角，原是官府的粮仓之地，1966年"文革"开始后被拆除。笔者2005年所见的包公庙乃是当地群众于80年代末在原址盖起来的一间约十余平方米的平房。小庙正中挂着大幅黑脸包公像，像前陈列的条形案板上常年摆着苹果、桔子等水果作供品，案板前放一只功德箱，里面堆满了香客捐的香火钱，附近来为包相爷"守功"的老人就坐在包公像两侧的长条凳上唱经歌、聊天。右侧墙上贴着大幅的毛主席像，其余地方和左边墙上挂满了诸如"某某地方某某某感谢包相爷治好某某病"的条幅和镜框，新旧不一。包公祠平日由附近的香客管理。在人祖庙会期间，香客们会顺便来包公祠拜一拜。祠门前由几块条石围成的"香火炉"里堆满了灰白色的香灰。有香客热情地组织大家捐钱给包相爷刷房子，并于收上钱的第二天就请人来将原本裸露着灰色砖墙的小

善人们自发粉刷包公祠

---

① 讲述人：李安（化名）；讲述时间：2005年4月10日；讲述地点：淮阳北关李安家里；访谈人：仝云丽。

庙粉刷一新。

2. 城隍爷

城隍庙与包公祠相距不到20米。城隍庙是两间房（共约70平方米），一间端坐着两位城隍爷的泥塑像，另一间则布置成了十大阎君殿。淮阳为何有两位城隍爷？只因淮阳曾是陈州府，故有一位府城隍，一位县城隍。民间传说这两位城隍爷是叔侄俩，侄儿叫

南白楼村城隍爷出巡

赵㸌，叔叔叫赵昶。新中国成立后，城隍庙旧址位于现今的淮阳师范院内，"文革"中被扒。现在的城隍庙是2002年左右才由附近的"善家"组织重修的，人祖庙会期间来这里烧香祭拜的人也很多。

此外，淮阳的南白楼村前几年也给两位城隍爷修了庙院，并恢复了"鬼节"（即农历的清明节、七月十五、十月初一）"城隍爷出巡"的习俗。出行路线为南白楼村城隍庙——太昊陵——淮阳大北关的老电影院（据说乃新中国成立前的城隍庙旧址所在），目的是"也让城隍爷回回老家"。2005年4月5日清明节上午，笔者在姓氏文化广场上巧遇南白楼村香火会（会员多为女性）进行的城隍爷出巡：两顶八抬大轿，轿内贴有两位城隍爷画像，伴着"响器"（唢呐）班吹吹打打的唢呐声，浩浩荡荡地行进，不时落驾（落轿），意在让阴间的鬼和冤魂向城隍爷告状申冤。据说城隍爷在出巡过程中常常显灵，尤其走到小北关时，"城隍爷不想走了，轿子就怎么也抬不动"。而每年到电影院这里，"城隍爷回家来都舍不得走"，香火会总要待上大半天再返程回村。

3. 孔圣人

相传孔子曾在陈蔡绝粮七日，民间至今流传有孔子刘屯借粮、孔子与淮阳蒲菜、弦歌台里的夜读声等传说故事。弦歌台为纪念孔子而建，大殿正中塑着圣人像，众门生的泥塑罗立两旁。孔圣人也已被纳入了当地民众的信仰世界，并被按照现实世界里的职业分工赋予了特别职能，扮演着"文曲星"的角色。在淮阳，人们祈祷平安、拴娃娃要去太昊陵，这毋庸置疑，但要解决子女求学问题，则必去弦歌台拜拜孔圣人。2005年人祖庙会期间，来弦歌台拜祭孔圣人和为子女求学许愿进香者络绎不绝，有的甚至请来神婆帮忙作法祈祷。

4. 村庙中的神灵

据《淮阳县志》记载，20世纪30年代的淮阳几乎村村有庙，且不止一个庙，

233

只是后来多次被毁。80年代后，乡村掀起了重修重建村庙运动。如今村庙遍布甚广，其中不乏几个村子联合建庙。乡间小庙也多有固定会期，庙里敬奉的神灵多为观音菩萨、土地爷等。

位于太昊陵东边八步桥村的"三大士庙"就是一座观音庙（该庙院门右侧小庙龛里则端坐着本村土地爷），

一支香火会在太昊陵太极门前唱经歌

由村委会出面于1993年重修。当时村委会出了四千块钱，加上村里群众捐的钱和信众在外边募捐来的钱，共花费一万九千多元人民币，众心合力建起了庙。现在"三大士庙"的庙内事务由庙主和几个发起人负责。他们不仅在庙内摆香火摊儿赚钱，每年人祖庙会期间还在庙门外挂上观音菩萨像接受善男信女叩拜、捐香火钱。每到农历二月十九（传说观音菩萨过生日）左右，"三大士庙"都会请草台戏班子在庙前连唱几天民间戏，从而吸引了众多来太昊陵的香客到此烧香拜佛。

（二）香火会、经歌与"担经挑"

在淮阳及其周边地区有一些乡村民间信仰组织，名称有"龙花会"、"玉皇会"、"莲花会"等等，实质都是信众过集体信仰生活的自发组织。现存这些组织多成立于80年代，人们有时统称它们为"香火会"。香火会由一个村或邻近几个村庄的信众联合组成，领头的组织者即是会首，会员无论男女，通常被称作"斋公"或者"老斋公"。香会的活动内容主要包括：1. 做法事。乡里人若患上西医治不好的"邪病"，祈祷或病愈后还愿都会请附近的香火会去家里办会，会首带着会员连续三天烧香、唱经歌（又称"念佛儿"）。2. 村庙过会时，会首带领大家前去烧香、唱经歌和跳"担经挑"。3. 人祖庙会期间，香会一般会提前租赁下太昊陵附近的房子，庙会时在那里住三天，二三十个人[①]带着粮食和必要的

---

① 与郑合成在《陈州太昊陵庙会概况》中叙述的香火会人数"普遍多在三十至八十人间"、在太昊陵"普遍停留三日"、"没有超过四日以上的"情况大体相符。不一样的是30年代时香火会"普遍每日早、中、晚三次进庙烧香磕头，带有游艺的每日义务到庙前耍"，而现今除了有钱的香火会在人祖庙会期间会集体进一次庙门外，许多香火会都是派代表进庙烧香磕头，一天三朝缩减为只是每天饭前在租赁的房子内烧香。

炊具集体朝祖。香会里有专人负责做饭、记账。从家里带来的人祖爷塑像或画像被敬在屋子正中，一日三餐前必先在人祖爷像前烧香上供、唱经歌和跳担经挑。香会到达淮阳的第二天，往往会在会首带领下，带着大香叉、元宝等供品进太昊陵给人祖爷敬香火。许多老香会进太昊

担经挑

陵朝祖时还雇人吹吹打打渲染热闹气氛，从进午门念《挂号经》起，他们在太昊陵里的每道门前停下来唱经歌，直到人祖坟前敬完香，再找地方跳"担经挑"。

在淮阳，人们前往庙里进香或跳"担经挑"舞蹈时，经常会唱经歌，当地人俗称"念经"或者"念佛儿"。杨利慧在《女娲的神话与信仰》中对淮阳的经歌这样定义："经"是一种民间小调形式的口头文学作品。[①]经歌的唱词合辙押韵，朗朗上口，内容则广泛涉及民众日常生活的方方面面，多数带有浓厚民间信仰色彩，例如《十爱》《十不爱》《爱经取经》《爱经送经》《好儿媳》《坏儿媳》等是讲经送经、劝世人行善的，《十二月》《十朵莲花》《三月三》等是与民众日常生活紧密相关的生活歌。也有许多经歌宣扬人祖创世造人的神圣功绩，讲述着神话的内容，例如《人祖姑娘经》《三皇治世》《盘古开天地》《老盘古安天下》等。因此，在人祖庙会上，"唱经歌"往往成为传承神话的一种重要的、公开的方式。

"担经挑"又称"担花篮"。其中所用的经挑、经板都是竹制的，软溜溜的竹扁担挑起的花篮则以塑料花、宝瓶等作为装饰。担经挑的老斋公常念在口头的一句话是："谁担经，谁有功"。因为传说"担经挑"自远古时期"龙花会"流传至今，传女不传男，其由来与女娲的女儿宓妃担着装满孝敬母亲的经文寻母、恶狗庄救母有关。[②]以前的老斋公担经挑时都头扎五尺带穗的包头，身穿黑色镶彩边儿的偏大襟上衣和黑色宽腿大腰裤，脚蹬绣花黑鞋，走着小碎步边唱经歌边舞，舞时两臂平

[①] 杨利慧：《女娲的神话与信仰》，中国社会科学出版社1997年版，第147页。
[②] 参见《〈担经挑〉的由来》，杨永德主编：《周口大观》，中原农民出版社1993年版，第412页。

伸，手半握经挑两头以示孝敬老母娘女娲，舞姿有"剪子股"、"铁索链"、"蛇蜕皮"三种。一般进香完毕，她们才把如同圣物的经挑端一端。担经挑开始前，老斋公们先是恭恭敬敬地将手合在一起朝着人祖爷坟墓的方向拜上几拜，然后一齐打着竹板念经，开始表演。端起花篮来，每个人都是神采奕奕，即便六七十岁的老太太，舞到高潮也能打飞脚。停下舞蹈后，众人手端着花篮举到头顶，聚在一起"对对经文"（即再唱几首经歌），才算最后结束。如今的"担经挑"组织在服装、人员数量上与以前都有所不同。老斋公们担经挑时所穿的衣服虽样式变化不大，颜色已有白色、粉色、红色等不同，还有的小香会尚未统一着装。"担经挑"以前是4人一组，现在则人数不拘，一般每班7至10人参加表演，旁有一人专门打经板，领唱经歌。人祖坟前、统天殿前、太昊陵附近，无处不是老斋公们进行担经挑表演的场所。她们边担经挑边唱经歌，常吸引很多人围观。

近些年来，为强身健体、增加劳动之余的文娱活动，不少乡村妇女积极地学习经歌和担经挑。有些公社还成立了文艺表演队，以担经挑队舞蹈为主，配以"跑旱船"，甚至把传统的非营利表演变为有偿表演。这些文艺表演队来庙会上"担经挑"一为敬神，二为自身有偿演出做宣传，文艺表演队的大旗上清楚地写着负责人及其电话号码。

小结

本节简单描述了淮阳的历史、地理和人文概况，力图鲜活地展现人祖神话传统所赖以生存的具体社会语境。

作为传说中太昊伏羲氏的故都，淮阳有着悠久的人祖神话与人祖信仰的传统，其人祖庙会在豫东地区颇有影响，而有关伏羲女娲兄妹在天塌地陷之后重新繁衍人类的口承神话至今在当地仍广为流传。人祖神话为人祖信仰提供了强有力的支撑，而庄严的太昊陵、规模宏大的人祖庙会又为人祖神话的传播和重建提供了物化的场所和流动的空间，促进着相关文化和神话传说的传播。一年一度的庙会周期性地强化着当地关于人祖的集体记忆，庙会上的种种朝祖祭祀活动不断加深着人祖神话和信仰在民众中的影响，让所有参与其中的人都能感受到它的神圣性，从而在潜移默化中培养着一代又一代的传统文化传承者和神话讲述人。

第三节 自在地传承：20世纪30年代的人祖庙会与人祖神话讲述活动

费孝通曾经指出："如果我们能想象一个完全由传统所规定下的社会生活，这社会可以说是没有政治的，只有教化。事实上固然并没有这种社会，但是乡土社会却是靠近这种标准的社会"。在乡土社会中，传统在人们生活中发挥着比法治更大的效力，它通过教化、以"礼"的形式内化为人们对自己的行为规束。[1] 30年代的河南淮阳及其周边地区，虽然社会动荡，灾难频发，但依然保有"乡土社会"的特色。人祖信仰以及人祖庙会受政治力量的干预相对较少，更多的是在日常生活中"自在地传承"（见下文），有关人祖及其他神祇的口承神话作为"当地群众对于自身历史和文化原始的、朴素而形象的'神圣叙述'"，"解释并维护着当地的社会、文化秩序"[2]。

本节将结合30年代的学者考察成果、地方志等文献记载以及笔者田野调查所获的口述史资料，追溯并展现那个年代淮阳的人祖庙会和神话讲述活动，并从中归纳当时神话讲述活动的意义和特点。

一、20世纪30年代的中国社会与淮阳

清末民初以来，中国社会逐渐由传统向现代转型。到20世纪30年代，在农村，现代化带来的种种好处，如便宜的铁路运输和廉价的消费品都猛烈冲击了农村经济，[3]中国农民陷入了严重的生态危机：战乱纷飞，匪盗猖獗，苛捐杂税繁重，洪、涝、旱、蝗等自然灾害频繁，加之原始的耕作技术、剥削性的租赁制度等，农村社会经济日渐衰落；同时，乡村原有的以血缘为基础的宗族组织和以宗教为纽带的庙社组织等自治组织，逐渐被新的闾邻、保甲组织取代，原有的乡间权威被行政化的官僚取代，恶化了民众的政治生存环境。与经济、政治的变革速度相比，中国农村文化变革的速度则相对缓慢：农民的文化生活仍多集中于集市、节庆和例行的仪式上，而非阅读报纸和杂志，至于听收音机和留声机的就更少了。[4]庙会是民众普遍关注的一种乡村文化形式。人们不仅在庙

---

[1] 参见费孝通《乡土中国：生育制度》，北京大学出版社1998年版，第66页。
[2] 张振犁、陈江风等：《东方文明的曙光——中原神话论》，东方出版中心1999年版，第171页。
[3] [美]伊佩霞（Patricia Buckley Ebrey）：《剑桥插图中国史》，赵世瑜、赵世玲、张宏艳译，山东画报出版社2001年版，第211页。
[4] [美]伊佩霞：《剑桥插图中国史》，第216页。

会上进行经济交易，表达自己对神灵的信仰，更享受庙会上多姿多彩的民间文化，从中既获得了乐趣又传承了地方文化知识。

与当时全国的绝大多数乡村状况相似，30年代的淮阳民生凋敝、文化自足。在这里，农民大部分少地或无地，正常年景靠租种地主土地维持生活，才得"糠菜半年粮"。遇到天灾人祸，则流浪乞讨或卖儿鬻女。据民国二十三年（1934年）《河南省统计资料》记载，当时淮阳农民的生活"……衣用自织粗质大布做成，食均自种粗粝之食，除春夏之交六、七、八月得有麦食外，余则均恃菽薯为必要食料……兵燹匪祸，纷至沓来，复值洪水浩劫之后十室业已九空……赋税繁重，灾荒相乘，乡村经济破产，人民谋生维艰……年所收之粮，每不敷常年之用"。民国期间，淮阳发生水旱灾害41次。加上战争频仍，赋税繁重，民不聊生。[①]恶劣的生存环境使原本封闭的乡村愈加封闭。乡民的社会生活继续沿着旧有轨道进行：经济上自给自足，乡村贸易局限于地域内部的交换，"本地的出产，供给本地方用"[②]。

淮阳民间信仰兴盛。据民国五年（1916年）《淮阳县志》记载：县内地上陵、寺、庙、宫、观、庵、堂、阁、坊等古代建筑多达268处。巍峨壮观的太昊陵建筑群保存完整，为中原一大胜迹[③]。水深火热的现实生活使人们更虔诚地敬拜信仰世界里的诸位神灵，在求神拜佛中寻求心理慰藉和对生活的希望。一个村庄里土地庙、天爷庙等几个庙宇共存的现象非常普遍。[④]与庙宇紧密相关的庙会则不仅为地方经济贸易提供了发生场域，庙会期间的信仰崇拜活动、丰富的民间游艺活动更是人们苦难生活的"调味剂"。

在大大小小的庙会中，二月二至三月三的太昊陵人祖庙会是"豫东农民活动之最大会场也"[⑤]。它历史久远，规模宏大，在当地最有影响。逢到年景稍好，人们都会如期赶庙会、朝祖进香。四面八方的朝祖信众用各种各样的祭祀仪式来缅怀"人祖爷"伏羲，向他祈福求平安。当时的太昊陵里匾额、石碑为数不少，它们以物的形式展示着人祖爷的灵验，歌颂着伏羲的功德。据1934年郑合成等人考察时所见：殿内外匾额极多，大致都是还愿所献，或其他信士所悬。最

[①] 淮阳县地方志编纂委员会编：《淮阳县志》，河南人民出版社1991年版，第191、289、830页。
[②] 郑合成编：《陈州太昊陵庙会概况》，第93页。
[③] 淮阳县地方志编纂委员会编：《淮阳县志》，第734、289、830页。
[④] 甄纪印等修，朱撰卿纂：《淮阳县志》，开明印刷局1934年版。
[⑤] 齐真如：《陈州太昊陵庙会概况·序》，参见《陈州太昊陵庙会概况》，第1页。

普通的为"斯文鼻祖"、"人根之祖"、"中国一人"、"教以人伦"、"万派一系"、"初造王业"、"一画开天"、"佑我无疆"、"默佑黎苍"等，字体秀恶不同。正中一匾为："抱一为式"。另一大横匾书"伏羲仓精，初造王业，画卦结绳，以理海内"。殿内塑像前一横匾曰"开天立极"，一副对联文曰："立帝王之极，白云常此护陵墟；后天地而生，来国犹堪寻圣迹。"许愿后得到人祖爷佑助的灵验事件在匾额上也多有记载。在庙会浓郁的烧香敬祖氛围中，赶会烧香的人们不仅延续着当地的信仰传统，更通过匾额上的字句、故事等加深了对人祖爷伏羲的认知。通过庙会这个公共活动空间，与"人祖爷"相关的神话故事愈传愈广。

可见，在中国社会灾难深重、渐趋动荡的 20 世纪 30 年代，乡村社会的文化变革缓慢，人们的生活在一定程度上继续沿着传统的轨道进行，民间信仰在教化民众、促进社会稳定的方面发挥着重要作用。

二、20 世纪 30 年代的人祖庙会

王铭铭在谈到中国传统社会的特点时，曾经指出："在传统社会，社区的社会、经济、教育、文化诸方面具有浓厚的地方自主和社区自发特征。"[1]20 世纪 30 年代，淮阳人祖庙会即如此，其周期性举办更多地带有地方自主的特征。

（一）影响人祖庙会的势力

太昊陵是道教活动的主要地区之一，清末仍有道士 60 余人。太昊陵道长还统率西华、高水、项城、沈丘、太康等附近县城的道观。陵里的玉皇观、女娲观、天仙观、三清观、祖师观等，都分别有道士主持观内事务。[2]平时他们除烧香外，还代人们向人祖伏羲祝祷或还愿、做法事。庙地收入和庙会上信众捐的香火钱都是道士们的主要经济来源。20 世纪 30 年代，由于黄河泛滥，战乱连年，陵庙年久失修，道士们生活艰难，有的远去他乡，也有的还俗谋生，虽然平常也就五六个道士，但他们仍是促发人祖庙会的积极活动者。1933 年秋，太昊陵前古槐无故自焚，据说是人祖爷显灵。当地人则认为：因庙会不景气带来香火钱的锐减，道士们穷得无聊，这才在夜深人静的时候故意把槐树点着，以作炫示社会的幌子。一热闹，便可多得些香纸钱。果然，1934 年的人祖庙会有出人意料的繁华。[3]

道士们不过利用人们对人祖爷的崇拜揩点油水罢了，其他的利益，还轮不着他们享受。[4]"淮阳保存古迹委员会"是应运而生的一个特殊利益群体，它既不

---

[1] 王铭铭：《溪村家族——社区史、仪式与地方政治》，贵州人民出版社 2004 年版，第 85 页。
[2] 淮阳县地方志编纂委员会编：《淮阳县志》，第 890 页。
[3] 郑合成编：《陈州太昊陵庙会概况》，第 20 页。
[4] 郑合成编：《陈州太昊陵庙会概况》，第 89 页。

属于官方组织,也非民选组织,只是有个如此混淆视听的名称。此委员会成员在庙会上向小商贩们征收地皮捐、摊铺捐等,连提着篮子卖泥泥狗的小贩都不放过。他们的捐税所得并不用在庙上,没有庙会时就解散组织。此外,保安队、公安局、县政府、教育局等也来抢庙会这块肥肉,派人在庙会上征税。捐税过多,逼得商人们不得不在农历二月二十三、二十四两日罢市。本来到三月三才终止的庙会到二月二十七八就寥落了。不过,除了捐税,政治力量对庙会的举行基本没有多大影响。

（二）1934年的人祖庙会

总体而言,1934年的人祖庙会依然颇为盛大。大会期间南辕北马,商贾云集,人们或步行,或乘坐船、手推车、大车等交通工具来赶会,人数逾百万。据当时调查者的详细考察和统计,每天赶会人数最低也在十万人以上。[1]除满足人们朝祖进香的信仰需求之外,庙会在当地及周边地区人们的经济、文化生活中也发挥着重要作用。

庙会上,蔡河南北街、北大关南北大街、午朝门内甬路两侧、东天门内南北正街与东偏街、西天门街挤满了大小商贩,经营饭店、酒馆、风味小吃的有250余家,食品干果店197家,杂货店179家,竹木柳坊162家,纸札、香纸125家,家庭用品71家,金属器皿67家,此外文具、皮货、花物、陶器数十家,泥泥狗、布老虎等一街两行比比皆是,多达222家……对于附近村庄的村民来说,有时一次会期等于一个秋收的收入,远处的人们也有交易有天的方便。[2]在当时的社会背景下,这种地缘范围内的商业贸易极大地丰富了当时人们的物质生活。

民间游艺是传统庙会的重要组成部分。如果没有好看好玩的玩意儿,谁还爱来赶会呢？要吸引人赶会,就得不惜牺牲自己的气力,来替"人祖爷"作繁荣的举动。[3]1934年的庙会上,民间游艺形式众多,既有传统的民间娱乐节目,又有当时应运而生的新娱乐方式:"在太昊陵上,人山人海,虎豹野兽,猿猴蛇蟒,饱尽眼福,还有各种游艺,神奇技术,各式商品,虽非时髦,却也新鲜。"盘叉会、高跷班、狮子会、旱船、肘歌的表演被人围观,其他如河南梆子戏、马戏团、动物表演团体、道情班、说书场也吸引了里三层外三层的观众。那个年代时髦的拉洋片、放电影等稀罕事儿在庙会上也能见到。这其中,肘歌表演最引人注目。城内的绅士们特意组织同乐会,纠合城内各商家原有的孝义会、诚心

---

[1] 淮阳县地方志编纂委员会编:《淮阳县志》,第854页。
[2] 郑合成编:《陈州太昊陵庙会概况》,第95页。
[3] 郑合成编:《陈州太昊陵庙会概况》,第75页。

会、虔心会、永安会等，[1]各商号摊款出演了五日肘歌。由于肘歌演出服装精致，动作文雅，已多年不演，所以许多人专为看肘歌而来。观者你推我挤，水泄不通。除肘歌这一游艺形式带有城市商民性质，其他尽为乡民游艺。

（三）记忆中的人祖庙会

人祖庙会是淮阳及其周边地区的一个重大节日。每逢会期，孩子们不用上学。他们不仅逛会玩儿，年岁稍大一点儿的孩子也会涉足庙会的经济交易。2005年，已81岁的李安老人这样回忆当时的庙会[2]：

七八岁、十来岁的时候，那时候兴卖纸烟，{我们}买两盒烟，{去庙会上}卖了，{那时候}买烟都是买一根两根呀！就跟这烟样的「指着自己手里夹着的烟」，卖两块半钱一盒儿，五毛钱买四根，{我们小孩儿}零卖{烟}不是？得卖一毛五一根，赚人家这钱儿。搁现在说，{卖烟}就管挣块把钱一两块钱，赚一两块钱，攒这一个会（这么一个会期）就管攒一二十块，到会罢就能买书。[3]

在老人们看来，记忆中的庙会热闹非凡，远非现今的庙会可比。庙会上丰富多彩的文娱活动，开阔了人们的眼界，增加了人们朝祖进香的兴致，许多人至今仍记忆犹新：

那时候道士还撂刀子，踢红球啥的。撂刀子、耍刀，那占着几十口子了『常几十个人围着看』，现在一个也没有嘞。——　——　——

过去咱这太昊陵里头的会不一样的多，狮子、旱船、龙灯、走子、驮子……那多得很，竹马，这些香火会，文狮子、武狮子。那武狮子剃头，搁狮子上，头顶上顶着那，嘴里衔着那刀管耍{……}

那舞狮子厉害！舞狮子，能够窜丈八远！后面的人举着前面的人，一耸出去，他再蹦出去，能走丈八远。就跟狗朝前一抓就那样儿，他抓着前面的人朝前一推，能推丈八远，他搁后面跟上去，那舞狮子不简单！方桌子顶上摞单桌

---

[1] 据郑合成《陈州太昊陵庙会概况》记载：各会由不同地段的商铺组成，如由南门至南牌坊各商家属之属孝义会，由南牌坊至北十字街各商家属诚心会，直到鼓楼北十字街至北门各商家所属的永安会。见该书79页。

[2] 为在书写语言中体现口头性的特点，本章引用的全部访谈资料采用了如下符号：粗体表示讲述人的强调；( )：表示对讲述人的方言注音和释义；[ ]：表示讲述人所用代词指代的意思；『』：表示讲述人在讲述过程中对某些情节的解释；{}：在口头叙事中没有说但是按照故事逻辑应该有的内容；「」：表示讲述人或听众的表情或动作等；【 】：表示讲述人的重复。//：表示打断或插话；{……}：表示犹豫、不连贯；< >：笔者对讲述者个人信息的补充；——　——　——：表示对田野访谈资料的省略。

[3] 讲述人：李安；讲述时间：2005年4月10日；讲述地点：李安家里；访谈人：仝云丽。

子，单桌子顶上再搁板凳，上那顶上头还管耍！①

丰富多彩的民间游艺活动生动有趣，使民众在赶会的过程中"不知不觉地领受到一种无形的教育"②。

(四) 30 年代后期的人祖庙会

作为曾经的陈州府，30 年代的淮阳也是周口地区的教育中心。省立淮阳第四中学、省立淮阳第二师范学校、成达中学等在当地都很有影响。随着抗日战争的爆发，淮阳出现了"救国会"、"读书会"等组织，积极地开展抗日活动。会员们到庙会上进行公开演讲，演出宣传抗日的剧目，控诉日本侵略军的罪行。人祖庙会又成了激发群众进行抗日的重要场合。③

1938 年，日军攻陷淮阳以后，人祖殿、女娲阁都搬到了项城南顿光武庙，这里每年农历二月二到三月三的庙会依旧非常热闹。当地在 80 年代还流传着《人祖爷逃难》的传说。④

据笔者在 2005 年的田野调查，如今 70 岁左右的老太太对抗战时期的庙会记忆模糊，倒是清楚地记得自己当时为防止被四处乱逛的大兵抓走，如何闭门不出、闷在家里的情形。逢大兵驻扎村子，她们就要四散逃离。养女儿的人家都盼着能早点把女儿嫁出去。洪水、饥荒等天灾人祸使淮阳许多地方出现了人吃人的惨状。生死离别、饥饿、疾病、战乱等悲惨遭遇越来越多地出现于人们的生活中。在这种社会大背景下，庙会日益变得冷清下来。

三、20 世纪 30 年代的人祖神话讲述活动

1934 年，太昊陵统天殿内端坐的人祖爷伏羲坐像高约一丈五尺，身披黄色兽皮，跣足，手托八卦，头生二角，态度庄严。旁二侍者，服饰与正像同，惟较小。⑤在民众的信仰世界，"这位手托八卦、头生双角的伏羲氏，便成了万能的全神，有无上的权威"⑥！人们来太昊陵朝祖，"有一大半的用意是用来瞻仰伏羲容仪，朝谒伏羲陵墓，和基督教的朝耶路撒冷同一意义"⑦。信众的虔诚朝拜使

---

① 讲述人：李安；讲述时间：2005 年 2 月 1 日；讲述地点：李安家里；访谈人：仝云丽。
② 郑合成编：《陈州太昊陵庙会概况》，第 5 页。
③ 淮阳县地方志编纂委员会编：《淮阳县志》，第 235 页。
④ 张振犁、程健君：《中原神话专题资料》，第 126 页。
⑤ 郑合成编：《陈州太昊陵庙会概况》，第 5 页。
⑥ 郑合成编：《陈州太昊陵庙会概况》，第 21 页。
⑦ 郑合成编：《陈州太昊陵庙会概况》，第 23 页。

得太昊陵的神圣色彩浓厚，俨然与宗教世界中的圣土相媲美：

  那庙里的东西，太昊陵里的东西谁敢招呀！咱在这儿说呢，那时候『我小的时候记事儿』庙里砖头掉地上，你请看了，仨月俩月没人招。后来这有人开始扒陵墙上的东西垒墙头。过去都不要，庙里的东西谁也不招。—— —— ——①

太昊陵及其庙会是人们获取有关人祖的地方知识最为集中的场所之一。在人祖庙会上、在日常生活中，口承神话或者以散文体的形式口耳相传，或者以经歌的形式与朝拜仪式相结合，一同形塑了当地人关于人祖的社区记忆。

（一）广泛流传的人祖兄妹婚神话

在传统乡土社会的淮阳，作为生活习俗一部分的人祖神话讲述以"讲古典儿"的方式随时随地发生：田间地头、一家人的饭桌上、夜晚的空闲时间、女人哄孩子的时候、赶庙会的路上、庙会之中……总之，在以人祖信仰为中心构筑的地域文化空间范围之内，人祖神话可谓妇孺皆知。

郑合成等在《陈州太昊陵庙会概况》里记录了一则30年代在淮阳流传极广的伏羲女娲兄妹婚神话。他在考察记录中这样写道："这个故事，流传得极其普遍，村妇老妪，均可以从头到尾，详详细细地说给你听，社会都觉得这段历史真确、可靠、不容否认。"②他整理的故事文本如下：

  据说：太古时代，天塌地陷，宇宙混沌，世界上的人类都死完了；只有伏羲和他的妹妹（传说他的妹妹便是女娲）二人还在活着。不知这样混沌着过了几多年代，天和地才分析得开，日月星辰才显出光明，他二人便很和好地过日子，后来妹妹大了，觉得这样太寂寞，就和他哥哥商议，要兄妹二人结为夫妇。可是伏羲却大大地不高兴，坚决地拒绝她的要求，因为他觉得兄妹不应该结婚的。不过他的妹妹整天价和他乱缠，并且又没有别的男子，万般无奈，才允许了她。但附有一个条件：便是看神意是否答应，若神也愿意，便可结为夫妇；否则，仍只是兄妹的关系而已。怎样占知神意呢？方法是用两个磨扇，从山上向下滚，如果滚到下面，这两扇磨可以自然地合在一块儿，便算神也答应；若两扇磨扇各奔东西，不能碰住，就是神亦不答应他们这结婚的事。商议好了这个办法后，二人便偕同上山，各自山巅执磨扇一方，向山下推滚。在这行将滚下的当儿，二人用意，各不相同：在伏羲呢，祝祷这两扇磨千万不要拢到一起；在他妹妹呢，暗地里却祝祷无论如何，这两扇磨要碰在一块儿。这样一来，便惊动了天上月

---

① 讲述人：李安；讲述时间：2005年2月1日；讲述地点：李安家里；访谈人：仝云丽。
② 郑合成编：《陈州太昊陵庙会概况》，第19页。

宫，知道他俩在山上滚磨的用意。上天认为世界上不能无人，无人还成什么世界呢！有人即有男女，有男女就要结为夫妇；现在世界上只剩了他兄妹二人，他还这样固执，这岂能行。无法，月宫便暗暗助了一力，两块磨扇，滚到山根，乒乓一声，拢在一起了。这在他妹妹，当然心花怒放，乐不可支；伏羲虽心里有些不高兴，但是自己提议的办法，也就无话可说。这样兄妹二人，便从此结为夫妇了。据说石磨在早先只一扇，后来成了两扇，便是他俩滚过以后的事。

这样，他俩很安稳地过日子，不生一点气，精神上当然痛快异常。过得时间太久了，觉得世界上只有两个人，不热闹，也是乏味；二人闷得无聊，便去抟泥做人，这一者可解脱他俩烦闷无聊，二者在他俩觉得虽没有真人，能有些泥人，也未尝不可作耍取趣。二人捏的日子很久，捏的泥人也很多，都在露天晒着。谁知天有不测风云，东南一阵云起，倏忽之间，便布满天空，墨锭般黑，雷电交作起来。二人情知不妙，恐怕将泥人淋坏，即急急地向室内搬。哪知未曾搬完，就倾盆似的下了大雨。他俩着了急，不管三七二十一，拿起扫帚就向屋里扫。虽然被雨淋得不打紧，就这一扫的当儿，便把泥人的手足眼鼻，碰坏了不少。现今世界上的人类，便是他俩捏成的泥人；每天能捏成多少，即降生多少孩童，或多或少，单看他俩捏的多少以为衡，所有少臂缺腿、瞎子、聋子等残废不完的人，便是扫时碰坏了的。怎能证明人类是他俩捏的泥人呢？最真切的证据，你且看我们人类，天天洗浴，都洗不完身上的泥灰，甚至刚洗完了，用手一搓，又可以搓出泥来，这不是人是泥作的明证吗！

因为人类是他每日用泥做成的，所以他就是"人祖"，都是叫他做"人祖爷"或"祖师爷"，并不叫作"伏羲"或"太昊"。①

这则神话文本显然并非田野调查中的"忠实记录"，而是经过了整理者的加工和润色。在反映淮阳20年代末30年代初的乡村社会生活的《淮阳乡村风土记》中，记载的神话文本与此极为相似，②都包括这样几个情节单元：1. 天塌地陷；2. 兄妹滚磨成亲；3. 捏泥人；4. 大雨中扫泥人，出现残疾人；5. 人祖爷称呼的由来（人类是他们捏的泥人）。无论这两本书中的记载是否相互借鉴，至少说明这一类型的神话在当时的淮阳及其周边地区广为流传。与80年代以后学者们在当地的神话考察整理的文本相对照，③可以发现，人祖兄妹婚神话的核心情节结构基本保持了其稳定性，并无大的变化。

① 郑合成编：《陈州太昊陵庙会概况》，第17—19页。
② 蔡衡溪：《淮阳乡村风土记》，第78—80页。
③ 张振犁、程健君编：《中原神话专题资料》。

人祖兄妹婚神话不只在淮阳，在其周边地区也流传广泛。与淮阳相邻的西华县思都岗有一座女娲陵，当地老百姓中至今仍有"右东陵（指太昊陵）、左西陵（指女娲陵）"的说法。[①]淮阳习惯把女娲称作人祖姑娘，至今仍有很多人在神话讲述中认为人祖爷伏羲和他的妹妹（或称姐姐）人祖姑娘女娲并未真正成婚，繁衍人类主要是依靠捏泥人的方法。而在西华县，虽然讲起人祖爷和人祖奶奶成婚后繁衍人类的神话也少不了捏泥人的情节，把女娲称作人祖奶奶的说法则非常普遍。人祖爷、人祖奶奶（或人祖姑娘）被认为是人类的老祖先。20世纪30年代，安在曾在《艺风》民间专号上说：在他的家乡西华，神话传说非常多，他回忆并整理了这样一则《关于人类过去和未来的传说》：

据说在上古时候，世间只有两个人，一个是人祖爷（伏羲氏），一个就是他的老婆人祖奶奶。他老两口子身旁又没一个小孩，颇觉寂寞，于是他们就用泥捏起小人来。捏一屋子，又一屋子，也不知捏了几多屋子。后来他们想，捏泥人是很难放的，于是他们就把所有的泥人搬出来晒。正晒中间天就阴了，他们怕泥人被雨水淋坏了，就往屋里搬。但未搬完雨已来到了，他们慌了就用扫帚来扫。因此有的手被扫掉了，足被扫折了，眼被扎瞎了，脸被扎烂了。这些泥人后来都成了后来的真人，那些瞎子跛子都是人祖爷扫毁了的残废者。直到现在，我们身上还是洗不净泥灰，因为我们的前身都是泥人呵！

人类过去是说完了，人类的未来又怎样哩？无名的预言者，却制造成这样的事故在流传着。

人的体躯是一天天小了，不信你看古墓中的人骨都比现世的人长大得多，关二爷（云长？）身长八尺，当时还被称为关倭子。再者古人称六尺之孤，现在称五尺之汉，不是分明就低着一尺吗？况且摆在吾人面前的大多是父比子高，子比孙高，再迟几千年，人类的身体一定会小到"茄棵底下跑马"。到那时候，天就塌了，地就陷了，塌陷之后，再凝成地，再变成一个洪荒的太古，再生出人祖爷、人祖奶奶，再捏成泥人，泥人再变成真人，再小到茄棵底下跑马。总之，再塌再陷，这样循环不息，以致无穷，这就是人的未来。[②]

这则神话将人类的过去和未来巧妙地解释成一个循环不息、无穷无尽的过程，很鲜明地体现出这样的观念："出于一定自然的规律或某种神意，世界以一

---

① 杨利慧：《女娲的神话与信仰》，第152页。笔者在2005年的田野调查中也常听到将西华女娲陵称作"西陵"的说法。

② 安在：《西华的传说种种》，载《艺风月刊》第2卷第12期《艺风》民间专号，上海文艺出版社，第132页，1991年据1933年11月和1934年11月嘤嘤书屋版本影印。

定的周期历经劫难"①。这种循环观念至今仍在西华及淮阳有影响。笔者在田野调查中也听到一些类似的说法，大致情节是：现在的人是人祖姑娘造了几次才造好的，原因是：每次造人后，人都会变得越来越坏，惹恼了老神灵，于是重新发洪水将人消灭，人祖爷、人祖姑娘再重新造人。

除兄妹婚神话外，当地还有许多与人祖爷相关的神话传说，其中有的直至21世纪初依然流传，如朱元璋照南京皇城的格局为人祖爷修建了太昊陵；人祖爷在太昊陵附近显灵的事件等。

（二）庙会上的经歌、祝歌唱诵

除了散文体的兄妹婚神话外，人祖庙会上常常可以听到韵文体的神话在传承着，其传播的主要方式是祝歌和经歌，尤以经歌为多。

1. 祝歌

30年代，在淮阳及其周边地区，人们去太昊陵进香时一般并不独自前往，以一个家庭为单位或临时结伴而行的也很少，而多加入当地的祀神组织集体前往。善人会、斋公会、朝祖会、香火会等②民间组织多种多样，郑合成等在《陈州太昊陵庙会概况》中以"朝祖会"或"香火会"③统概之。普通香火会都在30人至80人之间。香火会中的会首、司账、执事、会友等分工明确，会员又被称作"老斋公"，有男有女，年龄多在40岁以上。"老斋公"们每年都会在太昊陵附近租赁房子住上三天，每人携带五升麦子作为口粮。他们进太昊陵给人祖爷烧香遵循"一天三朝"的规矩，晚上各个香会之间还互相拜会。④朝祖会的朝祖仪式活动热闹非凡，比如要在仪式过程中唱诵祝歌：

这些香火会来赶庙会的时候，至少每一个都要带几百铜锣，一进午朝门，便"镗——镗——"地敲了起来；有的还带吹鼓手，随行随鼓，每磕一次头，都要郑重其事地做。在磕头时，除烧疏、烧香，并炮、鞭声震天价响外，还跑着

---

① 杨利慧：《女娲的神话与信仰》，第55页。
② 蔡衡溪：《淮阳乡村风土记》，1934年版，第126—131页，其所作的区分：善人会和斋公会主要是娱乐集会，朝神敬香期间进行集会。善人会仅限年长男性参加。斋公会会员全为女性，会首为男性。朝祖会则是专为朝祭淮阳"人祖"所组织的。香火会也是专为祀神所组织，不过祀神的范围更广。
③ 郑合成等《陈州太昊陵庙会概况》叙述香火会的成立缘起为：一是有人因求人祖爷办事而达到目的，倡仪成立香火会；二是没有原因自发组织起来的。香火会的管理人员为：大家公推的一个德高望重的老会首，会首之下设司账二人，专管出纳账目事项。再有三到五个执事，管其它杂物，其它都是会友，普通香会都在30人至80人之间。
④ 2005年2月1日下午在李安家访谈所得，访谈人：仝云丽。场景：4人在场（李安、张庆余、仝云丽和同去的朋友）。

唱一种祝歌，抑扬顿挫，有如唱曲。词为：

南无。开天辟地，三皇伏羲，手托八卦，身穿芦衣。进了午门，狮子把门，八砖砌地，柏树两林。

南无。天皇，地皇，人皇，伏皇。南无。天皇，地皇，人皇，伏皇。南无。天皇，地皇，人皇，伏皇。

每唱"南无。天皇，地皇，人皇，伏皇。"十字时，全体大声合念，就这一声和裹"镗，镗，镗"敲锣三声。其余各句，均推一位，高声朗诵，听起来颇有意思。①

这首祝歌简短明快，对当时柏树森森的太昊陵、身披芦衣的人祖爷作了粗线条勾勒。人们共同的生活环境构成了神话讲述活动的背景，在众所周知的有关人祖爷伏羲的地域文化语境中，祝歌的演唱者和听众都重温了伏羲制八卦等神圣的贡献。可以想见，庙会期间数不清的香火会"你方唱罢我登场"，他们一再重复的顶礼膜拜仪式和对人祖功绩一遍又一遍的诵唱场景是何等壮观！"如果说神话是剧本，是叙事，那么仪式、习俗就是依据剧本所进行的表演——对叙事模式动作或行为再现，其目的也无外乎强化对外或内在世界的控制。"②太昊陵内外回响不绝的祝歌伴随有节奏的锣声和磕头祭拜礼仪一遍遍地被唱诵，以人们喜闻乐见的方式极大地强化了朝祖仪式的神圣性，渲染了太昊陵的庄严气氛。在唱诵过程中，老斋公们高声唱诵、反复强调"南无。天皇，地皇，人皇，伏皇"，一再突出伏羲作为人皇的地位，将这种地方文化知识进行了最大程度的强化，感染并促使民众对人祖爷更虔诚地敬奉。

祝歌韵律和谐、朗朗上口，至今仍活在很多老人的记忆中：

给人祖爷上供咋供？上供，烧香念佛，念佛，嗯，那时候走午门进朝的时候，老会首敲着锣，喤——喤——，那老斋公挑着红旗儿，旗多高将的（举得很高），我还记得几句嘞。{比如}《三皇之氏太昊伏羲》：南无，三皇之氏呀（唱），（喤——喤——敲锣），结绳记事呀……③

李安老人对这首祝歌的回忆虽不完整，但他在讲述过程中脸上流露出敬慕向往的神情，一面极力渲染当时的热闹场面，一面对这些已消失的崇祖敬神仪式

---

① 郑合成编：《陈州太昊陵庙会概况》，第25页。
② [英]赫丽生：《艺术与仪式》，叶舒宪选编：《神话——原型批评》，陕西师范大学出版社1987年版，第67—80页。转引自吕微《神话何为》，社会科学文献出版社2001年版，第193页。
③ 讲述人：李安；讲述时间：2005年4月10日；讲述地点：淮阳大北关村李安家里；访谈人：仝云丽。

啧啧赞叹,感慨如今的庙会没有以前热闹。随着20世纪30年代后中国社会的变革,人祖庙会几经废止,朝祖仪式渐趋零落。20世纪80年代重新复兴以后,像当时这样庄严的祭祖仪式活动已难得寻见,祝歌也再无人唱起了。

2. 经歌

经歌是淮阳地区传播人祖信仰和口承神话的另一种主要方式。与祝歌不同的是,经歌的演唱经常伴随着"担经挑"舞蹈。

据笔者2005年在人祖庙会上的考察,许多老斋公都把自己会唱的经歌归于老辈子的流传。80年代教她们学经歌的老师傅多是当时村里七八十岁的老人。也有人说自己会唱经歌的原因是梦里得到"神授",第二天起来就学会唱很多经歌了。回忆起30年代的人祖庙会,他们对当时会上老斋公们的担经挑、唱经歌赞不绝口,认为那才是正宗。讲起人祖神话来,人们往往会说"这我也是听人家老斋公讲嘞"。在李安老人的记忆中,这首《老盘古安天下》①的经歌在30年代的庙会上已经流传了:

老盘古安天下人烟稀少,没有天没有地哪有人伦。
东南山有一个洪钧老祖,西南山有一个混元老人。
上天神只知日月星斗,下天神只知五谷苗根。
有了天有了地没有人烟,上天神只留下人祖兄妹二人。
他兄妹下凡来万古流传,眼看着一场大灾祸就要来临。
多亏着白龟仙渡到昆仑,无奈何昆仑山滚磨成婚。
时间长日已久生下儿女为百对,天下人咱都是一个母亲。
到如今担花篮哪有远人,到如今哪有远人!

虽然人们按开头的句子给这首经歌起名为《老盘古安天下》,但是其主要内容还是人祖兄妹婚神话,寥寥数语就把人祖兄妹奉天意下凡——遭遇洪水——白龟相救——昆仑山滚磨成婚——生儿育女百对——繁衍人类——的漫长过程一一道来,情节完整,言简意赅,并教化人们要如兄弟姐妹般相互友爱,维护世俗生活的秩序。至今,香火会里的老斋公们在庙会上相逢,不论年纪大小,都互称姐妹,随口就能以唱诵的形式自我介绍,显得情意浓浓。庙会期间,老斋公们既是敬祖烧香的主导力量,又是人祖神话的积极传播者。他们的"担经挑"表演、经歌演唱常吸引大批乡民围观。在租赁的住所,老斋公们给人祖爷"一天

---

① 笔者在田野考察中发现,几乎遇到的每个香会都会唱这首经歌,除有些老斋公因为记忆的原因漏词漏句外,情节结构极为近似。文中选用的经歌文本讲述人:齐爱英;时间:2005年3月16日下午;地点:马庄李乡"莲花会"住处;访谈人:仝云丽。

三朝"时必唱经歌，闲来也互相对一对经歌，防止念错，避免在庙会上表演时被其他会友指责念"假经"。此外，香火会里的老斋公们因为学习、记诵经歌，对人祖神话和信仰的知识也比平常人懂得多，很多人是村里的信仰权威，常常为村民祛灾治病，充当着乡村巫医的角色。

总之，经歌是当时庙会上讲述人祖神话，颂扬人祖功德的重要形式，是人们获得和传承神话传统的重要途径。

小结

本节追溯了30年代淮阳的社会与文化语境，着力对当时的人祖庙会和人祖神话讲述活动进行了描述。那时淮阳的社会生活仍延续着传统的生活模式，保持着乡土社会的本色。庙会作为人们日常生活中的重大事件展现了地方自主状态中的民众信仰。太昊陵里的匾额等以物的形式构成了人祖知识的静态传播，营造了人祖信仰的神圣空间；庙会上与朝祖仪式紧密相连的祝歌、经歌等更以人们喜闻乐见的形式传达着人祖的神话与信仰。

细细探究，会发现当时的神话讲述活动有这样的特点：

第一，神话讲述活动具有"自在地传承"的特点。换句话说，人祖神话作为社区文化传统的一部分，主要是在地方自主和社区自发的状态下传承，国家力量对其的强制干预较少，传承基本没有受到太多政治力量的拘禁和阻碍，从而在较大程度上能够自由无碍地传播。

第二，神话的传播、传承与宗教信仰紧密相连。在淮阳，人祖神话与人祖信仰往往有着密不可分的关系：庙会上密集的朝祖进香仪式活动使神话更凸现其神圣性；而经过庙会期间祭祀仪式的展演、公开的神话讲述，人祖神话更得以持续、广泛地传播。

第三，人祖神话在当地妇孺皆知，其普泛性的传播也使得人们在日常生活中可以时时处处地讲述神话，传承地方文化知识。不仅特定的人祖信仰群体如香火会、朝祖会等是神话知识的传播者，乡间的老人、农夫、孩童都可以讲述人祖神话。

此外，散文体、韵文体等多种形式的人祖神话讲述共同展现了当时民众虔诚的人祖信仰，人祖神话的讲述和一系列的朝祖活动充分体现了中国社会的"敬祖"、"讲孝道"等文化特点，在讲述人祖神话的过程中教化人们一心向善的渗透传统乡土社会的道德观念和行为规范，规训着人们的日常生活，促进了当时社会和文化秩序的稳定。

第四节　从社区公共生活空间中退隐：
1949—1976 年的人祖庙会与神话讲述活动

新中国成立后的前 30 年，国家力量通过多种途径渗入基层社会，对社会意识形态领域的控制逐渐加强。"社会主义教育运动"愈演愈烈，直至"文化大革命"时极端地否定大部分传统文化。敬神烧香早在 20 年代就被知识分子定性为"封建迷信"，新中国成立后的 30 年里更是在政府强力下予以破除。在河南淮阳，人祖庙会和人祖神话讲述等地方传统渐渐从人们的公共生活中退隐，但却以民间独有的方式柔韧地延续着。在那个政治主导一切的年代里，人祖庙会及神话讲述活动究竟是怎样的状况？社会的变革、政治的高压对庙会及神话讲述产生了哪些影响？本节将结合历史文献和口述史资料对此展开追溯。

一、国家权力的实践与社区社会生活

新中国成立后，家族、民族的界限逐渐被打破，阶级利益成为界定一切的标准，国家通过一层层的行政组织建立起了对人民个体的直接统治。"在国家之外和国家之下，基本上没有公开的和独立的社会实体存在。国家通过行政手段直接控制每一个人，通过教育制度和宣传媒介直接控制每一个人的思想。"[1]中央发起的意识形态新动向不断指引人民以阶级斗争为纲，积极投身于轰轰烈烈的政治运动，开展对思想文化领域的批判斗争。

从 50 年代初到"文化大革命"，揭发、批斗、造反、暴力、破坏，一浪接续一浪。遵照"无产阶级在上层建筑包括各个文化领域的专政"的指示，"封建主义"、"资本主义"、"修正主义"都被列为文化专政的对象，外来文化被清算排斥，许多传统文化受到毁灭性的冲击。1966 年，中共中央公布了《关于无产阶级文化大革命的决定》，"封、资、修"的提法被转化为"旧思想、旧文化、旧风俗、旧习惯"。随着文化大革命席卷全国，"破四旧，立四新"运动遍及城乡，开展得轰轰烈烈，力图把传统文化从根上拔掉。"无所不在的对旧事物的批判也扩展到了传统文化的各个方面。大部分的传统宗教被当作封建迷信。"[2]有学者指出："当时的政治运动主要通过两种办法来构成对传统的打击。第一是消灭传统

---

[1] 高丙中：《民间文化和民间社会的兴起》，见其《居住在文化空间里》，中山大学出版社 1999 年版，第 28 页。

[2] [美]伊佩霞（Patricia Buckley Ebrey）：《剑桥插图中国史》，第 231 页。

赖以存在的物质基础。比如分解族产,解散宗族组织;以限制迷信提倡科学为口号,打击看风水、做道场、拜菩萨等行为,使诸如风水先生、道士、庙宇等缺少存在的环境。因此之故,社会层面的传统仪式与民间信仰成为私下的个人活动,这便为强意识形态的介入提供了空间。第二是通过强有力的意识形态宣传来瓦解传统得以存在的文化基础。科学对迷信,新文学对旧戏剧,阶级斗争的弦对传统人际联系的线,构成了意识形态的主要方面。"[1]

"文革"结束后,整个国家几乎陷于停滞:经济近乎停顿;知识贬值;浪费了很多资源,尤其"武斗"使全国大量房屋、道路被毁坏,被砸毁的文物、被扫荡的古迹更是不计其数,这对中国以至人类的文化遗产造成了无法弥补的损害。

声势浩大的政治运动蔓延到中国社会的各个角落,淮阳自然也不例外。50年代,淮阳进行了"反右倾"运动。1963年,全县开展声势浩大的"社会主义教育运动",即"小四清(清理账目、清理仓库、清理财务、清理工分)"、"大四清(清政治、清经济、清组织、清思想)"运动,共查出所谓"牛鬼蛇神"案76232起,其中搞封建迷信活动的30857起。[2]如此庞大的数字足以说明当时"反封建迷信"运动之严肃、深入。

1966年"文化大革命"开始后,淮阳县成立了"文化革命领导小组",8月底淮师学生首先成立"红卫兵"组织,大破四旧。神话故事、烧香磕头作为"旧文化"、"旧风俗",都在禁止之列,人祖庙会由此被废止了十几年。民众的文化生活极度贫乏,唯一的学习高潮是对毛主席著作的学习,"三忠于"活动在全民中间轰轰烈烈地展开:街头巷尾到处设立对毛主席的"忠于台";悬挂、描画毛主席像;人人佩戴毛主席像章;毛主席的语录牌举目可见。在公开的集体活动场合,红色革命歌曲盛行,代替了以往人们喜闻乐见的经歌和神话讲述活动。

自"大跃进"始,严重的自然灾害和不间断的政治运动等多重因素导致淮阳的物质生活陷入困顿。有这样一首《大伙上的馍》[3]形象地描述了人民公社时期的大锅饭:"大伙上的馍洋火盒,大伙上的面条捞不着。筷子渲猛子捞个红芋梗子,筷子一撅捞个红芋叶。"红芋成了"救命粮"。1960年是"红芋汤,红芋馍,离了红芋不能活"[4],到1971年当地依然处于"一年红薯半年粮"的生活水平。

---

[1] 贺雪峰:《人际关系理性化中的资源因素——对现代社会乡土社会传统的一项评述》,载《广东社会科学》2001年第4期。

[2] 淮阳县地方志编纂委员会编:《淮阳县志》,第248页。

[3] 淮阳县地方志编纂委员会编:《淮阳县志》,第248页。

[4] 《红芋歌》,淮阳县地方志编纂委员会编:《淮阳县志》,第248页。

不难看出，在这一阶段，传统文化的生存场域发生了极大的改变，由国家权力强制推行的"社会主义教育运动"对人们的文化生活造成了巨大冲击，与民间信仰紧密相关的崇神敬祖、烧香磕头、神话讲述活动等受到政治语境的压制，传统文化原本的自在传承状态被彻底破坏，开始了其在特殊社会变革时期的特殊发展历程。

二、"变了样"的人祖庙及庙会

新中国成立后到"文化大革命"之前的时期，太昊陵和人祖庙会在国家意识形态和权力话语中的性质并不相同：太昊陵被认定是国家文物从而受到保护，庙会以及相关的人祖信仰活动却被判定为"封建迷信"。"文化大革命"开始后，太昊陵和人祖庙会均被红卫兵视为"四旧"予以破坏。这些都集中反映着地方社会的重大变迁，展现着整个国家和时代的缩影。

（一）太昊陵：从重点文物到"四旧"代表

执政之初的人民政府非常重视对文物古迹等传统文化遗产的保护。1949年12月，淮阳刚解放不久，淮阳专署和淮阳军分区就联合发出布告：对太昊陵严禁破坏，坚决保护，并饬令专署农场具体负责。后又成立了"羲陵保管委员会"，专门负责太昊陵的保护。[①]1963年，太昊陵被列入河南省第一批省级重点文物保护单位。

政府除提倡保护外，还积极对原本作为民众"朝圣地"的太昊陵进行改造，将之逐渐转变为国家进行政治宣教的展演场。在1953年破除迷信的活动中，淮阳专署在太昊陵建苗圃，将陵内道士解散，返家耕田，停止了延续多年的道教活动。[②]伴随着苏联人造卫星上天带来的"卫星热"，淮阳于1958年12月在太昊陵举办了"元帅升帐，卫星上天"的大型综合展览，各公社都建有公馆，展出许多所谓的工农业高产典型。[③]1960年7月，太昊陵举办"纪念建党三十九周年展览"。随着"文革"期间国家领袖人物日益被民众神化并推向神坛，太昊陵也曾充当起了新时代塑造"人神"的圣坛。1968年5月16日，县革委拆除太昊陵里的东西廊坊，在其旧址建成"毛泽东同志伟大革命实践活动展览馆"，各公社、大队有领导组织参观，日接待群众上万人。这一展览直到1977年才停办。[④]

政治话语对"反封建迷信"的大力宣传，太昊陵由信仰场所转向政治展演场

[①] 骆崇礼：《1949—1996年太昊陵大事记》，手写稿。
[②] 淮阳县地方志编纂委员会编：《淮阳县志》，第890页。
[③] 骆崇礼：《1949—1996年太昊陵大事记》，手写稿。
[④] 骆崇礼：《1949—1996年太昊陵大事记》，手写稿。

的职能的转变，使一些地方官员和当地民众逐渐无视太昊陵作为"重点文物保护单位"的意义。原本因传统的人祖信仰而神圣不可侵犯的太昊陵，渐渐遭到破坏。事实上，破坏早在"文革"前就已开始：1949年至1950年间，太昊陵西华门外属地上盖起了军分区卫生处、专署白楼干校、农场等；革命官员和群众不断破坏太昊陵：西华门、东华门被拆除，二道紫禁城（内城）被扒，午朝门外的石牌坊被烧成石灰，蓍草园甚至被开垦种上了庄稼，陵内的桑树、槐树等也不断遭到砍伐。①

"文化大革命"开始后，太昊陵作为"四旧"的代表遭到了最为严重的破坏。1962年8月，淮阳师范学校和淮阳中学师生组成的红卫兵从太昊陵午朝门一直砸到人祖坟前，凡可砸毁的几乎被毁殆尽：午朝门外的石狮子、木匾、铁香炉、铁狮子、五铁人、一些古建筑的龙脊（二十八宿脊兽）和兽头被毁；古书被焚，古词书被禁，古戏装被烧。最让人惋惜的就是那尊明朝的伏羲泥塑像②被砸，其木胎还被戴上了一顶那个年代特有的"高帽"，遭游街批斗。淮中师生还从县武装部要来了一根导火索，从该校实验室取来2.5公斤的灰色炸药，炸了太昊陵墓的顶端，当时围观群众达万余人。此外，县委个别领导和文化馆党支部书记等人擅自砍伐太昊陵内古柏11株，为自家老人做寿棺。③如今，淮阳民间广泛流传着这些砸太昊陵的红卫兵、砍柏树的人如何遭报应的人祖爷灵验故事。

（二）人祖庙会：反迷信的阵地

新中国成立后，政府加强了对人祖庙会的管理，无视庙会固有的民间信仰及民间文化内涵，大张旗鼓地举办物质交流大会，一厢情愿地将庙会改造为反迷信阵地。人祖庙会逐渐萧条。

1951年，淮阳专署借人祖庙会举办物质交流大会，抽调地直有关单位200余人，组成物质交流大会办公室。1953年也如此。大会活动基本沿袭旧俗，庙会盛况却很难再现。来烧香敬祖的人很少，"大会尽是为劳动人民服务的"。在政府主流媒介的宣传话语中，对来烧香的人少这一现象很是欣喜。1952年陆云路发表在《河南日报》上的文章——《淮阳的古会变了样》中这样描述当年的庙会：

今年上会人数，可能不如从前，农历二月十五最热闹时也不过七八万人，平

---

① 骆崇礼：《1949—1996年太昊陵大事记》，手写稿。
② 这尊塑像因其对洪荒社会中的人祖爷惟妙惟肖的刻画而增添了人祖爷的神圣、真实感，至今仍是淮阳老百姓家中供奉的人祖爷塑像的原型。
③ 淮阳县地方志编纂委员会编：《淮阳县志》，第250页。

时每天只五千人上下。但从到会人的成分上与目的上看,已有了基本的变化。往年耀武扬威于会上的豪绅恶霸完全绝迹了,而自由自在活动在会上的,大部是翻身后的农民。他(她)们已经不是给地主赶车或担行李而来的,也不是来给(人祖爷)(人皇氏)烧香的,而是为出售自己的农副产品或购买自己需要的牲畜、农具和家具的。

据说往年烧香烧得厉害。今年比起来真是"稀松"得很,陵前殿前总共只两坛香火,火势不比点着一个秫揩的火头大,人们的集中点已不在庙内而移到庙外的市场上了;如果说庙内还有些人的话,那他(她)们大都是为了看展览、听广播、种牛痘和治病的。

至少表面看来,人祖庙会不再是"封建迷信"的活动场,而改头换面为反封建迷信的主阵地。太昊陵博物馆退休馆长骆崇礼回忆自己经历的50年代至60年代的淮阳二月会,说到"当时文化馆每年在这个会上成立一个宣传科,六几年有宣传部,整天宣传,安着个大广播喇叭,一直宣传破除封建迷信这个东西","当时还有图片展览,都在殿里面"①。1958年,禁止封建迷信活动后,朝祖进香者锐减,人祖庙会走向萧条(仅在1962年各项政策放宽后恢复了一年)。在1966年以后的"破四旧"中,人祖庙会被废除。②

但是,人祖信仰在民间依然悄悄地、顽强地延续着。虽然"那{被}逮住{烧香}犯法。那时候不叫{烧香}",但民间自有民间的应对策略:偷着烧香。在庙会这样的公开场合烧香的人少,非庙会期间来给人祖爷上香的人却从没有断过。当地民众对人祖爷的信仰、给人祖爷上香的愿望并未随社会大环境的改变而动摇。偷偷地烧香并巧妙地掩盖烧香事实充分显示了民众应对政治强权时的智慧。

"文革"期间,社会物质匮乏,加之国家坚决杜绝民众烧香磕头,因此在市场上根本买不到敬神的香和纸箔。很多信众便开始偷偷自制香和纸箔献神。柏树皮、榆树皮都是制香的好原料。如西华县的裴永③说他当时都是自己搓榆树皮,搓一截儿当成香烧,那香远比现在的香烧得旺。太康县的张凤君如今已60岁,当时也是自己偷偷制香:"弄点儿柏树籽儿、柏树皮,再弄点儿榆{树}皮搁一堆儿,俺自己{在上面}钻个眼儿,搁那儿烧。那时候咱做的香那比这香(现在

---

① 讲述人:骆崇礼;时间:2005年2月4日;地点:骆崇礼家中;访谈人:仝云丽。
② 淮阳县地方志编纂委员会编:《淮阳县志》,第854页。
③ 讲述人:裴永(化名);访谈时间:2005年3月25日;访谈地点:太昊陵内人祖坟前;访谈人:仝云丽。

卖的香）强！{一把}柏棵子，掰干净。"①没有敬人祖爷的纸箔，他们就自己切板、印票子（即冥币等），票子上不仅有蓝漆、红漆、黑漆、绿漆印成的图案，还虔诚地打上印章以示有效。

制得了香和纸箔，信众或者偷偷地在家里烧，或者偷偷夜里去太昊陵烧香，已成家的女信众甚至打着回娘家的旗号，结伴来淮阳烧香。虽封着庙门、大殿门，但围墙毁坏，人们得以轻易地进陵烧香。不管有没有神像，只要是在太昊陵内，信众都深信人祖爷能看到自己的虔诚敬奉。太昊陵的东角门上、花园里、桥底下等各个角落都有人们匆匆烧香的身影。怕被红卫兵逮住，很多人常常是"拿香点着就跑"，或者几个人围成一圈装作说话、烤火取暖等，借机烧香。裴永烧香更有策略：他常常先在墙上挖一个坑，里面贴神像，外边贴毛主席像，这样即便逮着了，他也可以堂而皇之地说自己是在给毛主席敬香，红卫兵拿他没办法。

很显然，尽管许多民众接受了官方的话语系统，会把敬祖烧香、讲神话故事说成是封建迷信，但他们的实际行动却表明其并没有真正接受官方的号召，而是依旧坚持自己的信仰。当地民众把原本集中烧香的人祖庙会分解为不定期、不成规模、没有组织的偷偷烧香活动，和政府玩起了捉迷藏，原来集体性的敬祖烧香活动，逐渐从显性、公开转向隐性、私密。

三、从社区公共生活空间隐退的人祖神话讲述活动

"横扫一切"的"文化大革命"并未能铲除一切旧有的文化。笔者在田野调查中发现，在淮阳这个以人祖信仰为核心文化的社区中，根深蒂固的人祖信仰并没有在政治运动的高压中蒸发、消散；世代相传的人祖神话也没有被彻底清除。尽管记录神话的经卷、文本被烧毁许多，然而人们依旧以口耳相传的方式讲述并传承着神话，传诵着人祖的功德，只不过公开的讲述方式不再适用，神话的讲述与传承从社区的公共生活空间——指公开的集体活动场合，如庙会等民间集会中隐退，而主要在家庭或家族、亲戚朋友或邻里等日常的私人生活领域中传承。

（一）家庭内部传承

长期以来，对人们发挥着启蒙、教化作用的地方文化知识多是幼时就不断从家庭（包括家族）中习得的，家庭中的长者往往是地方文化知识的积极传播者。

---

① 讲述人：张凤君等；访谈时间：2005年3月26日；访谈地点：太昊陵内二殿大殿上；访谈人：仝云丽。

在政治风暴波及全国的特殊历史时期，有着血缘纽带关系的家庭成为了人们的避风港，亲人之间最容易也最值得互相信任、依赖。人们在家庭场域可以放松"政治"心弦，无所顾忌地偷着"迷信"，家庭可谓神话讲述的安全场域。笔者在庙会上接触的许多中年人就是通过家庭中的神话讲述活动了解人祖知识、知道人祖神话的，他们的讲述过程也充分体现了家庭传承的特点。

王玉香在"文革"期间就经常听父亲在家里讲述人祖神话。2005年3月20日上午，在淮阳太昊陵统天殿后的草地上，笔者遇到了正在吃干粮、休息的王玉香。她48岁，太康县人，和60多岁的本家婶子和30岁左右的本家侄媳妇一起来进香。开始交谈时，她们仨均推说自己"说不来"人祖爷的事儿，连连说如果某某在就好了，他看的书多，能道来这些事儿。与笔者交谈了几句后，知道讲述的"人祖爷的事儿"也不一定非要多么完整生动，王玉香才开始讲述：

王玉香：一个割草的孩子，这个割草的孩子反正天天就是光割草。光去割草去了，一个老头，一个白胡子老头对他说嘞："你傍（将要）出来的时候，你拿一个馍，喂那个狗——那桥头上有个狗，{老头}说：你多（啥时候）出来多（就啥时候）捎一个馍扔给那个狗。天塌地陷那个铁狮子眼里见血了，他[指白胡子老头]说嘞：狗一张嘴，你滚那个狗肚里。【他说嘞】他[指白胡子老头]叫那个割草孩子一出来拿个馍，一出来拿个馍擗给那个狗，【他说嘞】就扔那个狗肚里。

那个天塌地陷了，【天塌地陷了】，他说嘞铁狮子眼里见血了{就}【他说嘞】这个天塌地陷。{割草的孩子}碰见一个人说嘞，一个邪乎（脾性怪的人）给那个割草的孩子说嘞："铁狮子眼里会见血啊？！"

那个割草孩子就将那个镰割手割出血，那个那个 {……}。

//本家婶子：抹铁狮子眼里。

王玉香：{把血抹}那个铁狮子眼里了，【那个铁狮子眼里了】。那个狗一张嘴，那个孩子一头滚里头了，滚里头了嘞 {……}。

我听那俺爸给我说嘞。反正也不知道搁哪儿，到没人的地方，【不知道山上也不知道是哪儿，没人了，】就末（剩）他姊妹俩（兄妹俩），『他有一个妹妹。』【就他姊妹俩。】上山上，一对子（一对儿）磨，一个老头，『那都是神仙』{老头}对他说嘞："{你们俩}从这个山上往下滚这两扇子磨。滚下去这两扇子磨合一团儿嘞，恁姊妹俩就{成}姻缘『就结婚』。"

//本家婶子：姻缘呀！

王玉香:"{如果}两扇子磨滚开了也（呢），合不到一块儿，恁姊妹俩就不能结婚。"就这{原因}，{他兄妹俩把磨}一下子往下推，这个磨滚滚滚，**滚到山底下合到一块儿了**！他姊妹俩结的婚，就从那儿发展的人。【发展的人。】另外咱说那、那个咱是高级动物是吧？『后来不是说咱们是猿猴么？猿猴，猿猴托生的，猿猴那时候不会{做}那个衣裳，用那个树叶子……』

//本家婶子：（笑）她给你录音呢！

仝云丽：录一下行不？

王玉香：那我也不懂咧行不行。

仝云丽：行！呵呵，讲吧，讲得挺好的。

//本家婶子：讲吧，还给你录住「呵呵」。

//王玉香：使上树叶子穿的，就这个羞处，【盖住，顾羞处】{原来大殿上的}人祖爷不就是光膀子么？

本家婶子：哎。「点头表示赞同」

王玉香：那开始，那初有人的时候就是穿的树叶子，学那个猿猴，就这么披上{……}。

//本家婶子：顾住羞处。

王玉香：哎，顾住羞处了。「双手在腰间比划」后来朝纲里不是人越来越多，平等了不是？后来这就发展成了衣裳。人祖爷上头那是光膀子，{……}。

//本家婶子：树叶子是吧？

王玉香：嗯，树叶子，光脚，嗯，人祖爷光脚。

「众人笑」

仝云丽：那您还知道其他的这种人祖爷的故事儿吗？

王玉香：其他的俺不知道，**我这是小时候俺爸好给俺讲**。

众人笑：那你这讲讲俺这就都知道了。

这一神话讲述过程是由讲述者、听众和研究者共同完成的。王玉香的讲述，直接从一个割草的孩子讲起，并没有指出那个孩子就是人祖爷伏羲，也没有讲明"白胡子老头"是哪位神仙。在讲述者、听众双方都熟悉这是在讲人祖神话的前提情境下，她的讲述大体完整清晰。而对于不熟悉人祖神话的听众来说，可能听完她的讲述难免有些摸不着头脑。

在讲述过程中，有几处地方不知道该怎么继续往下讲了，本家婶子的插话让她迅速回忆起相关情节。本家婶子原来说自己不会讲，但通过她的一系列插话可知这是一位"消极的神话承载者"(见本书"总论"),一位潜在的讲述者。她对人祖神话了然于胸,但在平日的生活中并没有积极地讲述过,因此在外来的调查者面前害怕讲不好而不讲。而王玉香讲述时也生怕讲得不好,把自己讲不清的内容以"我听那俺爸说嘞"巧妙带过,对自己不知道其他神话内容的原因归结为"我这是小时候俺爸好给我讲"。当然,这与她个人的语言表达方式、讲述能力分不开。

"在家族内部进行的讲述活动,不论作为长辈的讲述者有意地利用故事对后代进行教育,还是没有这种自觉的意识,讲述活动本身都起着加强亲族感情的作用,都对后代有很大影响。"[1]在庙会被废、烧香被禁的时期,在家庭范围内听到父亲讲述的神话是王玉香在幼年时获取人祖神话知识的主要途径。几十年后,虽然已经淡忘了父亲讲述时的具体情境,但她仍凭借自己幼时的记忆和经常来太昊陵上香的经历将人祖神话完整地讲了出来。此外,在家庭或家族中的神话讲述随意性强,宗教氛围远不比庙会上以及香火会上香的场合。由于耳濡目染的程度不同,加上个人语言表达方式、文化程度的不同,由当时的听众成长起来的神话传承人的神话讲述水平不一,有的完整生动,有的含混不清,还有的只能讲得只言片语。

(二)小群体中的经歌学习与传唱

"文革"时期文艺活动单调,人们在集体场合听得最多的是样板戏,唱得最多的是《东方红》《毛主席的书战士最爱读》之类的歌曲。2005年的庙会上,许多50多岁的神话讲述人一回忆起"文革"时期的生活,张口就能唱一大串革命歌曲。当时的香火会在政府"破除封建迷信"的号召中全部解散,香火会里的老斋公们不敢在一起公开地唱经歌、传经歌、讲述人祖神话。神话的讲述以及经歌的传唱开始隐蔽化,仅发生在值得信赖的、关系亲近的小群体中。

1949年以后,淮阳周边地区还有许多"修行"[2]的老太太,她们虔诚地吃斋念佛行善,懂得很多关于神灵的知识,对人祖爷的相关知识和神话等非常熟悉,村里人常尊称他们为"老师傅"。在医学不发达的地区,有的"老师傅"还俨然成为了"村医"。"文革"期间,"老师傅"频频在深夜被乡邻偷偷请到家里看"邪病"。"老师傅"多是心灵嘴巧的妇女,一肚子的经歌和神话故事,在政治动乱的年代仍不忘劝人念经积德,是经歌等口头传统的积极传播者。太康县的张

---

[1] 许钰:《口承故事论》,北京师范大学出版社1999年版,第175页。

[2] 有的修行者把家和儿女、财产等都舍弃了;有的修行者只是吃苦斋,即不吃肉。如今在太昊陵庙会上还能遇到许多修行的人。

凤君当时就是在村里"老师傅"的一再动员下学经歌的:

那时候那个大娘[老师傅]就在俺门上（隔壁）住，我说过这，我说："大娘，俺不学嘞，等俺孩子都大了再学。"大娘[老师傅]说嘞："你现在不学，到时候想学也学不上嘞！"『错了这个机会就学不上了。』"你看你现在搂着孩子你管学，孩子大了你学不上了！"『这一点也不假』<张凤君如今儿女出去打工，忙家务顾不上唱经歌>。①

白天人们参加集体劳动，晚上是大家聚在一起学习经歌的最佳时间。张凤君和几个年龄相近、要好的姐妹多是在晚上忙完家务后到"老师傅"家聚齐，聊天学经歌。她学到痴迷，常常回到家还不忘"复习"学得的经歌：

{那时候}都是黑了（天黑了）学，坐到老师跟儿上，她教，那俺学。挺（躺）到被子窝里也学，也念，就这样学嘞{……}咦！那急慌嘞跟啥样的，恨不得不吃饭也要念，烧着锅也念{……}都是学经嘞！{大家央求老师傅多教点经歌}"老师傅你再教俺这个吧，你再教俺那个吧！"『那你不得学么？你想学呀！』{清早}学学，清早起来将这经练练，再起来弄啥（干活儿）。②

学经歌兴致高涨的她甚至白天也借机偷偷跑到老师傅家："末地儿了（最后总是）在那老婆家儿[老师傅]嘞。我今儿去洗衣裳去嘞，拿几件衣裳，到那老婆屋里。妥了（这下好了），再学几句，学几句赶紧走。"③

学经歌学得又快又多的是那些识字的妇女。张凤君大娘认为自己不如她二嫂子学得好的原因就是自己不识字，完全靠死记硬背记经歌。

张凤君回忆自己当时学经歌的痴迷，至今难忘此事：

俺几个学经的呀，学经，使个薄里子{的被子}，搁大床{上}，把{俺}小孩儿放那床上了。{后来小孩儿}红叶"哇"一下子{哭}，"哇"一下子{哭}。我说：这个孩儿咋弄嘞？{我出来}一看呢，{那}煤气火呀着嘞！『不嘞你叫孩子{被烧着了，她不哭}咋弄呢？』不的（正好当时）都在俺家{学呢}！{床上}还铺的大褥子、小褥子，{这烧着孩子}叫俺都吓得呀！上人家家里叫孩子{烧着了才不好呢！}{……}可不是，得！{大家}赶紧舀水的舀水，赶紧将那（火）扑灭。『还是{各自}回家吧，当心吧』。「呵呵」。就那{差一点烧着孩子的教训}还挡不住{大家学经歌}！{大家}学得粘（痴迷）的很！{一学

---

① 讲述人：张凤君等；时间：2005年3月26日；地点：太昊陵二殿；访谈人：仝云丽。
② 讲述人：张凤君等；时间：2005年3月26日；地点：太昊陵二殿；访谈人：仝云丽。
③ 讲述人：张凤君等；时间：2005年3月26日；地点：太昊陵二殿；访谈人：仝云丽。

经歌,}啥苦恼的事儿都没有嘞！①

可见当时"学经歌"在小群体中的盛行。经歌学习在私人生活领域有着显著的社会交际作用。在缺乏丰富文娱活动的文革时期，不少人把学习经歌当作日常生活中的最大乐趣，在学习的过程中暂时超脱贫困、缺衣少食等现实生

张凤君在唱经歌

活的苦恼。同时，通过唱经歌、讲神话故事，也达到她们在人祖爷面前"修功德"的个人目的。在大量经卷被烧毁的年代，许多经歌和经歌中的神话便通过这种私下场合的传播和讲述、依靠口耳相传的方式而被传承了下来。老一辈的传承人在这个过程中作为自觉的口承神话传承者，发挥了积极的作用。

（三）从个人生活中消失的神话讲述活动

瑞典学者卡尔·威廉·冯·赛多（Carl Wilhelm Von Sydow）认为：口承故事"在很大程度上是以一种散漫的状态流传的，只有极少的有好记忆、生动的想象力和叙述能力的积极的传统携带者才传播故事，仅仅是他们才向别人讲述故事。在他们的听众里，也只有极少的一部分人能够收集故事以便讲述它。而实际上这样去做的人就更少了，那些通过故事并能记住它的大部分人保持着传统的消极携带者状态，他们对一个故事的连续生命力的重视程度主要取决于他们听一个故事然后再讲述它的兴趣"②。50年代至70年代的政治运动将个别神话讲述者的生活完全颠覆，他们在沉重的生活压力、强大的政治压力面前如惊弓之鸟，根本没有神话讲述的空间和时间，也完全失去了讲述的兴趣，不得不成为那个特殊历史时期的消极神话传承者。81岁的李安（1924年生）就如此，人祖神话讲述在他这一时期的生活中完全不曾出现。直到80年代后随着生活处

---

① 讲述人：张凤君等；时间：2005年3月26日；地点：太昊陵二殿；访谈人：仝云丽。
② [美]阿兰·邓迪斯：《世界民俗学》，陈建宪、彭海滨译，上海文艺出版社1990年版，第323页。

境的改变，他才又转变为人祖神话的积极传承者（见下文）。

李安读过书，新中国成立前曾被选举为北大关的副保长。到了"一切以阶级斗争为纲"的年代，无意为之的"保长"成了他一生的负累。在那个年代，一次被整也就意味着以后的次次被整。他先后被判九年劳改，回来后又做十五年半的挑粪工，用他的话说真是"没有多少好时候"。书生李安在劳改生活中不得不干起了粗活儿。没有书，没有那些熟烂于心的"古典儿"，只有劳动、劳动、再劳动。"文革"中被批斗的经历犹如割在心上的刀痕，他无力的辩解中夹杂着恐惧、疼痛、无奈：

那时候批判人厉害得很呀，打不清（完）你嘞！反正光拣厉害的说，实际上百分之一也不占，就那也得承认，一个文化大革命斗我二十多场啊！{……}别人叫我给他写写，给我说了叫我给他写检查，{我}还没写呀，**斗我四场**！「苦笑」{……}"封你啥官？搞啥集团？"『搁这儿胡问嘞』！

"你知不道（不知道）？知不道（不知道）{是}你不老实，拿架！"拿个架子，手伸着，手上搁砖头，砖头不能掉，就那弯着腰在那儿说啊。{……}打个趔趄，{红卫兵问}："谁打你嘞？！"{我说}"哪谁打的啊？谁也没打我。"「呵呵」。那时候斗{我}二三十场啊！……

———————

坚持不了也不中啊！我也就仗着我这个脾气流畅（豁达），我不在乎。有就是有，没有就只是没有，我干都干了，"那我不知道！""当保长挣多少钱啊？""赔二三十块！"说个"没有"马上就用梛拿锤打着嘞，使上脚踩，打着还问谁打的："谁打你嘞？"那文化大革命的时候就恁厉害……

在那段饱受折磨、身心俱惫的日子，个人的生活空间完全被政治运动充斥着，李安虽然有讲述人祖神话的能力，却没有讲述的条件和兴趣，也没有时间和心情来讲述。这种状况一直持续到"文革"过去。

李安在自家门前

小结

1949—1976年，在日益"左倾"的意识形态的强大掌控下，在一浪高过一浪的政治运动中，淮阳的人祖信仰以及相关的神话讲述活动等，也无可避免地被主流话语封上了"迷信"、"封、资、修"的"封条"，并逐步从社区公开的集会场合销声匿迹。然而，政治强权并未摧毁当地根深蒂固的人祖信仰：没有了香火会组织，信众们就把特定时间在公开场合进行的集体性烧香敬祖活动分解为个体的、时间不定的、私下场合里隐秘的敬祖活动；神话讲述的口头传统也并未被完全终止。这一时期的神话讲述活动颇有时代特点：

第一，讲述场合隐蔽化乃至消失。庙会或其他公开场合的讲述已不可能，人祖神话知识多在家庭或家族、私密的小群体内部等私人交际场合习得。一些积极的神话传承者因为政治的原因，变为了消极传承者，神话讲述甚至完全从其个人生活中消失。

在家庭或家族中的神话讲述随意性较强，宗教氛围不及香火会场合浓郁。加上个人语言表达能力、文化程度的不同，由当时的听众成长起来的神话传承人的讲述水平程度不一。

经歌的学习多发生在小群体内部的私人交际场合。经歌内容教人向善，不断给学习者以精神上的慰藉；同时，其娓娓动听的曲调、易于传唱的歌词也使之成为枯燥、贫困的日常生活里的重要娱乐方式，许多女性传承人因此异常喜爱并痴迷学经歌。

第二，很多经歌文本被焚毁，传统的耳听心记、口耳相传仍是人祖神话主要的传承方式。

第三，家中长辈、村里长者等往往成为了主要的口承神话讲述人。长辈们在家庭或家族中的神话讲述既安全又增添了家人茶余饭后的乐趣。村里一些以往崇神敬佛的老人积极而不张扬地向年轻人传播着自己所知道的神话。"民间叙事的传承形态，自古以来就是人的传承，是人际关系间的直接传承，是通过口耳传递深层文化信息的传承。"[1]据笔者的调查，当时在很多村里都曾出现过一个以"老师傅"为中心的小社交圈子，她们在这个小圈子里悄然地传播经歌，也讲述神话。很多这样的老人还成为20世纪80年代民间信仰活动复兴后号召修庙、重组村里"朝祖会"的核心人物。

---

[1] 江帆：《民间口承叙事论》，黑龙江人民出版社2003年版，第93页。

总之，民间的智慧和应对策略巧妙延续了当地的文化传统，显示着行动主体的创造性和适应性。无论是韵文体的经歌还是散文体叙述的神话故事，在文化生活极度单调匮乏的"文革"时期，都给予了人们精神上的滋养、文化上的熏陶，丰富着人们的生活。

第五节 传统的复兴与重构：
20 世纪 70 年代末以来的人祖庙会与神话讲述活动

"文化重构"是指一个社会群体对文化观念的调适和对文化因素的重新建构。[1]70年代末以来，中央施行的"改革开放"政策塑造了新的社会文化语境，淮阳的社会生活也随之发生了多方面的变迁，人祖庙、人祖庙会及相关神话讲述活动作为传统地方文化资源开始与新的价值观念结合，在延续传统的基础上被地方政府和民间力量注入了新活力。那么，人祖的神话与信仰自改革开放后又走过了怎样的历程？在新的社会文化语境下，人祖庙会和神话讲述活动有了哪些与时代特点相适应的新变化？对这些问题的回答构成了本节的主要内容。

一、"文化搭台，经济唱戏"与淮阳的当代变迁

中国社会在 70 年代末进入了改革开放的新时期。1978 年，通过"实践是检验真理的唯一标准"问题的讨论，开始全面、认真地纠正"文化大革命"和"'左'倾'错误"。80 年代开始，中国社会的大语境开始转向，解放思想，实行改革开放，整个社会的生产力水平得到极大提高。同时，各种新思潮和外来文化也接踵而来。国家对人们社会生活的干预逐渐减少，人们的生活经历了"从全民化向地方化的转变，从官方垄断向民间自我组织的转变"，[2]开始有更多按照自己的方式生活的自由。地方的民间信仰传统逐步得到恢复，并在国家和民间多重力量的互动下逐步取得了政治上的合法性，乃至被赋予新的社会意义并重新被纳入国家的主流话语之中。

在当代商品化的社会里，传统文化在传统乡土社会中那种自然而然、自在传承的特点受到冲击，其传承和变迁呈现出更为复杂的形态。在这一过程中，只有极少部分的传统文化得到重新延续并生机盎然地发展；有些传统衍生出了很

---

[1] 高丙中：《地方性文化与中国当代的文化重构》，见其《居住在文化空间里》，第 90 页。
[2] 高丙中：《地方性文化与中国当代的文化重构》，见其《居住在文化空间里》，第 90 页。

多与时代相适应的发明创造；更多的则不可避免地走向衰落。

1980年以后实行的以经济发展为主导的地方社会发展策略使得许多地方的传统文化沦为了经济发展的附庸。文化成为赢得市场的资本，"文化搭台，经济唱戏"成为地方政府和商人们惯用的"搞活"策略。如今，在发展文化旅游、建立自身文化品牌的推动下，许多地方开始寻求如何在发扬地方特色文化的同时实现经济上的发展。

1990年以来，全球化的浪潮更加席卷中国，世界一体化进程中民族文化的生存状况日益引起人们的重视。传统文化在塑造人们的文化认同感上的重要性日益被强调。因此，借助传统的延续和发明，人们不仅发展经济，也寻求着精神文化上的认同。这一寻求在近年来各地蜂拥而起的对民族始祖神的塑造上得到了具体体现。

淮阳自1978年十一届三中全会以来，也随着国家政策的变化发生着显著的改变。1984年，乡村实行体制改革，解放了生产力，人们的生活水平得到极大提高。一直唱到80年代的《红芋歌》，歌词已改为"大米汤，白面馍，红芋杆子换酒喝"。淮阳在大力发展地方经济的过程中，逐步认识到了自身的特点和优势，明确了以文化带动经济的发展策略。在地方政府的带领下，淮阳人充分利用当地积淀深厚的历史人文资源，选择伏羲文化作为地方的主打品牌，重修太昊陵，大兴"朝祖会"，大张旗鼓地举办"姓氏文化节"、"公祭太昊伏羲"典礼等，以图不断扩大淮阳在全国的影响，推动淮阳的经济发展。

二、太昊陵的重修与人祖庙会的复兴

70年代末以来，太昊陵作为重点文物保护单位重新引起地方政府的重视；人祖庙会也在政府和民众的积极合作下渐渐复兴并且规模日益扩大，2004年更被列入了"民族民间文化保护工程"，成为当地重要的"文化遗产"。

（一）庙宇的重修与庙会的复兴：20世纪70年代末—90年代初

"文化大革命"结束后，国家开始重新重视文物保护工作。1984年，邓小平指示从爱护国家瑰宝出发，"爱我中华，修我长城"，在全国掀起了大规模的捐款修长城活动。太昊陵是河南省重点文物保护单位，它的管理隶属国家行政范畴。早在1980年，淮阳县就成立了太昊陵文物保管所，配备专职干部3人。1982年又在此基础上成立了县文物保护管理委员会。1985年，撤所建淮阳县博物馆，到1986年有干部职工80余人。太昊陵文物保管所和博物馆在太昊陵的修复过程中发挥了重要的组织作用。受全国捐款修长城活动的启发和影响，当时的淮阳政府从保护文物的角度出发，既争取省里拨款，又利用民间对"人祖爷"太昊伏羲的信仰，通过宣传大造声势，在全县范围内发起赞助活动，动员百姓捐钱，完成了"文革"后对太昊陵建筑群的第一次较大规模的修复。1984年修葺陵内的岳飞观，塑岳飞坐像一尊。1985年集资重建东西廊坊42间。①

除了政府部门的积极行动外，信众更以高昂的热情参加到重修庙宇的活动中来。为了筹款建庙修庙，老斋公们纷纷挨家挨户去收款或收粮食；有人不仅捐钱，还积极地在太昊陵大殿前进行宣传，如笔者在调查中遇到的梁氏女至今还保留着她在80年代给庙上募捐后的一大叠收据。

70年代末，太昊陵经历文革劫难后尚未修复，自发来给人祖爷烧香磕头的民众已渐渐多了起来，人祖庙会呼之欲出。如今，当老百姓被问及当时为什么又敢赶庙会，人们常常直言"那忘不了，那庙会多少年那忘不了，底下群众是挡不住"。庙会管理者也说"群众有这样的要求，挡不住"。由此可见，只要民间的丰厚土壤在，国家权力并不能强行将根深蒂固的地方传统文化真正根除。人祖庙会在社会主义新时期的重新兴起，与民众的自发传承和国家的政策引导密不可分，虽然"老百姓恢复地方文化的主要目的可能是追求自己的精神生活，而地方政府希望的则是人们聚在一起成为市场"②。

在人祖庙会重新兴起的过程中，政府充分发挥了其行政力量以促进庙会的繁荣。一方面，地方政府贯彻中央"开放、搞活"的政策，响应民众的强烈要求恢复了人祖庙会。庙会沿用50年代"物资交流大会"的名称，通过乡村的广播以及散发海报等形式大力宣传重起人祖庙会的消息，鼓励民众来赶庙会，参与物质交流。自1980年起，淮阳县委、县政府在每年的庙会期间都要从县直有关单位抽调数百名工作人员，组成太昊陵物质交流大会指挥部，负责处理大会一切事务。据县志记载，1984年各地商贾云集太昊陵参加商品展销会，当年商品成交额达511万元，税收6.6万元，陵园门票收入4.5万元（每票五分）。③人祖庙会在淮阳的地方经济和社会生活中重新扮演起重要角色，并自80年代中期重新成为了豫东地区最大的物质交流会。

另一方面，宣传中央政策、防止封建迷信也是地方政府的重要工作。早在1979年2月17日，淮阳县政府就下发了淮革字（1979）14号文《关于加强对太昊陵古庙会的管理，严防封建迷信、投机倒把活动泛滥的通知》。在20世纪70

---

① 淮阳县地方志编纂委员会编：《淮阳县志》，第765页。
② 高丙中：《民间文化和民间社会的兴起》，见其《居住在文化空间里》，第31页。
③ 淮阳县地方志编纂委员会编：《淮阳县志》，第854页。

80年代的人祖庙会。太极门上的大喇叭正在宣传唯物主义;正中挂着的红色条幅上写着"破除婚姻陋习,推行计划生育"。采自《淮阳县志》

年代末期重新兴盛的人祖庙会上,地方政府虽无法阻止民众给人祖爷烧香磕头、许愿还愿、拴子求子等民俗活动,但却年复一年地借人祖庙会契机宣传国家政策:在庙会期间不断开展破除迷信画展、计划生育图片展览、普法教育图片展览等;庙会上的广播不停地宣传唯物主义思想;太昊陵到处悬挂着写有"禁止封建迷信、推行计划生育"等内容的条幅。1986年,县里在利用太昊陵开展破除封建迷信的宣传后,全县拆除私建庙宇130多座。①

但意识形态的灌输抵不过传统习俗的惯性影响。无论如何宣传,地方政府也深知要想人祖庙会办下去就无法禁止人们烧香磕头,禁也无用。对民众来说,赶庙会的主要目的仍是为了给人祖爷敬香火。庙会期间,陵园内香烟缭绕,爆竹声声,人们的朝祖进香活动一如既往。20世纪30年代郑合成称之为"类似永久的组织"——香火会、斋公会等——重新被老会首组织起来,并有龙花会、玉皇

---

① 淮阳县地方志编纂委员会编:《淮阳县志》,第890页。

会、莲花会等多种民间集会组织,恢复了庙会期间集体来太昊陵住三天给人祖爷烧香的传统。庙会上又有了翩翩起舞的"担经挑"表演者,据当地1985年的调查资料显示,全县20个乡(镇)中,有14个乡(镇)有"担经挑"舞蹈活动。[1]与"担经挑"密不可分的经歌唱诵自然也在庙会上重现。

此外,自1980年以来,淮阳乡村的许多村庙被重建,政府虽以"破除封建迷信"的名义不断拆毁,民众则随之采取屡毁屡建的应对策略,甚至还把毛泽东像请来庙里压阵:在神像旁边或立毛主席的塑像,或贴毛主席的画像。恰逢新的时代背景和国家对民间信仰实行的逐渐宽松政策,民众的坚持有了意义,民间信仰重新成为人们日常生活中的重要内容。

综上所述,政府为了在保护文物的同时发展地方经济,民间则因深厚的民间信仰传统而要求继续坚持给人祖爷敬香火、修复"朝圣地",二者在不同的目的和需求驱使下,于80年代初,齐心协力地促成了太昊陵的修复和人祖庙会的复兴。

(二)地方政府主导下的庙会文化重构:90年代以来

改革开放后,大陆和台湾开始互有往来,大批台湾同胞来大陆寻根敬祖。作为传说中人祖伏羲的故都,淮阳迎来了一批批台湾"寻根敬祖"的香客。1992年,台湾省台北市八卦祖师太昊伏羲纪念庙主持薛清泉之子薛炎助代表他的父亲,一行三人渡海来朝,于农历三月初三,在统天殿前以太牢之礼对人祖进行了隆重的祭祀,并配有祭文。[2]中央电视台、北京电视台、河南电视台、《人民画报》《大公报》《华声报》《河南日报》《河南画报》等多家新闻单位竞相报道此次谒陵祭祖的盛况。

此后1993年的农历二月二,仿照台胞祭祖仪式,淮阳县人民政府举办了"首届中华龙都朝祖会"[3]。县委委托"淮阳伏羲八卦研究会"于庙会期间主持召开"首届中国伏羲文化研讨会",邀请来了130多名专家学者,发表论文174篇,对"龙师"太昊伏羲氏居"三皇之首"的地位,给予了充分肯定。[4]台湾学者李畊更是在文章中主张把"炎黄子孙"改称"羲黄子孙",[5]这一说法在淮阳政府此后的

---

[1] 淮阳县地方志编纂委员会编:《淮阳县志》,第734页。
[2] 霍进善等主编:《三皇之首太昊伏羲》,河南美术出版社1998年版,第27页。
[3] 此后在每年的农历二月二,当地政府都举办了历届朝祖会祭祀仪式。
[4] 霍进善等主编:《三皇之首太昊伏羲》,第24页。
[5] 李畊:《探索"民族始祖"的心路——请以"羲皇"取代"炎黄"》,参见《三皇之首太昊伏羲》,河南美术出版社1998年版。

宣传策略和文化定位中被大力张扬。正如吕微所说："一方面，远古的神话被吸纳、收摄到地方知识的总体系统当中；另一方面，这些神话又被地方知识重新阐释，从而获得了转换的存在形式。"[①]当地政府更多地从"历史"而非神话的角度认定伏羲"人文始祖"、"三皇之首"的地位，使此后庙会上一年一度的政府公祭具有了合法性。

90年代中期以后，淮阳县委组织地方文化人士不断编著材料，介绍淮阳的名胜古迹和伏羲信仰。每逢人祖庙会期间，在省、市、地乃至全国的电视台、电台、报纸等现代媒体进行铺天盖地的宣传，对淮阳的历史、人文景观与民风民情做大量的介绍，地方民众在这铺天盖地的宣传中也重新经受着地方意识的强化以及新的地方话语的灌输和洗礼。共同的文化空间和一同经历的文化事件日益促成更为均质的地域文化共同体的形成。

2004年10月17日至19日，周口市和淮阳县政府联合举办的"中华姓氏文化节"在淮阳举行，主题是"万姓同根、万宗同源、寻根联谊、合作发展"，包括开幕式暨"万姓同根"大型文艺演出、华侨华人公祭太昊伏羲大典、中华姓氏文化论坛及族谱展、中华姓氏文化节个性化邮票首发式、祖地老家寻根谒祖联谊报告会、文化旅游和商贸交流活动等。文化节期间的"华侨华人公祭太昊伏羲大典"被称为建国以来太昊陵等级最高、规模最大、收效最好、人员最多的一次公祭，太昊陵成为一个新的仪式展演场所：红色地毯从渡善桥一直铺设到主祭祀大殿；统天殿前悬挂着"甲申年公祭人文始祖太昊伏羲大典"横幅；月台两侧各竖立4面黄龙旗；正中供桌上摆放香炉，祭品有牛、猪、羊"三牲"及24种五谷、瓜果。据介绍，这是我国传统祭祀活动中等级最高的"太牢祭祀"。天子等级的仪仗列置于祭祀大院，祭祀人员脖子上围着上面绣有龙形图案的佩巾。祭祀的主要程序为：

1. 周口市市长宣布典礼开始，全体肃立。
2. 击鼓撞钟各9响、鸣礼炮56响。月台西侧64人乐队奏响祭祀乐。
3. 各祭祀团队代表向人祖伏羲敬献花篮。
4. 泰中商务委员会主席李绍祝先生恭读《全球华人公祭太昊伏羲始祖文》。
5. 全体参祭人员向人文始祖太昊伏羲参拜，三鞠躬。

人们在古乐的伴奏下，依次走进大殿，在人祖伏羲圣像前顶礼叩拜。次年农历二月二，太昊陵照此程序举办了政府公祭活动。

---

① 吕微：《神话何为》，社会科学文献出版社2001年版，第194页。

淮阳对人祖爷伏羲的祭祀活动，和陕西黄帝陵、曲阜孔庙等全国其他地区进行的祭祀并无实质差异，同为当代社会新发明的传统，是把现在的话语和实践同过去相联结的"传统化"实践。祭奠仪式模仿历史上的官方祭拜，把现代仪礼和古代祭祀结合起来，并灌入"寻根敬祖"的现代意义，以消解这一信仰和祭拜活动曾经被赋予的"封建迷信"的帽子，从而使之合法化。它在政治话语的操控下进行，通过借用民间权威的阐释（例如人祖伏羲是"万姓之祖"、中华民族的"人文始祖"、"淮阳为龙都"等说法），使人祖信仰和人祖庙会成为了地方文化的象征符号，从而借民间资源以获取当下利益。姓氏文化节时，地方政府花钱将曲阜孔庙礼乐队请来，在太昊陵进行了古代朝祖仪式表演，试图通过对历史上皇家祭祀的模仿来赋予现代祭拜以神圣性，通过帝王角色戏剧形式的扮演，改变国家行政自新中国成立以来在太昊陵朝祖活动中的缺席状态，重新塑造政府在朝祖活动中的权威。

2005年的农历二月二，人祖庙会正式开始的第一天，当地再次请来曲阜礼乐队进行了祭祀表演。这也是一场纯粹的政府表演，为了保证仪式的安全和顺利进行，直到一切仪式结束后太昊陵才对民众开放。与太昊陵庙的悠久历史相背离、也让太昊陵一些管理人员不满的是，曲阜礼乐队从帝王到官员都作清代服饰装扮，而相关考证显示太昊陵的祭祀最早在汉代就出现了。因此，2005年农历二月十五过后，太昊陵管理局也组织人员身着唐代服饰，按照曲阜礼乐队的表演模式进行了多次祭祖表演。在他们的表演成熟后，该县主要领导再次亲临太昊陵体验了一次祭祖仪式，当地电视台、电台等媒体也到场进行摄录，由此可见县里对此仪式的重视。

2005年淮阳人祖庙会期间，中央电视台4套《走遍中国》栏目连续四天播出有关淮阳的介绍。地市电视台的节目中一再出现龙的形象，县城龙湖中的"九条龙"、文化节前后大街小巷飘飞的"龙旗"、祭祀人员围着的黄色佩巾……龙几乎无处不在，被大力宣扬，凸现了淮阳"龙都"的形象。"淮阳为龙都"的说法是90年代末才在政府的主流话语中渐渐多起来的，以进一步突出伏羲作为正宗"龙的传人"之始祖的地位。除明确"龙都"的文化定位外，政府还积极地对太昊陵进行大规模的整修。2005年起县政府开始积极拆迁太昊陵附近（原属太昊陵庙地范围）的民房和商业区，积极恢复30年代原太昊陵占地875亩的规模。

2005年曲阜礼乐队在太昊陵进行的祭祀表演

综观90年代以来太昊陵及其庙会的变迁，应当说，国家以经济建设为中心的发展策略，以及各地的"文化搭台，经济唱戏"的实际做法，客观上为民间传统留下了恢复的空间。①国家级贫困县淮阳在现代化、全球化的新时代背景下，将人祖爷伏羲、人祖庙会等地方文化资源与新的价值观念结合，积极进行了文化的重构与再生产，打造了"龙都"品牌，以隆重的公祭仪式将人祖爷伏羲历史性地置于中华民族"人文始祖"的地位。通过这些新发明的传统，力图重塑政府的权威，也使人祖崇拜在政治上合法化，进而顺利地成为经济上获利的资本。

三、人祖神话讲述传统的复兴

虽然地方政府在祭祀活动和宣传话语中竭力将太昊伏羲氏历史化，而在当地民众看来，政府祭祀中的太昊伏羲就是自己信仰世界里无所不能的人祖爷，政府的公祭恰恰证明了人祖爷的神圣、独尊地位。

改革开放后，人祖信仰和人祖神话被贴上的"封、资、修"政治标签被撕了下

---

① 高丙中：《民间文化和民间社会的兴起》，见其《居住在文化空间里》，第30页。

来，无论是否依然属于"封建迷信"，至少人们不会再因为烧香磕头、传诵人祖功德（讲述神话）就被定罪。至少在民间，人祖信仰和人祖神话终于摆脱了政治强权的粗暴干涉，作为一种民间传统重现于人们的日常生活中。古老的人祖伏羲女娲兄妹婚神话被视为民间口承文化的重要内容，获得了更为开放、更为广阔的讲述和传承空间。人们讲述人祖神话时不再遮遮掩掩、担惊受怕，在家庭或家族内、各种私人交际场合、庙会等公开集会场合以至于日常生活的各种场合，都可以自发讲述或应采访者的要求进行讲述。人祖神话作为一种普泛性存在的地方文化知识，重新成为社区民众自由共享的精神财富。20世纪80年代以来，学界对淮阳及其周边地区人祖神话讲述活动的一系列调查研究为我们充分了解近30年来当地的人祖神话讲述活动提供了方便。

（一）中原神话调查所记录的80年代的人祖神话讲述活动

20世纪80年代，人祖的神话广泛流传于淮阳及其周边的沈丘、项城、西华、驻马店、开封、商丘等地，鲜活地活在民众口头。张振犁曾这样描述当时"中原神话调查组"的调查发现："往往是在很偶然的机会，从普普通通不为人所注目的、文化程度很低甚至文盲的老农、商贩、乡村小学教师、一般学生和老大娘那里，出人意料地得到非常珍贵的远古神话资料。"[1]当时他们所调查的神话讲述活动的概况如下表[2]：

文本名	讲述人情况	时间、地点
伏羲降龙	不详	不详
伏羲教民	不详	不详
伏羲甩鞭	不详	不详
负图寺1	雷北海，60岁，负图寺前摆烟摊的，文化不多	1985年4月17日下午
负图寺2	张从瑞，70岁，摆香烟、花生摊的生意人	1985年4月17日下午
玄武、女娲、伏羲和黄帝	耿如林，沈兵县刘庄店乡昊堂大队耿村人，文盲，善讲故事，话古，当地叫"侃空"	1983年5月
伏羲和女娲	不详	1982年，淮阳县文化馆

---

[1] 张振犁：《中原神话考察——代序》，见张振犁、程健君编《中原神话专题资料》，第6页。
[2] 张振犁、程健君编：《中原神话专题资料》，第84—171页。

文本名	讲述人情况	时间、地点
太昊	刘永民，28岁，曾任民办教师	1983年3月19日
人祖爷	耿如林，沈丘县刘庄店乡吴堂大队耿村人，文盲，善讲故事，话古，当地叫"侃空"	1983年5月
白龟寺	彭兴孝，男，淮阳县文化馆人员	1983年11月10日，太昊陵东彭家
伏羲与女娲	不详	1985年8月，淮阳县城关
太昊陵	不详	不详
伏羲墓	不详	不详
人祖逃难	高老师	1983年11月17日，项城县招待所
两兄妹	王金合，90多岁，农民，不识字（王树林转述）	1981年2月；流传于商丘、开封等地
玉人和玉姐	张昀的邻居老人，农民	1981年5月
人祖爷	刘炎，60岁，农民，讨过饭。	1983年11月4日，西华县逍遥镇
人祖爷和白龟寺	齐春明，男，40岁，农民	1983年3月17日晚，流传于深丘东南地区
人祖庙	胡说，男，50岁，盲人	时间不详,地点在西华县逍遥镇
人的起源	彭廷政的母亲，农民	1982年7月10日晚；南阳县
捏泥人	张振恒	1983年11月30日，密县超化乡堂沟村
人祖爷	高老师，45岁，项城一中	1983年11月17日，项城县招待所
人祖爷	乔振帮，87岁，农民，没文化	1983年11月13日，沈丘县乔庄

文本名	讲述人情况	时间、地点
人祖爷	齐永利，齐风运及其父	1982年4月，沈丘县刘庄店
人祖爷	耿玉璋，60岁，农民	1983年11月，沈丘县刘庄店
洪水泡天	曹衍玉，女，60岁，操劳家务	1984年4月5日
人的来历	李文忠母亲，40岁	1982年暑假，驻马店平舆
人祖爷	齐永会，男，40岁，农民	1983年11月10日，沈丘赵德营
人祖造人	丁荣华，项城县新桥乡丁庄人	1983年，流传于项城东南
人祖爷	张慎重	1983年11月3日，思都岗大队
人祖的传说	高李寺，81岁，社员	1983年春节，河南省项城县高寺
兄妹造人	任氏，89岁，朱占迎之祖母	1986年8月，驻马店、上蔡一带
洪水滔天	周合成，男，52岁，农民。舞阳县袁集村人	1986年4月30日，河大西一斋
亚当和夏娃	黄乔氏，女，78岁	1983年11月13日，沈丘新集乡乔庄
我们的祖先	孙均芝，70岁	1984年3月25日，流传于河南内乡一代

中原神话调查组的调查者们注意结合人祖信仰和人祖庙会来关照口承神话，口承神话作为一种主要以口头语言为传播载体的民俗事象，在学者们的考察中与庙会及信仰行为紧密相连、互为表里。[①]当时考察的许多民俗事象，如摸子孙窑、拴泥娃娃求子等至今仍是人祖庙会上的主要民俗活动。此外，口承神话本身作为民众的生活习俗的一部分，其习得与人们的文化程度、年龄、从事的职业等并无太大关系，只要是生活在社区中的个人都会在自觉不自觉中接触这种

---

① 张振犁，陈江风等：《东方文明的曙光——中原神话论》，第228页。

普泛的习俗，从而成为人祖神话消极或积极的承载者。当然，随着个人境况（如文化程度、年龄、从事的职业等）的不同，讲述人的语言表达、叙述特色等也有所不同。细看当时记录整理的神话文本，情节都大略相似，细节上各有不同，比如有的异文中的石龟在其他的异文中就变成了石狮子、铁牛、白龟；有的异文中说人祖姑娘和人祖爷是兄妹，有的异文中说两人是姐弟；有的异文说人祖兄妹是滚石磨占卜天意，有的则说他们是朝天上扔石头等等。总之，《中原神话资料汇编》中整理的30余则神话文本反映了人祖神话传统的丰富多样性。

（二）香火会的经歌传唱

1980年以来，唱经歌依旧是人祖庙会上一种重要的表达信仰、传承神话的方式。许多经歌有着长期传诵的传统，与以往的记录相比差别不大，也有一些与新的时代变化相结合的文本出现。如杨利慧曾于1993年随中原神话调查组对淮阳人祖庙会展开了调查，记录了几首香火会中的妇女们在担经挑或者平时宣传人祖时演唱的经歌，其中这首《人祖姑娘经》，即与新中国成立前庙会上已经流行的《老盘古安天下》（见本章第三节）十分相近，而且直到2000年后依然是庙会上老斋公们经常念起的经歌之一：

人祖姑娘经

老盘古安天下人烟稀少，没有天没有地哪有人伦。
天王爷他下来治世日月星斗，地王爷他下来治世五谷苗根。
东南山出了一个混天祖，西南山出了一个洪钧道身。
人祖这无奈何，他姊妹无奈何大祸临身。
上天只把他来搭救，昆仑山上滚磨成亲。
到后来生下了儿女百对，生下了百家姓直到如今。
讲起来全世界一母所养，讲起来全世界一个老根。
南无佛来南无佛，这都是人祖姑娘传下的一本经。[①]

杨利慧还记录了另外一首斋公们担经挑时演唱的《人祖姑娘经》，其主要内容却不再是兄妹婚神话，而是以人祖姑娘女娲为主角，讲述女娲创造世界的神话故事：

女娲姑娘从南来（呀），
头没有帽子脚没穿鞋（呀）。

[①] 杨利慧：《女娲的神话与信仰》，第147页。

身披着树叶泪满腮,
全心全意修筑世界。
修下（那个）星星和月亮,
修下太阳照着四方。
修下这五苗全根往上长。
修下大路有人走,
修下小路有人行,
修下这黄河通着汴梁城。
三年满（来个）四年里圆,
五年这头上来修全。
只把这世界来修好,
真心弟子来见着报。
只把那世界来修停当,
真心的善人来进黄香。
南无佛（来着）佛三声,
这就是女娲姑娘传留这后世一本经。①

笔者在2005年的庙会上也听到了这首经歌的异文,不过它的结尾与80年代以来的庙宇重建联系了起来:

人祖姑娘西南来,头不戴帽脚不穿鞋。
身披芦衣泪满腮,全心全意建世界。
三年造那星星和月亮,又给太阳照四方。
五谷全苗都造成,又建黄河那通上京。
又造大路有人走,又造小路有人行。
三年里圆四年里满,五年头上才造全。
俺把世界来建好,真心的弟子来进宝。
俺把世界恁建全,真心弟子送香烟。
南无嘞佛南无生,这是人祖姑奶奶传嘞经。
听了别当耳旁风,叫恁传恁就传。
叫恁传恁不传,眼看四关到眼前。

---

① 杨利慧:《女娲溯源——女娲信仰起源地的再推测》,北京师范大学出版社1999年版,第138—139页。

有水灾见火灾，还有瘟疫下灵凡。

你叫俺传俺就传，保着善人没灾难。

只要恁是真心意，盖着庙来把钱捐。

大庙小庙都占全，保恁大人没灾难。

南无佛南无生，这是人祖姑奶奶传的经。

听了都要记心中，阿弥陀佛敬敬神灵。①

这首经歌不仅号召人们传诵经歌，而且鼓励大家"盖着庙来把钱捐"，争取"大庙小庙都占全"以保全家平安。捐款修庙在 80 年代至 90 年代初期的中国乡村颇为常见，这首经歌的传唱无疑为那个年代的老斋公们带头捐款修庙立下了汗马功劳。前文第二节里所记述的《太昊陵》经歌也是随着 90 年代龙湖的重修而新出现的。据老斋公们说，前些年经常有一些新出现的经歌抄本被放在太昊陵统天殿桌案上供人们传阅，识字的斋公常常就通过这种途径从书本上学习经歌。不过也有的经歌带有明显的文人特色，书面语过多，读起来生硬拗口而难以口头传播。

在某些老会首那里，当代唱诵的经歌和 30 年代一样，依然有着传统乡土社会中那种"替神传经"的神秘性。例如李乡香火会会首在念《人祖姑娘经》等经歌前，不忘向人祖姑娘请示一下是否可行；一般在烧香后才"担经挑"。如前所述，开始"担经挑"、唱经歌前，全体老斋公都要双手平伸端着经挑，跟着会首念首经歌先敬敬神灵，才能开始"担经挑"表演。有的香火会还不让其他香会的老斋公半途加入进来唱经歌，认为这样会得罪神灵。在香火会这一信仰群体中，能唱经歌的老斋公往往享有较高威望。听经传经是庙会期间老斋公们的主要活动。李乡的"莲花会"中只有七八个人会唱经歌，尤以时年 75 岁的会首齐爱英会念的经歌最多，她在念广为流传的《三皇治世》和《无生老母经》时，常常受到经歌内容的感染，声泪俱下。"谁传经，谁有功"，传经也是在人祖爷面前积功德，会唱经歌的老斋公很乐于把自己会的经歌传给年轻人。50 多岁的王大娘和 30 岁左右的刘嫂子是李乡"莲花会"里的老会首们着力培养的继承人，她们平时在家得空就去几个老师傅家里聊天、学经歌，会里有什么事也由她们负责通知。在主要由老年人组成的香会里，如今多数依照这样传统的方式培养接班人、传承经歌。

---

① 演唱者：齐爱英；时间：2005 年 3 月 16 日；地点：太昊陵大殿侧；访谈人：仝云丽。这首《人祖姑娘经》在淮阳流传极广。

经歌主要是在香火会里传承，担负着"敬神娱神"的功能，不过近年来其传承对象的范围有不断扩大之势，经歌和"担经挑"舞的"娱人"功能开始突出。越来越多思想开放的年轻人加入了香火会，许多原来没有香火会的村子也纷纷成立了香火会和经挑队，甚至在经挑队的基础上组成大型的文艺表演队。2005年的庙会上，淮阳许湾的朝祖会中就包含有经挑队、旱船队、锣鼓队等多个表演队。经挑的舞步很简单，大多一教就会，年轻识字的女子若要学习唱经歌，那么经常赶会、多听别人唱、照经歌本子学等途径都非常见效。平时逢着庙会一起"担经挑"、念唱经歌既是女性们敬奉神灵的一种方式，更成为她们日常生活的娱乐方式，经歌中劝人为善、劝子孝道的内容常常得到女性的推崇。在"担经挑"表演过程中，表演者既巩固了自己对经歌的记忆，表达心中对于神灵的信仰，获得心理的安慰和满足，也在表演中使自我价值得以肯定。这种独特的地方文艺形式在当地大受欢迎，它在给观者带来了视觉享受的同时，更传播了人祖信仰的相关知识。

（三）2005年的神话讲述

如今，淮阳及其周边地区的人祖信仰群体日趋多样化，按其信仰程度的强弱可以明显地分为普通香客、老斋公、"善人"和"宣传功"。其中，普通烧香客多以家庭为单位来庙会烧香敬祖；老斋公则是结队而来，有一定的组织；"善人"是那些80年代庙会重新兴起后热衷于修庙、建庙、搞宣传的老香客，她们平时经常到各地的庙院烧香；"宣传功"则是90年代后新兴的一个群体，即使平时没有庙会也经常坐在午门外、太昊陵统天殿上给人祖爷"守功"。"宣传功"所知道的神话知识常常成为她们在群体中赢得权威地位的依据，但其中也不乏装神弄鬼、故弄玄虚者，她们坚称自己的神话知识乃人祖爷等神灵亲自传授。

来自漯河的谢大娘便自称是"宣传功"，她平时在大殿上守功时很少说话，但讲起人祖神话来头头是道。她家庭条件比较好，衣着时新，经常接济庙会上遇到的穷姐妹。2005年4月6日上午，笔者在太昊陵道义门里遇到谢大娘时，她说人祖爷刚刚给自己下达了"任务"，让她到午门外用自己的"灵气"接待来访的客人；虽然不用说话，但是自己的灵气就已经接着了客人，被接的客人也是有灵气的；"姓氏文化节"时都有来访者找她，等等。伴着周围各杂技团揽客的嘈杂喇叭声，谢大娘很热情地对笔者讲起了这样一则人祖姐弟在大灾难后重新传衍人类的神话：

1. 大雨酿成灭世洪水

谢大娘：二月会是龙抬头的时候，{会到}三月三，因为啥{会到}到三月三？这个三月三，天塌地陷从三月三开始下到九月九。

仝云丽：哦，一下下了半年？

2. 拿馍

谢大娘：唉，下了半年。这个白龟那会儿，说是人祖爷的老家那儿有个白龟，人祖爷天天上学得从那砖头跟儿过，他搁那儿过嘞，他[白龟]说嘞："你拿个馍你给我吃吧。"

他[伏羲]说："那中啊。"那人祖爷也怪好嘞吧，那小孩儿上学的时候！

它[白龟]说你拿馍叫我吃吧，他[伏羲]说嘞："那叫你吃点儿吧，那我就拿一个馍。"

{白龟}说："那你拿一个你掰给我一块。"

『天天拿，天天要是吧？』最后要的时间长了。他[伏羲]说——『它[即故事中]解释嘞』——他[伏羲]说："你天天要馍要恁些弄啥呢？它[白龟]不给他说。

到再一年，天天下雨，天天下雨，从三月三下到九月九，都半年了，是吧？

仝云丽：嗯，是嘞。

谢大娘：都半年了，天天要天天要，最后下雨没啥吃嘞。

它[白龟]对他[伏羲]说嘞，白龟说嘞，它对他说："你叫恁妈的单柜撅（扔）完，家具撅完。撅完了以后，它[白龟]又说嘞："你叫她的床也撅了。"

『这个时候它[故事]说嘞：』就那个撅单柜嘞时候，他姐问他嘞，说："你光撅（扔）单柜嘞，咱也没看出哪做善，也没见好在哪儿啊！"

最后他给他姐说嘞，说那个白龟说了："到时候有这个大灾大难。大灾大难嘞，它说嘞这个馍它给俺放着呢。"

3. 姐弟二人在白龟肚中避开洪水

谢大娘：哎，好些时了，他叫他姐也去嘞。『它说你那个人不能多，{要是}多了人容天不容，就得砍头。』到最后他姐也去嘞，[他姐]到那儿，它嘴一张，馍都搁龟肚子里了。【在它肚子里嘞，】这不，他姊妹俩他也不吭气嘞。将单柜也撅完，啥都撅完，床也撅完。床也撅完还咋使嘞？这就是到时候嘞。

到时候嘞，它[白龟对伏羲]说你啥时间来，啥时间来，到时候那嘴一张，它说你滚到我肚子里。

天塌地陷的时候嘞，它[世界上]有水，是吧？白龟呢？水涨多高，白龟它

278

管浮多高，是吧？

仝云丽：嗯，是嘞，是这样的，然后呢？

谢大娘：它说："你来，滚到我肚子里，这馍还是给你留嘞。"

他姊妹俩滚里头，他姊妹俩滚里头以后，这不是，他没给他爹娘说。

哎，滚了以后，天塌地陷没人烟了。

4. 为什么刮东北风冷

谢大娘：他［伏羲对白龟］说嘞："咦！你叫俺出去吧？"

它说嘞："那不中，也没天也没地嘞，都是汪洋大海嘞，你上哪儿出去啊？『你生存不了出去也是｛活不成吧｝。』"

『最后它【故事中】说嘞到啥时候嘞？』馍也快吃完了。它［白龟］说："你看现在地形成了，天还没形成嘞。"现在｛天｝形成的就那么点儿、有一块儿还没形成嘞。为啥咱这儿一刮东北风就冷嘞是吧？因为没形成嘞。**那个这又一朝嘞女娲补天，使上那个啥嘞？**使上那个冰冰碴，冰冰碴子上面有坑儿是吧？碴不严！它要是使上那个泥嘞啥的能碴严，使上冰冰碴的它碴不严，一刮东北风咱就冷，一刮东北风它就冷。

仝云丽：这样啊，用嘞冰冰碴子所以刮东北风就冷。

谢大娘：一刮东北风就冷，人家就传说是这。

5. 老祖先们

谢大娘：不过人祖爷和人祖姑娘他俩，那个它暂时｛……｝最后这个天塌地陷，他姊妹俩出来以后。这个天上还有老祖先啊，他［伏羲］不是他自己，到人祖爷这儿都几辈儿嘞！

仝云丽：都好几辈嘞？

谢大娘：呃，当然几辈嘞。你看，这个第一个老祖先，到大同世界第二个老祖先，到这个就你说那个红英老祖、这老母、那老母、无极老母，这都几辈了，到这个佛祖。

仝云丽：呃。

谢大娘：你没听过佛祖么？「看我好像不知道」

仝云丽：听过，听过。咱换个地方吧，这太乱嘞。

「陵里广播声音太大，两个人稍往前走几步」

谢大娘：到佛祖这不嘞，到人祖爷这儿都算是五辈了，到这儿就五辈了。

6. 姐弟滚磨未成亲，抟土造人

谢大娘：就这个，他说嘞，叫他俩，这天塌地陷没人烟嘞是吧？上头的老祖先说嘞，那你俩得成两口子，不地（不然）咋能有世界，咋能有人啊？！

仝云丽：那是咋成亲的啊？

谢大娘：就这，他俩从山上，上昆仑山推磨，从山上滚了一块儿磨——磨磨那磨。

仝云丽：大磨？

谢大娘：大磨。滚到一团儿你就得成两口子，哪有姊妹俩成两口子嘞是吧？

仝云丽：是啊。

谢大娘：滚到一团儿你就得成两口子，滚不到一块儿你就不成两口子，上头这个老祖先他把着嘞，它当然得合一团（duo）儿嘞，是吧？

仝云丽：嗯，这样啊。

谢大娘：他姐哭死了{一样}说："那不能姊妹俩结婚。"哭得很了，这才说嘞抟土造人，捏泥人，为啥说这泥人泥人是吧？你看这身上干净一搓就都有泥，就这个，抟土造人，吹仙气，借灵性，就这慢慢就都成人了，就这一朝代一朝代的传嘞。

仝云丽：哦，他俩没有结婚吧？

谢大娘：**没有结婚**。

7. 补天的女娲和造人的女娲不一样

谢大娘：**现在讲嘞女娲补天跟人祖爷他俩是两口子，这都不是一个朝代呀！**{他们}瞎扯嘞呀！

仝云丽：不是一个朝代呀？

谢大娘：当然不是一个朝代呀！都不是一家，那不是一个朝代啊，【那不是一个朝代！】这都是那个老神圣上体（附体）他说，他经历嘞事儿他知道是吧？

仝云丽：为啥说不是一个朝代啊？

谢大娘：他不是一朝代，女娲是这一朝代嘞。这个女娲，这不又一世啊，这都没有人嘞，才叫女娲去补天。女娲是女娲，人祖姑娘是人祖姑娘。这大殿坐的是人祖爷、人祖姑娘，他两个这六路金身。

仝云丽：女娲和人祖姑娘不一样是吧？

谢大娘：当然不一样了。女娲她是这个天塌地陷了以后，形成天形成地，地形成了，天没形成，她不得去形成么？它意思就是：她这一派、这个朝代她[作为伏羲姐的女娲]归到龟肚子里了，大家都说她死了，是呗？

仝云丽：也是啊。

谢大娘：**她到龟肚子里了都说她死了，这嘞，这又一个朝代，它这个朝代不得形成天形成地，她不又得去形成么？上神又附着她，在这一个朝代又叫个女的去形成天嘞。**

仝云丽：这在那十八个朝代里面不在？

谢大娘：在，在那里面嘞。十八个朝代，一个朝代一个朝代都在那里嘞，不是一朝代它就不是一个朝代。

谢大娘讲述的这个兄妹婚神话的主要情节为：1. 大雨酿成灭世洪水。2. 拿馍。3. 天塌地陷，姐弟二人躲在白龟肚里避开了洪水。4. 为什么刮东北风冷。5. 老祖先们。6. 姐弟滚磨未成亲，因而抟土造人。7. 补天的女娲和造人的女娲不一样。尤其是伏羲女娲姐弟并未成亲这一点得到了着重强调。谢大娘在讲述过程中明显地将自身所属的信仰群体的知识融入了进去，她结合"宣传功"们内部流传的神秘的十八朝代知识①，很明确地将抟土造人的女娲和补天的女娲区别开来，认为天塌地陷时躲在白龟肚子里的女娲出来后天已经补好了，那是上天神派的第二个女娲给补好的，也就是说，从洪水过后到伏羲女娲从龟肚子里出来这段时间，世界上已经经历了一个朝代了。她巧妙地构造了两个同时存在又决然不同的空间。在听众对此说法提出疑问后，谢大娘非常自信地认为自己说得没错，为佐证自己的观点，她还强调这事儿是"老神圣"（伏羲）自己讲的，用"这都是那个老神圣上体（附体）他说，他经历嘞事儿他知道是吧？"来反问笔者，显示了自己的叙事策略。另据她口述，她在家境富裕的家里处于子女孝顺、丈夫尊重的地位，扮演着不严自威的家庭角色，并非没有主见的普通家庭妇女，儿女和丈夫都不阻止她外出离家好多天"跑功"、"守功"。如此自信地解释、争辩，恐怕也与谢大娘的性格及生活角色有关。

将谢大娘的讲述文本与前文第三节引用的郑合成所编的《陈州太昊陵庙会概况》中记述的人祖神话以及李安、王大娘等人讲述的人祖神话异文相比，会发

---

① 在他们这个群体中，关于十八个朝代、各个老神灵的知识似乎是公开的，她们经常以此互相"对功"，或者在太昊陵附近举行种种仪式来传达这种知识。在讲述神话时，因为关乎神灵，所以在讲述前讲述人常常要向人祖爷请示后才开始讲。

现它们在细节和母题组合上虽有大大小小的差异，但是大体上来看，都包括"天塌地陷——世界上只留下兄妹二人——滚磨——抟土造人、繁衍人类"这些核心叙事情节，神话的类型和核心母题的变化很小。

总之，随着时代的新发展，民间掀起了大规模地恢复民间信仰、重修民间庙宇的高潮。神话传承人摆脱了政治话语中"迷信"的阴影，有了广阔的、自由的讲述空间，神话讲述活动重又恢复乡土社会中自在传承、可以随时讲述的生存状态。不过，笔者也发现：进入90年代后，打工热潮、做生意热等也改变了人们的生活节奏，影响了神话在家庭内部的传承。如今，许多五六十岁的传承人要替外出打工的子女操劳家务、照顾孙辈等，平日里忙得顾不上讲述神话，使得许多神话、经歌在他们的生活中处于消极存在状态，有的甚至渐渐消逝。如第四节提到的太康县张凤君大娘，已经把她在"文革"时期痴迷学得的经歌忘掉大半，一般也不向孙辈们讲起。而自幼住在苏马庄附近的赵大爷，也拥有丰富的人祖神话知识，还能画一手的好画，经常帮村里人画那些许愿要给人祖爷的东西，但从来没有给外人讲过神话故事，甚至连自己平时照顾的外甥女都不知道他能讲述不少神话故事和地方传说。传统的口头神话讲述活动的听众群体和讲述者群体都呈现出一定的内缩态势。

与家庭中神话讲述活动的衰微不同，人祖庙会重新成为公开、重要的神话讲述场合。公开场合的神话讲述活动尤其以经歌的演唱为代表。散文形式神话的讲述者在庙会场合多是消极的承载者，只有调查者上前询问才能听到他们的讲述。当然，消极的承载状态并不等于人祖神话在人们的记忆中淡去了。实际上在田野考察中，如果调查者向当地人询问人祖爷的故事，会有很多人参与进来，共同完成讲述过程。如1993年3月的人祖庙会期间，杨利慧等人在太昊陵附近访谈一位重要的神话讲述人时，围上来的许多香客都一同参与到讲述过程中来，从而构成了一个开放的、互动的讲述与交流情境，并影响了讲述者的叙事策略和最终的文本形成。讲述者在公开场合不仅把她所知道的兄妹婚神话作为文化资源来与想了解这一神话的研究者和其他听众进行分享，而且也在交流中显示了自己对神话知识和文化传统更权威的把握以及高超的讲述能力，表达了自己对人祖的信仰和对人类起源的认识。[①]

[①] 杨利慧：《民间叙事的传承与表演》，载《文学评论》2004年第2期。

(四)口承神话传播的新趋向

这一部分将论及两种新的趋向：第一，现代信息技术的发展正对人祖神话的传承产生着不容忽视的影响；第二，导游在口承神话的传播中日益扮演着重要的作用。

1. 现代传媒的影响

近30多年来，广播、报刊、电视、互联网等多种媒体都广泛应用到了人们的日常生活中，在许多情形下成为了新时代里神话传播的重要载体，影响着神话传统的传承。

在人祖庙会和姓氏文化节期间，各路媒体铺天盖地的报道、电视节目中的反复宣传等都使得有关人祖伏羲女娲的一系列神话故事重新被人们认知，重构着民众关于地方文化知识的集体记忆。2005年人祖庙会期间，中央电视台4套《走遍中国》栏目连续四天播出有关淮阳的内容，从历史、人文遗迹到现存的庙会等，这些消息在淮阳的大街小巷传播着，连小学生都被老师告知回家要看这个节目。电视节目的解说词中涉及到了诸多有关伏羲的神话传说：

《走遍中国——周口》解说词选萃四[①]

龙是中华民族的族徽，是中华民族大团结大统一的象征，是中华民族智慧和不屈精神的象征。中华儿女把自己称作龙的传人。龙的缘起在哪儿？中国人为什么称自己是龙的传人？

我们已经知道，太昊伏羲氏是中华民族三皇之首，百王之先。他从诞生到成就伟业都与龙瑞有关。伏羲是母亲华胥氏受青虹感应而生，他的形象明显带有龙的特征，史书上称之为"蛇首人身"、"头有特角"。在大约6500年前，太昊伏羲氏带领自己的部落由甘肃成纪沿黄河东下，定都宛丘，也就是今天的河南省周口市淮阳县。淮阳太昊陵统天殿内有一组壁画，是后人为纪念伏羲氏肇始文明业绩而雕刻的。在这里，他作网罟、养牺牲、造甲历、画八卦、定姓氏、制嫁娶，奠基了中华远古文明，以其功绩和圣德团结、统一了华夏的各个部落。当时的各个部落都有自己的图腾，所以，太昊伏羲氏就取各个部落的图腾特征：鳄之头、龙之眼、鹿之角、鲸之须、蛇之身、鹰之爪、鱼之鳞等组成了新的图腾。这个新的族徽到底叫什么名字？正好赶上一场大雨，电闪雷鸣的景象很像他们新创制的族徽，轰隆隆的雷声使伏羲受到了启发，隆隆声就定为龙，这样神龙

[①] 摘自八方论坛 http://vcom.hnby.com.cn/dhbbs/dispbbs.asp?boardID=225&ID=224354。

就产生了。太昊伏羲氏便用不同的龙来称呼他的大小官员。

……

相传碑文上的"太昊伏羲氏之莫"几个大字是苏小妹巾书。宋神宗年间，重修陵庙，竣工后在陵墓前树一巨型石碑。就请大文豪苏东坡题写："太昊伏羲氏之墓"几个大字。不巧的是纸墨送到，苏东坡出城游玩未归；碰巧的是苏小妹恰到书室去玩，见到纸墨齐全，书兴大发，因为找不到大笔，就用自己的汗巾，把"太昊伏羲之莫"七个大字一气呵成。苏东坡游玩回来，见苏小妹前面六字写得苍劲有力，只是把"墓"字错写成莫字，少了一个土，面露惋惜之色。抬头看看苏小妹，却见她站在一旁只笑不语，面露得意之情，苏东坡忽然醒悟，连连击节称赞："妙，妙！"原来苏小妹是以大地为土，所以才写"墓"为"莫"。但也有人说，本来有土字，只是由于年代久远，风化日晒，把土字风化掉了。然而岁月悠悠，能风化掉的是碑刻，但风化不掉太昊伏羲氏的丰功伟绩，风化不掉中华儿女对他的敬仰之情。由庙而祠，由祠而陵，太昊伏羲陵的不断扩建和宏大格局，就可以看出太昊伏羲氏在中华历史中无可取代的位置。

我们现在看到的陵群格局形成于明朝洪武年间，据考证是仿照南京明故宫建造的，太昊陵为什么要仿南京明故宫而建造呢？相传在元朝末年，朱元璋率兵起义，吃了败仗，剩下孤家寡人，被追兵追得走投无路，惶惶然逃到了太昊伏羲氏的小庙内，看到伏羲氏塑像，跪下便拜："人祖爷啊，你若能保我平安无事，今后夺了天下，一定依照皇家宫殿，替你重修庙宇，再塑金身"。话音刚落，但见一只蜘蛛在庙门飞快地结起了蛛网。元兵追到庙前，见蛛网封门，便追向别处，这才让朱元璋躲过大难一场。后来，朱元璋得了天下建立明朝，便依照自己的皇家宫殿重修了太昊伏羲陵。

……

尽管中央电视台的这四次节目中，主要讲述了苏小妹与太昊伏羲之墓、朱元璋与太昊陵的传说，并没有提到在当地民众中广泛流传的人祖兄妹婚神话，但是对伏羲作为文化英雄而创立的神圣功绩（作网罟、养牺牲、造甲历、画八卦、定姓氏、制嫁娶）等进行了集中宣扬。不可否认，媒体所代表的"官方的"声音无形中强化了民间对人祖的信仰以及对人祖神话真实性的认同。人们在媒体的强势宣传中接受或重构着原有的地方知识，不少年轻人在这样的宣传中成为了积极的神话传说接受者和潜在的神话传说讲述人。

2. 导游：新时期的神话传承人

口头传统与书面传统常常有着相互影响、彼此互动的密切关系。口承神话的传播也不例外。笔者在淮阳向当地人询访有关太昊陵和伏羲庙的传说故事，或请他们介绍太昊陵等古迹时，

《伏羲圣迹图》一角

不少人都会热情地向你推荐某某某的书，认为书上写的内容全面，自己讲不好；有的认为自己讲的内容只是复述书本内容而已；更多人则让笔者去问导游，认为导游对这些都知道。确实，如今导游的讲述可谓平日里太昊陵内最为普遍发生的人祖神话讲述。

太昊陵管理局要发展旅游业，自然不能忽视旅游景点的开发和对导游的培养。1998年9月17日至1999年1月31日翻修统天殿时，时任博物馆党支部书记的李乃庆从安全、壮观、增强文化内涵三方面说服设计单位，设计并增建了通天殿周围的青石栏杆。经李乃庆策划，在统天殿内墙壁上增嵌了长36米、高1.2米的青石浮雕《伏羲圣迹图》[①]。伏羲圣迹图从华胥氏履巨人迹、伏羲出世到伏羲崩葬于陈，共16幅图，精美的青石画面配以古文字简介，为大殿营造了良好的神话传承氛围，这里也是导游向游客传播人祖神话知识的主要场所。

前来参观旅游并且需要请导游的游客团体往往是外来者，对当地的人祖信仰和人祖神话并没有深入的了解，因此，常常会请来导游给作详细解说。近年来，导游在讲解过程中，常围绕统天殿上的《伏羲圣迹图》集中讲解太昊伏羲的相关知识，他们的岗前培训中对这里的讲述内容也都有严格的规定。2005年1月29日，笔者在太昊陵统天殿遇到一位导游手持小喇叭，给外地游客讲"伏羲圣迹图"：

导游：「引导游客看第一幅图"履巨人迹"」

[①] 参见李乃庆《太昊陵整修大事记》，未刊稿。

第一幅呢是履巨人迹。相传在很早的时候，华胥国有个姑娘叫华胥氏，有一次不小心在雷泽这个地方因为踏上个巨大的脚印因此而怀孕，16个月后在成纪天水生下一名神奇的男婴，取名就叫伏羲。那为什么说伏羲的父亲会是一个巨大的脚印？这说明他们当时所处的时期还是"只知其母、不知其父"的母系氏族社会时期。雷泽是今天的甘肃天水，也就是伏羲的老家，伏羲也就生在那里。

[指着第二幅图"伏羲出世"]

伏羲小时候就非常地聪明灵慧，长大了后他是打猎的能手，又是角斗的英雄，因为有许多发明和创造而受到人们的爱戴，被公推为部落的首领，从那时候起他就当上部落的头头了。

……

[引导游客看第九幅图"始画八卦"]

这幅画面呢称为"画八卦"，人们都说画八卦是伏羲最大的贡献，传说伏羲于蔡水得白龟，并且用蓍草草茎结合龟背纹理画了八卦。在1984年，我县东关有名叫王大娃的少年，他在垂钓时，在东湖边钓鱼的时候钓上来一只全身净白的白龟。据专家们考证，这只龟分别是八卦的卦号，周边呢24块，一共是24个节气。1997年7月1日香港回归的那一天呢，由王大娃亲手把它放回以前钓上它来的东湖里面了，也就代表"回归"的意思，所以这确实是一件事实，一共饲养了13年后才放生的全身净白的白龟。

……

[引导游客看第十六幅图"崩葬于陈"]

最后一幅画面叫"崩葬于陈"。"陈"就是我们淮阳。伏羲被人谥为"太昊"，这个"昊"是"明"的意思，声音像太昊一样光明。传说伏羲活了196岁，在位115年，逝世以后就葬在我们淮阳了。后来人们为了纪念他就在淮阳为他修陵盖庙。

这就是伏羲一生为人类所做的丰功伟绩呀！伏羲陵墓还在后面呢。

游客：这讲得明白。

……

导游从第一幅圣迹图华胥氏"履巨人迹"开始，依次讲了伏羲出世——都于宛丘——结网罟——养牺牲——定姓氏——制嫁娶——始画八卦——刻书契——作甲历——兴礼乐——造干戈——诸夷归服——以龙纪官——崩葬于陈，对伏羲的一生做了完整叙述，将艰涩的史书文献知识简练概括地描述给游客，再加入一些地方传奇，在力求科学、真实性的基础上融知识性、趣味性于一体，使讲述更为生动，吸引游客的兴趣，帮助外来游客更深入地了解了人祖爷伏羲。笔者还注意到，来太昊陵游玩时请导游的游客一般经济上比较富裕，或是某地市政府机关的工作人员，因此，导游的神话讲述面对的听众群体多具有一定的书面知识水平，导游的讲解相应地便带有鲜明的书面文本特点。

从神话传承的视角来看，太昊陵里的导游出于自身的职业职责，将有关人祖的不少神话知识传播给了外来者，俨然是当代淮阳社会中人祖神话的专业传播者。他们与游客的关系乃是传播者与听众的关系。导游在讲述人祖神话的过程中，用普通话替代了日常生活中所讲的方言俗语，其讲解的音调、速度、语调等都在入职前经过一系列专业培训。而且，她们面带职业性的微笑，附以一定的手势等动作指引游客（听众）随着她们的讲解看图、理解讲述内容，注意回答游客在听讲解过程中提出的疑问，及时地给予解释，充分与游客发生着互动。在这里，导游与游客在太昊陵统天殿内的《伏羲圣迹图》设置的文化背景下，共同建构了一个特定的"表演空间"，导游主导着与听众群体之间的交流互动，她们在讲解的过程中，既展现了自己的知识才能，又传播了人祖的神话传说以及其他地方文化。

小结

20世纪80年代以后，发展地方经济、凸显地方特色的强烈愿望客观上促使许多传统文化资源重获生机，被重新挖掘和利用。太昊陵在民间和各级政府的不同目的和作用下被修复；人祖庙会复兴，取得了政治上的合法性，并作为当地的"非物质文化遗产"日益得到重视，规模日益扩大；地方政府通过一系列宣传将人祖爷伏羲打造成了"龙都"淮阳的文化品牌，对其真实性予以强化；与人祖伏羲女娲相关的神话传说也成为深受重视的地方知识。

在新的社会文化语境中，淮阳的口承神话讲述有这样几点变化：

第一，庙会重新成为公开的神话讲述场合，这一场合中人际之间的横向传播成为当地口承神话最集中、最主要的传播途径。神话讲述的氛围也更加自由。不过，生活方式的改变使得家庭范围内的神话讲述活动渐有衰落的趋势，代际纵向传播的途径式微。传统的神话讲述方式，即以散文叙事的形式和韵文唱诵的形式传承的人祖神话在传承者、听众等方面呈现一定的内缩趋势，越来越多的信众开始成为消极的神话讲述者。

第二，传唱经歌的方式依然在神话的传承中发挥着巨大作用。许多信众在庙会期间来给人祖爷上香、"担经挑"、唱经歌，边"担经挑"边唱经歌的表演依旧是公开传播人祖神话的重要方式，而且它们在现代社会不仅以歌舞的形式赢得了民众的喜欢，还被乡村妇女认为有"强身健体"的功用，成为女性热衷的一种民间文娱形式，无论是唱经歌还是"担经挑"都拥有积极的学习者和传承者。

第三，电视、网络等多种媒体在一定程度上成为新时代神话传播的重要途径。人们从媒体的报道中对人祖以及人祖庙会有了更为丰富的认识，成为积极的神话故事接受者和或积极或消极的口承神话讲述人。同时，政府的大力宣传也强化着神话的信实性，民众信仰中伏羲是"人类老祖先"的说法与政治话语中伏羲乃"中华民族始祖"、"人文始祖"的称号之间的矛盾性凸现。

第四，太昊陵里的导游成为新时代的神话讲述人，导游的讲述过程也是传播神话的叙事表演过程。导游成为了地方知识的权威，许多民间口承神话讲述人会认同并向外人推荐导游的讲述。导游们的讲述带有浓厚的书面传统痕迹，但对于它的受众——具有一定文化水平的游客来说，还是很适合的。

第六节 社会变迁与一个讲述人的个人故事

神话的创造、传承和演变不仅是在特定语境中发生的，与特定社会和文化语境下的政治、经济、文化、社会组织、宗教信仰等密切相关，而且，它还是由一个个富有情感、个性、生活经历和讲述动机的个人来传承和讲述的。考察神话讲述活动的变迁不能忽略对神话讲述人的关注。在民间叙事活动过程中，讲述人不是孤立存在的，他（她）始终与同处一个时空的其他因素互动着。[1]不同时代、不同阶层、不同文化程度的讲述人各自的生命体验内容和表达形式不同，大到社会环境的变化，小到个人经历的小事件、小悲欢，都使得他们的讲述呈现出不同状态，最终促使其所处时代的口头传统的讲述活动呈现出别样的风貌。在淮阳及其周边地区，神话讲述人是当地人祖神话传统传承和变迁的实践主体，他们既承载着地方口承神话的传统，又促使着这一传统在现代社会的发展演变。本节意在通过更细致地对一个个体神话讲述人生命历程的追溯和对其神话讲述活动的记述分析，使得本文对神话、庙会与社会变迁的考察更为深入、具体。下文的口述史资

---

[1] 江帆：《民间口承叙事论》，第132页。

料和神话讲述事件都源自笔者2005年4月10日在受访人家中的访谈。

前文已提到的李安老人，当时已81岁，家住在与太昊陵紧临着的大北关，出身较富裕的家庭。他小时候经常去太昊陵玩，从"担经挑"的老太太们那里听来了不少关于人祖的神话故事。长大后的李安非常爱读书。在战乱不断的特殊社会背景下，李安的学校学习也是断断续续：小学毕业后考上当时位于金龙桥的淮阳一中；日本人进淮阳后不久就转学到太昊陵里的岳飞观，上了三个月私学，读《三字经》《百家姓》《上孟子》《下孟子》等传统国学文本；19岁结婚后，他又去上淮阳的诚达中学；抗战胜利后再转到淮阳七区连师继续上学。

李安回首人生路，念念不忘这样两件事：二哥之死和自己当过保长。

他二哥1938年入中国共产党，在部队升至营长，后来在解放战争中牺牲。二哥曾在因打仗受伤，滞留山东临沂时给老家来了封信。由于战火纷飞，从二哥来信到李安的回信被退回，已相隔三个多月。当时，大哥参加国民党军队已牺牲在外，父母说什么也不让李安这个唯一留在身边的儿子再去冒险找二哥。家里最终失去了二哥的音信。最让李安此生后悔的就是没有坚持去找二哥。在笔者对李安进行的两次访谈中，他反复提起此事，话题常不由自主地就转到了二哥之死，"生死两茫茫"的遗憾不言自表，既因血脉亲情，也因此后的人生失去了另一种可能性——二哥若新中国成立后仍然健在，李安一家人可能会有不同的际遇。

李安的父亲曾是北大关的保长，父亲病重后，他就被选举为副保长：

{我}当了仨月保长{非但没有贪污，还}赔上二十多块钱，你看那时{我还是}学生不懂得啥，就贪污这事儿{不大可能}。【当了仨月保长，赔了二三十多块钱还。】{因为}这[当保长的事儿,]{我}后来{在}五三年的时候{被}逮捕了。

新中国成立后，到了"一切以阶级斗争为纲"的年代，亲哥哥为共产党员的事实和自己曾经参加游击队抗击中央军的经历，都未能抵过"保长"这一头衔带有的阶级剥削性质。李安开始了漫长的劳改生活。

在李安关于那个年代的记忆里，劳改队沉重乏味的体力劳动占了很大部分。他清楚地记得在当时全国兴修水利的运动中，共有200万劳改犯参加，光从河南就来了60万。李安第一次劳改回家后又逢政治运动，村里揪斗出来的"反动分子"数量上不够，结果他再次被写上了黑名单，在新乡市印染厂和河北印染厂种了九年菜。

在李安对于苦难的记忆中，说得最多的是当时全国的形势，自己作为劳改犯如何劳作等等，回忆是粗线条，却又不乏细节。"诉苦"研究中许多人对食物缺乏的记忆在李安这里表现并不明显：

吃嘞那时候反正是头三年够吃嘞，随便吃，吃杂粮，净吃些高粱、小米儿、豆子，这些杂粮。头三年还够吃。第二回再回去，就是赶上灾害了……

苦难日子里的小欢乐尤为珍稀，人们也因此对之记忆更加深刻。虽然李安在劳改生活中受了不少苦，老人讲起那段经历来仍不乏对快乐体验的描述。李安有文化、能干、能写、能算、能说，各方面都占优势，在劳改群体中一直担任"大组长"，由此获得的成就感与价值感让老人对此津津乐道：

{我}文化程度还高，再一个干活儿也能干，『现在瘦了，那时候体重都160多斤啊！现在110斤』我担挑{能}担200斤，吓坏人可是。{……}肩膀头子上碾的茧子都跟手里头盖子（手指甲盖）{一}样的，都是茧子。{我那时候}茧子不离肩膀{……}{在新乡种菜的}头三年里边，我当了两年零六个月的大组长，后六年我当五年半的大组长。

李安劳改后回到了北关农业队，阶级地位低下，生活状况依旧困窘，并没有发生任何改变。"文革"期间，他即便小心翼翼地生活，受到伤害仍是难免：

{我那时候}啥也不敢写啥。我搁街上头{店里}给俺小闺女儿『俺小闺女儿今年都四十多了』【我给她】买个碗，细（细瓷）碗啊，那花碗子，四毛钱买个碗带在肩膀头子上『我当六年劳改回来以后有①她，有她的时候我都四十了』。【买个碗】那时候{被}红卫兵看见了，{他们}说我那是"四旧"嘞！

我说："那咋能'四旧'嘞？{这是我在}供销社里才（刚才）买嘞！四毛钱才买嘞，能算'四旧'嘞么？"

"你不老实！"『就这还落个"不老实"。』

（红卫兵）抓着（碗）给摔了！【四毛钱买个碗。】

---

① 有：出生的意思。

在这样身心俱受折磨的日子里，李安虽然会讲述神话，但他没有时间、也没有心情来讲述。直到"文革"过去，神话讲述才重新出现在他的生活里。

80年代，太昊陵不收门票时，有文化、生性豁达的李安闲来无事，很喜欢和一群年龄相当的朋友在太昊陵附近聊聊"古典儿"、谈谈天，"闲偕群老话今古，兴来龙湖看飞舟"[①]。在冬天的玉带桥岸、夏天的龙湖边上，他们十几位老汉吃完晚饭没事儿就聚在一起谈天说地，常到夜里十一点才回家休息。

李安的私学底子让他很容易记住从别人那里听来的神话故事，并且能讲许多书本上的文人轶事。他格外喜欢讲文人故事、风物传说，如苏小妹新婚夜三考丈夫秦少游、苏小妹代兄书写"太昊伏羲之莫"、包公下陈州、孔圣人与淮阳蒲菜以及人祖大头骨的传说等等。在当地，人祖爷显灵的传说很多，但因为个人经历的不同与信仰程度的强弱，讲述人的讲述各有千秋。李安在讲述过程中时常发挥自己的创造性，把人祖爷显灵故事讲得绘声绘色，力求表达出故事的真实性。故事内容多来自他身边发生的事儿，或者是亲耳所闻，像晋仁清回家顺利是遭人祖爷保佑，人祖坟上不能逮黄鼠狼、塌了的玉带桥连夜被神秘修复、老斋公翻船却安然无恙等稀罕事儿等，经他一讲，常令人深信不疑。

与其讲显灵传说时力求真实不同，李安在讲述人祖兄妹婚神话时尊崇以史为证。他在讲述过程中会时不时地以自己的知识对神话内容加以评价或考证其不实之处，认为神话故事包含有后人杜撰的成分，玄虚而不可靠：

{这个古典儿}讲的众说不一。因为啥嘞？**这顶上没有史记**。说人祖那时候，『这事儿你咋说法啊？』【那时候】混沌。一个混沌都是十万八千年，『谁也没见过啥是混沌，十万八千年，谁能活恁些{年}啊？』「呵呵」『一个人不最多活上个几十岁，一百岁都万分之一、几万分之一，几万人也不占一个。』

据说那时候也是一个龟，两个学生他姊妹俩（兄妹俩）。他姊妹俩（兄妹俩）上学吃掉{剩下}的馍喂那个龟。时间长了，姊妹俩（兄妹俩），两个人上学搁那儿过，给它馍吃。那个龟那一天在路上等着{兄妹俩}给它馍嘞，【等他姊妹俩（兄妹俩）给那儿过嘞，】他姊妹俩（兄妹俩）又搁那儿过嘞，他哥和他妹妹，带着馍又给它，拿馍吃了，它说："我给你俩说个事儿。"

"啥事儿？"

"马上就该混沌了，一到混沌就天塌地陷，{世界上}没有啥了，五谷不生，

---

① 李安所作《穷首致富》诗："柴门虚掩贼莫偷，粮无阶宿鼠难留。茅屋简陋遮风雨，衣着败絮胜胡裘。祖居西陵陈蔡西，七台八景任我游。闲偕群老话今古，兴来龙湖看飞舟。"

啥都没有啥嘞（什么都没有了），{只有}遍地黄水。"

他［伏羲］说："多少年一个呀？"

"十万八千年一个混沌。过了这个混沌然后再慢慢了才有生物，植物动物才有，都得万把年进化，万年进化才有这个五谷啊、这个牲畜，这才都有。"

"管{得}多长不管啊？"

它［白龟］说："到时候{你们}来这儿吧，{到时候}我对你说。"

{兄妹俩}两个人{年纪}都很小，才十来岁。

后来这一天，这个龟拦住路不叫他走了，它［白龟］说："恁别走了，已经到时候［天塌地陷的时候］了。"

他［伏羲］说："上哪儿啊？藏哪儿啊？"

"恁先藏我肚子里，我张开嘴，恁先钻过去。过去这一阵子了，恁再出来。"

"好！"

他姊妹俩（兄妹俩）怪听话，当时就一弯腰，它［白龟］一张嘴就钻它肚子里了。

{兄妹俩}钻它［白龟］肚子里以后，就混沌了。天也塌了，地也陷了，遍地黄水，『洪水，』{后来}这过去那一阵儿了，这龟张开嘴，它姊妹俩出来了。『这龟那东西它管在水里头游啊！』过去这一阵子了，它爬到山顶上头高地点儿，张开嘴叫他姊妹俩出来。它说："你出来吧，现在混沌已经过去了，天塌地陷没有了。那个，将来就该有生物了。"他姊妹俩出来一看：遍地净是水，不定（说不定）哪儿有一片高地，不定（说不定）哪儿有一片高地。高地顶上头也没有啥，净是填（些）沙子，石头蛋子。

后来他［伏羲、女娲兄妹俩］都去问那个龟，说："这咋办啊，{世界上}没有啥了，这——"

"没有啥嘞{你们俩}别慌，{世界要}慢慢嘞进化，逐渐嘞就啥都有了。"说到这儿，他姊妹俩又问："{我们}饿了咋办啊？"

这龟找了一块石头，它说饿了恁就舔舔石头，舔舔石头{就}也不渴也不饿了。

"好！"他俩都去舔那个石头。{兄妹俩}舔舔{石头}，呃，{他们俩真的}就是也不渴也不饿了。

后来一而三，二而三{地舔石头果腹}。慢慢嘞，这地上生草了，慢慢儿，{他们}看（看见）那水里边有恁多小虫子了。{世界上的万物}慢慢儿逐渐地进化，地上慢慢儿生了草，这{时候，兄妹俩吃的}五谷杂粮才有了，『这其实不定（说不定）越了多少年才有了这。』【这都是，不定（说不定）多少年才有了这。】一有了，『他都［伏羲、女娲］成天以这个龟为靠山，』他姊妹俩都去找着龟，【找着龟】问{龟}："这地上都长了草了，五谷杂粮都有了。"

"五谷杂粮都有了恁慢慢儿就管吃了，恁俩弄那吧，回去吧，我不能在这儿待嘞时间长，我也该归位了。"它说："那啥，恁两个都是人，这慢慢嘞{世界上}野虫子普遍嘞都该发展了，恁先逮点儿野虫子吃，逮点野虫子吃将来弄那，恁可以慢慢儿生产人。『这顶上说嘞两个人搁山上滚嘞磨。』{恁兄妹俩如果}一看（看见）山上有两个大圆石头，这圆石头滚到一块儿，恁两个就可以结婚。『现在说是结婚，那时候可没有这名词儿。**这事儿不可靠，胡扯一气，反正民间传说这是。**』

后来弄啥他俩就讲结婚的事儿。他妹妹给他哥商量，他哥："那不中！咱是亲姊妹（兄妹）们！"

{妹妹}说："亲姊妹（兄妹）们，世界上不就咱俩么？连仨人也没有啊？恁是男嘞，我是女嘞。{只能咱们两个结婚}"

他［伏羲］说："{咱俩}咋结婚呢？"

"两个石头，你过东山上{把其中一块石头}朝底下滚，我过西山上{把另一块石头}朝底下滚。{如果}两个石头要能碰到一块儿了，咱俩就结婚；碰不到一块了，{咱俩}再讲（再说怎么办）。"

后来{他们把}两个石头一滚。两个石头结果合到一块儿了。

这他［他们兄妹俩］后来生产。俩人结婚了，一结婚{后他们}慢慢生小孩儿。他［伏羲］说："这太慢了。"『这［故事中］讲了制造小孩儿。』女娲氏『女娲氏就是他妹妹』。呃。这是传说五龙制草根。『这是胡说。』后来{他们俩}就捏，捏泥人儿。『**这我也是听涅老婆儿们讲。**』【捏嘞泥人子，】天下雨嘞，赶紧往屋里收吧！{泥人}还没晒干呢！{泥人}还不管活嘞，{伏羲、女娲}赶紧朝屋里携（搬、拿），搬着搬着{雨}下紧（大）了！下紧（大）了两个人抓紧时间赶紧搬，赶紧搬后来{把泥人}碰烂嘞，{还有}碰坏嘞{泥人}，{这}都有！{所以现在}那不瞎子瘸子都有。『呵呵。**这是胡扯大八连了。**』

李安把这个"胡扯大八连"的神话讲得绘声绘色，引人入胜，这是他自幼从老斋公们那里听来的。在讲述过程中，他声如洪钟，条理清楚，引经据典，细节描述精彩，像他讲到的"进化"情节在其他讲述人那里鲜少听到。读过书的李安认为伏羲、女娲兄妹成亲的神话故事众说不一的原因就在于"顶上（此前，远古时期）没有史记（史书记载）"，那么就不可避免地包含有后人杜撰的成分，尤其是他对"混沌"的解释和说的最后一句话——"胡扯大八连"。在笔者问及为什么他认为这个神话是"胡扯大八连"时，老人依据自己的推理，肯定地论证说："史书上没有考证，他那时候上学，那时候医院都没有么？为啥？那到伏羲氏时候才一画开天呢？画八卦，这是胡扯。"当然，在他看来，故事可能是假的，但这样的"胡扯大八连"在老百姓的口头流传中确实也是真实存在的，这不容否认。此外，李安并不信仰人祖爷，他认为"烧香"就是在搞"封建迷信"。特殊的个人生活史形成了他独特的个人判断。

李安既是经历过政治打击的知识分子，又是在崇信人祖爷这种地方"小传统"的滋养下长大的普通民众，这都影响了他对不同类型"古典儿"的选择和在人祖神话的真实性这一点上的判断。一方面，长期的学堂教育以及比较丰富的书面知识使他在讲述神话时不忘"客观地"加以评判，但是另一方面，他对幼年时即浸染其中的显灵传说却乐意讲述，其中大约有这样几个原因：一是传说事件发生的时间、地点、人物往往有真实可信性；二是显灵传说的讲述往往追求一种"真实的"情境的描绘，这一点给李安留下了深刻印象，他常对之进行模仿并再叙述。另一方面，与人祖爷伏羲相关的遗迹和民间习俗一直是重要的地方文化，长期维系着人们的认同和集体荣誉感，这对李安也不例外。他最喜欢讲述的文人逸事、风物传说不仅证明着家乡深厚的文化积淀，而且讲述过程也让自己体会到一种拥有知识的满足感。在他眼里，太昊陵不仅仅只是神话中人类始祖伏羲的陵寝——一个宗教信仰的场所，其文物古迹的意义远大于此，文革中的破坏和现在陵内的设置有很多地方与原貌并不相符，知识分子的责任感使他不写不快，意图依据自己拥有的知识为恢复这一地方文化标志的古貌作出贡献，因此才有了他的《祖先陵前鸣冤叫屈》[1]。不过，李安并没有把这首诗交上去，经历了20世纪50年代至70年代残酷的政治运动，他如今无论做人做事都相当小心谨慎。他选择保留看法、谨言慎行，毕竟与一群老汉谈天说地、尽兴而为的"野叟曝言"更是他理想的生活。

---

[1] 该诗作于2004年姓氏文化节之际。"世传三皇说千秋，华夏炎黄一脉留。大明太祖立庙祀，延袭至今遭徒流。不知依据啥经典，神农轩辕犯何由。女娲因甚居显仁，五帝又登转香楼。玉皇三清天仙愁，被逐已离七十秋。真武老君火呆星，相继被逐无处投。享堂尽属侵略者，惟幸岳武待保留。东廊成立集中营，昙花一现瞬即修。"

小结

"民间"并不是均质的。即使生活在同一时代的讲述人,尽管其生存的社会文化语境有诸多相近之处,但因自身生活经历、文化程度、信仰状况和所属群体的不同,他们在对神话故事的理解、讲述和利用等方面往往有不同的个性特点。社会的变迁、政治权力的干预给神话讲述人的人生带来了这样那样的变化,影响着他们对神话是"封建迷信"或者"真实存在"的不同看法和判断。他们的神话讲述多带有自己的个性色彩和生活世界的影子。从对他们的个人生活史的考察中,分明能看到时代与社会变迁给神话传统烙上的印记。

第七节 结 语

神话讲述作为一种重要的民间叙事文类,鲜活地活在民众口头,其讲述是人们日常生活中的一种重要的习俗活动。社会的政治、经济、文化等变迁不可避免地要影响到神话的传承方式、内容、功能、意义等方面的变化。本文将河南淮阳的人祖庙会及相关神话讲述活动置于20世纪30年代以来中国社会巨大的历史变革进程中,从历史与权力的视角,透视过去的70多年中,中国社会发生的巨大变化给当地的神话与民间信仰带来的影响。笔者发现:

一、国家力量的干预是人祖神话讲述场合不断发生变化的主要原因

政治权力对人们日常生活的干预深刻地影响了人祖神话的讲述。在30年代,国家力量对淮阳人祖庙会与神话讲述活动的强制干预较少,神话的传承基本没有受到太多政治力量的拘禁和阻碍,从而在较大程度上能够自在地传承。日常生活中的神话讲述随时随处可以发生,具有普泛性传播的特点。而人祖庙会是人祖神话得以集中、广泛传播的最为重要的途径,这一场合讲述的神话往往与信仰和宗教仪式密切相连。新中国成立后,人祖信仰在"左倾"意识形态的价值体系中被定性为"封建迷信",遭到禁止。相应地,人祖神话的讲述开始从社区公共生活空间中退隐,更多地出现在家庭、家族范围内和朋友邻里等私人交际场合,有些讲述人的个人生活中甚至没有了神话的影子。改革开放以来,国家实行了比较宽松的文化政策,人祖庙会和人祖信仰重新取得了政治上的合法性,并开始作为"非物质文化遗产"受到地方政府的重视。以往曾被标定为"宣传封建迷信"的人祖

神话讲述重新出现在人们的公共生活领域，电视、报纸、网络等现代媒体的大力宣传使之在原来的基础上获得了更具时代性、更为开放的讲述空间。

二、社会的变迁也使讲述人发生了变化

社会变迁对讲述者群体的影响主要体现在两个方面：一是对个体神话讲述者自身造成的影响；二是促进了讲述人群体的扩大，具有鲜明时代特色的讲述人群体出现。

社会的变迁对个体讲述者的个人生活造成了很大影响。在"文革"时期，有的讲述者因为宣传"封建迷信"被判了刑；有的因家庭出身等原因被劳改下放。这些都造成了他们在后来的神话讲述中有意识或无意识地实行对政治的规避，进行自我保护，也影响了他们对待神话的态度和价值判断。再如，改革开放后有一些神话讲述人因为子女的外出打工、自身忙于家务而渐渐忘记一些经歌。社会变革对讲述者个体生活造成的影响间接地投射到了神话讲述活动中。

长期以来，乡间的老人和老斋公等是人祖神话的主要讲述者，虽然他们中有的完全是文盲，有的没读过多少书，但在日常生活中他们通过讲述神话传说，积极传播地方知识，是地方传统文化的权威。新中国成立以后，随着学校教育的普及以及科技的进步，主流话语中的"知识"一词更多地指涉书面知识，并不包括乡间百姓的民间文化，原有的民间知识权威的地位受到冲击。近些年来，随着旅游产业的迅速发展，太昊陵有许多专门的职业技术学校毕业或高中毕业的导游负责给游客讲解与人祖相关的传统知识。导游们往往在相关书面文献记录的基础上，糅合进百姓口头流传的人祖神话传说，从而在一定程度上充实了口承神话的内容。由于他们讲起来头头是道，富于表演性，不知不觉中，他们确立了在太昊陵讲述人祖神话知识的新的权威地位。

三、社会的变迁对神话文本的影响相对有限

通过考察 20 世纪 30 年代以来不同社会发展时期的人祖神话讲述，可以清楚地看到社会的发展变迁对神话文本造成的影响主要体现在数量的变化上，而神话的情节结构仍保持着显著的稳定性。

神话是共同体集体精神的结晶，它代表着一个群体的情感意愿。[1]长期鲜活地存在于人们口上和心中的口承神话，早已成为人们日常生活的一种，成为一种社区集体记忆。外力的影响可以改变它的传承场合、传承群体、传承方式、听

---

[1] 田兆元：《神话与中国社会》，上海人民出版社 1998 年版，第 66 页。

众群体等，而对具有较强自足性的神话文本来说影响相对有限——1934年采录的人祖爷、人祖姑娘兄妹婚神话与21世纪采录的同类型文本差别基本不大，尽管兄妹婚神话在每一文本中的细节和母题组合都有大大小小的差异，但是神话的类型和核心母题的变化很小。

四、口承神话在当代的传承方式更加多样化

长期以来，口耳相传是口承神话的主要传承方式，祝歌、经歌、散文体的神话讲述等，都以人们喜闻乐见的形式传达着人祖的相关信息。一方面，长期以来，口耳相传是口承神话的主要传承方式，但另一方面，随着现代科学技术的发展，广播、电视、电脑等逐渐走入人们的日常生活，并为口承神话提供了更为快捷、辐射范围更广的传播方式，尤其是庙会期间，越来越多的年轻人和中老年人都可以从电视中便捷地获知地方政府和媒体所大力宣传的地方掌故和人祖神话，这些知识反过来影响着他们对人祖神话的接受和传承。媒体对太昊陵和人祖伏羲进行的大规模宣传不仅传递着地方性知识，也增强了人们的地方认同。

五、社会文化语境的变迁促使人祖神话的意义和功能发生着变化

神话作为"不断变动着的现实民俗"[①]，在不同的社会文化语境中其意义和功能也不断发生着变化。在淮阳地区，多种形态的人祖神话及其衍生的故事曾经对民众进行着精神文化上的熏陶、民间道德规范的宣教，规训着人们的日常生活，促进了当时社会和文化秩序的稳定。而近半个多世纪以来，随着各种政治和社会文化语境的变化，神话在民间社会具有的传统道德教化功能逐渐减弱，神圣性渐渐被世俗功利性取代。特别是在20世纪90年代以来，地方政府对神话的新阐释增添了神话的意义与功能，人祖神话成为地方悠久历史的佐证，被打造成为当地的"文化招牌"，为促进地方经济的发展做贡献。也可以说，正是神话的稳定性使之在社会变迁中也具备了很强的适应能力，能在保持稳定性的同时，将社会变迁带来的新现象吸纳到自己的体系中来，从而自身得到了极大地丰富。

总之，从淮阳人祖神话与人祖庙会在近70多年间的不同社会语境中的变化，我们可以透视中国社会和文化发展迁徙的脚步；反之，我们也能发现中国现代社会的发展变迁给在此语境中生存的神话传统的传承和重构造成的深刻影响。

[①] 杨利慧：《神话的重建——以〈九歌〉、〈风帝国〉和〈哪吒传奇〉为例》，载《民族艺术》2006年第4期。

主要参考文献（以出版先后为序）：

一、专著

1. 蔡衡溪. 淮阳乡村风土记, 1934年铅印本
2. 郑合成. 陈州人祖庙会概况. 河南省立师范学校, 杞县教育试验区调查.1934
3. 袁珂编. 古神话选释. 北京：人民文学出版社, 1979
4. 张振犁, 程健君编. 中原神话专题资料. 中国民间文艺家协会河南分会, 1987
5. [苏]李福清著. 马昌仪编. 中国神话故事论集. 北京：中国民间文艺出版社, 1988
6. [日]大林太良著. 林相泰, 贾福水译. 神话学入门. 北京：中国民间文艺出版社, 1988
7. 孟慧英. 活态神话——中国少数民族神话研究. 天津：南开大学出版社, 1990
8. 李子贤. 探寻一个尚未崩溃的神话王国. 昆明：云南人民出版社, 1991
9. 张振犁. 中原古典神话流变论考. 上海文艺出版社, 1991
10. 马昌仪编. 中国神话学论文选萃（上）（下）. 北京：中国广播电视出版社, 1994
11. [美]阿兰·邓迪斯编. 朝戈金等译. 西方神话学读本. 桂林：广西师范大学出版社, 2006
12. 高丙中. 民俗文化与民俗生活. 北京：中国社会科学出版社, 1994
13. 杨利慧. 女娲的神话与信仰. 北京：中国社会科学出版社, 1997
14. 费孝通. 乡土中国：生育制度. 北京大学出版社, 1998
15. 田兆元. 神话与中国社会. 上海人民出版社, 1998
16. 杨利慧. 女娲溯源——女娲信仰起源地的再推测. 北京师范大学出版社, 1999
17. 郭于华主编. 仪式与社会变迁. 北京：社会科学文献出版社, 2000
18. 吕微. 神话何为. 北京：社会科学文献出版社, 2001
19. [美]伊佩霞著. 赵世瑜, 赵世玲, 张宏艳译. 剑桥插图中国史, 济南：山东画报出版社, 2001
20. [美]杜赞奇著. 王福明译. 文化、权力与国家：1900—1942年的华北乡村. 南京：江苏人民出版社, 2003

21. 王铭铭. 溪村家族——社区史、仪式与地方政治. 贵阳：贵州人民出版社，2004

二、论文：

1. 王铭铭. 小地方与大社会——中国社会的社区观察. 社会学研究. 1997 年第 1 期
2. 江帆. 口承故事的"表演"空间分析. 民俗研究. 2001 年第 2 期
3. 祝秀丽. 辽宁省中部乡村故事讲述人活动研究——以辽宁省辽中县徐家屯村为个案. 北京师范大学博士学位论文. 2002
4. 彭兆荣. 神话叙事中的"历史真实". 民族研究. 2003 年第 5 期
5. 贺学君. 从书面到口头——关于民间文学研究的反思. 民间文化论坛. 2004 年第 4 期
6. 杨利慧. 表演理论与民间叙事研究. 民俗研究. 2004 年第 1 期
7. 杨利慧. 民间叙事的传承与表演. 文学评论. 2005 年第 2 期
8. 杨利慧. 从神话的文本溯源研究到综合研究. 民间文化论坛. 2005 年第 2 期
9. 廖明君，杨利慧. 朝向神话研究的新视角. 民族艺术. 2005 年第 1 期
10. 叶舒宪. 中国神话学百年回眸. 学术交流. 2005 年第 1 期
11. 刘宗迪. 中国现代神话学：在思想与学术之间. 民间文化论坛. 2005 年第 2 期
12. 吴晓东. 神话研究中的历史附属性与文化压力. 民间文化论坛. 2005 年第 2 期

附录：民间叙事的表演

——以兄妹婚神话的口头表演为例，兼谈中国民间叙事研究的方法问题[①]

内容提要： 中国民间叙事学领域长期盛行的是文本的历时性研究方法。本文则另辟蹊径，从"表演"的视角出发，通过对两次兄妹婚神话表演事件的个案分析，展示了民间叙事的动态而复杂的表演过程和文本化过程，并指出这一过程往往受到诸多复杂因素的影响，充满了传承与变异、延续与创造、集体性传统与个人创造力的不断互动与协商。因此，只有把历时性研究和特定表演时刻的研究、历史－地理比较研究与民族志研究、文本研究与表演过程研究、对民间叙事的集体性和模式性的研究与对个人创造力的研究等结合起来，才能比较深入地了解民间叙事的传承和变异的本质，以及其形式、功能、意义和表演等之间的相互关系。

关键词： 民间叙事 表演 研究方法 兄妹婚神话

民间叙事（folk narrative），是指在不同集团的人们当中流传的、对一个或一个以上事件的叙述。与一般叙事不同的是，它们主要是通过口头来进行交流的（所以有时又被称为"口头叙事"，oral narrative），而且往往以众多异文形式存在。民间叙事范围广泛，包含着许多种叙事文类（genres），其中既包括比较传统的文类，像神话、民间传说、民间故事（狭义）、笑话、史诗、叙事歌谣等等，另外也包括现代日益受到学者们关注的个人叙事（personal narrative）、都市传说（urban legend）、地方奇闻逸事（anecdote）等。民间叙事不仅一直是民俗学、民间文艺学领域里最受关注的研究内容之一，而且还常常引起诸多文艺学家、人类学家、语言学家、心理学家、历史学家等的浓厚探索兴趣。

现代学科意义上的中国民间叙事学研究，如果也把20世纪初叶北京大学《歌谣》周刊的创立算作其发端的话，至今也已走过了近一个世纪的风雨历

[①] 本文删节本曾以《民间叙事的传承与表演》为题，发表于《文学评论》2005年第2期；全文后以《民间叙事的表演——以兄妹婚神话的口头表演为例，兼谈中国民间叙事研究的方法问题》为题，收入吕微、安德明主编《民间叙事的多样性》，学苑出版社2006年版，第233—271页。收入本书时稍有改动。

程,取得了丰硕的学术成就,并为今天和未来的学术发展奠定了坚实的基础。但是,如果我们站在 21 世纪的开始,并且立足于国际民间叙事学近年来对许多问题的反思以及所取得的成绩,来反观中国民间叙事学的研究视角和方法,会发现,中国的民间叙事学,与一段时期内国际民间叙事学的发展历程相似,长期以来占据主导地位的,也是以文本[①]研究为主的视角和方法,也就是说,大家关注和分析的,主要是被剥离了语境(context)[②]关系的民间叙事作品本

[①] 文本(text)有广狭义之分。广义的文本,可以指任何分析和阐释的对象,例如一个仪式、一段舞蹈、一首诗或者一个陶罐等。而狭义的文本,则是指书面或者口头的、具有一定形式结构的作品本身,例如一个故事、一部小说或者一件抄本等等。由于本文关注的对象是民间叙事,所以采用的是狭义的文本定义。

[②] Context 一词有不同的翻译,有人译为"情境",有人译为"景境",有人译为"场景",多数人译为"语境"。本文采用多数人的译法。作为表演理论以及语用学、语言人类学等研究领域里的核心概念之一,语境在不同的学者那里多少有些差异。理查德·鲍曼曾经在 "The Field Study of Folklore in Context" 一文中,对语境作了非常细致的划分。他认为民俗是存在于一个相互关联的网中,因此我们应该研究语境中的民俗,这就是说,个人的、社会的和文化的因素会赋予民俗以形态、意义和存在。他把语境划分为两个大层面:文化语境(cultural context,理解文化需要了解的信息,主要指意义系统和符号性的相互关系)和社会语境(social context,主要指社会结构和社会互动层面)。并进一步划分为 6 个小层面:1. 意义语境(context of meaning,理解"这意味着什么?"需要了解的信息,例如人们的生活方式、信仰和价值观、符号和隐喻关系)。2. 风俗制度语境(institutional context,例如政治、宗教、亲属关系、经济,乃至邻里关系、开张、庆祝等,主要回答文化各方面如何相互关联、如何相互适应的问题)。3. 交流系统语境(context of communicative system,主要回答"一个文化中的特定民俗形式如何与别的形式相关联"问题)。4. 社会基础(social base,回答"该民俗关联到何种社会认同的特点?",需要了解的信息包括地域、族群、职业、年龄、家庭和社区等方面的社会性组织原则)。5. 个人语境(individual context,包括个人生活史、个人讲述资料库的结构和发展等)。6. 情境性语境(situational context,例如交流事件——如妇女座谈会、家庭聚会、布鲁斯表演,甚至电话交谈等。事件的结构是由许多情境性因素的相互作用而产生的,其中包括物质环境、参与者的身份和角色、表演的文化背景原则,cultural ground rules for performance,互动和阐释的原则,行动发生的顺序等。这些因素将决定选择什么来表演,表演的策略,突生文本的形态、以及特定情境的自身结构)。另外,鲍曼在注释 2 中还指出,还应该包括历史语境(historical context)。Richard Dorson. ed., *Handbook of American Folklore* (Bloomington: Indiana University Press, 1983), pp. 362—386. 此外,Charles Goodwin 和 Alessandro Duranti 在《语境的重新探讨:作为互动现象的语言》一书的前言中说:语境问题的提出意味着这样的认识:只有当考察者不局限于事件本身,而是考察事件置根于其中的其他现象(例如文化环境,言语情境,共享的背景知识)之时,被考察的焦点事件才可能被正确地理解、合理地阐释、或者用有关的方式加以描述,也就是说,言谈(talk)自身的特征需要借助于与其后继发的互动组织相关的背景知识来认识。所以,语境是一个框架(frame),它包围着被考察的事件,并为它的合理阐释提供参考。该文进一步指出了语境包括的四个维度:一是环境(setting);二是行为环境(behavioral environment);三是语言作为语境;四是情境之外的语境(extrasituational context)。参见 Alessandro Duranti and Charles Goodwin, *Rethinking Context: Language as an Interactive Phenomenon*, eds. (Cambridge: Cambridge University Press, 1992), p. 3。

身。①而且，学者们打量叙事文本的眼光基本上是"历时性"的，视角和分析方法模式主要是"历史溯源"式的，也就是往往通过对文献资料（包括古代典籍、方志、巫书等）的考据，或者结合采集的口头叙事文本，或者再有考古学的材料，总之，往往是通过对文本形态和内容的梳理和分析，追溯其原始形貌和原初涵义，勾勒它在历朝历代演变的历史脉络，并探询其可能蕴涵的思想文化意义。应当说，历史视角和历时性方法特点的形成，是与中国悠久的社会文化传统分不开的，它是中国学者在分析中国文化事项上的一个特点和长项，也是认识事物本质的一个有力的途径。但是，总是从这样一个"文本的历时性研究"的思路和模式出发去分析民间叙事，则不免单一和僵化，而且，更重要的是，它忽视了民间叙事往往是在特定语境中，由一个个富有独特个性和讲述动机等的个人来讲述和表演，因而不可避免地受到众多即时和复杂的因素的协同作用，因而忽视了民间叙事的许多本质特点。②

与中国民间叙事学的发展历程相呼应，在国际民间叙事研究方面，在相当长的时期里也是以文本研究为主的，学者们关注的主要是抽象的、无实体、往往

---

① 甚至在搜集和采录民间文学时也主要以文本的采集为主，例如20世纪80年代开始的著名的"民间文学三套集成"工作。这里需要特别强调指出的是，说中国民间叙事学长期以来以文本研究方法占据主导地位，并不表示其中完全缺乏对文本的讲述活动的关注。实际上，中国学者对民间叙事讲述活动的关注从20世纪初叶即已肇始，50年代已取得了相当丰富的成果（例如对著名故事讲述家秦地女、黑尔甲、王惠等的调查），80年代以来更加自觉地把讲述活动的总体研究纳入民间文艺学的学科体系之中（例如钟敬文主编《民间文学概论》，张紫晨著《民间文艺学原理》，许钰《口承故事论》，段宝林多次提出的"立体描述"方法等）。但是，正如有的研究者所指出的，"综观中国民间故事讲述活动研究的发展脉络可以看到，与故事文本研究相比，故事讲述活动的研究似乎一直缺乏开阔的思路和多元的视角，而处于狭窄的、分割的状态"，"故事讲述主体和讲述行为的调查和研究则相对缓慢"（参见祝秀丽《中国民间故事讲述活动研究史略》，载《民俗研究》2003年第1期），而且，在考察和研究民间叙事的讲述活动时也多集中于对故事家个人生活史、故事传承路线、讲述风格等问题的静态描述，而对其在具体语境下的传承和讲述行为的动态过程则很少关注。

② 这方面的问题，已经被一些研究者意识到了。例如江帆在《口承故事的"表演"空间分析——以辽宁讲述者为对象》一文中说："我们的研究视野也存在盲点，主要体现在对故事赖以存活的'讲述情境'——即人类学表演（Performance）理论指谓的故事'表演空间'缺乏关注；对故事文本的田野诠释更是鲜有触及"（载《民俗研究》2001年第2期）。祝秀丽在《中国民间故事讲述活动研究史略》一文中指出："综观中国民间故事讲述活动研究的发展脉络可以看到，与故事文本研究相比，故事讲述活动的研究似乎一直缺乏开阔的思路和多元的视角，而处于狭窄的、分割的状态"（载《民俗研究》2003年第1期）。陈岗龙在研究东蒙古英雄史诗中的蟒古思故事时也有类似的看法："由于过去对蟒古思故事说唱艺人表演活动的民俗学田野调查工作（客气地说）做的不够，已经出版的蟒古思故事印刷文本几乎都没有体现出蟒古思故事是'说唱艺人在表演中创作完成'的最基本的口头传统特征。过去人们以为说唱艺人只是蟒古思故事的传承者和传布者，而没有一部记录文本和印刷文本清楚地告诉我们说唱艺人在具体表演中的创造性和对蟒古思故事口头传统的能动作用。"（《蟒古思故事论》，北京师范大学出版社2003年版，第94页）

被剥离了语境关系的民间文学事象（item），比如在民间叙事学领域里产生较大影响的自然神话学派（主要用历史比较语言学的方法追溯神话的本源，而这些本源往往被归结为自然现象）、历史－地理学派（又称芬兰学派，主要方法是大量搜集散见于世界各地的某一叙事类型的各种异文，然后比较其异同，最终目的是探寻出故事的最初形貌和起源地）、心理学派（包括精神分析学派和心理分析学派，主张民间叙事是人类的一种心智现象，从中可以探求人类的潜意识心理特征）、结构主义学派（致力于发现民间叙事的基本逻辑结构和内在的思维讯息）等等。但是这一文本为中心的视角和方法从 20 世纪 60 年代末开始受到了集中的反思和批评。一些新的学术理论和研究视角的提出和实践，使民间叙事学出现了新的气象。其中特别有代表性的，是 60 年代末 70 年代初在美国民俗学界兴起、八九十年代最为兴盛、至今已广泛影响到世界范围内诸多学科领域（例如民俗学、人类学、社会语言学、文学批评、宗教研究、音乐、戏剧、言语研究、区域研究、语言学、讲演与大众传媒等）的表演理论（Performance Theory），它对上述以文本为中心的方法提出了尖锐的批评和挑战，并进而提出了以"表演"为中心的新观念。关于"表演"的含义和本质特点，在表演学派的倡导者们内部，也有不同的表述和差异。其代表人物之一的理查德·鲍曼曾经在《作为表演的语言艺术》一文中，明确地指出了所谓"表演"的本质："表演是一种说话的模式"，是"一种交流的方式"：

> 从根本上说，作为一种口头语言交流的模式，表演存在于表演者对观众承担展示（display）自己交流能力（communicative competence）的责任。这种交流能力依赖于能够用社会认可的方式来说话的知识和才能。从表演者的角度说，表演要求表演者对观众承担展示自己达成交流的方式的责任，而不仅仅是交流所指称的内容。从观众的角度来说，表演者的表述行为由此成为品评的对象（subject to evaluation），表述行为达成的方式、相关技巧以及表演者对交流能力的展示的有效性等，都将受到品评。此外，通过对表达行为本身内在特质（intrinsic qualities）的现场享受，表演还可被显著地用于经验的升华（enhancement of experience）。因此，表演会引起对表述行为的特别关注和高度意识，并允许观众对表述行为和表演者予以特别强烈的关注。[①]

与以往民间文学研究领域中盛行的以抽象的、往往被剥离了语境关系的民间文学事象为中心（item-centered）的观点不同，表演理论是以表演为中心（per-

---

① [美]理查德·鲍曼：《作为表演的口头艺术》，杨利慧、安德明译，广西师范大学出版社 2008 年版，第 12 页。

formance-centered），关注民间文学文本在特定语境中的动态形成过程和其形式的实际应用。[1]就民间叙事的研究来说，在表演理论的视角下，民间叙事文本不再仅仅是集体塑造的传统和文化的反映，也不是"超有机体的"（super-organic），即它不再是一个一经创造之后便不再依赖其原生环境和文化语境而能够持续生存的事象，[2]而是置根于特定情境中的，其形式、意义和功能置根于由文化所限定的场景和事件中；研究者也不再局限于以文本为中心、追溯其历史嬗变、地区变文或者蕴涵的心理和思维信息的研究视角，而更注重在特定语境中考察民间叙事的表演及其意义的再创造、表演者与参与者之间的交流，以及各种社会权力关系在表演过程中的交织与协调。

20世纪80年代以后，表演理论在世界范围内的民间叙事学领域里广泛渗透，并产生了巨大影响，许多学者在自己的民族志研究基础上，纷纷运用表演理论和方法来研究民间叙事的表演，也有不少学者对表演理论存在的一些局限和不足提出了修正和补充，产生了一大批新的研究成果。

表演理论被一些评论者认为是当代世界民俗学领域里最富有影响和活力的方法之一，代表了一种思维方式和研究角度的转变，它的应用所带来的是对整个民俗学研究规则的重新理解。[3]由于表演理论的影响，加上其他一些相关理论和方法的共同推动，促成了美国民俗学界从60年代以来几个大的转变（shifts）：从对历史民俗的关注转向对当代民俗的关注（from history to contemporary）；从对文本的研究转向对情境的研究（from text to context）；从普遍研究转向地方性研究（from universal to local）；从对集体性的关注转向对个人、特别是有创造性的个人的关注（from collective to individual）；从对静态的文本的关注转向对动态的实际表演和交流过程的关注。尤其在80年代以后，民俗学界（及其他一些人文学科）对于传统的再创造（the invention of tradition）、文化商品化（the commodification of culture）的论争使得整个民俗学学科更注重民俗文化现象的新生性（emergent quality）、语境化（contexualization）、多重异质性（multi-layer and heterogeneity）及复杂性（complexity）。[4]

---

[1] 对于表演理论的简要介绍，读者可参见本书"总论"第二节；其更多理论主张和实践案例可参考理查德·鲍曼《作为表演的口头艺术》。

[2] Dan Ben-Amos, "Toward a Definition of Folklore in Context," In *Toward New Perspectives in Folklore*, Americo Paredes and Richard Bauman, eds. (Bloomington: Trickster Press, 1971).

[3] 李靖：《美国民俗学研究的另一重镇——宾夕法尼亚大学民俗学文化志研究中心》，载《民俗研究》2001年第3期。

[4] 李靖：《美国民俗学研究的另一重镇——宾夕法尼亚大学民俗学文化志研究中心》，载《民俗研究》2001年第3期。

与国际民俗学界的上述晚近学术趋向相参照,我们也许应该对中国民间叙事学以至于整个民俗学研究的视角和方法进行许多认真的反思:

我们是否把叙事文本当成了一个个自然而然形成的、自足的、意义完整的系统,而忽视了文本其实是在特定的语境下,由一个个富有独特个性和讲述动机等的个人来讲述和表演,因而不可避免地受到众多即时的和复杂的因素的协同作用?

我们是否过于注重整体的、综合的研究和大范围内的文本比较(比如罗列上下几千年的文献记录并加以考据、在全国范围内搜集异文、对异文进行跨地域、跨民族文化的比较等),而忽视了对具体传承和变异细节的民族志细致考察和微观研究(例如某个讲述人,在某个具体的时空背景下,在现场诸种因素的互动中如何传承,又如何创造)?

我们是否太致力于寻求民俗事象在传承和变异过程中的规律性和模式性,而忽视了民俗事件在现实语境中的灵活性和新生性?

我们是否过于强调集体性,[①]而忽视了个人的创造性,或者说,忽视了个人的创造性如何与传统互动?

我们是否过于注重历史溯源,而忽视了民俗作为传统的文化资源,如何被人们创造性地加以改造和利用(reconstruct),从而为他们今天的现实生活服务?

值得注意的是,近 20 年来,尤其是近四五年来,中国的形势发生了一些变化:一些学者从亲身的研究实践中注意到了民间文学文本的动态而复杂的形成过程中,注意到了讲述人、听众和语境之间的互动是文本化过程中的重要因素。[②]特别是一部分中青年学者受到国际上较晚近的学术思潮(例如口头程式理论、表演理论、民族志诗学等)的影响,开始自觉地反思和探究文本与语境、文本与传统、文本与表演者、听众以及其他参与者之间的关系等[③]。但总的说来,这方面的工作依然需要进一步拓展和深入,特别是应该进一步加强在民族志基础上,

---

① 比如在许多《民俗学概论》、《民间文学概论》中,"集体性"往往都被置于民俗学、民间文学特征的首要位置。

② 例如许钰:《口承故事论》,北京师范大学出版社 1999 年版;柯杨:《听众的参与和民间歌手的才能——兼论洮岷花儿对唱中的环境因素》,载《民俗研究》2001 年第 2 期。

③ 例如朝戈金《口传史诗诗学:冉皮勒〈江格尔〉程式句法研究》,广西人民出版社 2000 年版;江帆:《口承故事的"表演"空间分析——以辽宁讲述者为对象》,载《民俗研究》2001 年第 2 期;祝秀丽:《辽宁省中部乡村故事讲述人活动研究》,北京师范大学 2002 年博士学位论文;陈岗龙:《蟒古思故事论》,北京师范大学出版社 2003 年版;巴莫曲布嫫:《史诗传统的田野研究:以诺苏彝族史诗"勒俄"为个案》,北京师范大学 2003 年博士学位论文;尹虎彬:《河北民间后土信仰与口头叙事传统》,北京师范大学 2003 年博士学位论文,等等。

对特定语境中发生的某一表演事件（performance event）和实际动态交流过程（dynamic process of the communication）的细致描述和微观考察，从而更深刻地展示民间叙事的动态而复杂的表演过程和文本化过程，展示民间叙事的文本与语境、传统与创造、讲述人与参与者之间的交流与互动的过程。

本文将参照国际民间叙事学领域里较晚近的学术发展取向，特别是参照表演理论的视角和方法，立足于对河南省淮阳县人祖庙会上的神话讲述活动的民族志考察，以兄妹婚神话的两次表演事件为个案，从中着力探讨以下目前在神话学领域里尚很少被论及的学术问题：作为一种古老的民间叙事文类，神话文本是如何在表演中得以呈现与构建的？相同类型的神话在不同的讲述人那里会发生什么样的变化？神话在具体语境中被讲述和表演的过程怎样？在讲述过程中，讲述人与参与者之间、传统与个人创造性之间如何互动？神话讲述过程中有哪些因素在共同参与表演并最终塑造（shape）了神话文本？在一个现代化的社会中，神话传统是否会发生变异以与现代社会相适应？或者说，神话作为传统的文化资源，如何被人们创造性地加以改造和利用，从而为他们今天的现实生活服务？

同时，通过这一个案研究，笔者还力图尝试性地探讨以下方法论问题：在探讨"作为口头表演的民间叙事"时，能否把中国学者注重长时段的历史研究的长处和目前一些西方理论（包括表演理论）注重"情境性语境"（the situated context）和具体表演时刻（the very moment）的视角结合起来；把宏观的、大范围里的历史—地理比较研究与特定区域（community）的民族志研究结合起来；把文本的研究与语境的研究结合起来；把静态的文本研究与动态的表达行为和表演过程的研究结合起来；把对集体传承的研究与对个人创造力的研究结合起来？（见图）

这是否是一个过于理想化的追求？实践这样的追求是否可能呢？笔者不揣浅陋，愿在此做一个初步尝试，希望能为探索民间叙事洞开一扇新窗口、开辟一方新天地。文中不当之处，敬请方家不吝指正。

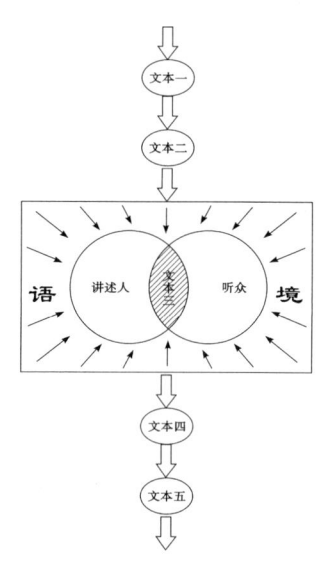

说明：如果说以往的中国民间叙事研究多集中于分析和追溯某一叙事文本的原初形态和历史演变脉络的话，那么本文的研究则试图将某一叙事文本置于某一特定语境下予以放大，也即在一个具体的时间和地域范畴中，对其受到讲述人和听众的相互影响、受到该语境中诸多复杂因素协同影响的过程加以细致考察和微观描述。

一、兄妹婚神话的讲述传统

兄妹婚神话，有人又称之为"兄妹始祖型神话"，是世界神话宝库中的一批珍贵珠玉，其流传相当广泛，在东亚、东南亚一带蕴藏量尤其丰富。它在这一地区的分布，大抵西起印度中部，经过苏门答腊岛、印度尼西亚、加里曼丹岛、泰国、菲律宾、台湾岛，以及中国大陆，向东一直延伸到朝鲜和日本。有学者认为，这一类型神话甚至构成了东南亚文化区（culture area）文化复质（culture complex）的一种"文化特质"（culture trait）[1]。

中国的兄妹婚神话也是异常丰富的。过去学者们注意和谈论的，大多是南方尤其是西南少数民族中传承的这类神话，而汉民族中所蕴含的这类神话，长期被认为是"蕴藏量相对贫弱"的。在学者们的文章中，即使被提到，也仅处于陪衬的位置。近年来，由于各项民间文化搜集与考察工作的普及和深入，尤其是自 1983 年以来，在全国范围内进行的"民间文学三套集成"（民间故事、歌谣、谚语集成）工作的开展，汉民族中所蕴含的这类神话才显出极其令人惊喜的状况。仅就笔者目前所搜集的 418 则兄妹始祖型神话来说，其中汉族的就有 237 则，它们的分布几乎遍及全国，在一些地区（例如河南省），这一类型神话的流传尤为普遍，分布特别密集。[2]

这一类兄妹婚神话，异文众多，在不同地区、不同民族和不同的讲述人那里，情节往往有大大小小的差异。然而，其基本的情节结构还是比较清楚和稳定的。德裔美籍著名汉学家艾伯华（W. Eberhard）根据其在 20 世纪 30 年代掌握的资料，把中国该类型神话的基本情节模式归纳如下：

48 型　人类最初的兄妹

在世界上或在他们的住地上只有兄妹两个人。

他们请来先知，询问他们的婚姻能否允准。

从两座山向下滚动磨盘；它们互相重叠在一起。

结为婚姻。

生下肉团或葫芦；通过分割全成了人。[3]

---

[1] 芮逸夫：《苗族的洪水故事与伏羲女娲的传说》，见其《中国民族及其文化论稿》，艺文出版社 1972 年版，第 1059 页。

[2] 杨利慧：《女娲溯源——女娲信仰起源地的再推测》，北京师范大学出版社 1999 年版，第 13 页。另见该书附图一，《兄妹始祖型神话分布示意图》。

[3] [德] 艾伯华：《中国民间故事类型》，王燕生、周祖生译，商务印书馆 1999 年版，第 96 页。

1990年，钟敬文先生依据80年代"三套集成"工作中从汉族地区搜集上来的大量资料，对汉族兄妹婚神话的基本情节类型拟定如下：

一、由于某种原因（或无此点），天降洪水，或油火；或出于自然劫数（或无此情节）；

二、洪水消灭了地上的一切生物，只剩下由于神意或别的帮助等而存活的兄妹（或姊弟）；

三、遗存的兄妹，为了传衍后代，经过占卜或其他方法，或直接听从神命，两人结为夫妻；

四、夫妻生产了正常或异常的胎儿、传衍了新的人类（或虽结婚，但无两性关系，而以捏泥人传代）。[1]

笔者依据自己近年来所搜集的418则兄妹婚神话，同时参照了上述学者的概括，将中国各民族间流传的兄妹婚神话的一般情节结构构拟如下：

由于某种原因（洪水，油火，罕见冰雪等），世间一切人类均被毁灭，仅剩下兄妹（或姐弟）两人。

为了重新传衍人类，兄妹俩意欲结为夫妻，但疑惑这样做是否合适。

他们用占卜的办法来决定。如果种种不可思议的事情（滚磨、合烟、追赶、穿针等）发生，他们将结为夫妻。

上述事情发生，于是他们结婚。

夫妻生产了正常或异常的胎儿（如肉球、葫芦、磨刀石等），传衍了新的人类（切碎或者打开怪胎，怪胎变成人类或者怪胎中走出人类）。

需要指出的是，类型的概括是建立在对众多文本资料的搜集和比较的基础上的，舍异而求同、注重类同性是类型归纳的特点。按照史蒂斯·汤普森（Stith Thompson）的做法，类型的归纳方法是，首先尽可能搜集大量异文（无论地域和民族差异），比较它们的相同和差异，然后将其中最为普遍流行的各个母题一一归纳起来，就得到了一个故事的基本型。[2]虽然类型的归纳和表述没有完全摆脱研究者的主观性的影响，但是，学者们大都认为，类型代表了最为普遍的一种讲述模式，因而，在某种程度上讲，它代表了故事的讲述传统。

至于兄妹婚神话的主角，在不同的地域和民族中则有所差异。就笔者目前所

---

[1] 钟敬文：《洪水后兄妹再殖人类神话——对这类神话中二三问题的考察，并以之就商于伊藤清司、大林太良两教授》，参见《钟敬文学术论著自选集》，首都师范大学出版社1994年版，第232页。

[2] [美] 史蒂斯·汤普森：《星星丈夫的故事》；参见 [美] 阿兰·邓迪斯主编《世界民俗学》，(英文原为 The Study of Folklore)，陈建宪、彭海斌译，上海文艺出版社1990年版，第562—636页。

见到的它在中国和其他国家、地区的传承情形而言，其中的"兄妹"大多没有名字，往往只交待是"哥哥和妹妹"，有时也有"姐弟"，或者也有姑侄、母子、父女等异式。一些神话中，这"兄妹"也有名有姓，但这名姓往往因地域、文化背景的不同而有差异。在中国汉族与少数民族中较常见的，如汉族的伏羲兄妹、拉祜族的扎笛与娜笛兄妹、阿昌族的遮帕麻与遮米麻、侗族的丈良与丈妹、苗族的姜央兄妹或伏羲兄妹、瑶族的伏羲兄妹等。在众多的名字中，较有共通性的是"伏羲兄妹"及其各种异称，如"伏依兄妹"、"伏哥羲妹"等等。少数异文中"妹"的名字也出现了"女娲"字样。[1]

伏羲、女娲是中国神话世界中赫赫有名的尊神。在古文献记载中，伏羲比较显要的事迹是发明了八卦、制作了婚嫁的礼仪、"结绳为网，以佃以渔"，以及冶金成器、教民熟食等，又是一位春神兼主管东方的天帝。女娲也是一位至尊的神灵，是一位显赫的大母神和文化英雄。古代神话中说她在天地开辟之初、世间尚无人类的情况下，独自用黄土捏制了人类，也有异文说她与哥哥结亲，繁衍了人类。又说她炼制了五彩的石头，修补好了残破的天空，斩断了大鳌的四脚去支撑坍塌的天柱，又用芦苇灰填塞了泛滥的洪水等等。许多学者认为，伏羲与女娲大约原本并没有联系，而且他们与兄妹婚神话原本也没有什么关系，在汉代的史乘和汉墓画像中才开始被频繁地联系在一起，他们与兄妹婚神话的粘连，大约更晚。[2]

兄妹婚神话在文化史上的出现是很早的，有人认为它产生于原始时期血缘婚姻正在流行或被容许的时期，也有人认为它产生于由血缘婚姻向氏族社会过渡的时期。[3]至于它在中国文献记录中的最早出现年代，目前尚有争议。有人结合汉代石（砖）刻画像，认为可追溯到汉代；[4]也有学者根据对敦煌残卷的阐释，认为这一神话在六朝时期已经出现；[5]不过多数学者认为其最完备的文字记录，

---

[1] 杨利慧：《女娲溯源——女娲信仰起源地的再推测》，第15—21页。

[2] 钟敬文，[俄]李福清，王孝廉，[日]谷野典之，杨利慧等均持此说，参见杨利慧《女娲的神话与信仰》，中国社会科学出版社1997年版，第14—19、96—100页；杨利慧：《女娲溯源——女娲信仰起源地的再推测》，第16—18页。

[3] 关于该类神话产生时期的论述比较多，有关争论情况可参见钟敬文《洪水后兄妹再殖人类神话》，《钟敬文学术论著自选集》，第227—231页。

[4] 鹿忆鹿：《洪水神话——以中国南方民族与台湾原住民为中心》，里仁书局2002年版，第331、338页。

[5] 吕微：《楚地帛书、敦煌残卷与佛教伪经中的伏羲女娲故事》，见其《神话何为——神圣叙事的传承与阐释》，中国社会科学文献出版社2001年版，第335—336页。

大约出现在唐代的《独异志》中。说是宇宙开辟之初，天下没有人类，只有女娲和她的哥哥在昆仑山上。两人商议想结为夫妻，又觉得这样很羞耻，于是二人到昆仑山上向天祷告说：天要是要让我二人结为夫妻，那么就让烟合在一起；如果不让我们结为夫妻，就让烟都散开。烟都合在了一起。于是两人就结为了夫妻。当妹妹来与哥哥亲近时，就用草结了一把扇子遮在脸上。以后婚礼仪式上新娘手里要拿扇子，就是仿照女娲当年的做法。

由于是这血亲婚配的兄妹二人繁衍（或者重新繁衍）了人类，所以在许多地方，他们被尊称为"人祖爷"和"人祖奶奶"，或者"高祖公"、"高祖婆"。

二、女娲神话的讲述与表演

1993年3月至4月间，为了给笔者的博士论文搜集女娲神话资料，同时实地考察女娲神话和信仰传承的文化环境，笔者随同由河南大学中文系的张振犁教授、陈江风教授、吴效群讲师组成的"中原神话调查组"，一起赴河南省淮阳县、西华县和河北省涉县进行田野作业。之所以选择这些地方做调查，是因为这些地方都有女娲信仰的实体性标志——女娲庙，因而可能是区域性的女娲神话讲述和传承的中心点。张老师曾于80年代去过淮阳和西华，搜集过一些当地流传的神话文本；[①]而涉县娲皇宫是全国最大的女娲庙之一，历史文献记录中女娲信仰非常隆盛。

淮阳地处黄淮平原腹地，是豫东周口地区的中心，古称"陈州"。据《资治通鉴》和《竹书纪年》记载，帝太昊伏羲氏曾经以此为都城，因为他"以龙纪官"，所以陈州又被称做"龙都"。

太昊伏羲自然是龙都显赫的尊神。[②]城北的蔡河北岸，建有"太昊陵"，当时俗称"人祖庙"。此庙的初建年代当地有不同说法，但一个流行的地方传说讲，这里是明太祖朱元璋得到人祖伏羲庇护、躲过追兵的搜捕、登基称帝以后还愿重建的，所以气度不凡，有皇城的威势。整个建筑群包括外城、内城和紫禁城，历史上建有两殿、十三门、两楼、一台、两庑、两坊、一园、六观。统天殿是庙内的主体建筑之一，俗称"大殿"，内塑有伏羲手托八卦的塑像。殿后有显仁殿，俗称"二殿"，殿内绘有许多新近绘制的讲述伏羲、女娲治世、造人的若干壁画。显仁殿后有伏羲陵，陵墓高十寻，周长150多米，上圆下方，取"天圆地

[①] 张振犁、程健君编：《中原神话专题资料》，中国民间文艺家协会河南分会，1987年内部印行。
[②] 太昊与伏羲究竟是否原本是同一个人，存在许多争议。此处暂且不论。

方"之意。陵前立有墓碑，上书"太昊伏羲氏之陵"。墓碑前修有一个大香火池，供香客们焚香烧纸使用。除这些中轴线上的主体建筑外，太昊陵东西原来各有3观：东有岳飞观、老君观、真武观；西有女娲观、玉皇观、三仙观，[①]1949年以后由于"破四旧"、"破除封建迷信"等一系列政治浪潮的冲击，太昊陵内的建筑毁坏大半，6观中现今仅存的只有岳飞观，其余5观都被拆毁。改革开放以来，随着国家战略思想的转移和政策的调整，政治文化环境变得相对宽松，原本以前受到压制、被视为"封建迷信"的人祖信仰成了当地最为重要的文化资源之一，当地政府和民间社会从各自不同的目的和需要出发，在"重修太昊陵"的目的下统一起来。1993年我们去考察时，当地各方力量正计划恢复太昊陵全貌。

每年农历二月二到三月三，太昊陵内都有庙会，西自京汉路，东至皖西，北自鲁西镇，南至湖广的方圆五六百里的群众纷纷赶来朝祖进香，每日人数往往上万，有时多则十几万。我们来时虽已是庙会尾声，然而陵前"面桥"上、蔡河两岸依然密布着许多销售拜神用品和地方特产的摊点。陵内更加热闹，有举着楼子（秸杆扎成的小楼，送给人祖爷居住）、冠袍等吹吹打打来还愿的；有携着香炮纸钱来求福的；有拗着篮子四处兜售求子用的塑料娃娃的；有摆摊设点推销自制的泥泥狗、布老虎、"老衣"（人死时穿的衣服）的；有在殿内跳"担经挑"（一种地方舞蹈）的；有唱经宣传人祖功绩的；也有看卦看手相的……鞭炮声、唢呐声、唱经声不绝于耳，来来往往的人摩肩接踵，络绎不绝。[②]

3月22日下午，我们去太昊陵里做调查。我们向几位前来进香的香客和一位在太昊陵里卖泥泥狗的中年男子询问女娲伏羲的神话传说以及有关的信仰习俗。他们也能说一些有关的神话，但都比较片段、散乱。我们遇到的第一位比较重要的神话讲述者是王东莲，一位正在小车旁卖地方小吃的农民，女，58岁，淮阳东关人。当时已经过了当天庙会的高峰时间，虽然庙内还有不少人，但已经有一些人在陆陆续续准备回家了。我们选择她来做资料提供人，主要是因为她当时正闲着（生意并不忙碌），而且地点比较固定（不像一些香客那样走来走去），便于攀谈。另外，她的岁数也比较大了，我们想她也许知道一些人祖庙的传说或者伏羲女娲的神话。

我们先问她知不知道人祖庙的来历。于是她给我们讲了一个朱元璋受到人祖伏羲佑护、因而逃过了追兵追杀、即位后重修了人祖庙的传说。讲述还算流畅，

[①] 郑合成编：《陈州太昊陵庙会概况》，河南省立杞县教育实验区1934年。
[②] 杨利慧：《女娲的神话与信仰》，第144—151页。

细节也具体生动，不过也常有她叙述不清楚的地方，每到这时候她就用含糊的语句带过去，以语音的连续来弥补叙事内容的欠缺和叙述过程的断裂。这一个讲述特点和技巧在后来她讲述兄妹婚神话时更加明显。

在她给我们这一行 4 个显然是"外地来的读书人"讲故事时，不一会就围上来许多当地的香客，多是站着听的，当我们问她一些问题时，有不少人帮着回答。讲述过程中也有人对她的讲述技巧和对神话内容的把握表示质疑，从而协同构成了一个开放的、流动的、互动的讲述与交流活动，并影响了讲述者的表演叙事策略和最终的文本形成。

听她讲完朱元璋与人祖庙的传说后，我随即问她知道不知道人祖爷和人祖奶奶的故事（当地有一些人称女娲为"人祖奶奶"，我看到的一些其他资料中也有这么称女娲的）。她客气了一番之后，给我们讲了一个女娲兄妹结亲、重新繁衍人类的神话。以下是她讲述的文本①：

杨利慧（以下简称杨）：您就说"天塌地陷"那会儿的事。

王东莲（以下简称王）：[笑] 那可就早了。

陈江风（以下简称陈）：那就讲那个早的。

王 [大笑]：讲不好。

杨：没事儿。您刚才讲的那个故事多好啊。

陈：刚才讲的两个故事都很好。

张振犁（以下简称张）：你要讲的多了，我们专门给你组织个座谈会儿。

王 [笑]：那不中。咱这又没有文化，又没有水平的。那不中。

张：就是找那没文化的。

（录音中断）

杨：没事儿。

王：这不是访问这么回事吗？

陈、杨：就是。

王：[开始讲述] 这个龟咧 {……}

---

① 口头文本的誊写是一个复杂的问题，根据分析目的的不同，文本的誊写可以呈现不同的形式。本章的文本誊写参考了民族志诗学（Ethnopoetics）的理论与实践，是为了尽可能充分展示出特定语境下神话讲述的动态过程及其互动交流，没有语句上的增加、删减或者修正，尽量保持其口语和方言特点。为在书写语言中体现口头性的特点，这里采用了一些符号：**黑体**：表示讲述人的强调；{}：表示虽然在口头叙事中没有说但是按照故事逻辑应该有的内容；[ ]：表示讲述人或听众的表情或动作等；---：表示打断、插话；=：表示讲述人对讲述的修正；{……}：表示犹豫、不连贯；——：表示拖长声音；[……]：表示讲述中的省略；//：表示几个人同时插话。

312

听众一：这在录像呢。（其实我们是拿着两个录音机在录音。）

王：[笑]讲着玩呢嘛，这不是。

杨：噢，就是，讲故事玩呢。

王：这就是说这个————龟。天塌{……}天塌地陷的时候，就没有人烟儿了，对不对？

杨：嗯。

王：没有人烟儿啦，就有个龟。这个龟哩，遮到河里了。咱这不是有那吗，有河滩？——这个要据我说我也不相信。要我说我也不相信。

杨：就是说说。

王：哎，对了————。天塌地陷啦，这没有啥了，就有两个学生，大家的两个学生，哎，他成天读书。这个{……}书念哩，{……}书单上可能有这些事，对不对？念到该天塌地陷的时候，他就一天拿一个馍，这个————叫龟吃了，两天拿一个馍，{也叫龟吃了。}他是姊妹俩。一天到晚三顿都拿馍，叫龟吃，撂{到}龟肚=嘴里叫龟吃了。吃了————人家说————这个————到一定的程度了————这个————天塌地陷了，哎，他俩，他俩咋弄哎？没有人啦，上学的，一上学，天塌地陷啦，也没有啥啦，就出来一个龟。哎，还在那里！它当时吃完馍就没有啦。叫龟**驮住，驮住**他姊妹俩。驮住他姊妹俩的时候咧，叫他姊妹俩渡过来。渡过来以后咧，人家说{……}据说{……}那我也是听故事听人家讲的，说这个龟叫馍**衔到肚里啦**，那是假的吧？[哈哈大笑]衔到肚里啦，反正这两个学生基本饿不住。这个龟，一天也吐出来一个，两天也吐出来一个，慢慢儿吐出来，叫他{姊妹俩}吃。哎，就这样。

这没有人咋弄哎？这过了几年啦……反正，天呢，也没有了；地，也陷了；{到处}成水了；没有啥啦。这咋办咧？没有办法。他说。人家说是{……}到多少时候呢{……}我听说{……}这个————天{……}长严了，地下咧有点草了，有点草棵拉啥东西啦，他两个就{从}龟肚里{出来了}。就**龟肚里啦————**。{在里面待了}三年吗……也不知道是多少……这个不详细。天咧，这个天**————东北角人家说没有长严**。

杨：东北角。

王：东北角。冷啊————。反正这也算有点结果啊，哎。[陈、杨：笑]东北咧，人家说，东北冷，东北咧是掌（用）冰凌荏住的。女娲啊，掌冰凌荏住的，所以东北冷。

陈：女娲掌冰凌荏住的？

王：哎。

//张玉芝（老太太，82岁）：一刮东北风就冷，不刮东北风也不冷。

//听众三（老太太）：刮东北风——

//听众四（老太太）：你别吭气儿啊，他在录像哩=录音哩。

//听众三：怎么不让吭气儿呢？

//张玉芝：他在录音哩。

//王：（对张玉芝）你老人家来讲吧？［陈、杨：笑］中不中？

//听众四：她讲的比你讲的详细。

杨：您说完。

王：那可能。她———-她———-可以。

张、杨：您先讲。

王：我这是胡说。

张：还可以。

杨：[提醒地] 女娲，哎———-

王：哎———-这个———-一刮东北风就冷，不刮东北风为啥冷哎，对不对？"女娲茌天"嘛，人家说是。

杨：女娲茌天？

王：哎———-。

杨：女娲就是那两个学生中间的一个？

王：哎———-，对了。

//听众：---他姊妹俩。

杨：就是人祖爷和人祖奶奶吗？

王：哎。人祖姑娘，不能说**"人祖奶奶"**，人祖爷就没有结亲。

//张玉芝：根本都没有结亲。

吴效群（以下简称吴）：那没有结亲怎么会有的人呢？

王：你听啊。对啊。他｛姊妹俩｝上到一座山上，人家说｛……｝这没有啥了，怎么办呢？姊妹俩不管（不能）结亲，姊妹俩咋结亲呢，是不是？山上人家说有一盘磨，有一盘磨咧，这个山底下咧插几根草。哎。这个磨咧他两个｛……｝姊妹俩不管成亲。

陈：---啥草哎？

王：草，就是草。他两个拜｛……｝是不是，要插草……

//听众五（中年男子）：---插草为香。

314

王：哎————对，插草为香。现在典礼结婚，啥也不要。过去那磕头，可得要香，黄香，哎，白头到老。他这个意思也是{这个}。一盘磨往底下推，合住{就结亲}；一盘磨要是散了，往两边分了的话，它就是为媒人的意思，咱姊妹俩就还是姊妹俩；要是一盘磨推下去合一块，那咱姊妹俩就成夫妻。推下去这盘磨，那有不散的时候？那它就没有散。

杨：没有散？

王：哎。

//张玉芝：———哎，就是散啦，他才没有成两口子哩。

王：散啦？没有散。就是一盘磨推下去了，它没有散。那你不能那样说，对不对？

杨：您先说完，一会我们再找这位老{……}老{……}奶奶录一录。她那里还有说法。

王：因为啥咧？山下面有棵树，{磨被}挡在树上了，就是这样它没有散。

//听众三：人祖爷的时候，天塌地陷的时候，谁知道那时候！

杨：没有散？

王：没有散。

杨：没有散以后又怎么样呢？就成亲啦？

王：哎，就成亲了。人家说{……}这个———泥泥狗你知道吧？过去人家说{……}他姊妹俩咋说的？他说："咱俩捏泥人儿。"一捏泥人儿，就晒吧，整天晒整天晒。瞎子———瘸子———啥东西，天下雨了，扫的，腿捣掉的，扫掉的，是不是，瓮的。这个人，你请搓，再洗，你洗得再干净，你紧搓，它有泥，有灰。对不对？

杨：哎，对！[听众都笑了]。

王：慢慢地，这都是。那慢慢儿地都来的。那大级（？）{……}，是不是？那猿猴{……}，是不是？过去人家说，猿猴没有那个啥？

杨：喉结。

王：对，喉结，说{是}不会说话。（笑）这我也是听人家说，讲讲。

杨：啊，挺有意思的。那他们俩还是成亲了嘛？

王：哎，成亲了。那能说啥其他的？是不是？比如说捏泥人。人现在也是这个意思。搓搓身上有灰，有泥。

//陈：———俩人一块儿捏的？

王：哎————你就看吧，你出汗了，一搓身上保险有灰，有灰蛋儿。

315

陈：那她叫人祖姑娘啥意思？

王：嗯？

陈：为啥叫她人祖姑娘？

王：看看，他姊妹俩都不好意思。

杨：不好意思？

王：好意思不好意思？

杨：不好意思。

王：到一百万年还是人祖姑娘。对不对？

王东莲显然很愿意向我们几个"外地来的知识分子"展示她所掌握的传统地方知识，对我们的询问反应积极，配合也很主动。兄妹婚神话在这里成为她用以与我们进行交流的重要文化资源，这是她将兄妹婚神话的传统知识"再语境化"（recontextualize）的主要原因。她讲述的这则伏羲女娲的兄妹婚神话大体完整，基本是中原一带汉民族中比较常见的兄妹婚神话类型。故事中主要的母题，例如天塌地陷、世界毁灭；兄妹始祖劫后余生；滚磨卜婚；兄妹始祖血亲婚配并再传人类等，都出现了。只是其中粘连上了补天母题，而且，与兄妹婚神话的常见叙述类型相比，其中兄妹结婚后传衍人类的方式变成了中原一带比较普遍流行的兄妹捏制泥人[①]（而不是生育了正常胎儿或者怪胎）。

兄妹始祖血亲婚姻缔结之后再传人类的方式，是兄妹婚神话中特别受到学者们关注和讨论的问题。如上所述，在兄妹婚神话中，最为常见的繁衍人类的方式是夫妻生育了正常或异常的胎儿（如肉球、葫芦、磨刀石等），传衍了新的人类（切碎或者打开怪胎，怪胎变成人类或者从怪胎中走出人类）。但是，在一些汉民族中，尤其是在中原一带，兄妹血缘婚姻缔结之后，繁衍人类的方式有时变成了捏制泥人。这在故事自身发展的逻辑上是存在着一定的矛盾的。因为在神话讲述中，兄妹之所以血亲乱伦，是为了不得不在大灾难后没有人烟的情形下重新繁衍人类。可是在许多这一类神话中，兄妹结婚后，这一动机似乎被忘记，中间也缺乏必要的交代，而直接代之以捏泥人的方式造人，因而造成了故事前后叙事逻辑上的矛盾。[②]这一矛盾出现的原因，有学者认为，这是由于女娲神话在北方的长期强大影响，因而在她被拉去充当兄妹婚神话的女主角时，她原有的抟土造人的显赫功绩无法被抹煞，于是一同被组合进兄妹婚神话中，并

[①] 参见张振犁、程健君编《中原神话专题资料》。

[②] 杨利慧：《女娲的神话与信仰》，第102页。

在一定程度上改变了故事原有的情节结构，所以神话中就出现了兄妹结婚后抟土造人的说法，有时甚至出现了女娲既生育人类又捏制泥人的奇特局面。[1]在王东莲讲述的兄妹婚神话中，还同时粘合了女娲补天的神话母题，更可以证明女娲神话与兄妹婚神话的粘合以及这一粘合对兄妹婚神话原有叙事传统的影响。除此而外，与本文的论述特别相关的另一种意见，是有学者认为，这一类兄妹以神占（滚磨、追赶、觅藏、询问）方式表示对血缘婚姻的疑虑、结婚后兄妹也并不同床、避开性的关系、而以捏泥人解决传衍后代问题的神话，表现了"极强烈的反血缘婚态度"，"是在长期传承的过程中，受了后起的族外婚、封建时代森严的婚姻制度及其伦理观念（'同姓不婚'）等的影响，而使它（指兄妹婚神话——引者按）的面貌、性质起到了或小或大变化的结果"[2]。也就是说，兄妹血缘婚姻缔结后反而以捏泥人方式重新繁衍人类，这是兄妹婚神话受到后世的伦理观念和婚姻制度的影响而发生的变异，其中显示了极强烈的反对血缘婚姻的态度。从王东莲对于兄妹血缘婚姻的态度来看，这一见解无疑是非常有见地的。王东莲在讲述中，特别是在故事前半部分有关"天塌地陷，世界毁灭"、兄妹逃生、女娲补天的情节叙事中，对于兄妹血亲乱伦都是强烈否定的，她（也包括其他好几位听众）一再声明女娲不能叫"人祖奶奶"，而要称"人祖姑娘"，旗帜鲜明地认定"人祖爷就没有结亲"，"姊妹俩就不管结亲，姊妹俩咋结亲呢，对不对？"即使在后半部分述及兄妹结婚、捏制泥人、再传人类的情节后，她依然不顾自己叙述上的前后矛盾（前面声明兄妹俩没有、也不能结亲，而后面兄妹俩又结了亲），坚持对女娲要称"人祖姑娘"，因为，按照她的解释，虽然她与哥哥结婚了，但是她觉得羞耻、"不好意思"。在紧随其后发生的第二位讲述人张玉芝老人的讲述中，兄妹婚神话依然与抟土造人神话粘连在一起，而且对于兄妹血亲乱伦也持强烈的反对态度。不过两人对神话因为粘连和变异而引起的故事发展逻辑上的矛盾有着不同的处理方式。这一点，我们下面将详细讨论。

从王东莲的讲述情形以及她对其他地方口头传统的把握来看，她应该算得上是一位"传统的积极承载者"（active carrier of tradition），[3]因为她好听故事，也好讲故事，而且记性很好，也注意吸收别人的素材。用她自己的话讲，"我这个人爱

---

[1] 杨利慧：《女娲的神话与信仰》，第102页。另参见鹿忆鹿《南方民族的洪水神话：从苗、瑶、彝谈起》，《中国神话与传说学术研讨会论文集》下册，台北汉学研究中心1996年版，第465页。
[2] 钟敬文：《洪水后兄妹再殖人类神话》，参见《钟敬文学术论著自选集》，第229—230页。
[3] Bengt Holbek, *Interpretation of Fairy Tales* (Helsinki: FFC. 1987, No. 239), pp. 46—47.

听小故事","我喜欢听。你像戏啦啥啦,我听莫几句我都(就)会","我是走到哪儿听到哪儿,人家说啥我都听,这人家记者说我也听,您要是来访问——有外边来访问的话,我听(了)记着也讲,他讲我学会了","你要讲这讲那,讲三天三夜我也讲不完"。她在讲述用了多种"交流手段"(communicative means)来标记(signaled)和设定(keyed)其表演的框架(performance frame)。①首先是"表演的否认"(disclaimer of performance),也就是表演者否认自己的交际能力、声明自己不愿意对听众承担有展示自己的交际能力和交际有效性的责任,这一手段在一些地方的民族文化中成为设定某些民间叙事文类的重要表演手段。②她在应我们的要求开始讲述神话之前的客气话,"{我}讲不好","咱这又没有文化,又没有水平的",既是一种谦虚——在中国传统伦理文化中,谦虚一向被视为美德,同时也以否认表演的方式,标志着其表演的开始。这种方式表面上是对自己的讲述和交际能力的否定,后面紧跟着的神话讲述表明她具备一定的讲述神话的知识和能力,但实际上,这样的否认并非与承担展示能力的责任不相符合,而恰恰是对规则和礼仪准则的让步,在这些规则和礼仪面前,自以为是的做法是受到贬低的。在这样的情形下,否认表演既能够作为一种道德姿态,来抵消表演时对表演者的高度关注,同时也是对于表演自身的一种设定。③用这样的否认表演的交际手段,表演者实际上也是想在陌生的外来人和其他听众面前,免除自己全面承担展示自己的交流能力和交流有效性的责任。王东莲在受到听众张玉芝对她讲述的"东北角是女娲掌(用)冰茬上的,所以一刮东北风就冷"的质疑时,也用"我胡说"来否认表演,表示她不愿意对听众承担有展示交际能力和交际有效性的责任,以减免听众对她的表演能力和表演的有效性的全面品评。不过,否认表演是具有各种各样的原因的,也在表演过程中负担着不同的功能。王东莲后来的讲述,表明她的否认表演有一定的现实因由:在讲述伏羲女娲兄妹婚神话的时候,她缺乏充分的相关传统知识和叙事能力。例如她的讲述中,有不少地方片段、细节不甚清楚(例如对龟的描述、兄妹在龟肚子里呆了多久、插草为香、兄

---

① 表演的框架,按照鲍曼的论述,具有这样的意义:包括表演在内的所有框架,都是通过使用在文化上已经成为惯例的(culturally conventionalized)元交流来实现的;用经验性的语言来讲,这意味着每一个言语共同体都会从其各种资源中,通过那些已经成为文化惯例和具有文化特殊性的方式,使用一套结构化的特殊交流方法,来标定表演的框架,以便使该框架中发生的所有交流,都能在该社区中被理解为表演。参见理查德·鲍曼《作为表演的口头艺术》,第17页。
② [美] 理查德·鲍曼:《作为表演的口头艺术》,第25—27、130—156页。
③ [美] 理查德·鲍曼:《作为表演的口头艺术》,第25—26页。

妹成亲和捏泥人的关系、猿猴和新生人类的关系等等），特别在伏羲女娲是否成亲的情节上，她的前后表述存在明显的矛盾。

其次是"求助于传统"，也就是将过去的经验和惯例当作参考的标准。在传统取向的社会中，这也是设定表演的一种方式，一种标志着承担合乎体统地进行交际行为的责任的方式。[①]王东莲在讲述中特别爱说，"人家说"，"过去人家说"，"那我也是听故事听人家讲的"等等。这一方面是表明自己的叙事与过去的传统有着密切联系，或者说是"沿袭因循"了某种传统，因而增加其叙述的权威性，另一方面也是借助传统的力量，避免听众完全将自己的表演能力和交际有效性视为唯一品评的对象。

此外，王东莲的讲述还用了许多其他的交际策略作为表演的标记。例如特殊的套语（"天塌地陷的时候……"，"你知道吗？"）、特殊的副语言特征（paralinguistic features，例如声音的长短和高低、语调、强调语气等）、平行关系（parallelism，例如"天呢，也没有了；地，也陷了；{到处}成水了；没有啥啦"；"瞎子————瘸子————啥东西，天下雨了，扫的，腿捣掉的，扫掉的"），如此等等。

这一个讲述神话的过程显然是由讲述者、研究者和其他听众共同参与、互动协作而构成的，讲述人关于兄妹婚神话的传统知识也在这一动态的、互动协作的交流过程中被具体化，并最终构成了一个"特定"的神话文本。在外来的研究者的要求下，王东莲开始讲述伏羲女娲兄妹婚的神话，但是在故事进行到一半时，几个年龄更大、甚至更会讲（例如被其他听众评价为"她讲的比你讲的详细"的张玉芝。张后来讲述的情形也证明了她的讲述比王东莲具有更强的表演性）的听众对她讲的"女娲用冰补了天，所以一刮东北风就冷"的释源性解释表示不赞同（"一刮东北风就冷，不刮东北风也不冷"），打断了她讲述的思路，话题被岔开去，她的故事表演似乎就到此为止了。后来是在研究者（掌握了大量神话资料，因而知晓这一类型神话的普遍模式）有目的、有针对性的追问下，她才接着完成了另一半重要情节的讲述，即女娲、伏羲滚磨成亲的故事。当听众张玉芝再一次对她讲的"磨没有散，因而兄妹成亲了"的传统说法表示反对时，她除了更频繁地"求助于传统"（"过去人家说"，"那我也是听故事听人家讲的"）外，还特意在叙述中增加了一个解释，解释为什么滚磨时磨没有散开，以加强自己叙事的合理性：磨被山下的一棵树挡住了，所以没有散。这一解释显然是因为张玉芝的质疑而被临时添加到故事中去的，是想从实际生活知识中

---

① [美]理查德·鲍曼：《作为表演的口头艺术》，第24—25页。

寻求帮助，以使自己的讲述能够以"社会认可和社会能够阐释的方式"圆满地进行下去。面对自己对于"兄妹到底是否成亲了"的前后自相矛盾的说法和研究者的一再追问，她也求助于实际生活知识，想出了一个比较勉强的解释力图自圆其说：女娲虽然结婚了，但不好意思，所以还是叫"人祖姑娘"，而不是"人祖奶奶"。另外，她讲述的文本中出现的"插草为香"、"猿猴有喉结"（尽管这个细节并不清楚）等，也都是由听众（包括研究者）提醒和补偿而添加、编织到故事中去的。总之，在这个特定的表演事件中，讲述者、听众和研究者怀着不同的目的和知识、能力，一同参与到这个讲述过程中来，并积极互动、协商和创造，不仅共同塑造了这一个神话传承和变异的时刻，也最终一同重新构建了一个特定的、新的神话文本。

特别值得注意的是，王东莲对于神话中兄妹是否成亲了的前后矛盾的说法。在故事的前半部分，她按照当地普遍流行的说法，说女娲没有成亲（在场的许多听众也都参与到讲述活动中，声明女娲、伏羲没有结亲），所以不能叫"人祖奶奶"，只能叫"人祖姑娘"，但她在讲述这个神话的后半部分时，还是说滚磨占卜时，磨合在一起了，所以最后兄妹成亲了。尽管她的这一讲述受到了张玉芝等的质疑和反对，但是，从上文所述的这一类型神话的普遍讲述模式来看，滚磨而磨合、最后兄妹成亲实际上是符合故事的讲述传统的，王东莲的讲述并没有什么不对的地方。只不过对于这一类神话中反映出的血亲乱伦做法与后世的伦理观念和婚姻制度之间、兄妹血亲婚姻与捏泥造人神话之间产生的巨大矛盾，她的解决能力是有限的，所以出现了她先否认兄妹结亲、后面又按照神话自身的讲述传统安排兄妹结婚的自相抵牾的局面；兄妹婚神话与捏泥造人神话两种故事类型也被勉强地粘合在一起（也就是说，她讲的故事中出现了兄妹始祖结婚后还要捏制泥人的矛盾）。由于研究者一再追问兄妹到底是否成亲，所以她求助于后世社会生活知识，即时地加上了一个多少有些勉强的解释：兄妹成亲了，但不好意思，所以还是叫"人祖姑娘"。

在对待这两个矛盾问题的处理上，张玉芝与王东莲形成了某种程度上的对照。从张玉芝的神话讲述中，我们不仅能看到神话讲述过程中的交流与互动，更可以发现富于创造力的个人如何与神话讲述传统、与现代社会及其伦理道德、科学观念之间的协商与互动。

张玉芝是我们紧跟着采访的第二位神话讲述人。她在王东莲讲述神话的过程中只言片语的插话已充分显示出她是一位积极主动的故事讲述者。因此，王东莲讲完伏羲、女娲的神话后，我们追上张玉芝老人（她没有等王东莲的讲述完全结束，就和自己的几个同伴一起准备离开太昊陵了。她们每人手里都提着一个篮子，里面装着进香的用品，还有跳"担经挑"舞蹈时打节奏的竹板），请她把她知道的人祖故事讲给我们听。下面就是她讲述的兄妹婚神话：

姊妹们为啥不成亲呢？为啥不成亲呢？这就是他{俩}兴下的。她（指王东莲）讲得不详细。哎，姊妹们不能成亲就是因为人祖爷兴下的。

杨：噢——？

张：她两口子……为啥哩？老鳖不是沉{……}她不是说了吗，叫学生拿的馍吗，拿的馍，就在它肚里哩。这老鳖说啦，它说："眼看天塌地陷的时候啊，你来找我。"它说你拿的馍都搁这放着哩，它说待长三天四天你看天一变，不一样，你**赶紧**来找我。她说的天塌罢了，天塌罢了不就叫姊妹俩漏里头了吗？还没有天塌的时候哩。

杨：噢。

张：眼看天都不一样了，他人家说：咦变啦天变啦赶紧哪！他姊妹俩就朝外跑，朝着就找这个老鳖去了。一到老鳖那个地方，老鳖那个嘴啊———，张得像个**簸箕**一样，簸箕一样，那大张着，大得很哪。咱也听人家讲的，老年人都是听人家讲的。

杨：[笑]嗯。

张：大得很，谁也没见，谁见啦，是吧？

杨：对。

张：就这。老鳖说："**赶紧哪，赶紧上肚里钻哪，赶紧赶紧赶紧。**"他上肚里一钻，那两楚子馍都在那搁着的。

//杨：没吃。

张：你看那时候可不短啦———，是吧。

杨：嗯。

张：一到那点儿一看，天哪眼看就快长起来了，他那姊妹俩赶紧吧，……

//张的一个熟人：还不回去？

张[笑了一下]：搁那叫我哩。我这说{……}说迷信话哩。

杨：没有没有。这挺有意思的。

张：哎它说那个{……}它说你姊妹俩该出来了，它说这个馍馍吃完，天天吃个馍，天天吃个馍，你说这个馍，这个，一个馍也受罪馍呀，干得很啊，没有汤没有啥是吧。给他吸点水，喝点水；不给他……到末了啦，该出来啦，天长成

321

啦，"**赶紧，赶紧出来，天马上就要长成。**"一长，长了一大块，东北角里没有长严，掌那个大冰凌楂（补）的。到末了，他俩咋弄哎？……那身上都**沤烂肚里完啦——没有衣裳啦**。该热的时候出来了，光个肚子，俩人。咋弄啊？那树叶子，俩人够树叶，掌啥东西穿啊，穿的。哎呀，身上穿的净树叶子。护住大体。[看见王东莲也走过来听，便说] 听你讲罢再叫我录一遍。[吴效群上去，翻了翻老太太篮子里的经板] 我拿的那，拿的经板儿。

杨：您先把这讲完吧。

张：一会我给你打一盘经板吧。

吴：行。

张：搁前头。

（录音中断了几秒钟。）

张：在它肚里吧，这个天快长出来啦，快长出来以后，咋弄哩？它说，就咱俩咋弄哩，光个肚子是吧？

杨：嗯。

张：树叶子都穿，他也得顾大体，她也得顾大体，都光着肚子啊净，啊，身披芦衣。哎，都是那。到末了啦，他说，咱俩咋弄哩？他说就这吧：那都不简单哪。

杨：嗯。

张：怨一天怨一地的，怨罢以后，他说：能叫俺俩配夫妻，哎，这个磨啊，山半拉有一对磨，他说，能叫俺俩配夫妻，哎，说个大实话，就叫天下有人；你要不叫俺俩配夫妻，这个磨啊一分两半。他说：中啊，咱俩，中啊。他说，好。叫这个磨啊，朝那个山底下一推，嗯，两半散啦。因为这，底下人跟他姐跟他弟弟跟他哥不管配夫妻，就是他兴下的。**姊妹们不管配夫妻就是他俩兴下的**。这以后了咋弄哩？到以后了，就是那{……}两人{……}哎，山上有所庙，庙也兴出来了，大山高山，它再泻泻不到那个高山哪。有一所庙。[看见几个熟人走过来，问她在干什么。] [笑] 讲着玩哩，搁这地儿。讲老迷信的话哩。

杨：[笑] 不是迷信。挺好玩的。

张：他说，弄那吧，咱俩捏泥人儿。哎。他也捏她也捏，他也捏她也捏，他也捏她也捏。这个庙有神哪，都有神，多大一片，大家就这一个神，人祖奶奶=人祖姑娘人祖爷他都信神，**他爹娘都信神他也信神**。他都愿意。他说，以后啊，这个没有人烟，就俺俩，咋弄哩？他{说}捏点小泥人儿吧。叫那泥人儿一捏，你听着了没有？搬出去晒也好。**哎，下几滴子雨，眼看都淋湿啦，搬不及啦**。"你

322

看看，叫会走看好不好。"掌扫帚扫吧。别扫啦，都一个一个一个都拽着扫进去了。这瞎瞎瘸瘸的都是叫扫帚扫的瓮的啦————，这也是他兴下的。

杨：[笑]噢。

张：[笑]这个讲的。到后来啦，这些人哪，都长起来啦。毛猴。

杨：毛猴？

张：毛猴。这人不像个人哪，就是生出来的{……}这两个人{……}一成夫妻{……}有男有女啊捏的。一成夫妻啊都是长得{像}毛猴。你看书上不是{说}毛猴变{……}{变人}啊。住哪儿哩？就住在那山上树林里。慢慢儿变慢慢儿变慢慢儿变，就变成咱这人啦。没说咱这人就根本不会做活，这啥都是慢慢儿学的。变成人形了，毛啥的都没有了。越生小孩越好看，越生小孩越好看。瞎瞎瘸瘸的，这都是他兴下的，扫地扫地，眼瞎啦；扫地扫地，腿瘸啦。就这个意思。到末了，到后来啦，{人烟}兴起来啦，哎，这挽亲。

杨：成亲？

张：咋着，这是孔夫子兴的。

杨：[笑]

张：后来，这两口子结婚，这不能乱咋着吧，得兴个规矩啊，哎，谁家娶媳妇，咋着咋着；谁家挽亲，咋着咋着。这都是他兴下的。

张玉芝的讲述行为，是在把自己能够讲述的同一类型神话与王东莲所讲的进行了对比之后发生的。作为听众，同时也是一位积极的故事讲述者，她对王东莲讲述的评价是"她讲得不详细"，而她对王东莲讲述的"磨散开了"、"天塌罢了姊妹俩钻到龟肚里"、"一刮东北风就冷"等多处的质疑、批评和修正，表明她同时还认为王东莲的一些讲法"不对"。这意味着她认为自己具有更高的讲述能力和更权威的对神话知识的把握。这种对自己的讲述水平和讲述能力的自信，使得她的神话讲述从一开始就直接进入了"完全的表演"（full performance），也就是说她充分意识到，而且也愿意接受包括研究者和一些香客在内的听众对其神话知识、讲述能力和交际能力的品评。此后，除了个别情况外（例如她中间两次声明自己是在讲"老迷信的话"时），她的讲述一直保持完全表演的状态，描述细致生动，讲述流畅、自然，大量使用了副语言特征（特别是通过声音的长短、通过加重语气以强调叙事重点）、比喻（"老鳖的嘴啊，张得像个簸箕一样"）、平行方式（例如用好几个"赶紧"形成平行叙事、重复好几遍"他也捏她也捏"等）、求助于传统（"咱也听人家讲的，老年人都是听人家讲的"）等等交际手段，来设定她的表演框架，也都表明她愿意在研究者和其他听众面前承担完全的责任以展示自己的叙事技巧和交流能力,也期待着观众对她的讲述和表演予以特别强烈的关注。

但是讲述中间有两次"表演的否认",即她在回答熟人询问她在干什么时,说自己是在讲"老迷信的话"。这两次否认使得她的表演呈现出比王东莲的讲述更加灵活变动的特点,即从完全的表演→表演的否认→完全的表演→表演的否认→完全的表演,体现出其叙事表演的协商性(negotiated)和流动性。这种情形正如鲍曼所指出的,表演并非是任何口头文学形式的实践,而是一个互动的、限定的展示模式或框架的活动的范围(range),在口语交流的行为当中,表演的主导作用可能有程度上的差异。①同时,她的自认在"讲封建迷信",显示了国家权利的隐形"在场",显示了民间对官方意识形态和政治权利长期以来压制民间信仰(包括神话在内)的心有余悸。她对表演的否认,与王东莲的否认表演一样,都承担着设定表演框架的功能,同时表明讲述者不愿意承担完全展示自己交际能力和讲述技巧的责任。但是她对表演的否认,与王东莲的否认多少有些不同,是以1949年以后相当长的一段时期里官方意识形态和国家权利对民间信仰的压制为"背景"的,而并非是缺乏交际能力和知识的结果。用这样的方式,她实际上是在熟人面前,也在外来的研究者和其他听众面前,承认(至少在表面上)自己"思想觉悟"的落后,承认自己所讲述的是与官方意识形态相抵触的思想。通过这种自嘲式的、低姿态的自我否定,来起到(或者期望起到)一定的自我保护的作用。

作为同一个神话类型的讲述者,张玉芝与王东莲比较起来,显然更具有创造性。这表现在她讲述的神话中,与兄妹婚神话的常见讲述模式相比,至少发生了两处重大的变异。一处是神话中兄妹滚磨卜婚,但磨散开了,所以亲兄妹最后没有能够成亲,女娲因而被称做"人祖姑娘",最后兄妹始祖用了捏泥人的方式来重新繁衍了人类。这一个改动,虽然与兄妹婚神话的传统情节(往往滚磨而磨合、兄妹最终成亲)不相符合,但是这一改动对故事的自身发展逻辑以及古老神话在现代社会中的适应而言则具有非同小可的意义:1. 它成功地化解了古老神话中始祖血亲乱伦的做法与后世伦理法则、婚姻制度之间的矛盾,女娲因此可以顺理成章地做她的女儿身。2. 由于兄妹始祖根本没有成亲,所以他们采用了捏制泥人的方式来重新传衍人类,这样一来,兄妹婚神话与抟土造人神话的粘合在故事情节发展的逻辑上也合情合理、无懈可击。

---

① [美] 理查德·鲍曼:《作为表演的口头艺术》,第130—156页。

另一个重大的变化出现在神话的释源性结尾。按照张玉芝的说法,兄妹刚捏出来的人长得像毛猴,"以后慢慢儿变慢慢儿变才变成人形了,毛啥的都没有了。越生小孩越好看,越生小孩越好看。"在讲述人类起源的神话中,有一些神话讲到了人是由猴子变来的。这一类神话,有的是古老的"动物变人"信仰和叙事传统的延续,有的则是受到后世进化论的影响而出现的新的释源性解释。[①]张玉芝老人虽然说她不识字,但她这里将人类的起源与"毛猴"联系起来,几乎可以肯定,是受到了进化论的影响,这不仅是因为"人是从猿猴进化而来的"的简单进化论观点随着马列主义和社会主义意识形态在中国的广泛普及而几乎家喻户晓、妇孺皆知,还因为在她的讲述有一个重要的"中介叙事"(metanarrative),"你看书上不是{说}毛猴变{……}{变人}啊。""中介叙事"一词,按照(Barbara A. Babcock)的论述,是专门用在叙事表演和叙事话语(discourse)范畴中,指那些叙事中对于叙事者、叙事行为和叙事本身的评论策略,它们可以既作为信息(message),又作为代码(code)。[②]张玉芝这里用的中介叙事,一方面起着传达信息来源、证明自己的说法的合理性的重要作用:书上说人是从毛猴变来的,我这么说是从书上看(听)来的,是符合书上的说法的,因而是合理的,权威的;另一方面也起着沟通讲述者和听众的作用:我知道你们几个是读书人,是知识分子,你们应该知道,书上说人是从毛猴变来的,所以,我这么说是符合你们的趣味的。总之,她的这一自觉地适应进化论的观念而对神话所做的改动,实际上再一次消解了传统神话知识体系中"人是泥捏的"的观念与后世"科学"所主张的"人是从猿猴演变而来的"之间的矛盾,从而使得古老的兄妹婚神话与后世的科学人类起源论相适应。所以,张玉芝这里不仅是把她所知道的兄妹婚神话作为文化资源,来与想了解这一神话的研究者和其他听众进行交流,也在交流中显示自己对神话知识和对文化传统的更权威的把握和自己的高超讲述能力(与王东莲相比),并表达自己对人祖的信仰。

结论

通过上文对兄妹婚神话的两次表演事件的民族志考察,我们可以看到:

[①] 杨利慧:《生民造物的始祖与英雄——谈猴神话》,参见《中国民俗学年刊》,上海文艺出版社1999年版,第229—233页。

[②] Barbara A. Babcock, "The Story in the Story: Metanarration in Folk Narrative," in Richard Bauman, *Verbal Art as Performance* (Prospect Heights, Illinois: Waveland Press, 1984 [1977]), p. 67.

第一，民间叙事文本并不是一个自足的、超有机体的文化事象和封闭的形式体系（formal system），它形成于讲述人把自己掌握的有关传统文化知识在具体交流实践中加以讲述和表演的过程中，而这一过程往往受到诸多复杂因素的影响，因而塑造了不同的、各具特点的民间叙事文本。淮阳人祖庙会上的两次兄妹婚神话表演事件，就是一个动态的、有许多复杂因素（例如信仰的、伦理道德的、科学的、政治的等等）共同作用的过程。其中有一些制度性因素的作用是隐形的、潜在的，例如官方社会和国家权利对民间信仰的长期压制；有一些社会文化因素的作用是明显的，例如对人祖的信仰、禁止血亲乱伦的伦理道德原则、所谓"科学"地解释人类起源的进化论等等。另外，参与表演事件的各种角色之间的互动，讲述人与研究者之间、讲述人与一般听众之间、第一个讲述人和第二个讲述人之间等等，都充满了交流、互动和协商。这些或明或隐的诸多社会文化因素、表演者和参与者的互动交流等都纵横交织在一起，同时对神话的讲述活动产生影响，从而共同塑造了特定语境下的神话表演行为，并最终塑造了两个特定的神话文本。

第二，从兄妹婚神话的讲述与表演的民族志研究个案中，我们可以看到民间叙事为何、如何被一次次重新置于不同的语境下加以讲述，那些富有创造力的个人如何在传承民间叙事的同时又对它加以某种程度上的再创造（reconstruct），以为他们今天的社会生活服务。两位讲述人都是在进行神话讲述的表演，兄妹婚神话对于她们而言，都是她们与外来的研究者及其他一般听众之间进行交流的文化资源，通过神话的讲述和表演，她们不仅是在与民俗学者和听众的交流互动中，展示自己的讲述才能和对传统知识的把握，同时也是以此方式传达自己对于人祖的信仰，对于伦理、科学、人类起源和宇宙特性（例如为什么刮东北风就冷）的认识。因此，讲述神话成为她们表达自我、建构社会关系、达成社会生活的必要途径。所以，神话的意义并不限于其文本内容和形式，它也体现在神话的社会运用中，是功能、形式和内在涵义的有机融合。同时，我们也发现，讲述人的个人创造力是有差异的，创造力的强弱很大程度上决定了文本变异程度的大小。第一位讲述人面对神话叙事传统与后世伦理原则和婚姻制度之间存在的矛盾冲突，缺乏充分的解决矛盾的艺术能力，最后只好勉强地把两种类型的神话牵连在一起，再求助于现代生活知识和伦理原则，对神话加上一个委曲辩解的解释。第二位讲述者的表演则明显具有更大的灵活性和创造性。她的讲述不仅仅是在传承古老的、祖祖辈辈传下来的知识，而是对古老的兄妹婚神话讲述传统进行了创造性的改变，这些改变消解了古老神话中包含的乱伦和"非科学"问题，从而使古老神话与现代社会的伦理原则、婚姻制度以及"科学"的人类起源观念相适应。

第三，民间叙事的讲述与表演是一个充满了传承与变异、延续与创造、集体性传统与个人创造力不断互动协商的复杂动态过程。因此，只有把历时性研究和在特定语境中考察传承和创造的某一时刻的视角结合起来，把大范围里的历史－地理比较研究与特定区域的民族志研究结合起来，把静态的、对于作为表演结果的叙事文本的研究与动态的表达行为和表演过程的研究结合起来，把对民间叙事的集体性和模式性的研究与对个人创造力的研究结合起来，我们才能比较深入地了解民间叙事的传承和变异的本质，以及其形式、功能、意义和表演等之间的相互关系。

余论：上述研究中存在的问题和今后探索的方向

在上述研究中，如果能够加深区域调查的深度，同时对讲述者的个人生活史、资料库（repertoire）、世界观、个性等进行进一步连续的、反复的、长期的民族志考察，才能对表演的能力和特点进行更加深入的评价。另外，尽管兄妹婚神话在每一次表演中的细节和母题组合都有大大小小的差异，但是神话的类型和核心母题的变化很小，[1]可见，文本也有其自身独具的意义。那么，如何把对文本自身的研究与对文本的表演结合以来研究？这也是有待今后进一步探索的问题。

---

[1] 芬兰民俗学家安娜－丽娜·斯卡拉（Anna-Leena Siikala）在她的民族志研究中也证明了这一点，参见其 *Interpreting Oral Narrative* (Helsinki: FF Communications. 1990, No. 245)。

后 记

从2000年"现代口承神话的传承与变异"项目获准启动开始，到现在书稿正式出版，其间经历了整整10年的时间。俗话说："十年磨一剑"，意思是经过长期研磨雕琢的产品，往往会有精良可靠的品质。我不敢说经过这10年的磨砺，我们最终生产的这部书稿有多么精良，但是，本书的确有着比较自觉的学术追求。

如同我在《总论》中提及的：本书更多地汲取了近年来世界民俗学与人类学取得的成就，因此，它在不少方面与以往国际国内诸多传统的神话研究有所不同。例如，与流行的"向后看"的取向不同，它注重在尊重历史的基础上向当下看，也留心那些正在当下生动地呈现、而未来可能日益显要的内容与形式；与惯常使用的文本分析方法不同，它坚持民族志式的田野研究，强调在特定语境中具体地考察神话的讲述活动以及神话传统的传承与变化；与盛行的忽视传承主体的做法不同，它重视那些传承和重构着神话传统的个人，注重他们的神话观及其在传承中的能动作用，如此等等。通过实践这些追求，本书力图对于世界神话学有所贡献，而且，还期望从一个特殊领域的研究实践，对中国民俗学的研究现状进行反思。

衷心感谢吕微兄慷慨赐序！吕兄熟知本课题的实践过程，又参加了全部四位研究生的毕业论文答辩，因此我说他是作序的最合适人选。吕兄接受我的央请，不惮辛劳，于盛夏酷暑之中，赶写了洋洋洒洒近2万字的序言！此序显然是认真深思之作，思考深入，鞭辟入里；阐述细致，博引旁征。尤为难能可贵的是，该文并没有像许多序言一样，为作者说些客气的好话，相反，却对我们的研究提出了许多富有建设性的批评意见，正如他所谓此序"更是中肯的学术回应，包括从不同的学术立场对同一个学术问题的相互辩难"。求同存异，真诚地讨论一些问题（而不是浮于表面的客气吹捧），正是学术前进的推动力。在一个学者的治学生涯中，能有一二这样的诤友，真是莫大的幸事！

吕微对于我们研究"现代神话"这一工作的意义以及我界定神话时的动因的

理解和阐释,的确深获我心;他旗帜鲜明地提出的"神话信仰-叙事是人的本原的存在"的论断,也使我深受启迪,促使我重新思考神话的根本特性及其形式与内容之间的关系。不过,在对神话及神话学史进行探索时,吕微与我有着不同的立场和追求。尽管我对他所描述的那个"具有人的存在与实践的绝对真实性和神圣性"的神话世界①充满敬畏,但是吕兄孜孜以求的那个超验的,作为"更高而不变化的秩序"而存在的、"具有绝对客观的真实性和先天必然的神圣性"的神话世界并不是我们这一项目追寻的目标。对我而言,这些概念过于宏大而抽象。本项目力图达到的目的,是吕微兄(语出高丙中)所谓的"呈现社会事实"——我和学生们想通过对特定社区和传承主体的民族志考察,弄清楚一些中国神话学安身立命的基本事实(facts),例如在当代中国,神话是怎样在一个个特定的社区中生存的?它们担负着何种功能?是哪些人依然在讲述神话?他们是如何看待和理解神话的?神话如何在具体的讲述情境中发生变化?中国现代以来的巨大社会变迁给神话传承造成了怎样的影响?⋯⋯一句话,我们更愿意回到灵动鲜活的生活现场,返回到处在时间洪流之中的那些活生生的社会生活语境,观察在不同地域的社会文化政治背景中、在实际的人际交流与互动过程中,各种不同神话观的具体呈现;倾听那些具体可感的、有血有肉的神话传承者的声音,以此贴近对于"神话"以及"神话观"的理解和认识。我们由此看到的神话世界,不再是宏大抽象的概念和界定,而是充满着多样性、异质性、语境性以及个体性;神话的内容、形式、功能和意义都展现出十分丰富而复杂的色彩和意蕴。这样的研究,属于吕兄常谓的"经验性研究",既为大多数神话学者所践行,而且,在我看来,这也是神话学学科的生机和活力之所在。在这一点上,吕微兄与我的立场与追求有着较大的差异,而这一差异,同我们各自的学术旨趣、专业训练和知识结构都有着直接的关系。不过,尽管如此,归根结底,我们最终都赞成这样的主张:不同的研究取向各有所长,应当彼此倾听,取长补短:"一个以'呈现社会事实'为己任的现象实证的神话学,和一个以思想人的本原存在为根本目的的'实践认识'的神话学的互补互动,将会大大有助于神话学在理论关切与实践关怀的两个方面都得到深入的发展和广泛的扩展。"(吕序)

人类学家格尔茨(Clifford Geertz)曾经有一句名言:"如果你想了解什么是

---

① 其实,吕微文中对于这一至关重要的问题——"神话信仰-叙事"何以便是"人的本原的存在"?——的论证并不十分充分。

一种科学，你首先要看的，不是它的理论或发现，当然也不是它的辩护士对它的说法；你应当看它的实践者做的是什么。"[1]就神话学这一学科的实践者的实践而言，迄今为止，对神话的界定大都着眼于内容（尤其是创世）、形式（叙事）和功能（信仰）等维度的考量。如果像吕微兄所指出的："在人的本原性存在与实践的信仰－叙事结构中，神话的叙事内容结构就是神话的信仰形式结构，二者是二而一一而二的东西"，那么，当面对无比丰富的人类口头艺术传统（其中包括同样讲述超越性存在、具有释源性和信仰色彩的信仰传说，即 belief legend）时，我们该怎样对"神话"这一文类进行界说？"神话信仰－叙事是人的本原的存在"便足以界定神话文类么？在我看来，这一表述不惟宏大、抽象，而且具有"非历史"（ahistoric）的倾向，当我们面对现代以至后现代社会中异彩纷呈的神话世界时，这一表述更显出明显的局限性。那么，在当下的世界中我们该如何界说神话呢？吕微的序言，为将来的神话学提出了许多需要进一步探讨的问题。

心底里要表达的诸多谢意，本书"总论"里已经说了不少，这里再赘言几句。再次感谢参与本课题的四位青年作者，没有他们的巨大努力，这一项目无法得以实现。另外，还要感谢"华夏英才基金"为本书提供了出版资助；感谢叶舒宪教授策划并主编了这一套神话学丛书；感谢陕西师范大学出版总社富有远见卓识，慨然出版这套丛书。特别的感谢要送给特别的邓微和陈鸣两位女士，她们的认真负责、耐心细致，使本书避免了许多疏漏错误。

书中诸多不足之处，恳请读者方家不吝赐正。

杨利慧
2010 年 10 月于北京师范大学

---

[1] 克利福德·格尔茨：《文化的解释》，纳日碧力戈等译，王铭铭校，上海人民出版社 1999 年版，第 5 页。